U0817988

细说中国历史人物
帝王系列 9

细说明成祖

王日根 何锋 著

上海人民出版社

图书在版编目（CIP）数据

细说明成祖/王日根，何锋著．—2版．—上海：上海人民出版社，2014
（细说中国历史人物丛书．帝王系列）
ISBN 978-7-208-12189-8

Ⅰ．①细… Ⅱ．①王…②何… Ⅲ．①明成祖(1360～1424)-生平事迹 Ⅳ．①K827=48

中国版本图书馆CIP数据核字(2014)第058339号

责任编辑 马瑞瑞
封面设计 范昊如

·细说中国历史人物丛书·帝王系列·
细说明成祖
王日根 何 锋 著
世纪出版集团
上海人民出版社出版
（200001 上海福建中路193号 www.ewen.cc）
世纪出版集团发行中心发行
常熟市新骅印刷有限公司印刷
开本890×1240 1/32 印张13.5 插页3 字数311,000
2014年8月第2版 2014年8月第1次印刷
ISBN 978-7-208-12189-8/K·2193
定价 38.00元

总　　序

郭志坤

中国历代帝王，在历史发展的舞台上扮演了重要的角色。由于他们的文治武功，作出突出贡献的，谓为明君；由于他们的昏庸残暴，成了千古罪人的，则谓为昏君。“朕即国家”，皇帝有至高无上的权力，对当时社会乃至对后代的影响不可低估。“时势造英雄”与“英雄造时势”，有其辩证关系。一个英明君主当政，在适当的历史条件下，就可以创造出国富兵强、繁荣昌盛的治世。一个昏暴的君主掌印，就有可能把国家搅得民不聊生，甚至衰败，最后灭亡。这是值得研究和考察的课题。对此，大凡政治家、学者，乃至平民百姓无不感兴趣。

我毕业于复旦大学历史系(中古史专业)，自然对中国古代史，特别是对帝王的历史感兴趣。尽管被分配在《文汇报》社当编辑、记者，但几十年来我坚持利用业余时间考察帝王的功过问题，并断断续续写了有关帝王的读史札记与著述。

在撰写拙作《秦始皇大传》过程中，隋炀帝的形象不时地呈现在我面前。隋炀帝和秦始皇有着极其相似的地方，有其相似的结局，也有其相似的业绩，同时又有其相似的长期不公正的评价。秦始皇并吞六国，统一天下；隋炀帝还在晋王时，就出任平陈统帅，一举灭掉陈国，结束了自东汉以来，三国到南北朝长期南北对峙、分裂的局面，这是继秦始皇之后，又一次影响深远的统一活动。它为此后数百年的统一局面奠定了坚实的基础，其功勋可与秦始皇媲美，并非过誉。

于是在《秦始皇大传》出版后，紧接着撰写了《隋炀帝大传》。《隋炀帝大传》出版后，又准备撰写《永乐帝大传》。友人问我为何要为此三帝作“大传”？我说：此三帝在统一大业上有功，而且留下遗产。秦始皇统一中国，修筑了万里长城；隋炀帝统一中国，疏浚了南北大运河；永乐帝统一中国，建造了北京城。其实，当时还搜集了不少有关中国历代帝王的资料，准备为更多的有所作为的中国帝王立传。多位友人鼓励我，也有几家出版社约稿，让我倍受鼓舞。

1995年8月奉命调任上海人民出版社总编辑，肩负重任，不得懈怠。原先自己所拟定的写作计划全部搁浅，不过，对撰写中国帝王传记的打算始终没有放弃，我想，在职期间无力实现，可留待在退休之后进行吧。1996年初，我社编辑崔美明女士提出编辑出版旅美资深历史学家黎东方先生“细说中国历史丛书”的选题报告。作为总编的我心存矛盾，迟疑不决，因为社里历时数十年的重点图书《中国通史》以及“中国断代史系列丛书”将要全套推出，担心出版了“细说”丛书会否冲击上述两套重点图书的销售。然细读黎先生的“细说”丛书之后，觉得作者以精细入微之笔触、轻快流畅之文字娓娓道来，读上了就令人不忍释卷。写历史，不比写小说，写小说可以随意编造情节，把故事叙述得有趣有味，天衣无缝，写历史，就只能屈从于现有的材料，据实写来。我深感黎先生有过人之笔，认定这是一套深入浅出的通俗历史读物。对此好选题，我不忍放弃，于是决定先出版黎先生已写就的《细说三国》、《细说元朝》、《细说明朝》、《细说清朝》、《细说民国创立》。新书一上书架，市场反响很好。我建议补齐《细说秦汉》、《细说两晋南北朝》、《细说隋唐》、《细说宋朝》，以全套推出，效果将会更好。惜乎当时已届九十高龄的黎东方先生未及完成全套“细说”，遽然谢世，这一未竟事业最终由几位学术造诣颇深的历史学家仿照黎先生首创的“细说体”加以完成。“细说中国历史丛书”推出后，果然一印再印，很受欢迎。究其原因，本套丛书既严肃又通俗。黎先生所开创的“细说体”叙史体裁，是一种不同于古代之纪传体及现代之讲义体通史、断代史一类著作的新体裁。沈渭滨先生把“细说体”的特色概括为三点：融会贯通，取精用宏，深入浅出。所言甚是。我觉得“细说体”可以撰写许许多多历史题材的图书，若加插图，形成图文并茂，效果将会更好。

2001年，当崔美明提出“细说中国历史人物丛书——帝王系列”（以下简称“细说帝王系列”）选题报告时，就引起我的极大兴趣，并非责编约请我参与撰写的缘故，实因选题构想道出了我酝酿多年的宿愿。我要责编尽快组稿并早日推出这套“细说帝王系列”。目的有三：

其一，普及历史知识之需。这套“细说帝王系列”，同“细说中国历史丛书”一样，能够为历史知识普及化起积极的作用。章太炎说过：“夫读史之效，在发扬祖德，巩固国本，不读史则不知前人创业之艰难，后人守成之不易，爱国之心，何由而起？”葛剑雄先生竭力主张普及历史知识，并以其著述《历史学是什么》疾呼学界和出版界积极从事历史知识的普及工作，用通俗的语言，把较为深奥的历史知识传授给普通受众，以提高人文素质，塑造文明、开放、民主、科学、进步的民族精神。透过帝王的活动，形象地反映和推究人类的生存方式以及人类生活中的各种矛盾、困境等，从中给今人多有教益和启迪。就说秦始皇、隋炀帝，这两个帝王对建立统一的帝国有过突出的贡献。在统一之后，本可大展宏图，长治久安，而秦朝为什么二世而亡，隋朝为什么短期崩溃，这究竟是何缘何故？学人都说，这与秦二世的倒行逆施、隋炀帝的荒淫残暴有密不可分的关系。应该说，此言不错。历史发展是有规律可循，但是，决非宿命论，不能说凡是历史上存在过的事，都是合理的，都是应该出现的结局。

其二，倡导真实写史之需。“细说体”写史特点之一就在于据实说来，不编造，不掺假，尊重历史事实，维护历史尊严。撰写历史人物传记是以真实为基础，历史人物的本来面目是怎样就怎样，秉笔直书，不应有所避忌。陈寅恪讲过：“在历史中求史识。”这是重要的原则。在今天，历史被搅得真假不分之际，尤为需要。我也不知何时起在银幕与荧屏上“戏说”之风兴盛起来，什么戏说皇帝剧，什么戏说皇后剧，什么戏说太监剧，什么戏说太子剧……完全不顾历史的真实，天马行空，随手挑来一个帝王或是一段历史，添油加酱，搅拌一番。有一段时间，出现“满台大辫子”、“七个慈禧闹荧屏”的景观。你若把它当历史，他会用“戏说”来敷衍搪塞你；你若把它当假话来看，他却又撑出一个朝代来吓唬你。看了这些非历史化的戏说“历史剧”，往往会误以为历史上本来就是这个样子，因而“见怪不怪”，“习以为常”，甚至把本来是错误的东西，竟当成了真实的历史接受下来。有一部50集的《秦始皇》电视连续剧，我看了五六集后，觉得剧情编造太甚，实在看不下去，奋然落笔，在《文汇报》《文学报》发了3篇批评文章，严正指出：这不是随意歪曲历史，就是对历史的无知。导演见文便找上门来说情，希望不要再发批评文章，让其50集播完之后再修改重拍。17年过去了，重拍片在哪儿？又是一种搪塞敷衍。

其三，满足多元读者之需。有些同事或有些读者都有这样的说法：上海人民出版社已有《中国通史》、“中国断代史系列丛书”，对中国历代帝王都有介绍，再说兄弟出版社也有多种帝王传记系列,再出“细说帝王系列”似有重复之嫌。我说:不重复,读者的需求是分层次的。由白寿彝任总主编的22卷本《中国通史》,历23年之久,集550位专家学者之功,系迄今最完整的大型学术性通史著作;13卷的“中国断代史系列丛书”历51年之功,对帝王都有涉及,但均未着墨加以介绍,多从学术角度进行探讨。前者适合于大学本科教材,后者适合于研究生教材。“细说帝王系列”则着眼于通俗大众化。细说关键在于说。文字是在语言之后出现的,开头只是存在于知识分子中。于是出现了以语言为载体的口头文学和以文字为载体的文本文学。文化层次不高者,往往喜欢以语言为媒介,也就是通俗大众化。我想,正由于这种通俗的“细说”才会被邓广铭先生评为“标准的深入浅出的历史读物”,这套“细说帝王系列”的作者虽然文笔并非都与黎东方先生完全一致,但都以历史学家的睿智讲真实历史,不虚构故事,不杜撰情节,完全依史实本身的曲折复杂,把帝王的生平叙述清楚,使中等文化程度的读者获得真正的历史知识,又能给治史学者以启迪。

这是一套严肃真实的历史通俗读物,对于“古为今用”、“史料取舍”以及“增强可读性”等方面都掌握得度。

“古为今用”。古为今用,乃中国史学史上的一个优良传统。孔子编撰《春秋》在于“寓褒贬,别善恶”;司马迁著《史记》要“居今之世,志古之道,所以自镜也”。一切有识史学家无不如此。“历史中有我们的人生,有我们的世界,有我们的自己”,“向历史中寻找人生、寻找世界、寻找自己的兴趣”(见李大钊:《史学要论》)。丛书的作者深刻理解历史的作用,在其前言或是后记都提及撰写的初衷。但是,他们在将历史人物作借鉴、求教训、强信心之用时,注重“循名责实”,一戒造假,二戒比附,一切从史实出发,是什么样的帝王说什么样的帝王,作者通过帝王活动的展开以及不同人物的对比，体现叙述者的感情倾向，可谓为“寓褒贬于叙事之中”，这种含而不露的褒贬，正是史家“古为今用”的一种良苦用心，不像历史小说那样“主题先行”，牵强附会，或激情澎湃地抒发了时代的愤懑和呼喊。他们在取材上、用词上都能做到持之有据，言之有理。其“用”集中表现在：一是阐明历史的发展规律，二是传播历史的知识，三是提供历史的借鉴。历史知识开拓人们的视野，是一种生活的力量；鉴往知来，借前人的得失成败照见自己的作为，故谓“历史是面镜子”。某些影视历史剧为了达到“古为今用”，往往用古代的清官、好皇帝来比附。这种不依赖于制度的创新，而寄希望于抽象的个人道德，确是极其危险的。同时，以现代人的意识和眼光来解读历史，借古人的躯壳将现代人对权力、金钱、美女的欲求表现得淋漓尽致，孕育出来的只能是非驴非马、不伦不类的畸形儿，让人瞠目结舌。这种胡编乱造的历史是没有感染力，起不到教化作用的。

“史料取舍”问题。史料是复杂的，一要鉴别真伪，二要诠释说明，以求得“历史事实的例证”，此可谓关键。史料又被视为“说故事者”，也就是用史料去“让过去用它自己的声音来诉说”，由此可见，掌握正确的史料，能带来临场感和真实感，虽有后人转手叙述之难，但本丛书的作者力尽自己的才智，将一段段史料化为一幅幅“历史之画像”，让读者“直接观察”。“细说”，并非包罗万象、面面俱到，而是紧扣其人其事及其相关尽量详说，以显个性，让人读后如闻其声，如见其人，力避梁启超所反对的弊病，即把历史人物传记写成“一人一家之谱牒”。历史人物也是人，有血有肉，也有丰富可感的细节。本丛书作者注意把散落于人们视野之外的珍珠串起来，使读者了解了鲜为人知的秘闻内幕和轶闻趣事。用讲故事的叙述方式，用质朴的语句娓娓道来，于是历史人物变得那么生动活泼，真实可感。在运用这些“秘闻轶事"材料时，十分注重史料的真实性和科学性，不虚构，不扭曲，每一细节，必有所本。这是本丛书作者高明之处。有些历史传记，特别是帝王传记偏重于所谓的"揭秘"。说实话，历史上九重之内的"秘密"，诸如宫廷阴谋、厚黑者胜，是不胜枚举的。唐太宗杀兄诛弟、霸占弟媳、逼父夺位，武则天的连杀亲子乃至亲手掐死自己的女儿，等等，在史书里都有记载，而有的却没有记载。有些人为什么喜欢看"戏说"？他们的回答主要集中在两点：一，有趣好看；二，了解一些历史。"好看"是艺术的追求之一，然而，如果通过观看"戏说""来了解历史"，那只能是缘木求鱼。这套丛书的"细说"不同于"戏说"，对于有关秘闻轶事史料的取舍可谓"恰到好处，取舍得度"。

"增强可读性"问题。历史并非依靠死记硬背的史料进入生活和心灵的，它本身充满着丰富多彩的情节。特别是历史人物本身具有极强的故事性、戏剧性。有一种说法：只要如实反映历史，就是具有可读性的。此说有所偏颇。增强可读性并非仅是文学技巧的问题，而是一个叙述内容的问题，即通过情节故事的选择，传递"历史人物"的性格和精神。如帝王的身世、宫廷生活、人物个性、民风民俗以及万国往来等等章节，都扩充了历史记述的空间，也增添了阅读的兴趣。在叙述中穿插一些引自原始文献的"资料"，尽管仍为文字说明，但如同图像一般向读者提出了更多的问题和更深的思路。本丛书的可读性还在于作者对传主有独特见解，叙述中不断提出问题、回答问题，如此写法可以刺激和启发读者边看边思考，引人入胜。有的章节写得很生动，人物跃然纸上，把历史写得有血有肉，历史人物活起来了，进入了你的思维系统。作者为了增强可读性，在写作技巧上不仅取胜于优美的语言、生动的叙述，还作了精巧的布局，如对传主像戏剧那样树于对立面之中来展开冲突情节；要展示的人物思想不是叙述出来,而是让人物自己对话的表演;句式要简单,开篇要新颖;……就说开篇,这是很重要的,它能把读者一下子带入当时的历史氛围之中。传记的可读性靠编造当时的故事或者违背当时的典章制度和一般社会习俗,以七奇八怪来增强是不可取的。当然,传记文字的通俗是增强可读性的关键。《易经·系传》有言:“乾以易之,坤以简能,易则易之,简则简从;易之则有亲,简从则有功。”晦涩难懂的古埃及文化早已不再流传,而通俗易懂的欧美文化却能风靡全球,其通俗性起到了关键作用。这套丛书就是靠通俗的语言。

值得将“细说”进行到底!

是为序。

2004年9月30日

自　序

小时候听老人说故事、看小说，受足了儒家正统思想的影响，正统观念根深而蒂固。朱元璋由贫苦人家的穷孩子、而游方僧、而大明帝国的开国皇帝，他从蒙古人手中夺取了政权，建立了大明天下。人心归顺，百业争兴。朱元璋当了三十一年的皇帝后撒手人寰，因大儿子朱标夭折而留下的空位依规则自然传到了朱标之子、皇太孙朱允炆的手里。而其第四个儿子、燕王朱棣在历经了磨练之后，此时早已羽翼丰满。本人的自信、手下人的策动使他顺利地实现了由强藩到靖难之主、到大明新皇帝的身份的转变。依照正统观，朱棣得位之不正成为其事业之开展的巨大阴影。

《儒林外史》里就切切实实地写着明朝人流传着这样的故事：明成祖是夺了他侄儿的位置才当上皇帝的，本来朱元璋定下的良好制度，到了朱棣时就全乱了套。科举制度是王朝笼络知识人、选拔政府官员的一种制度，它很大程度上需要借助于民众对王朝的崇敬和归顺。正由于朱棣之王位来得不正，因而科举制度也被执行得走了样，各种舞弊现象盛行。书中写道：乡下的邹吉甫老汉招待他的主子娄琫、娄瓒时，邹三捧出饭来，鸡、鱼、肉、鸭，齐齐整整，还有几样蔬菜，摆在桌上，请两位公子坐下。邹吉甫不敢来陪。两公子再三扯他同坐。斟上酒来，邹吉甫道：

“乡下的水酒,老爷们恐吃不惯。”四公子道:“这酒也还有些身分。”邹吉甫道:“再不要说起!而今人情薄了,这米做出来的酒汁,都是薄的。小老还是听见我死鬼父亲说,在洪武爷手里过日子,各样都好。二斗米做酒,足有二十斤酒娘子。后来永乐爷掌了江山,不知怎样的,事事都改变了,二斗米,只做的出十五六斤酒来。像我这酒是扣着水下的,还是这般淡薄无味。”三公子道:“我们酒量也不大,只这个酒十分好了。”邹吉甫吃着酒,说道:“不瞒少老爷说,我是老了,不中用了。怎得天可怜见,让他们孩子们再过几年洪武爷的日子就好了!”四公子听了,望着三公子笑。读了这样的小说,明成祖的形象之不佳已无须赘言。

可到了选择了历史专业作为自己的本行后,我接触到了更多的明史资料,明成祖的形象也不断地在我的脑海中发生着变化。举凡历史上许多重大变革都是永乐帝推动的,譬如建立内阁制度,譬如建立东厂,譬如下西洋,譬如《永乐大典》,譬如建奴儿干都司,譬如实行“瓜蔓抄”等等……其中有被肯定的,同样也有被否定的,但不管怎样,他充满了创业的激情,也不乏建树。

在发展对外交往和贸易上,明成祖在永乐初年派遣“三保太监”郑和率领庞大的船队,满载金银、绸缎和瓷器等珍贵货物,远航西洋各国,换取海外奇珍,发展了中国与西洋各国人民的友好关系,也提高了明王朝在世界上的声望。放眼15世纪初的世界,朱棣的气度堪称恢弘。至今还有造船专家说,无法想象郑和船队是怎样编队、怎样航行、又是怎样应付风浪的。郑和船上到底还装载了什么,船员主要来自何方,他们被如何组织起来、在船上是如何生活的,出航和回航时的场面是否存在很大差别,等等。这些本来应该保存有丰富的记录,却由于宣德年间因刘大夏建言停止下西洋而清除了郑和活动的几乎全部记载,使中国海洋史上这辉煌的一页长久地湮没在历史长河中。但是,提及海洋文化，我们便不能不提及明成祖。美国学者贡纳·汤普森博士说，明成祖改善了中式武器及航海技术，因而轻易地控制了印度洋及周边市场。而郑和正是试图在这里建立明朝的国际商贸观。

永乐十九年（1421年），明成祖毅然将京师由南京迁至北京，使北京成为全国政治、经济、文化的中心，同时也使明王朝北部边塞的防御力量得到了有力的加强。他曾五次出征蒙古，消灭了元朝反抗的残余势力；他曾在东北设置奴儿干都司，加强了对这一地区的管辖。他下诏编纂了中国古代最大的一部类书——《永乐大典》，为中华民族的文化作出了重大贡献。

史书中关于永乐皇帝朱棣的简历是这样的：明成祖（1360—1424），名朱棣，1402—1424年在位，年号“永乐”，系朱元璋的第四子，曾被封为燕王。后通过靖难之役从侄儿建文帝手中夺取了皇位，永乐二十二年（1424年）七月十八日，在征漠北途中病逝于榆木川。谥“体天弘道高明广运圣武神功纯仁至孝文皇帝”，庙号“太宗”，同年十二月十九日葬长陵。嘉靖十七年（1538年）九月改谥为“启天弘道高明肇运圣武神功纯仁至孝文皇帝”，庙号“成祖”。我们觉得，在他六十四年的一生中，其形象不只是残暴专制，同时也处处体现出才能与功业。

明成祖朱棣由一个身世有争议的帝王之子，通过“清君侧”的政变而登上皇位。他既顶着天子的光环，又有着常人的七情六欲，他人性中的善与恶往往反复地体现在政事、家事以及日常的为人处世上。抛开固有的“正统”意识，以冷静的笔触来展示其丰富多彩的人生，当是史学工作者义不容辞的责任。

较早一些时候出版的商传先生著《永乐皇帝》（北京出版社1989年）和晁中辰先生著《明成祖传》（人民出版社1993年）等对我们帮助很大，囿于体例，未能在文中加注，谨此说明。

目　录

一 谁是生母

明成祖朱棣（1360—1424）出生于元末的战乱时期，那时群雄并起，互相争战。元至正十一年（1351年）五月，刘福通等人以“重开大宋之天”相号召，在河南发动了大规模起义。因为起义军战士头上都裹着红巾，所以历史上就称之为“红巾军”。至正十五年（1355年），刘福通在亳州（今安徽亳县）拥立韩林儿为小明王，建立政权，国号“宋”，年号“龙凤”。当时朱棣的老子朱元璋还是个游方僧，他看到天下大乱，便丢了衣钵，不当和尚，转投到郭子兴的手下当兵了。至正十五年（1355年），郭子兴病死，朱元璋因战功卓著，威望甚高，便成为郭子兴部队的新统帅。第二年，朱元璋攻占集庆，改名应天府（今南京），作为自己的根据地。朱元璋虽然建立了自己的政权，但并没有马上称帝，而是仍然使用“龙凤”年号，自己称吴国公，以避免树大招风。他的谋臣朱升向他提议“高筑墙、广积粮、缓称王”，朱元璋按照这个策略，令士兵屯田，兴修水利，保证军粮供应，因此当时豪杰纷争的年代，朱元璋得以异军突起，实力迅速壮大，攒下了日后逐鹿中原的本钱。其他的实力派当然不能坐视朱元璋的坐大，于是朱元璋先后和东边的张士诚、西边的陈友谅发生激战。紧张的战事使得朱元璋连给儿子起名字的工夫都没有。

元至正二十年（1360年）四月十七日，朱棣出生在当时称作应天府的南京，应天就是顺应天命的意思，他是朱元璋 26 个儿子中的第四子。按照《明实录》所描绘的情景，似乎朱棣一出生就注定了要当皇帝。书中记载，朱棣“初生，光气五色满室，照映宫闼经日不散。”当然了，这些描写只不过是封建文人为帝王杜撰的祥瑞福兆而已，并不是真实的情况。这种造假行为在中国的古史中由来已久，例如汉高祖刘邦，史书上就说他头上总缭绕着一片云气，不论他躲到哪个山沟里，他的妻子也可以很容易找到他。明太祖朱元璋也是如此，《明史》上说他出生时“红光满室”，致使邻居们以为他家着火了。其实，这些所谓的“真龙天子”和一般人出生决无两样。如果说朱棣出生时与其他人有什么不同的话，那可能就是他出生的地方更多了一些战火硝烟。

朱棣出生后不久，朱元璋就与陈友谅在至正二十三年(1363年)进行了著名的鄱阳湖大战，陈友谅身死国灭，朱元璋的最大劲敌被消灭。此后数年，朱元璋又扫平了张士诚、方国珍等地方实力派，基本统一全国。

至正二十七年(1367 年)旧历年底，朱元璋准备转过年来正式登极当皇帝，想到自己已经有了 7 个儿子，心里说不出的高兴。当时，朱元璋在紧张的战争中来不及给每一个儿子起个名字。7 个儿子各取了一个小名，长子宝光，二子般若奴，三子神领旨，四子武圣童，五子圣真奴，六子郭疆童，七子吴山童。此时形势初定，朱元璋就决定要为儿子们正式取名字了。十二月二十四日，朱元璋到太庙祭祀，感谢祖上积的阴德，于是给 7 个儿子取名。按年龄大小依次为：朱标、朱樉、朱棡、朱棣、朱橚、朱桢、朱榑。这时朱棣已经 7 岁了，才和众兄弟一起有了名字。

朱元璋不只是为现有的儿子们取名字，而且还制定了后世子孙取名字的规则。他将他的每一个儿子都作为一支，每一支都拟定了 20 字辈份。例如朱棣位下的 20 字为：高、瞻、祁、见、祐、厚、载、翊、常、由、慈、和、怡、伯、仲、简、静、迪、先、猷。当然名字中的另一个字也不能随便取，必须是符合“五行相转”的原则。朱棣这个辈份的都属木德，他的儿子朱高炽属火德，孙子朱瞻基属土德，曾孙朱祁镇属金德，玄孙朱见深属水德。朱元璋想得倒是挺好，希望自己的子孙周而复始地循环，让朱家王朝传之永远。可惜后世子孙是麻袋换草袋，一代不如一代，朱元璋为子孙们拟定的20个字刚用了一半，他建立的大明王朝就寿终正寝了。

本来自己是谁生的这个问题，对于一般人来说确实不值得一提。绝大多数情况下我们都能知道自己的生身母亲是谁，当然领养的和在医院里抱错了的除外。可要是这个人身份是个皇帝呢？那可就大不一样了。

其实朱棣是谁生的这个问题，实质上就是关于嫡子和庶子的问题。中国古代存在着事实上的一夫多妻制，尤其是封建帝王更是如此。正妻生的儿子称为嫡子，非正妻生的儿子称为庶子。正妻被称为嫡母，其他的妾称为庶母。对帝王家来说，嫡子和庶子在名分上有重大差别。按照封建宗法制度，皇帝死了，皇位要由嫡长子继承。即使嫡长子死得早，如果嫡长子有儿子，也要嫡长子的嫡长子来继承，其他庶子不得觊觎。如果是嫡子，即使不是老大，也要比其他庶子更接近皇位。

朱元璋妻妾众多，儿女也是一群一群地生。从至正十五年(1355年)28岁得长子，到洪武二十八年(1395年)68岁得小女儿，子女共42人。前后有二女二子早夭，有38个孩子长大成人。其中有7个儿子为明朝建国前所生。朱元璋称吴王时就定了长子朱标为世子，一建国就立朱标为太子，储君早定，所以建国前所生的这7个孩子是哪一位后妃所生，当时并未引起人们太多的注意。

朱棣自己倒是反复强调,说自己是太祖高皇帝第四子,为皇后马氏亲生,那他自然也就是所谓的嫡子。《燕王令旨》中记载,起兵时他告诉手下将士们:“我太祖高皇帝、孝慈高皇后嫡子,国家至亲。”夺得帝位后,他马上指使手下编写了《奉天靖难记》,记述了靖难之役的经过,为他歌功颂德。此书一开头就写道:

> 今上皇帝(明成祖),太祖高皇帝第四子也。母孝慈高皇后生五子:长懿文皇太子,次秦王,次晋王,次今上皇帝,次周王也。

朱棣觉得这样还不够,于是又书面告诉别人他是嫡子:“朕为高皇帝嫡子。明有祖训,朝无正臣,内行奸恶,王得兴兵讨之。”又书面告诉他的亲属,让他们会意他是嫡子。对来京的侄子、晋王济熺赐书曰:“吾与尔父皇考妣所生,自少友爱深厚。”

《明太宗实录》中还记载他发动靖难战争时上书于建文帝说:“切念臣与懿文皇太子(即朱标)同父母至亲也。”《明太宗实录》是朱棣的儿子、仁宗朱高炽时修的,仁宗自然也称自己的父皇为高皇后所生。此后各种正史也都沿用了这种说法。

按理说,一个人生身父母的问题,他自己的说法是有一定的权威的,明成祖朱棣反复强调自己是嫡子,即皇帝与皇后亲生,这个问题应该没有什么问题了。《明实录》说,朱元璋正宫马皇后生有五子:皇太子朱标、秦王朱樉、晋王朱㭎、燕王朱棣、周王朱橚。官修的《明史》也据此记载:“文皇帝讳棣,太祖第四子也。母孝慈高皇后。”

然而,事情并非那么简单。一个比较普遍的认识是:明成祖并非马皇后所生,只是马皇后收养的许多其他妃子所生的孩子之一。朱棣反反复复说自己是马皇后所生,无非是证明自己抢夺建文帝的位子是合理合法的。按照汉族宗法制度的传统,正妻所生的孩子为嫡子,其大儿子为嫡长子,是继承人序列中排在第一位的。只有在没有嫡子的情况下，才轮到妾所生诸子，当然也得按长幼排序。即所谓“有嫡立嫡，无嫡立长”。按例，嫡长子若故去，则嫡长孙为继承人的第一人选。如此，就是按朱棣自己说的，他是嫡子，但他是第四子，也轮不到他继承皇位。不过，后来情况有了变化，秦王朱樉、晋王朱㭎与太子朱标一样，死在了朱元璋前面。这样，朱棣就成了在世的嫡子中最大的一个了。朱允炆为在世的嫡长孙（朱标的长子雄英早逝，朱允炆为次子），而朱棣是嫡子之长，就有了争夺皇位的理由。

朱元璋一生嫔妃成群，姬妾众多，具体数量无人能知。在朱元璋的孝陵中陪葬的妃子就有46人，这大约是有封号的，至于没封号的那就更多了。而且，从理论上讲，皇宫里所有的宫女都可以充当皇帝传宗接代的工具，皇帝只要一时高兴，把龙种随便播到哪个宫女的体内，这个宫女就可能跳出婢女的地位，挤进正式姬妾的行列。这种事情在明代是屡见不鲜，如后来有名的万历皇帝，他就是典型的“都人子”（普通宫女所生的皇子）。

在马皇后之下，朱元璋还有很多嫔妃，都有生朱棣的可能性。这些女人大致有：孙贵妃、胡充妃、李淑妃、李贤妃、郭宁妃、葛丽妃、小李贤妃、郭惠妃、达定妃、碽妃、翁妃、胡顺妃、赵贵妃、崔惠妃、刘恩妃、郑安妃、张美人、郜妃、韩妃、余妃、杨妃、周妃等。

这些人中，谁最有可能是朱棣的生母？大体有五种说法。一是说高皇后马氏生了五子，第四子就是明成祖朱棣。二是懿文太子和秦、晋二王都不是高皇后所生，只有明成祖和周王为高皇后所生。三是高皇后生懿文太子和秦、晋、周王，明成祖是达妃所生。第四种说法影响比较大，说明成祖是元顺帝的妃子所生。第五种说法是，明成祖乃碽妃所生。

在五种说法中，影响最大的是第四种和第五种说法，我们先来说说第四种说法。蒙古《黄金史纲》中说大都城破时，顺帝的妃子弘吉剌氏(弘吉剌部盛产美女，自成吉思汗起，弘吉剌部即为孛儿只斤氏的世代姻亲。)已经怀孕三个月，没有来得及逃出，躲在一个大瓮中避难。被明军搜出后为朱元璋纳为妃子，称为翁(瓮)氏。需要说明一下的是，弘吉剌又称翁吉剌，译音不同而已，翁氏之称或许来自于此。

弘吉剌氏当时心想："如果七个月后产子，则必然会被(朱元璋)当作敌人的儿子所杀。如果分娩在十个月后则会被(朱元璋)当作自己的儿子抚养。"于是向天祈祷再添三月孕期。果然怀孕十三个月才分娩，产下一子，就是朱棣。

朱元璋曾梦到东西二龙相斗，西龙被东龙打败。解梦的巫师告诉他这代表他的两个儿子争位。西龙是汉后的子孙，而东龙是翁妃的子孙。朱元璋听后认为翁妃来自蒙古，本属自己的敌人，让她的儿子继承大统不好，于是就把朱棣贬去边疆镇守。

朱元璋死后，朱棣发动叛乱，率领自己的亲兵和山阳的六千兀者人，水滨的三万女真人(按：六千兀者，三万女真都是虚指。一如卫拉特一贯称四万卫拉特，蒙古本部一贯称四十万蒙古。)，以及黑城的汉人讨伐建文帝。照这部史书的记载，建文帝被朱棣擒获。朱棣在他的脖子上用银印烙上记号后将其放逐。朱棣自立为大明皇帝，汉人都认为他是朱元璋的儿子。为了酬谢兀者人和女真人的功劳，朱棣遂割让土地给他们。

事实上，朱棣向北元和女真借兵确有其事。明成祖虽然有守边之责，但是他起兵时根本没有多少兵力，只好向北元和女真借兵。事后明成祖割让大宁卫给兀良哈三卫。此事正史当然不写。但是私家多有著述。如《皇明四夷考》，《三卫志》，《建文朝野汇编》等等。而《国榷》则说成祖"义旗初建，首下大宁，简兀良哈三千骑为奇兵，立三千营，不忘其德，尽指大宁地与之，割雄镇以资伏莽”。

又据《朝鲜太宗恭定大王实录》二年壬午(公元1402年)三月己丑纪事:贺圣节便参赞议政府事崔有庆回自京师(南京)启曰:“燕兵势强,乘胜远斗,帝兵虽多,势弱,战则必败。又有鞑靼兵乘间侵掠燕、辽之间,中国骚然。”又四年甲申(公元1404年)十二月庚午纪事,称帝为燕王时纳於虚出女,及即位,除建州卫参政,欲使招谈野人。

这位於虚出就是建州女真的首领阿哈出,朱棣娶了他的女儿当王妃。而《明实录》永乐八年(公元1410年)八月乙卯纪事条则说:升释家奴官,“释家奴者,指挥阿哈出之子,皆以从征有功也”,这位释家奴的御赐汉名叫李显忠。

朱棣既是篡位,对汉人来说当然要把自己的出身说成是朱元璋的嫡系。在宗法制度下,朱棣如果承认自己的母亲是蒙古人,则他就不是朱元璋嫡出而是旁系中的旁系。以朱元璋嫡子身份夺了自己侄子的帝位,在一般人眼里还算过得去,但是以旁系夺权则很可能遭到其他握有兵权的嫡系的打击。

而对于蒙古和女真方面来说,朱棣又要充分利用自己的半个蒙古人的身份来搞好和他们的关系。朱棣负责镇守北疆,一旦起兵,他必须考虑是否会两面受敌的问题。所以要造反成功,他必须安定自己的后方。所以他很有可能自己添油加醋,把自己说成是黄金家族的后裔。对北方各少数民族来说,作为黄金家族的后裔,朱棣当然不但有权成为汉人的皇帝,也有权成为蒙古和女真人的大汗。元朝的大汗多不由继承而来,所以朱棣起兵争夺皇位对兀良哈诸部和女真诸部来说是再自然不过的事。后来朱棣五次扫荡漠北,军中更有单独编制的蒙古骑兵(即达军)供其驱使,而其中的三千营还是皇帝的近卫军(京营)。这些蒙古骑兵甘于为他卖命,对这个故事深信不疑应该是原因之一。

元朝在退回北方的时候,留守在各地的蒙古人并没有一起退出。蒙古史籍上对蒙古人一般称为“四十万蒙古”。这里指的不是只有四十万人,而是指在元朝统治全国时共有四十个万户。在元顺帝撤退时,只有六万户逃了出来,而剩下的三十四万户都留在了明朝统治地区,否则一般人都不会明白为什么后来四十万户的蒙古本部却斗不过只有四万户的卫拉特。

这些留在明朝统治地区的蒙古人有些被杀,有些则被编入了明朝的户籍和军队。如何稳定这些降人,一直是明朝初期的一个重大课题。朱棣是黄金家族后裔的传说不但对他自己获得这些蒙古降人的效忠有利,甚至对他的后代获得这些蒙古降人的效忠也有利。终有明一代,蒙古军对朱姓皇帝始终忠心耿耿。从下级军官到一品的五军都督府都督到皇帝的秘密警察兼贴身保镖锦衣卫指挥使都可以看到蒙古人的身影。

不过,这个美丽的神话毕竟不是历史事实。尽管朱元璋的嫔妃中确实有蒙古女子,但明成祖却不是元顺帝的遗腹子。明成祖生于至正二十年(1360年),到至正二十八年(1368年,即洪武元年)八月时,徐达才率军攻克大都(北京),元顺帝这才仓皇逃往漠北。如果元顺帝的妃子归了朱元璋的话,也只能在此以后,而这时朱棣已经9岁了。所以明成祖朱棣是元顺帝妃子弘吉剌氏所生的说法只能是供茶余饭后闲聊的笑话了。

第五种说法是明成祖的生母不是高皇后,而是硕妃。这种说法最可信的证据是南京《太常寺志》对孝陵神位的记载:“左一位,淑妃李氏,生懿文太子、秦愍王、晋恭王。右一位硕妃,生成祖文皇帝。”太常寺是掌管皇家宗庙礼仪的官署,《太常寺志》对皇家血统的记载自然较为可信。孝陵是明太祖的陵墓,太常寺对孝陵配享神位的记载是不敢胡来的。可惜的是,这本《太常寺志》现已失传,我们无法亲自验证,但明代却有人亲眼看到了,并在自己书中作了记载，因而是可信的。明人何乔远就记载道：

臣于南京见《太常志》，云帝(明成祖)为碽妃所生，而玉牒则高后第四子。玉牒出当日史臣所纂，既无可疑。南(京)太常职掌相沿，又未知其据。臣谨备载之，以俟后人博考。

何乔远是万历时的进士，曾官居南京工部，博闻广记。他亲眼看到过南京《太常寺志》的这种记载，虽然不知道其依据为何，但这种记录本身就是很有价值的，也应当是可信的。正因为如此，所以谈迁在《国榷》中也采用了这种说法：

文皇帝，御讳棣，太祖高皇帝第四子也，母碽妃。玉牒云高皇后第四子，盖史臣因帝自称嫡，沿之耳。今南京《太常寺志》载孝陵附享，碽妃穆位第一，可据也。

在中国古代，宗庙神位有"左昭右穆"的规则，这里说"碽妃穆位第一"，也就是排在右边第一位，这与前面的记述是一致的。

明末清初人钱谦益和李清对此事还进行了验证。李清见到《太常寺志》的这种记载感到很吃惊，就去问大名士钱谦益。钱谦益虽然博学，但对此也不能确定其真假。当时李清在明末曾任过大理寺左丞，钱谦益在南明弘光朝任过礼部尚书。在弘光元年元旦，二人便借谒祭孝陵之机，利用他们身为大臣的方便条件，趁机打开了孝陵寝殿，进去察看，结果果然是碽妃排在右边第一位，这才相信《太常寺志》的记载是真实可信的。

为此，后来还有一个文人朱彝尊在他的《静志居诗话》中作诗记载此事：

高后配在天，御屋神所栖。
众妃位东序，一妃独在西。
成祖重所生，嫔德莫敢齐。
一见异千闻，实录安可稽？

碽妃为明成祖生母，还有一个有力的证据，即南京大报恩寺中对碽妃的供奉。明成祖即位后，以报答高皇后母恩为名，在原来天禧寺旧址上修建了大报恩寺，让一些僧人为母亲祈福。但是，寺内正殿中供奉的却是他的生母碽妃。只是殿门经常关闭，外人难得一见真像。陈雨叟在《养和轩随笔》中记有此事，说他年幼时游南京大报恩寺，见正门内大殿封闭不开，于是问旁边的人，有老者告诉他说，这是成祖生母碽妃殿。碽妃是高丽人，其子燕王被高皇后当成养子抚养。现在史学界比较一致的看法，明成祖朱棣的生母不是高皇后，而是碽妃。

之所以对明成祖是谁生的这个问题进行详尽的考察，主要是因为出生问题不仅关系到朱棣的身世，而且还深刻地影响了他一生的行为。这个出生问题成了朱棣的一块心病，他总想千方百计地掩饰，唯恐被人知晓了老底。例如记载明成祖出生的《明太祖实录》本来已经在建文年间修好，但朱棣一即位就立即命令史臣重修，其中一个重要目的就是掩饰他的生母真相。一些文臣就是因为做得不合成祖心意，而被以各种借口处死。

明成祖反复声称自己是高皇后所生，在一般人看来，这似乎毫无必要，而且反倒让人觉得有欲盖弥彰之嫌。明成祖隐瞒生母真相，谎称为高后所生，其目的无非是在提高自己身价，为自己起兵夺取帝位寻找血缘上的依据。当他夺取帝位后，自然要用尽一切办法把这一谎话延续下去。但是在心底，他对自己生母是谁是心知肚明的，因此在最重要的陵墓神位上自然不会让高皇后占据他尊敬的生母碽妃的牌位。这也是他于无可奈何中对自己生母的唯一可行的纪念方式。

二　青少年时代

在一般人看来,帝王子孙们的宫廷生活一定是幸福的。其实,除了物质生活富足以外,这些皇子皇孙们的乐趣并不是很多,甚至可以说是枯燥乏味。他们要没完没了地参加各种朝见和祭祀仪式,而且都要一本正经,不能有半点儿戏。除此之外,就是跟随几个大儒一天到晚诵读儒家经典。只在他们偶尔到郊外走动时,才能目睹到一些民间生活的情趣。

每当朱棣的父皇要举行大祭时,朱棣和他的兄弟们都要去助祭。例如郊祭,即冬至到南郊祭天,夏至到北郊祭地;谒庙,即谒祭太庙,另外还有正月初一和冬至举行的大型朝贺,他们都要参加。起初,朱棣和他的小兄弟们在服饰上与长兄没什么区别,都要服衮冕。在明代,穿什么衣服,戴什么帽子都是有讲究的。当时的规定是"冕:五彩九旒;衣五章;裳四章。"冕,即头上戴的帽子,"五彩九旒",是说帽子有5种颜色,9条飘带。衣是指上身服饰,"五章"也是指5种色彩;裳是下身服饰,有4种颜色。这是在最隆重的场合穿的最庄重的服饰。至于像初一、十五之类的朝见,则都穿皮弁服。各种祭祀礼仪和朝会成了朱棣和他的兄弟们生活中的一项重要内容。在这种场合都要规规矩矩,虽然年纪还小,但也不允许嘻嘻哈哈。第一次可能还觉得挺新鲜的,但时间一长,枯燥乏味的感觉就都来了。

另外一项主要生活内容就是学习儒家经典了。朱元璋年轻时没有机会上学，后来只是在征战间隙学了点文化，但水平实在不敢恭维。当朱元璋亲自撰写诏书或者祭文时，语句经常是似通非通。例如他给徐达墓撰写的碑文，就谁也断不开句逗。同样，臣下写的奏折有时候文绉绉的，也没有标点断句，他也是看不懂。为了批阅奏折方便，朱元璋才弄出了八股文来。朱元璋一生都为自己文化水平低而遗憾，因此当了皇帝后他就十分重视对孩子们的教育。朱元璋称帝的第一年，就在宫中修建了大本堂，作为太子和其他皇子学习的场所。堂中藏有大量历代图书典籍，供朱棣和他的兄弟们阅览。朱元璋还招聘各地的有名儒生前来授课，教育太子和诸王。此外，朱元璋还找了一些才华出众的青年，让他们当伴读，陪皇子们一起念书。教书的师傅都是满腹经纶的大儒，其中著名的就有名士宋濂。他前后任教十余年，向皇子们讲授四书五经、封建礼法，要皇子们的一举一动、一言一行都要符合封建礼法规范。尤其是讲到历朝历代兴亡事迹的时候，宋濂都要详细说明某事应该怎么做，不应该怎么做。洪武二年(1369年)四月，朱元璋又命令他的心腹谋臣孔克仁等人教授诸皇子经书，并且让功臣的子弟们也入堂听课学习。新来的这些外廷功臣子弟，给朱棣兄弟们带来了许多新鲜的气息和见闻。

如何教育好自己的皇子，朱元璋可是下了一番功夫。他对儒臣们提出了他的教育理念，他说："譬如一块精美的金子，要找高明的工匠打造。有一块美玉，也得要好玉匠琢磨才能成器。有好子弟，不求名师，岂不是爱子弟还不如爱金玉吗？好师傅要作出好榜样，因材施教，培养出人才来。我的孩子们将来是要治理国家的，各功臣子弟也要做官办事。教育他们的方法，最要紧的是正心。心一正，万事都能办好；心不正，各种邪欲都来了，这是最要不得的。要教他们切实的学问,用不着像一般文士那样,只是会记诵辞章,没有一点好处。”朱元璋文化水平虽然不高,但这些话还是很有道理的。因为太子是他的接班人,他对太子的教育特别关注。有一次,他对殿中侍御史郭渊文等人说:“这些孩子们的文章作得还差不多,只是对太子来说,重在端正他的心术,不要流于浮躁。”在朱元璋看来,学问重要,德行更重要。为此,他还特意找了一些品行端庄的文士,让他们当皇子们的宾客和幕僚,随时随地向皇子们进行说教。

在皇子们的师傅当中,有个叫李希颜的人,原来是个隐士,因为名气大,朱元璋就写了封亲笔信把他征召入京,让他当皇子们的老师。在古代,私塾的老师手里都有一把戒尺,学生不听话就要挨打。他大概已经习惯了这一套教学方法,对皇子们依然很严厉。有一次,一个皇子不听话,让他一戒尺打到脑袋上,肿了个大包。朱元璋很心疼,一时大怒,准备治李希颜的罪。马皇后在旁边劝解道:“师傅教我们的儿子以圣人之道,哪里还能对师傅发怒呢?”朱元璋这才消了气,不久之后还升了李希颜的官。其实像李希颜这样严厉的师傅在明朝一代还真不少,像后来的内阁首辅张居正,他教育万历小皇帝时,也是以严厉著称,以至于万历皇帝见了张居正就像老鼠见了猫。只有当张居正死了之后,才敢找张居正算总账。所以,朱棣小时候的教育环境肯定不宽松,学习气氛也是很严肃的。

朱棣兄弟们除了接受师傅们的教育外,还要随时接受朱元璋的训诫。《明史纪事本末》中记载了一件事情,洪武元年(1368年)十二月的一天,朱元璋退朝回到宫中,趁着朱棣兄弟们都在眼前,便指着宫中的一片空地对他们说:“这里并不是不可以建亭台楼阁作为游玩场所,只是不忍心多费民财罢了。过去商纣王大造琼宫瑶室,结果使天下人都怨恨他。汉文帝曾想建露台,因为怜惜一百两银子的费用，就没有建，所以当时国泰民安。你们以后要经常心存警戒啊！"在这种场合，朱棣兄弟们都要格外恭谨，否则的话，受到的惩罚，那可是相当严厉的。

朱棣从他父皇那里接受的完全是封建正统教育，对此朱元璋曾有一段明确的自白："朕于诸子常切谕之：一、举动戒其轻；一、言笑厌其妄；一、饮食教之节；一、服用教之俭。怨其不知民之饥寒也，尝使之忍饥寒；怨其不知民之勤劳，尝使之少服劳事。"从这段话可以看出，朱棣兄弟们不只是要学习书本上的知识，而且平时的一言一行都要合乎封建礼法规范。这对于一个正处于天真好玩时期的少年来说，可不是一件惬意的事情。

朱棣除了要读儒家经典外，还要读他的父皇特意为他们编写的书。洪武六年（1373 年）三月，朱棣从父皇那里领到了一本《昭鉴录》，四月又领到了一本《祖训录》。这都是朱元璋让儒臣们编写的。书中搜集了古代藩王的一些善恶事迹，以对皇子们进行宗法教育。为了让皇子们好好学，朱元璋还亲自在《昭鉴录》前边写了序。

洪武三年（1370 年）设立大宗正院，即后来的所谓宗人院，掌控皇族内部事务。因长子朱标是太子，就由次子朱樉为宗人令，三子朱棡为左宗正，四子朱棣当右宗正。他们几个在皇子们中年龄比较大，有些事情就由他们几个领头去干。

朱元璋不希望他的儿子们成为文弱书生，就让他们经常做一些强健筋骨的活动。他在当吴王时，看到 7 个儿子渐渐长大了，就特意领内侍编织麻鞋，叫几个儿子穿着麻鞋，打着绑腿，出城锻炼锻炼。要求十分之七的路程骑马，十分之三的路程步行。虽说走路累点，但有机会出宫到外面走动走动，对几个孩子来说还是饶有兴味的。以后随着年龄的增长，他们还要不时地在演武场上练习骑马射箭，学习行军打仗的本领。

洪武九年(1376 年),朱棣已经是一个 17 岁的英俊青年了,他的父皇朱元璋准备让他们到外地去当藩王。临行前,朱元璋觉得有必要让皇子们体验一下民间生活。于是,这一年朱棣兄弟们一起来到安徽凤阳老家,那时被称为中都。这里埋葬着他们的祖父母,也是他们父皇朱元璋小时候为大户人家放牛放羊的地方。凤阳是个"人多地少不打粮,十年倒有九年荒"的穷乡之地,老百姓的生活都很困苦。在这里,朱棣仿佛看到了他的父皇小时候是怎样受苦受难的,创业是多么的艰难。朱棣在凤阳住了三四年,民间生活对他的思想意识产生了深刻的影响。朱棣是个有心人,"民间细事,无不究知"。朱棣当皇帝后,还经常对自己的儿子们说起这段生活经历,认为自己能南征北战,不畏塞外风寒,就得益于这段经历。朱棣在凤阳的这段生活可以看作是宫廷教育的实习阶段,他回南京后就要准备到外地当藩王了。

朱棣的青少年时代基本上是在宫廷中度过的,只是很少几年住在安徽凤阳老家。这是一个从动荡走向安定的时期,这段生活对朱棣的影响是多方面的,也是深刻的。

朱棣出生在兵荒马乱的年代,就在他出生的那一年,陈友谅进犯应天,一些将领甚至吓得要弃城而逃。年龄稍大一点,他就知道了一些家世的情况。朱棣的爷爷、奶奶都是饿死的,死时甚至连一个葬身之地都没有,幸亏一个邻居发善心,借了点钱给朱家,才把他的爷爷奶奶安葬。朱棣本来还有 3 个伯父,但当他记事的时候,却只剩下了大伯父的儿子朱文正。伯父、伯母也都在战乱年代饿死了。朱元璋称帝以后,一有机会就给他们兄弟讲自己小时候的苦难,给人放牛放羊不算,还经常吃草根树皮以果腹充饥。通过耳闻目睹,朱棣也了解了一些明初社会的民间情况。那时北方土地大半荒芜,人烟稀少,很多地方民户逃荒死亡大半。朱棣称帝后还经常说到农民的艰难,他说:“国以农为本,人之劳莫如农。三时耕获,……终岁不免饥寒。”这使得朱棣知道要节制民力,不过后来实际运作起来又是另一回事了。

朱棣的父皇勤于朝政,兢兢业业,这给朱棣树立了一个很好的榜样。朱元璋称帝时,朱棣已经9岁了,后来又长期生活在宫廷中。他亲眼看到他的父皇为了治理这个国家是如何操劳。朱元璋是穷苦人出身,非常厌恶达官贵人那种骄奢淫逸的生活,他把绝大部分精力都用在了国家政事上。每天天不亮就起床办公,批阅奏折公文,一直工作到深夜,没有休息,没有假期,也从不讲究文化娱乐。在位三十几年,几乎没有无故中断过早朝。洪武十三年(1380年)因胡惟庸谋反,废除丞相以后,朱元璋不仅是明朝的国家元首,还成了事必躬亲的行政首脑,大量公文都要他亲自处理。据《明太祖实录》记载,朱元璋曾创下了在8天时间里收到各部衙门的奏札共1660件、3391件事的纪录。也就是说他每天要处理200多份报告,400多件事情。朱元璋临死时用了八个字概括自己的皇帝生涯,“忧危积心,日勤不殆”。这八个字实实在在是他勤勉一生的真实写照。对于这一切,朱棣耳闻目睹,深受影响。当他夺取帝位后,也保持了朱元璋的这种好作风,为国家大事日夜操劳。

当然,生活在宫中的朱棣从他父皇朱元璋那里不仅学习继承了勤勉爱民的作风,也继承了朱元璋寡恩少德、心狠手辣的性格。

朱元璋出身雇农,小时候为富家放过牛羊。后来为了混口饭吃,还当过游方僧,实际上就是另一种形式的乞丐。朱元璋深知贪官污吏对百姓造成的危害,因此他称帝后特别注意整顿吏治,对那些贪官污吏和危害政权的大臣严惩不贷。官员贪赃60两银子以上者,就要被剥皮实草,枭首示众。不过实际上遭到如此严厉处罚的官员是极少的。有的传闻说,某个新任县官一上任,就看到大堂旁边有个被剥了皮,填了草的前任。但这种传闻毕竟难辨真假,不能全信。不过公认的事实倒是,明初的吏治确实是比较清明的,行政效率也是中国封建社会较高的时期。良好的政治环境为明初社会经济的恢复和发展提供了最重要的制度保障。

朱元璋对贪官和权臣的诛杀可以说是触目惊心。洪武九年(1376年),朱元璋发现地方官竟带着空印文书到户部核对钱粮,认为其中必定有诈,便下令将各地掌印官一律处死。洪武十三年(1380年),丞相胡惟庸图谋借日本人之力,以朝贡为名刺杀朱元璋,结果被锦衣卫侦破,牵连被杀3万余人。洪武十八年(1385年),户部侍郎郭桓勾结浙西地方官侵吞税粮。案发后,朱元璋捕杀涉案官员数百人,下狱死者几万人。洪武二十六年(1393年),大将蓝玉以谋反罪被杀,又有15000人陪葬。这一次次政治大清洗运动,朱棣都亲身经历,耳闻目染,不能不对其性格产生深刻的影响。当朱棣即位后,对不服从自己的建文帝旧臣就大开杀戒,毫不手软,其铁腕手段丝毫不逊色于他的父皇朱元璋,这可能也是长期宫廷生活给朱棣在性格上造成的一种深远影响吧。

三　众藩之首

朱棣的长兄朱标，即南京一带所称的大头太子，在朱元璋称吴王时就被立为世子。洪武元年（1368 年）正月初四，朱元璋大祭天地于京城南郊，在郊坛南边正式登基称帝。他追赠祖上四代，册封马氏为皇后，立朱标为皇太子。朱棣兄弟们自然都在场，他们还要按照事前的安排，由他们的二哥代表众兄弟向大哥祝贺。从此以后，朱棣这些小兄弟都要尊称长兄为殿下，他们原来都在一起玩耍，亲密无间，年龄也相差不了几岁，但从这时起，以后兄弟之间就有了身份尊卑贵贱之别了。

在朱元璋看来，元朝之所以经常发生宫廷政变，主要原因就在于没有早立太子，因此他一称帝就解决了这个问题。他还看到，当元末农民起义四处爆发的时候，元朝在各地都缺少强有力的藩卫。有鉴于此，洪武三年（1370 年），朱元璋就作出了封藩的安排，即把各个小儿子封到各地当藩王。他为了不使天下人感到他的私心太重，在封藩之前还特意作了一番表白。《明太祖实录》中记载了他说的话，“天下之大，必建藩屏，上卫国家，下安生民。今诸子既长，宜各有爵封，分镇诸国。朕非私其亲，乃遵故先哲王之制，为久安长治之计。”

朱元璋用心是良苦的，只可惜用的法子有点适得其反。他明明在那里“私其亲”，把自己那些没有尺寸之功的儿子们封为藩王,还装模作样地说是为了国家。实际上在封建社会,大家都知道这个理,那就是“普天之下莫非王土,率土之滨莫非王臣”。江山现在既然是你朱家的了,你朱元璋爱把哪块地分给谁那是你的事情,别人谁会去多嘴多舌,自讨没趣。反倒是像朱元璋这种“此地无银三百两”的做法叫群臣和老百姓感到好笑。

大臣们心知肚明,没人公开说不,都称颂“陛下英明”,于是分封诸子为王的事就这么定了下来。对于这个重大事件,朱元璋发布了一个正式的诏谕:

> 考诸古昔帝王,既有天下,子居嫡长者必正位储贰。若其众子,则皆分茅胙土,封以王爵,盖明长幼之分。爰以今岁四月初七日,封第二子为秦王、第三子为晋王、第四子为燕王、第五子为吴王、第六子为楚王、第七子为齐王、第八子为潭王、第九子为赵王、第十子为鲁王、侄孙为靖江王,皆授以册宝,设置相傅官属。凡诸礼典,已有定制。於戏!众建藩辅,所以广盘石之安;大封土疆,所以眷亲支之厚。古今通谊,朕何敢私!

就在这一天,朱棣便确立了燕王的身份。

朱元璋分封诸子为王,口口声声说是“遵古先哲王之制”,那么中国古代的分封制到底是怎么一回事呢?中国从商代开始就已经实行了分封制,“子孙分封,以国为姓。”到了周朝时,更是大举分封,“封建亲戚,以藩屏周”,由此形成了完备的封建宗法制度,这也就是后来所说的“封土建国”,“封建”一词也是由此而来。汉朝建立之初,刘邦鉴于秦朝实行郡县制,结果出现了无人护卫皇室的情况,于是也搞分封制。起初是同姓王和异姓王并存,后来刘邦年纪大了,怕异姓王夺了刘家的天下,就与心腹大臣们杀白马,共同订立盟约,剪除异姓王,只保留同姓王。后来各个王国势力逐渐壮大,不服中央政府管辖,结果造成了“吴楚七国之乱”,吴王刘濞打着“清君侧”的旗号起兵谋反。到了魏晋时期,也是因为大封诸王,出现了“八王之乱”。后来的封建王朝如唐、宋,有鉴于封王给国家和皇权带来的严重危害,都对受封的王实行较大的制约措施。如唐朝虽然也封皇室子弟为王,但“有名号而无国邑”,受封诸王都要集中居住在京城的府第里,由宦官进行管理。宋代大致沿袭唐代的做法,而且对受封的王的限制措施更加严格。王位只能惠及本人,后世子孙不得世袭,不过可以像普通庶民子弟那样参加科举考试做官。元代封诸皇子为王,派往各行省进行统治,实际上就成了地方上的军政首脑,结果元朝中后期内讧不断,诸王之间为了夺取皇位而互相厮杀,极大地削弱了元朝的实力。

朱元璋毕竟文化水平不高,他只看到了如何让藩王来保卫朱家王朝,而忽视了历朝历代出现的分封诸王危害国家和皇权的事实。所以他在确立分封制时,也为其后燕王朱棣和建文皇帝之间爆发的内战埋下了祸种。

从全国来看,这些封藩主要有两类,一是腹里,二是边塞要地。受封诸王在自己的封地建立王府,设置官属,地位相当高。就是公侯大臣进见亲王,都得伏地拜谒,无敢越礼。

同时,按照明朝的制度,皇子封为亲王都要授予金册金宝,年食禄米万石。不过这个禄米万石可不是说每年给这些亲王的王府里运一万石大米供他吃饭,而是说这些亲王可以拥有在数量上能够年产万石粮食的土地和人口。所以,虽说每个亲王都享受禄米万石的待遇,但每个亲王实际控制的土地和人口却有很大差别,因为各个地方的生产力是不一样的。除了享受国家每年提供的巨额生活费外,这些亲王还可以拥有数量不等的护卫,一般是 1 卫到 3 卫不等,人数少的 3000 人,多的可以达到 19000 人。“卫”是明初的一种军队编制,同时也属于“卫所”这一军事体制。洪武七年八月(1374 年 9 月),朱元璋申定卫所之制,才确定了卫所的编制体制:卫——千户所——百户所——总旗——小旗。每卫下设前、后、中、左、右 5 个千户所;每个千户所编制 1120 人,统 10 个百户所;每个百户所编制 112 人,领两个总旗;每个总旗编总旗 1 人,领 5 个小旗,计 56 人;每个小旗编小旗 1 人,旗兵 10 人,计 11 人。一个完整的卫,士兵数量应在 5600 人左右,但事实上能够达到齐装满员标准的军卫很少,亲王们的护卫也是按照军卫的标准执行的。

除了私人护卫外,像防御北边蒙古的几个藩王,还可以指挥驻地附近的许多卫所军队。如驻守大宁的宁王,他本人就有精锐的 3 护卫作为护驾士兵,此外他还能够指挥驻守当地的 8 万名卫所士兵和 6000 辆战车。这些藩王的府第、服饰和车旗的规格虽说比皇帝要低一等,排场也是相当的奢华,公侯大臣们见了他们都要伏地拜谒。藩王的嫡长子立为世子,即藩王的未来接班人,10 岁时就授金册金宝。其他诸子则授涂金的银册银宝,封为郡王。以后各世子孙都有封爵,自六世以下都封为封国中尉。他们生的时候要向宗人府请名,年龄大了要请婚。但他们不能从事士农工商之类的行当,只是坐费国家俸禄。这些藩王的后代中除了极少数有所成就外,其他大多数人都成为碌碌无为的纨绔子弟。明中期以后,皇室成员的俸禄成了国家沉重的经济负担。

藩王在受封之地只拥有军事权,没有行政权。遇有战事发生,朝廷调地方军队,地方守镇官也要听藩王的节制。后来燕王朱棣率军征讨乃儿不花的时候,连傅有德这样的大将也要受他的调遣。朱元璋感到他的这套藩王制度比以往历代都要严密,大明的江山可以长治久安了。但他万万没有想到的是,他刚死,他的儿子和孙子就爆发了争夺皇位的靖难之役。

对这种分封的弊端,一些有远见的大臣早就看出来了,只是很少有人敢公开发表意见。著名的文士解缙为人率直,敢直话直说,他几次上疏分封藩王之事,说分封的诸王权势过大,如果发生什么不幸的事情,那就会再次出现类似汉朝吴王刘濞的危险。而说得最直率的要数平遥县的训导叶伯巨。洪武九年(1376年),叶伯巨上书言事,说明太祖有三件事做得太过分,其中第一条就是"分封太侈"。他说:"今裂土分封,使诸王各有分地,盖惩宋、元孤立,宗室不竞之弊。而秦、晋、燕、齐、梁、楚、吴、蜀诸国,无不连邑数十,城廓宫室亚于天子之都,优之以甲兵卫士之盛。臣恐数世之后,尾大不掉,然则削其地而夺之权,则必生觖望,甚者缘间而起,防之无及矣。议者曰,诸王皆天子骨肉,分地虽广,立法虽侈,岂有抗衡之理?臣窃以为不然。何不观于汉、晋之事乎?孝景,高帝之孙也,七国诸王,皆景帝之同祖父兄弟子孙也,一削其地,则遽构兵西向。晋之诸王,皆武帝亲子孙也,易世之后,迭相攻伐,遂成刘、石之患。由此言之,分封逾制,祸患立生,援古证今,昭昭然矣。"朱元璋见到这封奏疏大怒,认为这是离间他们一家骨肉亲情,要亲手杀了叶伯巨。后来叶伯巨被逮捕下狱,死在监狱中,但叶伯巨的预言却不幸成为了事实。

朱棣在就藩燕京以前,朱元璋还为他操办完了婚事,妻子就是中山王徐达的长女。朱元璋听说徐达的女儿好读书,又文静,有"女诸生"之名,便把徐达找来说:"你我是布衣之交。古代君臣相契的常常结为婚姻,你的长女就嫁给我的四子朱棣吧。"徐达自然是满口答应,还要叩头谢恩。徐氏于洪武九年被册封为燕王妃,第二年就成了亲。这时朱棣18岁,徐妃16岁。就是这位看起来贤惠文静的徐妃,却成了后来朱棣夺取天下,治理天下的得力贤内助。

洪武十三年(1380年)春天,朱棣从凤阳回到南京,受命就藩北平。他的府邸就是元朝的旧宫,其规制如同天子。按照规定,藩王的府邸要低皇帝一等,其他诸王都要遵守这个规定,但唯独燕王的王府规格超过了标准,其他的藩王当然有不满意的了。为了这件事,朱元璋还特地告谕其他诸位藩王,要他们不要与燕王攀比,因为燕王王府是元朝旧宫,不需要新建,其他藩王新建的府邸则都要按照礼制规定办事。不难看出,朱元璋对燕王朱棣是寄予厚望的。北平是元朝的都城,地理位置险要,燕王的二哥和三哥分别就藩西安和太原,就藩时间还早于燕王两年,朱元璋都没有让他们去北平,而是把北平留给了燕王,这其中似乎寓有深意。从朱元璋为诸王选的王妃来看,燕王妃是明王朝第一功臣徐达的长女,而这种婚姻实质上是一种政治行为,在这点上其他诸皇子也比不上燕王。朱元璋有意让两强联合,这对朱棣以后的发展都是很重要的因素。

这时燕王朱棣已经21岁了。他没有留恋南国的春色,而是接到父皇命令后立刻启程,率领着数千护卫士兵,冒着漫天大雪和北国的严寒,浩浩荡荡地奔赴北平。带着坚定的信念和对未来生活的憧憬,朱棣开始了他人生道路上的一个新的起点,“众藩之首”由此走上了历史的舞台。

从洪武十二年(1380年)到建文元年(1399年)起兵靖难,在这19年的时间里,朱棣基本上都是在北平度过的。他作为独当一面的藩王,从一个初出茅庐的青年渐渐成长为一个智勇双全的统帅。在这段时期,他积蓄了力量,等待着时机。

朱棣就藩的北平是一块形胜之地。金和元两朝都把都城建在这里,旧时宫殿尚存。燕王府邸就在元朝旧宫,虽说有点破旧,但依然保持了旧时帝王的规制,仅此一点就是其他藩王无法比拟的。更重要的还不在于旧时的帝王宫殿,而在于北平的地理位置。

经过千百年来的发展，到元朝时北京已经成为全国的政治中心。在中国历史上，元朝是一个真正的华夷一统，四海浑一的王朝。元朝定都北京，时称大都，不只是因为蒙古民族兴起于漠北，也不是简单地继承金朝旧都，而是中国统一的多民族国家发展到一个新阶段的必然结果。北京作为全国的政治中心，成为联系长城内外、大漠南北的枢纽，也是联系南北各族人民的纽带。另外，北京形势险要，它的东南面是广阔无垠的平原，西边是蜿蜒起伏的山峦，一直向东北方向延伸，直到山海关外。山间的一些关口，大有“一夫当关，万夫莫开”之势，成为连结塞外和东北地区的咽喉要冲。北京的山川形势，足以控扼天下，这也为朱棣日后施展他的远大抱负提供了一个有利的客观条件。

朱棣很清楚他父皇那种暴虐的脾气，也知道皇太子和众藩王之间那种表面和气，内存猜忌的复杂关系。他需要谨慎小心，韬光养晦，要做一个称职的藩王，要博得他父皇朱元璋的欢心。

朱棣除了精心料理藩府诸事外，还不断四处巡视，了解山川形势，体察民间疾苦。他有时路过田间地头，就到农民家中叙谈，了解他们的生产生活状况。他当了皇帝后还不时向臣下说到这些事情。余继登在《典故纪闻》中就记载了朱棣一些体访民间的事情。书中记述“朕在藩邸时，数因田猎过田家。见所食甚粗粝，知其所苦，每亲劳问之，无不感悦。……用人之道，亦须先得其心，然后可以图功。若养之于无事之时，用之于感恩之后，未有不得其力者。”朱棣的这种思想使他没有沉溺于享乐当中，而是处处留心民事，为自己以后的所作所为作了精神和心理上的准备。

朱棣心里十分清楚，他必须极力讨得父皇的赏识。他们虽然是父子，但政治风云时有变幻，冷酷无情。朱元璋一句话就可以将他废掉,一句话也可以让他高升。朱棣知道他的父皇由于小时候受苦,当皇帝后一直提倡节俭,不喜欢奇珍异宝之类的奢侈物品。因此,他就不用这些东西来孝敬他的父皇,而是把能代表五谷丰登的东西报送朝廷。这一招果然奏效,朱元璋就是喜欢这些东西。洪武二十八年(1395 年)九月,北平永清卫出产嘉禾,朱棣就特地派人进献给朱元璋。所谓嘉禾就是大禾,也就是特别大的麦穗。这一次朱棣共进献了 8 株,其中两株是 3 颗长为一体,但仍结了穗,6 株是 3 颗长在一起有 2 穗。这 8 株嘉禾进献以后,群臣上表祝贺,朱元璋也是大喜,还作诗一首,以示嘉奖。

从藩王众兄弟的表现来看,燕王处处都表现出出色的能力,其他的藩王比起燕王来大都不争气。燕王的二哥秦王朱樉,因为行为多有过失,屡次遭到朱元璋的训斥。后来朱元璋把他召到京师,准备废掉他,只是由于皇太子朱标多方劝解,朱樉才没有被废黜。秦王死后,朱元璋在颁赐的谥册中说:"夫何不良于德,竟殒厥身,其谥曰愍。"燕王的三哥晋王朱㭎就藩于太原,他在就藩途中曾因小事把负责膳食的厨子鞭打了一顿。为此朱元璋也是颁手书将其训斥一顿。晋王性情骄纵,在他的封地经常干些违法乱纪的事情。有人告发他有篡位的意图,朱元璋听说后本打算严加治罪,后来也是皇太子劝解,才没有将他处罚。

燕王的两位哥哥是如此模样,他的弟弟们也是少有争气的。好一点的喜欢吟诗诵词、择章摘句,差一点的就是沉溺于酒色当中,时不时的耍耍枪棒,干些杀人犯法的勾当。有的藩王更是趣味低下,经常带着几个随从跑到郊外,有时随便抓几个男女,把人家衣服剥光,干些下流的事情。有的藩王渴望长生不老,就和一些方士混在一起,乱吃丹药。燕王的十弟鲁王,就是吃丹药中毒,瞎了眼睛。鲁王的荒唐行为让朱元璋很不高兴,他死后,朱元璋就给了他一个谥号——“荒”。比起他的众兄弟们来，燕王朱棣显然是一个佼佼者。

朱棣就藩北平的头几年，北边的军务一直是由徐达主持的。徐达是明王朝首屈一指的开国功臣，德高望重。同时他又是朱棣的岳父，两人的合作非常融洽。洪武十八年(1385 年)，徐达病死。野史上说徐达患了背疮，不能吃鹅肉，而朱元璋听说徐达病情后，特意派人送来一只蒸鹅给他吃。徐达知道朱元璋的用意，开国功臣已经被他一个一个地除掉了，自己迟早难免一死，于是大口吃下鹅肉，结果背疮复发，一命呜呼了。对于徐达的死，朱棣和王妃徐氏十分悲痛，从此以后，北边的军务之事都得要朱棣一人负责了。

代替徐达主持北边军务的是大将军冯胜。他也是一个很有韬略的开国名将。洪武二十年(1387 年)，北元丞相纳哈出率领 20 万人窥伺辽东，冯胜率领傅有德和蓝玉的部队前往征讨，大获全胜。没想到，在班师回朝的途中，冯胜被宣布有罪，回京后被逼喝下朱元璋为他准备的毒酒死去。

接替冯胜的是蓝玉，他是名将常遇春的内弟，也是皇太妃的舅父。在征讨纳哈出回来后，他将一匹俘获的名马进献给燕王。蓝玉知道燕王喜欢骑马驰骋，这样做一定会使燕王高兴的。但蓝玉万万没想到的是，燕王对他的大献殷勤并不理会，不仅没有收下这匹马，而且还带着训斥的口气说：“名马没有献给朝廷，却先让我收下，这难道是尊重君父的道理吗?”蓝玉被朱棣说得满脸羞愧，心里很不高兴，但慑于燕王的身份，所以不敢大发脾气。朱棣这么做也是事出有因的，除了有取信于他的父皇之意外，也是担心朱元璋手下那无处不在的锦衣卫的刺探。如果让锦衣卫把他擅自收下名马的事情报告给朱元璋的话，那朱棣的命运就很不好说了，说不定父皇一纸诏书，他就得从燕王的宝座上滚落下来。在当时那种紧张的政治气氛中，朱棣必须谨慎小心从事，不能因为这么一点小事而使父皇对他产生猜忌之心。朱棣的这种做法虽说有明哲保身的意味在里面，但蓝玉可不会理解他的良苦用心，于是两人渐生嫌隙。据《明太宗实录》卷一记载，蓝玉曾私下里对皇太子朱标说："燕王在国，扶众安静不扰，得军民心。众咸谓其有人君之度。……又闻望气者言，燕地有天子气。"实际上就是告诉太子，要提防燕王将来谋权篡位。可想而知，朱棣得罪了蓝玉，使他所处的政治环境更加凶险。幸亏几年后蓝玉被朱元璋杀了，不然的话，对日后朱棣的龙图霸业将是个很大的障碍。

洪武二十三年(1390年)元旦刚过，燕王朱棣就接到他父皇的命令，要他率兵征讨北元丞相咬住，以及平章乃儿不花。据当时侦查的情报说，这两人正打算率领部众南下劫掠。这时燕王刚过而立之年，正是奋发有为的时候，平常难得有这种表现才能的机会，他接到命令后，既兴奋又紧张。虽然他已经当了燕王多年，但还没有与大股的敌人交过手。打了胜仗自然可以在他父皇面前立功受赏，要是打了败仗，可能就会从此一蹶不振。因此，这一仗他必须竭尽全力，志在必胜。好在这次随同燕王出征的有大将傅有德，这也是一个久经沙场、智勇双全的老将。另外南雄侯赵庸、怀远侯曹兴等将领也都听燕王节制，这几个人都是能征惯战之辈。更为重要的是，燕王朱棣经过塞北多年的学习和磨练，已经成熟了，现在是全面检验他学习成果的时候了。

和燕王同时受命出征的还有晋王，由定远侯王弼随行。燕王和晋王分别从北平和太原出师，合击北元残余势力。

洪武二十三年三月初二，燕王率领诸将出古北口，浩浩荡荡向北挺进。从季节上看，这时已是阳春三月，南方早已春意盎然，而北国还是大风扬沙、余寒未消的天气。大军出古北口以后，燕王对傅有德等将领说：“北边土地辽阔，人烟稀少，我们千里行军，没有哨兵准确地提供敌情，难以成功。”于是派出几路哨兵，提前到前方侦察。经过哨兵的侦查得知，乃儿不花正屯军在迤都（今内蒙古苏尼特左旗以北，蒙古国益图附近）。正当燕王率军向迤都进发的时候，天公不作美，一场突如其来的暴风雪阻挡了大军前行的脚步，使北国的荒原很快变成了一片银白的世界，气温也陡然下降。有些将士想停下来躲避一下严寒，但朱棣认为，这正是出奇制胜的绝好时机。于是燕王率领大军冒着纷纷扬扬的大雪加速前进，当部队赶到乃儿不花的营地时，乃儿不花还毫无察觉。燕王虽然已经大军压境，但他不愿突然动武，而是先派观童前往劝降。观童原来是北元的全国公，在上次冯胜北征的时候投降了明朝，被授予指挥的军职。观童与乃儿不花是旧交，两人一见面就抱头痛哭，他们想不到会在此时此地相见。正当二人述说离别之情时，朱棣已经指挥军队将乃儿不花团团围住。乃儿不花大惊失色，想拼命冲出包围圈逃跑，观童一把拉住了乃儿不花，向他陈说了燕王的劝降之意。乃儿不花见大势已去，也只好同意投降明军，随后在观童的陪同下去拜见燕王。燕王设酒席款待，慰问有加，关怀备至，使乃儿不花大喜过望，于是自告奋勇，表示愿去亲自劝说丞相咬住一起前来归降。乃儿不花酒足饭饱之后，将他的部众安顿停当，便亲自前往咬住的军营。几天之后，乃儿不花偕丞相咬住一起来到燕王军营中请降。乃儿不花和咬住的归降让燕王朱棣太高兴了，这一次大规模出征，竟然兵不血刃就大获全胜。这一仗，朱棣俘获乃儿不花及其手下酋长、男女数万人，羊马无数，骆驼数千头。捷报传到南京，朱元璋对燕王的出色表现也是十分高兴。

在这次军事行动中，晋王的表现就差得多了。他还没有看到敌人的踪影，燕王大获全胜的捷报就已经传来，这令他感到羞愧难当。朱元璋本来是想让他们兄弟二人都去立功的，而且因为晋王是哥哥，朱元璋对晋王更是寄予厚望，还特意在出征前给他送去钞 100 万锭，作为赏赐将士之用，结果却是寸功未立。《明太宗实录》上说晋王“素怯，兵既行，不敢远出。”燕王朱棣的大军等了他好久，却迟迟没有等到他来会师，于是燕王只好单独进击了。当然，由于《明太宗实录》是朱棣的儿子明仁宗修的，对自己的父皇朱棣难免有溢美之词，但这次胜利主要归功于燕王朱棣的出色表现则是没有问题的。

捷报传到南京后，朱元璋喜不自胜，高兴地说：“扫清沙漠，就要靠燕王了。”除了言语上的嘉奖外，朱元璋也马上派人送去钞 100 万锭，让燕王赏赐有功将士。这次胜利是燕王才能的初次展示，也是他政治生涯的良好开端。由于这次出征漠北获得了巨大成功，也奠定了燕王朱棣在众多兄弟中众藩之首的地位。

四　古怪的和尚姚广孝

从历史上看，凡是成就一番大事业的人，他的身边总有那么一两个得力的谋士。春秋时期，齐桓公成为五霸之首，就得力于管仲。楚汉相争，刘邦最终战胜项羽，那是得力于萧何、张良的大力辅佐。就是朱棣的父皇朱元璋夺得天下，也少不了刘基这样的人物。明成祖朱棣能够从侄儿手中夺取江山，而且还坐得稳稳当当的，在谋略方面自然也少不了高人指点，而这个人就是古怪的和尚姚广孝。

朱棣和姚广孝是在为马皇后送葬时结识的。洪武十五年(1382年)八月十日，马皇后病死。她虽然一生没有生育，但朱棣和他的3个哥哥以及弟弟朱橚都称为嫡出。马皇后仁慈宽厚，也把他们当作自己的亲生儿子一样抚养。朱棣兄弟们从小就在马皇后跟前，不仅受到她的疼爱，也不断受到她的教诲。当朱棣长大以后，虽然他心里知道马皇后不是他的亲生母亲，但也要把马皇后当作生母一样看待。他知道嫡出和庶出在身份上是有重大差别的。因此，当朱棣一听到马皇后病逝的消息后，便立即赶赴南京奔丧去了。

在中国历史上，马皇后的确是一个出名的好皇后。对于她的死，不仅宫廷里的人很悲伤，就是南京城里的老百姓也都为她哀悼。朱棣从小受马皇后的抚养，从她那里受到了很多熏陶。朱元璋从一个游方僧变成大明帝国的皇帝，也得到了马皇后的不少帮助。马皇后是郭子兴的养女。曾经有一次，郭子兴听信了他儿子的谗言，怀疑朱元璋图谋不轨，马皇后就通过她的养母向郭子兴解释，消除了误会。还有一次，朱元璋被郭子兴关进囚牢，马皇后就把烧饼偷偷藏在怀中送给朱元璋吃，结果把自己的乳头都烫伤了。马皇后的深情使朱元璋难以忘怀，所以称帝以后他把马皇后比作唐代的长孙皇后。朱元璋有时候发怒，要惩罚大臣，马皇后就在他回宫后婉转进言劝解，因而使不少大臣免受了廷杖的皮肉之苦。马皇后对宫中的人都很宽厚，大家都很爱戴她。当马皇后病重期间，她因担心医官治不好她的病而被牵连，所以就拒绝吃药，这件事在后来一直被传为佳话。只可惜马皇后死后，她的这种好作风也随她而去，之后明朝内宫之中不断上演着勾心斗角，谋财害命的勾当。

朱棣兄弟们纷纷赶往南京，为马皇后送葬。全国都停止了娱乐活动，整个南京城更是沉浸在一片悲哀的气氛当中。朱元璋为失去这位患难与共的妻子更是悲痛万分，尤其是3个月前，他的皇长孙朱雄英刚刚死去，接踵而来的打击似乎太残酷了。他还要强忍着悲痛，支撑着处理国家大事。马皇后死后，朱元璋就没有再立皇后了。朱棣看到人们对马皇后那种发自内心的爱戴，自然很受感动。他称帝后，在南京为马皇后修建了大报恩寺，这个念头可能在他为马皇后送葬的时候就萌发了。

马皇后被安葬在钟山南麓的孝陵，朱元璋死后也合葬在这里。葬礼十分隆重，朱棣以亲生儿子的身份为马皇后送葬。葬礼过后，朱棣就和几个已经就藩的藩王要回去了。为了表示孝心，几个兄弟就请他们的父皇派高僧随同他们一起回到藩府，以便回去以后为马皇后诵经祈福。当时已经就藩的藩王共有6

个，除了朱棣和他的两个哥哥秦王、晋王以外，还有就藩开封的周王朱橚，就藩武昌的楚王朱桢，就藩青州的齐王朱榑。朱元璋看到儿子们对马皇后如此深情，很高兴，就命僧录司推荐僧人。僧录司是专门管理全国佛教事务的政府机关，当时的僧录司左善世是僧人宗泐，他是姚广孝的好朋友，于是就推荐了姚广孝。朱元璋把姚广孝安排给了朱棣。就是这位姚广孝，成了朱棣一生事业的得力谋士。

据《明史》记载，姚广孝(1335—1418)，江苏长洲(今苏州市)人，幼名天僖。父亲是个医生，想要他学医。姚广孝却说："儿不乐作医生，愿读书作官或学佛。"元至正十二年(1352 年)，即姚广孝 14 岁那年出家为僧，法名道衍，字斯道，自号逃虚子。剃了发的姚广孝在家乡妙智庵作了和尚。但他却不学佛法，而喜欢读兵书，尚谋略，并且向道士席应真学习阴阳术数之学，熟读诗书，诗文俱佳。他曾经游览河南嵩山寺，遇到著名的相面术士袁珙。袁珙一见到姚广孝就说："这是哪里来的怪异僧人，三角眼，形如病虎，性情一定嗜杀，这是一个刘秉忠之流的人物。"刘秉忠是元代一位才华出众的高僧，曾随忽必烈征云南，筹建开平城，主持设计元大都，建议以"大元"为国号，辅佐元世祖成就帝业。姚广孝听到袁珙这么一番高论，将自己比作刘秉忠，非但不生气，反而很高兴，这与他一直都梦想有一番作为的心思正相吻合，遂立志要做一番大事业。至正二十三年(1363 年)姚广孝在径山师从遇庵大师潜心于内外典籍之学，成为当时较有名望的高僧，但他始终未曾放弃成就大业的抱负，欲成开国建业之功。明初，因其故友多被明太祖朱元璋所杀，因此对洪武朝政治怀有强烈的不满。

对于姚广孝的远大抱负，推荐他的宗泐早就有所了解。当他们一起经过北固山(位于江苏省丹徒县西)时，姚广孝触景生情，赋诗怀古，词意慷慨激昂。宗泐当时就说："这哪里像是出家人说的话啊？"姚广孝只是笑而不答。宗泐推荐了姚广孝，姚广孝又归了朱棣，这其间可能有宗泐的有意安排。

关于朱棣和姚广孝的结识，还流传着一个有趣的故事。其大意是说，姚广孝进京后一见到朱棣，就感到他气度不凡，有帝王之相。朱棣也感到姚广孝非同一般。姚广孝私下里对朱棣说："如果你能让我跟随你，我一定奉一顶白帽子给大王戴。"而"王"字上面加个"白"字正是皇帝的"皇"字。对这种寓意，朱棣很清楚。因为两人一见如故，谈话投机，朱棣就请求朱元璋把姚广孝派给自己。当然这个故事是不可信的，因为在朱元璋眼皮子底下，没有人敢作这种露骨的表示，这是要掉脑袋的事。不管他们当时谈话的细节如何，这两位有远大抱负的杰出人物是走到一起来了，他们一起导演了中国历史上一幕又一幕波澜壮阔的活剧。朱棣和姚广孝的结识，不能不说是他为马皇后送葬的一个意外收获。

姚广孝以荐入选，随燕王朱棣至北平(今北京)住持庆寿寺，在那里为马皇后祈福。可是这位道衍和尚似乎忘了自己本职是干什么的了，到了庆寿寺以后，把给马皇后祈福的事情忘了个干净，每天只想着帮助燕王怎么样成就大业。从此以后，姚广孝就频繁地出入燕王府，参与夺位密谋，成为朱棣的第一位谋士。

明太祖朱元璋死后，姚广孝感到机会来了，便千方百计地怂恿燕王起兵夺权。尤其是当周王和其他几个王被废之后，姚广孝更是使用各种方法鼓动燕王，要他起兵夺取皇位。据野史记载，由于姚广孝以前跟道士席应真学过阴阳术数之学，懂一点占卜的知识，于是有次燕王就让姚广孝为他自己占卜一下，还问他是什么卜术，姚广孝说是"观音课"。他交给燕王3枚铜钱，让燕王掷。燕王刚掷出一枚，姚广孝就故意一本正经地说："殿下要做皇帝乎?”燕王马上制止他说:“莫胡说。”不过朱棣说归说,心底里当然是说不出的高兴了。

姚广孝这个古怪的和尚不仅自己亲自鼓动劝说燕王起兵夺位,而且他还嫌力度不够,更是把自己的好朋友袁珙也拉来做宣传工作。袁珙也是明初的一位奇人。他善于相人,据说曾给上百名官员相过面,无一不中。而且姚广孝和袁珙的相识也是源于一次偶然的相面遭遇。姚广孝对这位密友推崇有加,便把袁珙引见给了燕王朱棣,将他召到北平。燕王朱棣听了姚广孝那些玄之又玄的吹嘘后,也想见识一下袁珙的相面之术。于是当袁珙来到北平时,朱棣故意穿上卫士的服装,和其他 9 个卫士一起来到一个酒馆喝酒。袁珙走进来一看,便马上跪在燕王面前说:“殿下怎么这样不自爱呢?”那 9 个卫士都故意笑话他,说他瞎说,燕王也假装不以为然。但袁珙就是认准了燕王,张口闭口就是殿下。燕王怕他信口说出些有妨碍的话,就急忙带他回府。袁珙又在府里仔细对燕王相了一番,说燕王“龙行虎步”,有天子之相,到 40 岁时,胡须过了肚脐,就要登上皇位了。燕王听了十分高兴,但又害怕这些话泄露出去,传入朝廷,于自己不利,就找了个机会把袁珙打发回去了。当时和袁珙一起到燕王府的还有他的儿子袁忠彻,他也是打小就从父亲那里学到了相面的本领。在北平逗留的几天里,燕王有一天设宴专门招待北平的文武大臣,暗中却让袁忠彻给这些人相面。宴后,袁忠彻对燕王说,宋忠“面方耳大,身短气浮”,张昺“面方五小,步行如蛇”,谢贵“臃肿早肥而气短”,耿瓛“颧骨插鬓,色如飞火”,景清“身短声雄”,他的结论是,这几个人“于法皆当刑死”。而这几个人恰恰就是建文帝派来监视燕王朱棣的人。听了袁忠彻的话,朱棣大喜,更加坚定了起兵的决心。当燕王朱棣最后夺取天下,成为永乐皇帝后,为了报答袁氏父子,便将袁珙和他的儿子袁忠彻一起召进京师，授官鸿胪寺序班，并给予了丰厚的赏赐。

朱棣起兵靖难前夕，面临严峻的形势，姚广孝通过对当时政治、军事形势的分析，促使燕王朱棣坚定信心，乘建文帝还未完全将矛头对准自己的时候，立刻起兵。同时，姚广孝又在王府的后苑秘密训练军士，打制兵器，作好军事准备。建文元年(1399年)六月起兵前夕，姚广孝和燕王共同设计，生擒北平布政使张昺、都指挥使谢贵。靖难之役中，姚广孝留守北平，辅佐燕王世子抗击朝廷的50万北伐之师，其作用不亚于当年汉初的萧何。此后，更是运筹帷幄之中，终于帮助燕王朱棣夺得皇位，为朱棣夺得江山立下不世功勋。燕王朱棣夺取帝位后，论功行赏，姚广孝以“首赞密谋，发机决策，论功以为第一”。朱棣对他十分敬重，恢复他的姓，赐名广孝，不直呼其名而尊称为少师。朱棣让他蓄发还俗，他不肯；赐给他府邸和两名宫人，他拒不接受。上朝的时候他穿上官服，下朝后就换上袈裟，居住在寺庙中。姚广孝虽不肯还俗，但也并未功成身退，而是以出家人的身份先后出任僧录司左善世(相当于全国佛教协会主席)。晚年，姚广孝既厌惧官场争斗的凶险，又不甘心放弃毕生事业的追求，故虽然受官，却未改变僧人身份，主要以太子少师的身份承担太子、太孙的辅导讲读，及主持《永乐大典》、《明太祖实录》等书的修纂工作。主要著作有《逃虚集》、《逃虚子诗集》、《逃虚类稿》等。

朱棣夺得天下后在南京登基，随后将他的爱孙朱瞻基，即后来的明宣宗，随同她的母亲、祖母搬来南京。祖父朱棣和祖母徐氏非常钟爱这个皇孙，对其颇为用心。朱瞻基自幼聪慧，喜好读书。永乐五年(1407年)四月，成祖朱棣特命靖难之役的第一功臣姚广孝为之讲习经书，作为帝师。

永乐元年(1403年)七月，朱棣下诏编纂一部类书。他雄心勃勃，想要撰修一部《永乐大典》，将中国古代典籍尽量收集齐全,特命大才子解缙负责,要求他们不要嫌工作浩繁,要尽量收罗。第二年十一月,解缙将编纂好的图书进呈天子。朱棣很高兴,赐名《文献大成》,赏赐解缙等 147 位有功人员。但不久之后,朱棣发现这与他的要求相差很大,主要是还有许多典籍未能收录。于是朱棣决定重新编修,任命靖难功臣姚广孝以及刑部侍郎刘季篪(chí)和解缙总其事,前后参与者近 3000 人,可谓人才荟萃、人文盛事。朱棣对这件事非常重视,命在文渊阁开馆修书,由光禄寺供给朝夕膳食。他看到文渊阁中的书籍尚不完备,命礼部选派通晓典籍的官吏四出购求典籍,“书籍不可较价值,惟其所欲与之,庶奇书可得”。正是在朱棣的关注和支持下,3 年之间,大典得以编纂完成。永乐五年(1407 年)十一月,大功告成,姚广孝等人将《永乐大典》进呈朱棣,完成了中国文化史上的一件伟业。

明永乐十六年(1418 年)三月,84 岁的姚广孝已是重病在身,大概是感到自己将不久人世,于是特地进宫朝见永乐帝,不久永乐帝又亲往他居住的庆寿寺探病。朱棣去看他,问他有什么要求,他说溥洽和尚在牢里很久了。这溥洽是建文皇帝的僧官,朱棣夺取皇位后,曾将一大批建文帝旧臣处死或治罪,溥洽和尚就是因此入狱的。现在弥留之际的姚广孝提出了这唯一一个要求,成祖朱棣确实是不好拒绝,也就命令释放了溥洽和尚。三月二十八日,姚广孝于庆寿寺病逝,永乐帝不胜哀悼,辍朝二日,命有司治丧,并亲自为他的神道碑书写碑文,记述他的功绩。追赠姚广孝为“推诚辅国协谋宣力文臣”,特进“荣禄大夫上柱国荣国公”,谥恭靖。四月六日姚广孝遗体按佛教仪式火化,六月十一日,葬于已经落成的房山圣岗墓塔中。

姚广孝塔,全名“太子少师荣国恭靖公姚广孝之塔”。塔坐北朝南,通高 33 米,为八角九级密檐砖塔,须弥座束腰浮雕寿字和花卉，其上为三重外倾莲花瓣，上承塔身。塔身东、西、南、北四面雕仿木隔扇门，其他四面则雕花棂假窗。正面门楣上嵌石一方，上有楷书："太子少师赠荣国恭靖公姚广孝之塔。"塔身之上为九重叠涩檐，各角悬铜铃，风吹作响，声音悠远。塔刹铁制，由八条铁链锢于檐角吻兽上，状似葫芦，上耸立柱，直插云天。

与欧洲、西亚、乃至日本不同，宗教人物在中国政治史上极少扮演重要角色，而姚广孝以出家之身位极人臣，影响历史进程，确属前无古人后无来者。

五　储位之争

朱元璋鉴于元朝因未立太子，导致宫廷内部因皇位继承问题争斗不断，严重影响国家稳定的教训，于是在建国之初就早早确立了皇太子。

皇太子又称储君，朱元璋一开始就立长子朱标为皇太子，后来却总对他不满意，嫌他太文弱，与自己一点都不相似。朱元璋一批一批地诛杀功臣元勋，朱标就看不下去了，一有机会就进言相劝。有一次朱元璋被朱标劝得烦了，就故意把一根带刺的荆棘棒放在地上，要朱标用手去拿。朱标看上面都是刺，面露难色。这时朱元璋就说："你怕有刺不敢拿，我把刺都给你除掉了，再交给你，岂不是好。我杀的都是奸恶之人，把内部整顿好了，你才能当这个家。"朱标回答说："上有尧舜之君，下有尧舜之民。"意思是说，有什么样的皇帝，就有什么样的臣民。朱元璋听了顿时大怒，拿把椅子就朝朱标打去，吓得皇太子慌忙逃跑。这个记载不一定很真实，但这个故事却反映了他们父子之间的性格不合和一些矛盾。

在所谓嫡出的诸皇子中，朱元璋还是对燕王最中意。据《明太宗实录》记载，蓝玉曾私下对皇太子朱标说："殿下试观陛下，平日于诸子中最爱者为谁？"皇太子回答说："无如燕王。"从有关明代史籍中不难看出，朱元璋确实感到燕王与自己比较类似。

洪武二十五年(1392年)四月,皇太子朱标病死。这时的朱元璋已经是一个67岁的老人了,他看到皇太子竟然先于自己死去,心情十分悲痛。但是,这又给他提供了一个选择皇位继承人的机会。按照嫡长子继承制的规定,作为储君的嫡长子朱标死后,应由朱标的嫡长子来继承。但是朱标的嫡长子朱雄英在几年前就死了,他的弟弟朱允炆自然而然地就成为皇位的第一继承人,这就是后来的建文皇帝。按理说,朱元璋的次子秦王也有继承皇位的资格,但秦王太不争气,上年刚被朱元璋召回南京训斥了一通,要不是皇太子劝解,朱元璋真的要把他的王位给废除。因此,秦王绝对没有可能被立为太子,这一下着实让朱元璋犯了愁。朱允炆虽然也很聪明,但朱元璋还是嫌他像他父亲一样,太过于儒雅文弱。尤其是他有那么多拥兵在外的叔叔,朱元璋也担心朱允炆难以驾驭这些人。思来想去,朱元璋感到还是燕王朱棣比较适合继承自己的事业,但是又碍于燕王只是第四子,也难以下定决心。

《明太宗实录》第一卷记载说,有一天朱元璋和几个亲近的大臣秘密商议立储之事。他说:"太子死了,皇长孙弱不更事。治理国家必须得人才行,我想立燕王为皇太子,你们以为如何?"翰林学士刘三吾说:"立燕王,置秦、晋二王于何地?且皇孙年长,可继承矣。"刘三吾的确说出了问题的实质,秦、晋二王都比燕王年长,不立秦、晋二王而立燕王,确实有悖宗法伦理。于是,朱元璋怀着无奈的心情,放弃了立燕王的主意,而决心立朱允炆为皇太孙。看来有时候,即便是最杰出的政治人物也无法摆脱传统思想的禁锢和束缚,嫡长子继承制不能不说是中国传统文化留给后人的一个巨大思想包袱。与后来的清王朝相比,反倒是没有受中国传统文化束缚的满族人确立了更好的皇位继承制,那就是立贤不立嫡。朱元璋回宫后满怀失望和无奈之情焚香向上天祈祷，谓国运长短只能是听天由命了，他希望上天保佑他创立的大明江山传之永久。

在封建时代，立储之事往往关系到一朝一代是长治久安还是内乱不断。朱元璋在心情矛盾的情况下无可奈何地立了皇太孙，由此种下了祸根。他刚死，燕王和朱允炆之间就爆发了争夺皇位的靖难之役。朱元璋囿于封建伦理，没有作出立燕王的决定。如果他真的立燕王为太子的话，也许就没有后来那场争夺皇位的战争悲剧了。

皇太子朱标死了以后，朱元璋经过半年的踌躇，终于下定决心立朱允炆为皇太孙，那时朱允炆才 16 岁。当时朱允炆就感觉到那些拥兵在外的叔父们对他是个威胁，为此朱允炆还特地和太常寺卿黄子澄议论过此事。有一天，朱允炆约黄子澄到东角门相见，两个人就坐在门边促膝长谈。朱允炆问黄子澄："我的那些封王的叔父们都是地位尊贵的人，又拥有重兵，可是却经常做些违法乱纪的事情，你说我将来如何是好？"黄子澄回答说："诸藩王的护卫军兵才刚够保护自己而已，力量并不强大。倘若以后真的有什么不测之事发生，皇帝亲率全国的军队前去征讨，谁能够抵挡得了？汉朝七国之乱，这七个王国的实力不可谓不强，但结果怎么样？还不是镇压下去了。虽说大小强弱，实力并不一样，可是顺应天命的才能幸存，违逆天命的必然失败，这个道理是不变的。"朱允炆听了黄子澄这番议论，才安下心来。

对于朱允炆的文弱，朱元璋也是早有察觉。明代的人为此还附会出一些传说。据说朱允炆从小就长了一个扁脑袋，朱元璋戏称为"半边月"。有一次皇太子朱标和皇孙朱允炆都在朱元璋跟前，看到新月当空，朱元璋就让他们各自作一首咏新月的诗。朱标的诗是：

昨夜严陵失钓钩，何人移上碧云头？

虽然未得团圆相,也有清光照九州。

朱允炆的诗是:

谁将玉指甲,掐破碧天痕。

影落江湖里,蛟龙不敢吞。

朱允炆的这首诗虽然构思尚可,也算通畅,但气魄显然不足,尤其是在朱元璋这个创业帝王的眼中,这首诗就显得太书生气了,所以朱元璋看后不是很高兴,觉得未来的皇位继承人气质如此文弱,于国家可不是吉祥之兆。还有一次朱元璋和朱允炆以及燕王朱棣几人在宫中看跑马,便随口出了个上联:“风吹马尾千条线”,让朱允炆和朱棣对下联。朱允炆对的是:“雨打羊毛一片毡”;燕王朱棣对的是:“日照龙鳞万点金”。朱允炆对的下联也算工整,但气魄就远不及燕王的大。

朱元璋感到皇太孙朱允炆比他父亲朱标更文弱,对他以后治理大明江山更加的不放心,因此就更是加快了诛杀功臣元勋的速度,好在自己死前为朱允炆拔掉绝大多数荆棘上的尖刺,给皇太孙留下一个好控制的朝廷。立皇太孙的第二年,朱元璋就借“蓝玉案”大开杀戒。蓝玉确实骄悍不法,被杀也是罪有应得。但因为他而受牵连被诛杀的竟达15000人,其中有相当大的一部分确实是属于有意滥杀。朱元璋还为此案颁布了《逆臣录》,其中包括“一公、十三侯、二伯”。经过洪武十三年胡惟庸案的诛杀,元勋宿将本来就被杀得差不多了,现在又经过这一次大屠杀,“元功宿将相继尽矣”。就是像傅友德那种平素很谨慎的大将,在这场大屠杀中也没有幸免于难。

其实朱元璋只是注意到了一些功臣对皇位的威胁,而忽略了真正觊觎皇位的还是他自己的子孙。朱元璋共封了9个藩王,其中除了燕王外,还有辽王、宁王、谷王、代王、晋王、秦王、庆王、肃王,这几个藩王的辖区都靠近边地。朱元璋要他们每年都要训将练兵，塞上一旦有战事，他们就可以提调兵马进行抵御。朱元璋对他这种安排颇为得意，有一次他对皇太孙朱允炆说："我把防御外敌的事情都交给了你的那些藩王叔叔们，边境上可以保证没事了，让你当一个太平皇帝。"朱允炆听了之后却说："虏不靖，诸王御之；诸王不靖，谁去抵御他们呢？"听了朱允炆这么一问，朱元璋一时也愣住了，他可能也没有想到这层问题。听朱允炆这么一说，朱元璋沉思了许久，但也没有想到好办法。于是朱元璋反问朱允炆："那你的意思是怎样的呢？"朱允炆对此想得比较多，他当即回答道："以德怀之，以礼制之，不可则削其地，又不可则废置其人，又其甚则举兵伐之。"朱元璋听后说："看来也没有比你说的更好的办法了。"

对于皇帝来说，他的儿子们或多或少地有资格继承皇位，而他们又几乎没有人不愿意当皇帝的。因此，皇子们都很关心皇位继承的事情，这也在情理之中。晋王自己感觉才能不及燕王，对燕王就很嫉妒，也很留心燕王的一举一动。有一次，晋王和燕王都到南京朝觐，晋王几次对燕王说一些侮辱性的话，燕王都是隐忍，没有发作，只是借口有病提早回北平了。晋王还派人到北平侦察燕王的动静，经常将燕王的一些琐碎小事报告给朝廷，向朱元璋打小报告。只是因为没有抓住燕王的大把柄，所以没有对朱棣构成什么大的危害。

燕王又何尝不在觊觎皇位呢？他在名义上也是嫡出，论才能远远超过他的3个哥哥。只是由于传统伦理的原因，他才没有能够名正言顺地被立为皇位继承人，但他也无时无刻不在关注着皇位继承的事。他利用自己燕王的身份，方便地结交有才之士。除了前面说到的姚广孝这个心腹谋臣之外，像张玉、朱能这样文武全才的人物，都被他笼络到一起，成为他的死党。也正是因为他身边集中了一批能干的人才，所以在与北元残余势力的多次交锋中，燕王朱棣总是能打胜仗。自从俘降乃儿不花那次大仗以来，与北元势力的大大小小的战斗就没有中断过。尤其是元勋宿将被朱元璋陆续剪除以后，朱元璋便越来越倚重他的儿子们了。尤其是戍守北边国界的几个藩王，在抗击北元势力的侵扰方面，其权力越来越大，这也给燕王提供了更多表现才能的机会。

当时朝鲜使臣不断到中国朝贡，一般是一年两次，有时次数更多。当他们路过北平的时候，也总要拜见一下燕王。在朝鲜《李朝实录》中就留下了一些关于燕王朱棣的记载。这些使臣就发现，燕王朱棣是个胸怀大志的人，他是不会长久地安于当藩王的。

在朱元璋还在世的情况下，燕王不敢有丝毫的骄横与懈怠，他必须表现得很谦恭，以避免引起父皇的猜疑。但这种故意表现的谦恭有时候也会露出马脚。有一次朝鲜使臣路过北平，燕王提出向朝鲜要马匹。使臣告诉朝鲜国王以后，国王马上就派人把马送来了，而且还配了崭新的马鞍。朱棣事后虽然把接受朝鲜马匹的事情报告了朱元璋，但还是受到了朱元璋的一顿训斥，朝鲜使臣也因此事受到了责怪。通过这件事，朱棣接受了教训，他必须更加谨慎一些。他只能不动声色地关注朝廷的变化，再就是管好北边的安全防务工作。

事情的发展往往出人意料，皇太子朱标在洪武二十五年死了以后，朱棣的二哥秦王朱樉又在洪武二十八年死去，又过了三年，朱棣的三哥晋王朱棡也病死了。朱元璋一生有 26 个儿子，洪武三十一年(1398 年)三月晋王病死以后，燕王在众兄弟中就成了名副其实的老大了。这时的朱元璋已经是一个年过古稀、风烛残年的老人了，他苦心经营的大明王朝也已经经历了 31 个年头，他也为此操劳得筋疲力尽了。马皇后和他的儿子们一个一个地先他而去，对垂暮之年的朱元璋也是不小的打击。如果这时立燕王为皇太子的话，于伦常次序上已经不会受到任何指责了。但此时朱元璋的身体也不行了，他已经经不起因储位之事引发的任何风波了。更何况皇太孙朱允炆已经立了五六年，又没有什么过错，再废再立，于情也是讲不通的。因此，关于易储立燕王这件事，朱元璋生前终于没有办理。对此，嘉靖朝时的高岱曾作过精辟的分析。他说："所以欲易储而不果，盖亦有甚难处者于其间。何也？创业之主，其所为即后世之所程法。况继体垂统，大事也，祖训著有定制，岂容所行之不符也？盖欲易储者，所以贻一世之安；而终不易者，所以定万代之法。是故有权衡轻重其间，而又况有秦晋二王在，尤难处也。"

从各方面的情况来看，如果朱元璋立了燕王为皇太子，确实可以"贻一世之安"。他没能这样做，可能也是意识到自己死后会出乱子。在晋王死后的 3 个月，即洪武三十一年（1398 年）闰五月十日，朱元璋也死了，朱允炆顺利地登上了皇位。在朱元璋瞑目以前，这个老皇帝把驸马梅殷叫到跟前，秘密托付他辅佐皇太孙。朱元璋在世没有能力解决的问题，梅殷就更无能为力。这位皇太孙朱允炆最终也未能逃过被他的叔叔燕王朱棣取代的命运。

六 建文帝的几位文臣

朱允炆在明太祖朱元璋驾崩后的第六天就正式登基做了皇帝，这是因为他的父亲朱标早夭，所以他承继皇位纯属惯例使然。他周围的谋臣们几乎也不用做什么努力就可以坐享其成。但实际上，坐上这个皇位容易，要坐稳这个皇位却并不容易，特别是朱允炆本人太懦弱，而他的叔叔朱棣又过于强势，于是，朱允炆在就位之前，就已经开始考虑这样的问题了。只是朱元璋没有给他具体的指导，朱允炆便想从身边近臣处得到援助。

当朱元璋驾崩之时，各路诸王纷纷以奔丧为由进京。此时，朱允炆的谋臣齐泰、黄子澄出了主子当朝后的第一招：当朱棣星夜兼程赶到淮安时，却遇到了朝廷派出的使臣，向他宣读了太祖遗诏，其中明文规定要"诸王临国中，无得至京"。朱棣不能前往京师，只好派三个儿子朱高炽、朱高煦和朱高燧前去代表自己奔丧。朱棣对这种不信任之举怎么想怎么觉得不舒服，这不是明显带有火药味了吗？

出这一招的两位谋臣都是读书的好手。齐泰是应天府溧水人，初名德。洪武十七年(1384)应天府乡试第一，次年又得中进士，历官礼部、兵部主事。洪武二十七年(1394)因历官九年无过失，被选陪祀郊庙，朱元璋亲赐其名泰。第二年，以兵部郎中擢升左侍郎。此人干练强记,朱元璋偶然问起守边将领的情况,他竟能如数家珍,巨细无遗。他甚至对边将的分布与辖区掌握得可以绘成详细的地图。朱元璋欣赏他,朱允炆也从祖父那里认识了齐泰。于是即位之后,朱允炆便委以兵部尚书之重职。

黄子澄是江西分宜人,本名黄湜,洪武十八年(1385年)会试第一名,与齐泰同榜。朱允炆即位后,命他以太常寺卿兼翰林学士,与齐泰同参国政。

朱允炆与他们二人商议的第一次行动就是削藩。

眼看着削藩正在节节推进,接下去君臣间的谋划就至关重要。齐泰、黄子澄和朱允炆一样,似乎运筹于朝宫尚可,却无法做到决胜千里。当他们把注意力集中到朱棣这个主要目标时,却发现朱棣早已在朱允炆削除别的藩王时,通过上书求情凝聚了诸王的心,更重要的是朱棣早已利用这有利的时机壮大着自己的军事实力。

朱棣的举动甚至还培养出朝廷中的反对派,他们从汉代的历史中找到"推恩"的主张,即让诸王父子分封于不同的地方,就能达到"不削而自削"的目的。另一个叫韩郁的御史认为维持外藩强固的局面没有什么不好。户部侍郎卓敬认为徙王不失为一个好办法,他建议可以把燕王迁至南昌,这些反对削藩派自然动摇了部分军心。

朱允炆将"削藩"之事全权交给齐泰、黄子澄,自己又与方孝孺一起,终日研讨改制之事。朱允炆想通过削藩集权,进而施行"宽仁"政治。但是方孝孺也是一介书生,他拟就的"建文新政"纲领中,除了赦免罪囚、蠲减逋赋等一般性措施外,未见具体而系统的改革安排。

方孝孺,字希直,又字希古,浙江宁海人。其父方克勤是洪武中颇有政声的循吏,于"空印案"中无端被杀。方孝孺自幼便以聪敏机警著称。曾师从名儒宋濂，素有文名。曾有人把他推荐给朱元璋，只因朱元璋并不欣赏饱学之儒，只是给了一个名义性的汉中教授名号。蜀王朱柏当时被称为“蜀秀才”，他欣赏方孝孺，用他作世子傅，并且亲自题写“正学”二字作为其书斋名，因此，当时人又称方孝孺为“正学先生”。朱允炆即位后，立即将他召至京师，当作倚重之臣。

方孝孺志在复古，他热中于井田旧制和《周礼》中的古旧官职，孜孜于那些早成明日黄花的“不急之务”，虽然有人劝告过他，多关注现实一些的事，但他似乎仍不在意。

在废藩这样的急务面前，这些书生们竟迁延三月而不得其果。燕王却抓紧这三个月时间，在道衍和尚的帮助下，积极做着应对朱允炆的准备。

在道衍和尚的举荐下，相士袁珙、卜者金忠都聚集到了燕王跟前。相士道士的拿手本事就是激发人们的信念，袁珙时时处处说朱棣是个该成就大事业的人，这无疑甚过增加了几百万的军马。他们还竭力劝导朱棣，说朱棣没有马上被削藩，是因为朱棣已有了一定实力，而且又处于燕地这样具有重要军事价值的地方，民习兵械，粮饷充足，一有行动，必势如破竹。朱棣经其反复游说，信心变得更足了。

朱允炆的懈怠给了朱棣磨刀霍霍的时机，这路人皆知的形势不由得不让旁观者着起急来。四川岳池教谕程济假托通术数之学，上疏宣称：“北方兵起，期在明年。”朱允炆怪他无端妄言，逮入京师，险些处死。程济高喊“冤枉”，要求将自己囚禁起来，以待来年验证其言。

直到燕地不断来人向朝廷告变，朱允炆才找来齐、黄二人商议对策。事到如今，齐、黄二人说是到了该出手的时候了。先发制人才能求得主动，朱允炆天生懦弱，仍然坚定不了决心。

反复商议总算有了一个方案。洪武三十一年(1398 年)冬十一月,命工部侍郎张昺为北平布政使,谢贵、张信掌北平都指挥使司事,秘密伺察燕王的动静。建文元年(1399 年)三月,以都督宋忠调边军屯驻开平,并且拣调燕府护卫精壮,以减弱燕王朱棣的军力。又命徐凯练兵临清,耿瓛练兵山海关。同时将永清左卫调驻彰德,永清右卫调驻德州,形成对北平的包围。燕王府护卫蒙古族骑兵指挥观童等,也被调入京师。

朱允炆决心要对燕王朱棣动手了。这时,京城中却突然传唱起一支奇怪的歌谣,据说是一位道士边走边唱的,一时许多人都随着唱了起来:

莫逐燕
逐燕燕高飞
高飞上帝畿。

这显然是袁珙等人的谋划,朱允炆处处陷于被动之中,朱棣经这么一操作,变得多么地无辜,却又多么地值得同情,乃至多么地应该入主大统。朱允炆和他的谋臣们确实是太缺乏政治历练,太不明了人心的向背,也太不知道掌国的艺术。

建文元年(1399 年),燕王朱棣以"清君侧"为名,从北平举兵南下,建文帝多次派人讨伐,均被燕兵打败。建文帝没有办法,便以谪齐泰、黄子澄二人官职以报燕王为条件,请求燕王罢兵。燕王没有答应,继续挥兵南进。建文帝终于认识到所谓"清君侧"是假,谋取皇位是真。于是复召齐、黄二人,以图后策。结果齐泰应召入京后,却未见建文帝踪迹。永乐建元之后,齐泰的叔父齐阳彦、堂弟齐敬等 7 名亲属被执于京师(南京)处死,同年六月五日,齐泰也被执于京师,不久与黄子澄等同被斩首。一些亲属也被牵连遇害。到洪熙元年(1425 年),建文帝诸臣遇赦,人们终于在溧水县东十五里处的塘庄建起了齐泰及其亲属的墓家,后人称其为“七贤墓”。或许在人们的印象深处,齐泰仍是捍卫正统的一个贤臣。

据说是战国时楚国贵族春申君黄歇的后裔的黄子澄,从小父母就教导他要忠君守义。12岁时,补分宜弟子员。明洪武十八年(1385年)会试获进士第一。据说唱名时,天空出现五色之云。太祖高皇帝看他雅重光彩,顺口问:“几岁?”答曰:“三十有四。”再问:“何年?”竟没有立即回答上来。于是,由第一名改为第三名,并让他伴读东宫,以后官至太常寺卿。

朱棣也清楚黄子澄是个人才,心想只要他能为自己所用就可以不计前嫌。谁料到黄子澄见他却拒不下跪,并仍按先前的称呼称朱棣为殿下。左右厉声呵斥,他毫不理会,继续高声说道:“我知道殿下是用武力取得的富贵,却不知道殿下要登上皇位。如果起用我这样的人,岂不是不想以纲常治理天下了?”朱棣强压怒火,继续和颜悦色地说道:“我听说你博学善书,不像方孝儒那样执迷见短,我将免除你的一切罪名。”黄子澄回答说:“经史柔翰,都是治世才用的。现在是乱世,能派上什么用场?况且富贵如过眼烟云,何足重轻。殿下向来悖谬,不可为训,只恐怕子孙有效尤而起者,你可不要见怪啊!”朱棣大怒:“此天命有在,听说你想借兵战胜我,有这回事吗?”黄子澄说:“皇祖起义兵,定天下时,殿下你勇力冠世,依托东北大藩,永为王室,而今反内部作乱,如果我也反攻,与殿下你逆谋又有什么两样呢?”朱棣说:“我也不因此而降罪于你,有前朝魏征和赵普的榜样你不学,也可以说迂腐至极了!我知道你不会为我所用,你肯将自己的罪行写在纸上吗?”黄子澄写道:“我本是先帝面前的一个文臣,建议削藩太迟了,以致酿成此祸,后来者可要小心不要学我的样子啊!”朱棣命人砍去他的四肢,使他鲜血流尽疼痛而死,并且族杀了445人。黄子澄已更名的次子彦修和四子彦泽因为是昆山口音才逃过此劫。彦修从江中收拾起父亲的遗体和四肢，背起跑到镇江东北的焦山躲藏了好几年。有人想将黄子澄的遗骨安葬在江阴君山的黄歇墓侧，守墓者不同意；到常熟，也遭到拒绝。后来，风景秀丽的马鞍山大度地接纳了这位忠臣，使他有了安息之地，御史刘琏为他撰写了墓志铭。这里高出地面数十丈，不怕水淹，被看作是风水宝地，因此墓冢甚多，其中不乏官宦名人。

清光绪二十年（1894年）六月，新阳县令万立钧（字肖园、江西南昌人）重修黄节愍公子澄之墓，并立碑纪念，墓碑为花岗岩石材，其上深刻着万立钧笔画粗壮的楷书，很好地体现了墓主的品格与德行。作为历史上一个悲剧色彩十分浓重的著名忠臣，黄子澄以青山绿水为伴，长眠在马鞍山南麓的桃源洞旁。

七 削 藩

建文帝一即位就按照齐泰、黄子澄的建议开始削藩。对于削藩，朝廷中存在着几种不同的意见，这直接或者间接地影响了削藩政策的推行。从大处看，这类意见可分为三种：一种是严厉的削藩派；二是曲线削藩派；三是反对削藩派。

严厉削藩派以齐泰、黄子澄为首。削藩的诏书大都出自方孝孺之手，因此方孝孺也可以算是一个削藩派。这些人头脑比较清醒，深知封藩对国家和皇权的危害。为了使国家长治久安，所以锐意削藩。但是齐、黄、方这些人毕竟只是一帮文人，舞文弄墨、吟风诵雪还行，而要他们处理像削藩这样牵一发而动全局的政治大事，就实在是非其所长。因此，削藩派不仅制定的政策力度不够，而且在实施过程中也缺乏坚定的信念和非凡的勇气，导致削藩过程中往往举措失当，适得其反。

仔细翻阅一下明代的史书就会发现，一些才华出众的文人大都认识到宗藩的危害，因此都主张予以削夺。例如明代著名的文人谢缙，他在洪武年间就议论过封藩的危害。建文帝刚一即位，他就来到都城南京，后因遭人弹劾，被贬往河州卫。临行前，他上书礼部侍郎董伦，再一次说道："分封势重，万一不幸，必有厉长、吴濞之虞。"另一个著名的文人胡广在建文二年（1400年）廷对时也说过"亲藩陆梁，人心摇动"的话，实际上就是说，藩王不安分守己，就会危害国家的安全。这句话自然很合建文帝的心意，因而胡广就成为了当年的科考状元。

曲线削藩以杨巍和卓敬为代表。他们也认识到封藩的危害，但是却不主张严厉削藩，而是主张采取比较温和的办法，逐渐削弱藩王的势力和影响。例如高巍，他就主张应该像汉代主父偃的办法那样，实行“推恩”。他上书建文帝说：“不削，朝廷纲纪不立；削之，则伤亲亲之恩。贾谊曰：‘欲天下治安，莫若众建诸侯而少其力。’今盍师其意，勿行晁错削夺之谋，而效主父偃推恩之策。在北诸王，子弟分封于南；在南，子弟分封于北。如此则藩王之权，不削而自削矣。臣又愿益隆亲亲之礼，岁时伏腊使人馈问。贤者下诏褒赏之。骄逸不法者，初犯容之，再犯赦之，三犯不改，则告太庙废处之。”

高巍的这个建议比主父偃又前进了一步。主父偃的“推恩策”是在原有封国的土地上，除嫡长子继承外，其他诸子也都要继承一部分，郡王数目越来越多，力量则越来越小。高巍的这个建议还要易地再封，南方的藩王子弟封到北方，北方的藩王子弟要封到南方。这对削弱藩王的势力来说应该是更加有力。建文帝看到高巍的奏书以后，认为他说得很有道理，但还没来得及实施，燕王朱棣就已经起兵发动叛乱了。

户部侍郎卓敬则主张燕王徙封到南昌，他曾向建文帝秘密上书，说：“燕王智虑绝伦，雄才大略，酷类高帝。北平形胜地，士马精强，金、元所由兴。今宜徙封南昌，万一有变，亦易控制。夫将萌而未动者，机也；量时而可为者，势也。势非至刚莫能断，机非至明莫能察。”实际上卓敬就是建议建文帝当机立断，将燕王徙封到南昌，既维护了亲亲之谊，又削弱了朱棣的力量。应该说，这在当时是一个切实可行的措施。建文帝看了奏折后，虽然也召卓敬前来商议了一番，但不知为什么没有实行。倘若真的实行了这个办法,燕王也不好反对,历史可能就是另外一番局面。

除了这两种削藩意见外,还有些大臣主张睦亲政策,反对削藩。例如御史郁新就上书建文帝说:"诸王,亲则太祖遗体,贵则孝康皇帝手足,尊则陛下叔父,使二帝在天之灵,子孙为天子,而弟与子遭残戮,其心安乎?臣每念及此,未尝不流涕也。此皆竖儒偏见,病藩封太重,疑虑太深,乃至此。夫唇亡齿寒,人人自危。周王既废,湘王自焚,代府被摧,而齐臣又告王反矣。为计者必曰,兵不举则祸必加,是朝廷执政激之使然。……彼其劝陛下削藩国者,果何心哉?谚曰:'亲者割之不断,疏者续之不坚。'殊有理也。陛下不察,不待十年,悔之晚矣。"郁新的言辞颇为激烈,他认为对诸藩王不能削,而只能恩遇,否则的话,就是在逼他们造反。

持有郁新这种看法的人在朝廷中不乏其众。例如礼部左侍郎董伦,他为人性情耿直敦厚,就曾经多次劝建文帝要"睦亲藩"。杨砥也曾上书建文帝说:"帝尧之德始于亲九族。今宜惇睦诸蕃,无自剪枝叶。"这些建议虽然未被建文帝采纳,但这些思想无疑会对本身就意志不坚、性格文弱的朱允炆产生影响,进而影响到他的削藩行动。

朱允炆即位后,顾不上想办法先巩固自己的皇位,就开始迫不及待地削藩了,他对政治斗争的天真和无知由此可见一斑。整天和文人扎堆的建文帝即位后立马找来黄子澄,秘密地对他说:"先生还记得往日在东角门说过的话吗?"黄子澄顿首回答:"臣不敢忘。"黄子澄当然知道建文帝是指削藩的事情。黄子澄原来是建文帝父亲朱标的伴读,关系很是密切,建文帝一直把黄子澄当作自己的心腹。黄子澄原来任太常寺卿,建文帝即位后又让他兼任翰林学士,这就可以更方便地与他商议机密了。

黄子澄受到建文帝的暗示，回来就找兵部尚书齐泰商议。齐泰和黄子澄都是洪武十八年（1385 年）的进士，两人的关系处得很是融洽。建文帝平时也很器重齐泰，即位以后就让齐泰和黄子澄一起“同参国政”。他们二人对建文帝也都是尽心辅佐，在削藩问题上也是见解一致，因而成为建文帝削藩事业的左膀右臂。

按照齐泰的意见，应该先削夺燕王。在齐泰看来，燕王最强，威胁也最大，把最强的削了，其他诸王也就好办了。但是黄子澄却持不同意见，他说：“不能这样，周、齐、湘、代、岷诸王，在先帝时就有很多不法的事情，削之有名。今要削藩，应先从周王开始。周王是燕王的同母兄弟，削了周王就等于剪除了燕王的手足。”他们二人商议好以后，第二天就报告了建文帝。于是，建文帝削藩就先从周王身上开刀。

周王朱橚是朱元璋的第五子，生于至正二十一年（1361 年）。他最初被封为吴王，因朱元璋称帝以前即称吴王，所以又改封他为周王，洪武十四年（1381 年）就藩开封。他是个不安分守己的家伙，洪武二十二年（1389 年）竟然擅自离开王府，到了凤阳。朱元璋听到这个消息后很是生气，准备将他徙往云南，后来改变了主意，把他留在京师，让他的长子掌管王府事务，两年后才让他归藩。《明史》上说，朱橚时有异谋，长史王翰数谏不纳，佯狂而去。这里的所谓“异谋”，显然是指想夺取皇位的事情。其实周王也是颇有才干的人，有这种野心并不奇怪。王翰数次劝谏他，但周王都不听，致使王翰只好假装发疯，一跑了之，可见他的“异谋”已经是有相当的表现了。建文帝即位后，马上就有人告发周王，而告发的人竟然是他的二儿子朱有爋。这件事不见于正史，但在明人沈德符的《万历野获编》中却有记载。文中说：“建文帝即位，（周）王次子有爋告王谋逆。”儿子告父亲，这在一般老百姓当中也是很少发生的事情，但在明朝历代藩王中，此类事情却是时有耳闻。一旦在王位继承上发生矛盾，这些藩王的儿子们就相互到朝廷告状。朱有爋告发他的父亲周王谋逆，不是出于什么“大义”，而是由于王位继承上发生了矛盾才导致的。

朱有爋的告发实在是太及时了，这促使建文帝马上就接受了齐泰、黄子澄的建议，首先从周王下手，进行削藩。建文帝命曹国公李景隆率兵借口北上巡边，路过开封的时候，突然将周王府包围，逮捕了周王，解送京师。建文帝将周王流放到云南蒙化，周王的几个儿子也都分别被徙往别处。不久，建文帝又将周王及诸子召回，禁锢于京师。

起初，将周王逮捕到南京后，建文帝还把周王的罪状写成了敕书，送给诸藩王议罪，实际上也是对诸藩王的警告。燕王见到敕书很吃惊，没想到朝廷这么快就动手了。而且第一个被削除的竟是和自己最亲近的同母兄弟，下一个目标可能就是自己了。周王的罪状言之凿凿，燕王朱棣也不便公开反对，只能是写封奏书为周王求情：“若周王橚所为，刑(形)迹暧昧，曲垂宽贷，以全骨肉之恩。如其迹显著，祖训且在，臣何敢他议？臣之愚诚，惟望陛下体祖宗之心，廓日月之明，施天地之德。”可以看出，燕王的这封上书言辞还是很恳切的。他并未说周王无罪，只是要建文帝“曲垂宽贷”，如罪证确凿，就按“祖训”处置，语气柔中带刚，建文帝对此也无可挑剔。据《明太宗实录》记载，建文帝看了燕王朱棣的奏书后，“观之戚然”，并将其拿给齐泰、黄子澄二人看，显得犹豫不决。齐、黄二人见建文帝有动摇削藩决心的倾向，不得不劝说建文帝，既然已经开始了削藩，就断不可中途而废，否则中央和皇帝的权威尽丧，其后果比不削藩还要坏。正所谓开弓没有回头箭，建文帝经过一番晓以利害的劝说，才坚定了继续削藩的决心。

周王朱橚被废，开了削藩的先例。以前人们把藩王看得很尊贵，即使是有些不法行为，人们也不敢告发。现在好了，藩王也可以被废掉，而且还被关了起来，没有什么神圣不可侵犯的了。于是，告发藩王的奏书纷至沓来。一方面是因为这些藩王确实是多有不法行为；另一方面也是告密之风一旦开启，有些人就想借此机会立功受赏。

接着被废掉的是湘王朱柏。他是朱元璋的第十二子，就藩荆州，也是个文武兼备的人物。建文元年(1399年)初，有人告发他谋反，建文帝就派使臣前往询问。朱柏很害怕，想来想去，觉得没办法跟使臣说清楚自己的情况，为自己洗刷谋反的嫌疑，于是干脆一把大火，把王府烧了个干净，自己也自焚而死。

齐王朱榑是朱元璋的第七子，就藩在青州。他是个骄横强悍的武夫，性情凶暴，多有不法行为。有人告发他谋反，他被建文帝召到京师，削除了爵位，被废为庶人，和周王关在一起。

和齐王大约同时被废的还有代王朱桂。他是朱元璋的第十三子，就藩大同。朱桂也是个性情残暴的人，被人告发后，也被废为庶人。

建文元年六月，岷王朱楩也被废黜。他是朱元璋的第十八子，就藩岷州(今甘肃岷县)。西平侯沐晟上书建文帝，揭发岷王诸多不法行为。于是建文帝将岷王废为庶人，徙往漳州。

建文帝即位后一年之内，就接连废除了5个藩王，好像还颇有一点气魄，岂不知他恰好犯了一个致命性的错误。因为诸藩王中最强的是燕王，他所要对付的主要目标也是燕王，但却把有限的时间浪费在几个无足轻重的藩王身上，而对燕王没有采取什么行动，给了燕王朱棣宝贵的时间来准备对抗朝廷。单从建文帝削藩主次不分，轻重颠倒来看，就足以说明他为人气魄不足,策略失当,对政治斗争缺乏经验和手段,一再错过了削除燕王这个最大威胁的有利时机。

建文帝五月即位,八月就废黜了周王,第二年四月开始,又一连废削了4个藩王。这期间要说对燕王没有任何提防,那也是不真实的。虽说没有采取公开的手段将燕王废黜,但对朱棣还是采取了一些防范的措施。

当燕王为周王说情的奏书送来以后,建文帝"观之戚然",想就此罢手。他还把燕王的奏书拿给齐泰、黄子澄二人看,认为事情到此为止就行了。齐泰、黄子澄二人回去秘密商议后,认为建文帝有妇人之仁,削藩的事情绝不能中途停止下来。第二天,他们二人就又劝说建文帝,认为燕王是最需要考虑对付的。如果现在不乘机图之,将来必定后悔不及。建文帝却是犹豫不决,只是派人到燕王府去侦察,结果却是一无所获,没有抓住燕王有罪的把柄。燕王虽然时刻都在觊觎皇位,在周王被废黜以后,更加紧了准备,只是燕王为人小心谨慎,不像他的几个哥哥弟弟那么张扬,工作做得比较隐蔽,让人看不出破绽来而已。但是燕王在紧锣密鼓地准备武装夺取皇位,要做到一点风声不漏恐怕也是不可能的。但是历史上到底有没有人发现了燕王起兵造反的蛛丝马迹呢?由于没有史料依据,也不好作出定论。《明太宗实录》上只是说齐泰、黄子澄二人主张就以燕王的奏书为由,强行说朱棣与周王是同谋,以此为由将燕王废掉。说白了就是有谋反的证据要废掉燕王,没有谋反的证据也要捏造证据废掉燕王。但是这个证据却也不是那么好捏造的,于是在没有想好理由之前,建文帝和他的这两个心腹大臣也只好消极被动地对燕王采取一些防范措施。

齐泰建议,北边的元朝残余势力近来有南下的迹象,并且接到了这样的边报,应该以防边为名,调发军队驻守开平(今内蒙古多伦县)。开平是元朝的上都,元朝皇帝以前还时不时地要到开平住上一段时间,是个军事要地。齐泰是兵部尚书,刚好可以名正言顺地调发一支可靠的军队到那里驻守,这样既可以抵御蒙古人的侵扰,又可以牵制燕王。因为北边有敌情,建文帝就按照齐泰的建议,将燕王护卫中的精锐全部调出,到开平驻扎,其目的显然是要削弱燕王的实力。除此之外,建文帝还命谢贵为北平都指挥使,掌管北平军事;命张昺为北平布政使,掌管行政。他们对建文帝都很忠心,实际上就是让他们把北平监控起来。此外,他们还担负有秘密侦察燕王府动静的使命。

4个月以后,按照齐泰、黄子澄的建议,建文帝又作了一番更加周密的部署。建文元年(1399年)三月,建文帝命都督宋忠调沿边各卫马步军兵3万人驻守开平,燕王部下的护卫精锐全部转隶宋忠指挥。在燕王部下,有一支由观童指挥的蒙古骑兵,十分骁勇善战。建文帝便将观童等人调入南京,其所属骑兵转归宋忠指挥。另外,又调属于北平的永清左卫官军驻守彰德,永清右卫官军驻守顺德,并命都督徐凯练兵临清,都督耿瓛练兵山海关。这样一来,一些将领率大军驻守在北平周围,张昺和谢贵在北平城内控制燕王,而燕王部下的精锐又多被抽调,这种部署不可谓不严密了。在建文帝看来,即使将来燕王举兵反叛,忠于自己的军队也可以将其一举擒获。只可惜建文帝机关算尽,还是棋差数招。首先他派去监视燕王的将领虽然忠于自己,但论谋略和军事才能却远非燕王朱棣的对手,建文帝高估了自己的实力;其二,燕王虽然精锐部队被抽调走了,但很多部队的将领是朱棣一手训练提拔出来的,这些人不一定会忠于建文帝。即使暂时不隶属朱棣指挥,但难保这些人不在战场上倒戈相向。而且燕王虽然手上士兵不多,但核心圈子的人物却没有被拆散,像张玉、朱能、姚广孝这些关键人物都还在燕王身边,凝聚力强,指挥协同方便。所以建文帝以为削了燕王的兵权就可以高枕无忧了,却不知自己又犯了低估对手实力的错误,而这个错误无疑将是致命的。

八　叔叔造侄儿的反

建文帝是在洪武三十一年五月即位的，当年仍然沿用洪武年号。第二年七月，即建文元年七月，燕王朱棣就正式起兵了。在这一年多的时间里，建文帝不仅多次派人侦察燕王的动静，而且对燕王采取了一些防范措施，在燕王的周围织起了一张大网。燕王当然不会束手待毙，他也采取了各种办法迷惑朝廷，而暗地里却紧锣密鼓地进行着周密的军事准备。尽管战争还没开始，但双方已开始了一场斗勇斗智的战斗。

对燕王来说，周王的被废黜无疑是个危险的信号。朱棣意识到，自己随时都有被建文帝废削的可能，于是他加紧了准备工作。朱棣亲自挑选了一些身手不凡的壮士作为自己的贴身护卫，来弥补亲军卫队人数的不足。这些挑选出来的壮士很多都是文武兼备的能人，其中不乏像张玉、朱能这样的优秀将领。但由于这些壮士大都身份地位较低，反倒不容易引起建文帝手下人的注意，使得朱棣能够比较顺利地积攒自己的力量。此外，朱棣还通过正当的名义来招贤纳士。明朝初期军队逃亡现象时有发生，于是朱棣就以勾逃军为名，在全国各地招纳了一些异人术士来协助自己。这些人有点像春秋战国时期的策士，有时候还可以起到一般人起不到的作用。

燕王府是元朝旧宫,院落广大深邃。朱棣的铁杆谋臣姚广孝就在后苑专门负责操练士兵,赶造兵器。为了迷惑外人,尤其是防范建文帝派来的耳目,姚广孝修了一个巨大的地下室,上面再建上房屋,周围再绕以又高又厚的围墙,墙根下再埋上大大小小的瓮或缸,以起到隔音效果。为了尽可能地保险,姚广孝还想出了在后苑养鹅鸭的高招,利用一大群鹅鸭的叫声来掩盖士兵操练和制造兵器的声音。

虽然燕王的准备工作极其隐秘,但世上毕竟没有不透风的墙。不论燕王府的围墙多么高大,王府内的动静还是透露出了一些蛛丝马迹。魏国公徐辉祖是徐达的长子,也就是燕王妃的哥哥。因两家来往密切,所以徐辉祖了解一些燕王的动向。徐辉祖是忠于建文帝的,他不时向建文帝报告一些有关燕王的消息,要建文帝早作防备,因此徐辉祖受到建文帝的信任。建文帝下诏为徐辉祖加官太子太傅,并让他和李景隆共同掌管六军,一起协谋图燕的事情。

到洪武三十一年十一月间,建文帝便按照齐泰的建议,以防边为名,调兵遣将,对燕王采取了一些防范措施。看来,这时的风声是越来越紧了,以至于一些下级官员也开始谈论燕王起兵夺位的事。四川岳池教谕程济就上书建文帝说:“燕兵大概在明年就要起事了。”程济的这番话太过于敏感了,一些朝臣就指责程济是挑拨离间,故意造谣生事,把他召回南京,准备杀了他。虽然最后建文帝没有杀他,但还是迫于舆论压力,把程济关进了监狱。后来燕王朱棣真的起兵夺位,程济就被放了出来,而且还被授予翰林院编修之职。后来南京城破之日,他随建文帝一起逃亡,是建文帝的绝对心腹。

建文元年(1399年)正月,燕王派长史葛诚进京奏事。建文帝把葛诚带入密室,询问他有关燕王府的事情。葛诚心中惶恐,就把自己所知道的情况一五一十地都告诉了建文帝。为此，葛诚获得了建文帝的信任，又被遣回燕王府，充当建文帝的内线。葛诚回去后，燕王朱棣发现他神色有些不对，心里就怀疑他向建文帝告了密。幸好燕王府中最机密的事情葛诚并不知道，为了稳住建文帝，不打草惊蛇，朱棣并没有马上惩治他，但暗地里却加强了对他的提防。

此后，建文帝又陆续派了一些官员到北平，以观察燕王的动静。例如都御史暴昭，他以采访使的身份来到北平巡视，回去以后就向建文帝报告了燕王府的一些密事，请建文帝早做准备。

还有刘璟，他也受命到北平来察看燕王朱棣有没有反常的举动。刘璟可不是一般人，他是明初著名谋臣刘基的儿子，深受建文帝的信任。刘璟这个不速之客绝非泛泛之辈，他不仅饱读诗书，而且还喜欢谈兵论武，是个文武全才型的人物。燕王朱棣深知刘璟的分量，招待他也是异常的亲热，还时不时与刘璟下棋取乐。朱棣想试探一下刘璟的真实态度，便借一次下棋的机会对刘璟说："你不能稍微让着我点吗？"刘璟听出了朱棣的弦外之音，心里很清楚这话背后的意思，于是正色回答道："可让的地方就让，不可让的地方不敢让。"这个回答也是话中有话，才智过人的燕王也是"闻闲歌而知雅意"。朱棣听了刘璟这么一番表态，沉默了好一阵子，感到刘璟是无法争取的了。

燕王感到他在北平的一举一动都受到了监视，为了寻找更多的盟友，他便想用金钱贿赂一些北平的官员，好改善自己的处境。当时陈瑛任北平按察使，是掌管刑事和监察的地方最高长官。燕王便想拉拢他，让人给陈瑛送去了一些金银，陈瑛还真收下了，这让燕王自然很高兴。可没过多久，陈瑛就被北平按察司佥事告发了，说他收受燕王的贿赂，心怀不轨，图有异谋。于是陈瑛很快被逮捕下狱，后被谪徙到广西。这一事件再一次给燕王敲响了警钟,朱棣发现在他所盘踞的北平城里,到处都有建文帝派来的耳目。

从建文元年上半年开始,双方之间的猜疑就日益加深。从建文帝这方面来看,明明知道燕王是最大的威胁,但却苦于没有拿到燕王谋反的确切罪证,没有充分的理由公开废除其王位,削夺其封地。更何况燕王又是叔辈中最年长的,威望高,建文帝对待他也必须格外慎重。在这种情况下,建文帝也只能一方面继续派人监视,一方面在军事上采取防范措施。从燕王那方面来看,虽然明知建文帝对他不放心,从各方面提防他,但尚未公开对他采取行动。如要公开举兵反对建文帝的话,也还没有做好充分的准备。更何况从力量对比上来看,自己明显处于劣势,而且起兵反抗朝廷属于篡逆,在一般人看来是大逆不道的事。因此没有十拿九稳的把握或者到了万不得已的地步,他不能轻举妄动。在这种微妙的历史时刻,双方在表面上都还保持着温情脉脉的叔侄关系,但彼此之间的心理战早已拉开了帷幕。

建文元年二月,燕王朱棣为了消除建文帝对自己的猜疑,毅然决定进京朝觐。燕王自恃叔父之尊,昂首阔步地由皇道上殿,到殿上也不下拜。监察御史曾凤韶弹劾燕王有“大不敬”之罪,在殿上应行君臣之礼,回宫后再叙叔侄之伦。可是柔弱的建文帝不会抓住这个非常好的借口将燕王朱棣先行拘禁,反而来了一句“至亲勿问”,没有对燕王治罪。

关于燕王这次进京朝觐一事,《国榷》中有明文记载,说是在建文元年二月乙丑(即二月十四日),燕王朱棣来朝。一般来说《国榷》的记载是相当可信的,它的史料价值之高也为学界所公认。另外,在姜清的《秘史·燕王来朝》中也记载了这件事。“《吉安志》载,御史曾凤韶是日侍班,(燕)王由皇道入,登陛不拜。……又,南京锦衣卫百户潘暄贴黄册内载,校尉潘安二十三日钦拨随侍燕王还北平任,坐以拿张昺功升职。据此则来朝明矣。"燕王于七月五日起兵反叛,潘安协助燕王杀了北平布政使张昺,他因此受到升赏。《秘史》中两次援引潘暄的贴黄,应是可信的。而且这个记载也与《国榷》中的记载相吻合。燕王朱棣十四日入京,建文帝钦拨潘安随侍,于二十三日回北平,在南京待了9天,于事于理,都无可挑剔。

燕王进京朝觐的事在《明实录》中没有任何记载,不过这可以理解。朱棣夺取帝位后,把建文帝说成是"矫诏"称帝,甚至在《实录》中把建文帝的年号都取消了。建文年间的事都记载在《明太宗实录》的前9卷当中,称为"奉天靖难事迹",而这部分内容实际上是在朱棣已经称帝后定的稿。如果在《实录》中记载自己赴京朝觐建文帝这件事,就等于承认建文帝的正统地位和合法性,也就等于承认自己夺位是篡逆。所以朝觐这件事对后来的明成祖朱棣来说是很敏感的事情,因此《实录》中对此事只能忽略不记,刻意回避。

也就在这次燕王入京朝觐之时,户部侍郎卓敬密奏建文帝,要他当机立断,把燕王徙封到南昌。建文帝却说:"燕王是骨肉至亲,怎么能这样做呢?"卓敬回答道:"隋文帝和杨广难道不是父子吗?"建文帝又是默然良久,还是下不了决心,只是说:"你不要再说了。"由此可见,建文帝不愿把自己的叔叔往坏处想,确实显得有些优柔寡断,真该算是一个"扶不起的阿斗"。燕王这次进京确实冒了一定风险,正像谈迁在《国榷》中说的那样,"不过伺间释嫌,徼幸万一耳。"

燕王虽然顺利地回到了北平,建文帝还给他派了个钦拨随从潘安,但建文帝对燕王还是不放心,不断地派一些官员到北平去巡视。这些派去的官员不断把燕王图谋不轨的事情报回朝廷。燕王回去后也没有敢松口气,他一面加紧准备,一面为了迷惑朝廷,就假装生病,不见外人。

很快3个月时间就过去了,到了五月份,正逢明太祖小祥,也就是明太祖逝世一周年,燕王朱棣派长子朱高炽领着两个弟弟一起进京拜祭。有的谋士劝燕王说:“他们兄弟三人不宜一起进京。”意思当然是害怕朝廷把他们一并扣留下来当作人质。燕王却说:“只有这样才能消除朝廷对我的怀疑。”于是三兄弟辞别父王,进京去了。可是三个儿子一走,朱棣就感到有些失策,后悔起来了,可惜为时已晚。当三兄弟到了京师后,兵部尚书齐泰果然建议建文帝,要求将他们兄弟三人都留在京师,而书呆子黄子澄却不同意这样干。黄子澄说:“如果这样的话,燕王就会产生怀疑,就要提防了。不如放他们回去,以示朝廷对他们并未产生怀疑。”徐辉祖对他的这三个外甥进行了一番观察,他感到老二朱高煦尤其不安分守己,便向建文帝密奏道:“在我这三个外甥当中,独有高煦悍勇无赖,不但不忠于朝廷,而且还会背叛他的父亲,日后一定是个祸害。”建文帝又询问徐辉祖的弟弟徐增寿和驸马王宁,二人都是倾向于燕王的,所以两个人都为他们弟兄三人说好话开脱。尤其是徐增寿,他和燕王的关系一直很好,更是竭力为兄弟三人美言。建文帝是个没主见的人,听了徐增寿这几个人的话,耳根子就软了,于是决定让他们兄弟三人都回北平。大概是朱高煦听到了一些不利于自己的话,便在回北平的前夕偷偷潜入徐辉祖的马厩,牵走了一匹马,骑上就返回北平。徐辉祖知道后派人去追,也没有追上。当他们兄弟三人陆续回到北平后,燕王愁容顿消,高兴地说:“我们父子又能相聚,这是上天保佑我们的结果啊。”后来燕王起兵,朱高煦冲锋陷阵,战功最多,建文帝非常后悔没有听徐辉祖的话,放虎归山,终成大患。

建文元年六月,燕山护卫的一个小军官百户仉谅密奏建文帝,告发燕王部下的两个校官,一个叫于谅,一个叫周铎,二人为燕王招募勇士,图谋不轨。建文帝命将二人逮捕押解京师,经过讯问,从他们二人口中得知了一些燕王的阴谋,掌握了一些燕王违抗朝廷的罪证。建文帝下令将二人一并杀掉,这时建文帝似乎已经意识到燕王朱棣马上要谋反了。于是他又找来徐增寿咨询意见,徐增寿当然帮着燕王说话,回答道:"燕王和先帝(指朱标,他虽未称帝,但死后被尊为兴宗孝康皇帝)是亲兄弟,富贵已极,怎么还会谋反呢?"建文帝听了徐增寿的话又没有了主见,将信将疑,虽然没有明确下令将燕王废削,但还是颁诏训诫了燕王一通。

燕王朱棣是亲眼见到了先前周王等 5 个藩王被废的情景的,现在建文帝亲自降诏训责自己,显然是个不祥之兆,这已经不仅仅是怀疑的问题了,简直就要兴师问罪了。燕王朱棣真想马上举兵造反,可是他还没有作好充分准备,而且城内城外都有建文帝布置好的军队,骤然起兵,凶多吉少,他还需要时间。燕王恐慌之余,急中生智,想出一计,那就是以装疯来迷惑朝廷。这一招真算不上高明,但事到如今,能用来拖延时间的办法就是好招,时间紧迫,也由不得燕王朱棣去想其他什么的办法了。

于是乎,人们突然看到以往驰骋大漠,体格健壮的燕王,这时突然变成了另一副模样,他在大街上乱跑乱跳,大呼小叫,语无伦次,荒诞不经。有时躺在地上,半天不醒,甚至整天都昏昏大睡。燕王发疯了的消息一时之间迅速传遍了北平城的大街小巷。北平布政使张昺和都指挥使谢贵来王府问疾,也想借机看一看燕王是真疯还是装疯。当时是旧历的六月,正值盛夏,一般人都感到酷热难耐,可燕王却还围着火炉子烤火,嘴里还念念有词地说:"真冷啊! 真冷啊!"燕王看到张昺和谢贵进来了,勉强支撑着身子,扶着拐杖在屋里走了几步。张昺和谢贵都是平庸之辈，看到燕王这个样子，还真的以为燕王得了疯病。于是二人立即将这个情况报告了朝廷，建文帝也有些信以为真了。

但这种雕虫小技却没能瞒过燕府长史葛诚的眼睛，他秘密地对张昺和谢贵说："燕王根本就没有病，二公千万不要懈怠。"他还说燕王马上就要举兵谋反了，并把这事秘密地报告给了建文帝。

这时，恰巧燕王派他的护卫百户邓庸赴京奏事，建文帝这回听从了齐泰的建议，下令将邓庸抓了起来，进行讯问。邓庸在严刑拷打下便把燕王要举兵谋反的事情都一五一十地说了出来。这时候建文帝才确实感到，燕王真的要谋反了。于是建文帝发出密诏，派人前往北平逮捕燕王府的官属，同时密令张昺、谢贵逮捕燕王。

建文帝又给北平都指挥佥事张信发了一道密令，要他利用一切方便条件把燕王抓起来。张信接到这个命令后很犯愁，不知道该怎么办。他母亲看他坐卧不宁，就问他有什么心事，张信就把建文帝给他密诏的事情说了出来。他母亲吃惊地说："这事决不能干。我常听人说，燕王当有天下。当有天下的人是害不死的，燕王不是你所能擒拿得了的。"听了母亲的这番话，张信更加愁眉不展，举棋不定。敕使来催问他，问他到底什么时候下手，张信没好气地说："你干嘛这样逼我呢！"于是张信就前往燕王府求见。结果连去两次，燕王都以有病为由，拒绝接见。第三次，张信乘着一辆妇人坐的车径直到燕王府门前，坚持要求见燕王，说有十万火急的事情要相告，燕王这才让他进去。但是燕王不放心张信，仍然装病躺在床上，眼皮半睁半闭，装着不能说话。张信来到床前拜见，诚恳地对燕王说："殿下不要这样了，有什么心事就请告诉我。"燕王说："我确实有病，不是假装的。"张信急了，说道："殿下还不告诉我实情啊！皇上已经下诏要擒拿殿下了。殿下如无他意,就俯首就擒吧;如有他意,就不要再瞒我了。”燕王听了这话,马上从床上坐了起来,向张信施礼道:“你是我们一家的救命恩人啊!”从张信口中得到了确切的情报,燕王朱棣终于下定决心,必须马上举兵起事。

燕王立即把姚广孝召来,密商举兵的事情。这时恰巧来了一阵暴风雨,把屋檐上的瓦打落下几块。燕王以为是不祥之兆,心里很烦躁,脸上一片愁容。姚广孝却解释说,这是吉祥之兆。燕王听了申斥道:“你这个和尚,简直是胡说八道,这哪是什么吉祥之兆啊?”姚广孝不慌不忙地说:“殿下难道没有听说过‘飞龙在天,从以风雨’这句话吗?屋瓦坠地,这是上天示意,要殿下换住黄屋了。”也就是说燕王是真龙天子,一说举兵起事,上天马上就以风雨相从。旧瓦坠地,换住黄屋,是说燕王很快就要当皇帝了。朱棣听了姚广孝这么一番解释,顿时转忧为喜。一个好的谋士,不仅要帮主帅出主意,想办法,而且要能够随时随地帮主帅树立信心。古人迷信心理较重,本来是件平常小事,他们就会误以为是吉兆或者凶兆。同样一件事,有的可以解释为吉,有的也可以解释为凶。看来姚广孝是个非常称职的谋士,本来通常认为是凶的征兆,经他的口一解释就成了吉兆,而且说得有根有据。在这紧急关头,经姚广孝这么一番鼓励,燕王便决定马上起兵。

正当燕王与姚广孝密谋举兵的时候,又陆续得到一些紧急的消息。按察司的一个官吏李友直,布政司的一个官吏奈亨都知道了擒拿燕王的密诏。他们也秘密地来到燕王府中,把建文帝密诏的内容告诉了燕王。这时,北平的一个士兵喝醉了酒,到大街上去磨刀。一个老太婆就问他:“你磨刀干什么啊?”这个士兵大声说道:“杀燕王府的人。”这种话在平时是没人敢说的。这个老太婆意识到将会有大事发生,便把这事秘密转告了燕王。

燕王感到事情已经相当危急了,为了准备得更周密些,他派朱能到城内外去侦察一番,朱能发现城内外到处都有重兵防守。谢贵把北平的7卫士兵都调来包围燕王府,另外还调来一些城外的屯田军,让他们入城协助防守。在端礼门等几个关键地方,谢贵还让士兵架起木栅。情况已经十分明显,形势万分危急,燕王已经来不及多做谋划,立即命令张玉、朱能率领仅有的800名卫士进入燕王府。

张玉、朱能是燕王的亲信,也是燕王手下最得力的两员大将。他们二人当时都只是下级武官,张玉是燕山左护卫指挥佥事,朱能是燕山护卫千户。他们所能调动的只有800名卫士,这么点人,数量确实太少了,不过这也是建文帝对藩王一再削夺护卫的结果。

在藩王的封国里,军队士兵分为两种类型,一种是守镇兵,由朝廷委任的指挥掌管;二是护卫兵,归藩王调遣。像燕王这样有防边重任的塞王,遇有紧急情况,两类士兵都要听他的调遣。藩王对封国内的中央官吏也有管理权。建文帝即位后不仅废了5个藩王,而且对其他未废的藩王也进行了限制。建文帝下诏,收回了王国所在地的统治权,"王国吏民听朝廷节制",只有护卫官军听从藩王指挥。建文元年二月,建文帝再次颁诏:"诏诸王毋得节制文武吏士。"这样,王国所在地的兵权和中央官吏的管理权都收回了朝廷,回到皇帝手中。对燕王来说,由于建文帝对他的猜忌日渐加深,多次以防边为名,将他的护卫兵也大都调出。因此,当燕王朱棣要举兵的时候,仓促之间只能召集起800名士兵。这种形势对于燕王是十分不利的。北平四周的险要关口都由朝廷新委任的亲信领重兵把守,北平城内的文武官员基本上都要听张昺和谢贵的指挥,双方的力量对比确实太悬殊了。

七月五日，张昺和谢贵率兵包围了燕王府邸，用箭把文书射入燕王府内，上面写着朝廷要逮捕的官员名字。燕王与张玉、朱能商议说："现在满城都是他们的军队，敌众我寡，怎么办呢？"朱能说："擒贼先擒王，只要先杀了张昺、谢贵，其他的人就无能为力了。"燕王说："这事只能智取。现在朝廷派人来逮捕我的官员，我们就按照朝廷的名单把这些人收起来，让来使把张昺、谢贵召进来，就说把他们要逮捕的人交给他们。他们二人一定会进来。只要他们一进来，就将其擒拿。"因为建文帝的诏书只说要削去燕王的爵位，逮捕他手下的官属，并没有说要逮捕燕王朱棣本人，所以燕王还能这样安排。

燕王把卫士埋伏在端礼门内，派人召张昺、谢贵。张、谢二人心存疑虑，不肯前来。燕王又让来使拿着要逮捕官员的名单去召他们二人，他们这才信以为真，便率领一大队兵马来到燕王府。因随从不能进入王府，被守门人喝止住，所以张昺和谢贵只好把随从留在门外，只有他们二人进府来见燕王。

燕王见他们二人进来，便假装扶着拐杖坐起来，设宴行酒招待二人。七月的北平，天气正热，燕王先拿出几个西瓜，说道："刚有人送来几个新摘的西瓜，和你们一起尝尝吧。"燕王拿起一片西瓜，还没有送到嘴边，便突然怒喝道："现在平民百姓，兄弟宗族之间还知道互相体恤。我身为天子近属，生命却旦夕不保。朝廷这样对待我，天下还有什么事不敢作呢？"话音刚落，朱棣就把西瓜摔到地上。燕王的卫士们一见这个暗号，便一拥而上，将张昺、谢贵二人擒获。这时，又有几个卫士将葛诚、卢振二人捆绑到张、谢二人的面前，好让张昺、谢贵知道，他们派到燕王府的这两个卧底早已败露。燕王朱棣把拐杖扔到地上，愤愤地说道："我哪里有什么病！只是迫于奸臣陷害，我不得不如此。"遂命卫士将张昺、谢贵二人拉出去斩首。

包围燕王府的士兵不知道张昺、谢贵已经被杀，还在王府外面傻等。一个多时辰过去了，仍不见二人出来，于是这些士兵就陆续散去。接着，燕王让人传谕包围北平的军队，说张昺、谢贵二人已经被擒获，让他们各自撤回。这些军队士兵本来大都是燕王的部下，看到这种情景，也都纷纷离去。

燕王命张玉、朱能乘夜夺占九门。守城门的士兵慑于燕王的声威，仓促之间不知如何是好，有些城门不战而下。到天亮的时候，北平的9个城门已经夺取了8个，只有西直门还没有攻下来。这时，北平都指挥彭二得知燕王举兵反叛，便急忙骑马在街上大喊，说："燕王反了，大家跟我一起杀贼领赏啊！"很快就集中了一千多人，向端礼门发动反攻。燕王手下的勇士从府中冲出来，双方经过一番激烈的厮杀，彭二被杀，彭二手下的士兵随即一哄而散。

但是守卫西直门的士兵却仍不肯离去，还在顽强固守。燕王命指挥唐云单骑前往，传谕守军说："你们不要自讨苦吃！现在朝廷已经听任燕王自制一方，你们赶快离开，不离开的就格杀勿论。"守门的士兵听了这番话，又看到其他8门都已经被燕王的士兵攻占了，料想很难再抵挡下去，于是只好撤出西直门。至此，北平9门都让燕王攻占。朱棣随即下令安抚军民，北平很快就安定了下来。

燕王对葛诚、卢振背叛自己非常恼火，不仅将二人杀掉，还杀了他们的全家。这时也有公开劝阻燕王起兵的人，例如伴读余逢辰，很有学识，深受燕王信任。他得知燕王将要起兵，便寄书给他的儿子，立誓要以死相劝。燕王起兵后，他又哭着谏阻，劝燕王息兵，结果被朱棣杀掉。杜奇也是个有才之士，燕王起兵要征他当幕僚，他不仅拒绝，反而还劝燕王要当"守节之臣"，最后也被杀。对这些反对他的人，燕王毫不留情地予以消灭。要知道,在争夺皇位的道路上,开弓就没有回头箭,诗书礼义是解决不了政治分歧的。为了皇位,这位建文帝的叔叔现在公开要造侄儿的反了。

九　起兵靖难

燕王起兵后，三天便稳定了北平城中的局面。原北平的官员也纷纷归降燕王。他们当中有北平布政司参议郭资，按察司副使墨麟，都指挥同知李濬、陈恭等。燕王对他们都以礼相待，让他们还是各司其职。在这些原来官员的协助下，北平的人心很快就稳定了下来。

当城中稳定了以后，燕王朱棣便召集将士，准备誓师。誓师以前，朱棣特意把金忠找来，让他占卜一下吉凶。金忠占了一卦，说誓师起兵“大吉”。燕王听了很高兴，随即任命他为纪善，随侍左右，让他时刻帮忙出谋画策。

建文元年七月初八，燕王朱棣正式在北平誓师起兵，打出了“奉天靖难”的旗号。燕王朱棣慷慨激昂地对士兵们说：“我太祖高皇帝、孝慈高皇后嫡子，国家至亲。受封以来，惟知循分守法。今幼主嗣位，信任奸宄，横起大祸，屠戮我家。我父皇母后创业艰难，封建诸子，藩屏天下，传续无穷。一旦残灭，皇天后土，实所共鉴。《祖训》云：‘朝无正臣，内有奸恶，必训兵讨之，以清君侧之恶。’今祸迫予躬，实欲求生，不得已也。义与奸恶不共戴天，必奉行天讨，以安社稷。天地神明，昭鉴予心。”

将士们听了朱棣这一番慷慨陈辞，颇受感动，甚至有感动得痛哭流涕的人。可就在这当口，天气却突然发生了变化，风云四起，昏天黑地，咫尺之间，人莫能辨。这种坏天气给人以出师不利的感觉，燕王心里也是惴惴不安，担心军心动摇。但是只一会工夫，东边的乌云却露出一条缝隙，从云缝中倾泻出一片耀眼的阳光。士兵们看到这种奇异的景象，都以为是燕王的诚心感动了上天，才降下福瑞之兆。朱棣的惊恐心情这时也一扫而光，转忧为喜了。

燕王起兵，公开的说法是以"诛齐泰、黄子澄"为名。他把自己的部队称为"靖难之师"，废除建文年号，把建文元年改称为洪武三十二年。燕王又自命官属，将张玉、朱能、丘福委任为都指挥佥事，将向他告密的李友直提升为布政司参议。这样，朱棣在很短的时间里就建立起了一个以自己为首的割据政权。

朱棣接着上书建文帝，陈述了他的起兵理由。他说："奸臣齐泰、黄子澄包藏祸心，橚、榑、柏、桂、楩五弟，不数年间，并见削夺。柏尤可怜，阖室自焚。圣仁在上，胡宁忍此！盖非陛下之心，实奸臣所为也。心尚未足，又以加臣。臣守藩于燕，二十余年，夤畏小心，奉法循分。诚以君臣大分，骨肉至亲，恒思加慎，为诸王先。而奸臣跋扈，加害无辜。执臣奏事人，……备极苦毒，迫言臣谋不轨。……窃念臣与孝康皇帝，同父母兄弟也，今事陛下，如事天也。譬伐大树，先剪附枝。亲藩即灭，朝廷孤立，奸臣得志，社稷危矣。臣伏睹《祖训》有云：'朝无正臣，内有奸恶，则亲王训兵待命，天子密诏诸王统领镇兵讨平之。'臣谨附伏俟命。"

燕王朱棣的上书很耐人寻味。首先，他把 5 个藩王的被削说成是齐泰、黄子澄的事，这不会是建文帝的真心，实是奸臣所为。其次，齐、黄还不满足，现在又要加害自己，而自己一直是奉公守法的，并没有图谋不轨，自己完全是无辜的。第三，这些奸臣先谋害诸藩王，就像砍伐大树那样，先剪除枝叶，最后还是要危害朝廷的。最后,朱棣在文中末尾表示“附伏俟命”,要建文帝颁密诏给他,允许他举兵清除奸臣。建文帝心里很明白,这只不过是燕王的借口,不管是否下密诏,朱棣都是要起兵夺取皇位的。建文帝看了燕王的上书以后,马上就颁下明诏,只是这道诏书不是要燕王举兵“清君侧”,而是要“削燕王属籍”,即把燕王的名字从皇族玉牒中除掉。现在南方的建文帝朱允炆和北方的燕王朱棣已经彻底摊牌了,接下来到底谁当这个皇帝,只有通过战场上的殊死较量来决定了,中国历史上著名的南北战争——明初的“靖难之役”就此开打。

一〇 略定后方

当谢贵调兵包围燕王府的时候，都指挥使余瑱是他的得力助手，谢贵被杀后，北平很快就被燕王朱棣占领，余瑱抵挡了一番，无济于事，便匆忙退守居庸关。这时，驻守蓟州的马宣也接到朝廷的命令，要他率军队赶赴北平。结果在与燕王的军队经过一番巷战后，也被打败，只好仓皇退回蓟州防守。

这时，宋忠奉朝廷之命，由开平率3万大军赴援北平。他本人还负有防备燕王的任务，燕王手下的一些精锐部队也大都调归他掌管。北平原来有永清左卫和永清右卫，宋忠调左卫军驻守彰德，调右卫军驻守顺德，对燕王形成夹击之势。当宋忠率军赶往北平，准备协助谢贵擒拿燕王时，燕王就已经起兵夺占了北平。宋忠不敢盲目进兵，便退到怀来据守。

燕王起兵的第二天，通州卫指挥房胜率领手下士兵来降，并协助燕王作战。当时形势紧迫，燕王手中的军队数量十分有限，房胜的到来对身处困境中的燕王来说无疑是雪中送炭。通州靠近北平，地理位置很重要。房胜原来是燕王的旧部，曾随燕王征讨纳哈出，与燕王早已相识。他的归降不仅壮大了燕王的力量，而且还为其他地方的将领树立了榜样，致使北平周围的不少重镇以后相继归降燕王朱棣。房胜归降后，燕王仍命他驻守通州，作为北平的羽翼。

朱棣本来准备由通州南下，张玉献计说："如不首先占领蓟州，将会留下后患。"燕王采纳了张玉的建议，便派朱能率军攻取蓟州(今天津市蓟县)。当时，都指挥使马宣由北平退回蓟州，严密防守。朱能就派人前去招降，但被马宣严辞拒绝。于是朱能亲自指挥士兵们四面猛攻，马宣轻率出城迎战，战败被俘，但仍不投降，最后被杀。城内守将毛遂看到大势已去，只好开城投降。

朱能安抚完蓟州以后，连夜向北偷袭遵化。朱能一路上告诫手下将士，不可胡乱杀人，现在打仗最主要的任务就是争取民心。他挑选了一批勇士，在夜里四更天时分(就是凌晨1点到3点之间)开始登城，偷偷潜入城中，打开了城门，大队士兵随后蜂拥而入，这时城中的守军才知道燕军攻进来了。遵化卫指挥蒋玉遂传令部下，停止抵抗，全部归降。之后，密云卫指挥郑亨也率部队归降。燕王朱棣的军队实力在短短几天之内迅速壮大。

燕军在占领通州、蓟州、遵化、密云等地后，北平东面的形势已经安定。从南边来看，建文帝的军队在短时间内还赶不到北平，这时就剩下北边的宋忠对朱棣的威胁最大了。宋忠手上的3万大军驻守怀来，虎视眈眈地盯着北平的燕王朱棣，随时都可能向北平进攻。

怀来在居庸关西边。此时居庸关由从北平逃出来的余瑱防守，余瑱仓皇之间退保居庸关，手下士兵逃散归降大半，逃到居庸关的余瑱军队人数严重不足，而短时间内又没有朝廷的军队前来支援，为保居庸关不失，余瑱便在当地征募士兵，实际上就是拉壮丁，得到数千人。余瑱不敢懈怠，也是日夜操练士兵，准备向北平反攻。燕王朱棣认为，居庸关地理位置险要，在攻取怀来以前应首先攻取居庸关。他对手下将领说："居庸关山路险峻，北平之襟喉，百人守之，万夫莫窥，据此可无北顾之忧。今余瑱得之,利为彼有,势在必取。譬之人家后户,岂容弃之寇盗。今乘其初至,又兼剽掠,民心未服,取之甚易。若纵之不取,彼增兵守之,后难取也。”

七月十一日,燕王命指挥徐安、钟祥和千户徐祥一起前往居庸关。余瑱的部队多是由新抓来的壮丁组成,没有什么战斗力,于是且守且战,由于得不到任何援军的帮助,余瑱只好率领剩下的这些乌合之众弃关而逃,前往怀来依附宋忠。燕王见到攻取居庸关的捷报后,高兴地对部将说:“假如他们懂得团结民心,谨慎地防守这个关口,我们虽然想夺取它,也不可能这么快就攻破啊！这是上天赐予我的礼物,绝不可丢失。”于是朱棣命千户吴玉驻守居庸关。

在进攻宋忠的问题上,燕军内部倒是产生了分歧。燕王朱棣认为宋忠拥兵怀来,对居庸关有必争之势。在宋忠未赶来居庸关之前,应该主动出兵进攻他。而将领们却认为:“敌众我寡,难与争锋,击之未便,不如固守居庸关,以逸待劳,专等宋忠自己前来。”将领们的意见应该说也是有道理的,因为宋忠是朝廷派到北平防燕的主要将领,原来属于燕王的一些精锐部队现在都由宋忠统领,声势颇大。在敌众我寡、敌强我弱的情况下,据守居庸关,以逸待劳,不能不说是一个可行的方案。但是燕王朱棣却自有主张,他对将领们说:“我们人数没有宋忠的多,不能力敌,只能智取。现在从敌我两军态势看,我军论力则不足,智胜则有余。敌众新集,其心不一。宋忠本人又轻狂浮躁,寡恩少谋,刚愎自用,我们如果乘他立足未稳之机,向他突然发动进攻,一定能击破他。”其实,除了朱棣表面上说的这些有利条件外,还有一个重要因素他不便说破,那就是宋忠军队中的许多将领是燕王的老部下,其中很多人都和燕王有暗中的联系。只要燕王的军队一到,他们就可以作内应,甚至临阵倒戈。只要打败了宋忠，燕王原来的嫡系部队就基本上可以重新收归己用了。因此，燕王不顾大家的反对，执意要立即出兵进攻怀来。

七月十五日，也就是燕王朱棣发动兵变的第10天，燕王亲自率领马云、徐祥等将领，指挥精锐的骑兵和步兵8000人，星夜兼程，于第二天拂晓赶到了怀来。这时，有内线从怀来城中偷偷跑出来向燕王报信，说宋忠为了激励士气，就对原北平的将士们说，他们的家属全部都让燕王杀害了，死尸都把沟壑填满了，要他们为自己死去的亲人报仇。这些北平的将士有的相信了，有的还表示怀疑，总之是人心浮动。燕王听到这个情况后，就让这些士兵的家人为前锋，仍旧打着旧日的旗号，先来到怀来城下。城中的士兵远远看到旧日的旗帜，又看到他们的家人都还健在，于是高兴地相互转告："我们家人原来都安然无恙，宋都督原来是在欺骗我们，我们差一点就上了宋都督的当。"于是城内的原北平士兵纷纷倒戈，出城投降了燕王。

宋忠弄巧成拙，本来想骗这些士兵进攻燕王，结果谎话被戳穿，反到乱了自己的阵脚，增强了燕军的战斗力。宋忠赶紧指挥剩下的部队出城仓促布阵，准备迎战燕王，但军阵还没有摆好，燕王就已经指挥大军渡河前进，直向宋忠的大营冲了过来。宋忠来不及组织抵抗，大败而归，慌忙逃入怀来城中。燕军紧随其后，攻入怀来城。宋忠躲到一个厕所里，最终还是被几个士兵活捉。

不过并不是所有的将领都像宋忠那样是无能之辈，有些将领在城破之时还是与燕军进行了激烈的战斗。例如从居庸关逃来的余瑱，他在与燕军激战中被俘，不屈而死。都指挥孙泰被燕军流矢击中，血染战袍，他随便包扎了一下伤口，就又与燕军力战，最后和指挥彭聚一起英勇战死。还有100多名被燕军俘虏的将官，因不肯投降而被杀。

这次怀来之战,燕军大获全胜,斩首数千级,缴获战马8000余匹。怀来守军中,只有都指挥庄得率领一军独全,逃出怀来,其余士兵都投降了燕王。宋忠被活捉后,燕王的部下都很高兴,纷纷向燕王祝贺。可燕王朱棣对此却不以为然,只是淡淡地说:"宋忠本来就是个庸材,以伶牙俐齿取悦于人,靠谄谀奸恶和行贿得官,一掌兵权就骄纵异常。这种荧惑小人,我视之如狐鼠。这区区小胜,哪里值得那么高兴啊!如果真要获了大胜,那又会高兴成什么样子呢?喜容易生骄,一骄傲就不谨慎了,不谨慎就是失败的苗头。"听了燕王这番话,诸将们莫不"顿首称善"。由此可见,燕王是有远大的抱负的,他的才能确实要比其他将领们高出一筹。

怀来大捷后,开平、龙门、上谷、云中等地的守将陆续投降。七月十七日,燕王又命孟善率兵进攻永平,守将赵彝、郭亮举城投降。郭亮曾经随燕王北征蒙古,赵彝也是由燕山右卫提升起来的。都是燕王的旧部,这时都归附了燕王,朱棣的力量得到了增强。

七月二十二日,驻守遵化的指挥蒋玉来报,说陈亨、刘真和都指挥卜万率领大宁兵马出松亭关(今河北迁安县西北),在沙河驻营,即将进攻遵化。七月二十四日,燕王亲自率领军队驰援遵化。刘真等人听说燕王亲自率兵赶来,便退守松亭关,坚守不出。二十七日,燕王命千户李濬领兵到松亭关口,摆出一副将要攻城的态势,以试探对方。刘真等人果然不敢出战。燕王向部将们分析敌方的情况说:"如果不把大宁的兵马击溃,终究会成为我们的后患。刘真已经衰老,没什么能耐;陈亨一向忠诚,已托心于我,只是因为卜万的胁制才没能来投降。如果除掉卜万,陈亨一定来归降我。刘真寡谋,容易对付,要用反间计使他们产生猜疑。"恰好这时部下捉到了大宁部队的两个巡逻士兵,燕王高兴地说:“我们的计策可以实行了。”于是,燕王写了一封给卜万的信,对卜万大加称赞,而对陈亨却极力诋毁。信封好后,燕王将信放在其中一个士兵的衣领中,赏给他一些银两,还设酒席款待了他,让他回去把书信交给卜万。而这一切都故意装着不想让关在牢房里的另一个士兵看见,实际上还是让他看到了。当送信的士兵走后,剩下的那个士兵就问看守:“你们要他干什么去啊?”看守说:“你问这些干什么?”这个被俘的士兵就说:“你要是告诉我,我决不敢忘记你的恩德。”于是看守告诉他说:“他回去是送信的,所以燕王才给了他厚赏。”听了这番话,这个士兵就请求看守为他讲情,希望能和那个士兵一起回去,并表示一定对燕王惟命是从。然后看守一本正经地答应了他,允许他和那个送信的士兵一起返回,但没有赏赐他任何东西。

两个被放回的巡逻士兵回到松亭关后,那个没有得到赏赐的士兵忿忿不平,立即向刘真揭发了送信的事情。刘真和陈亨立即命令搜查那个送信的士兵,果然在衣领中搜到了书信。刘真认为卜万已经与燕王串通好了,便与陈亨马上将卜万逮捕下狱,籍没全家,后来将卜万害死在狱中。

陈亨原来是燕山左卫指挥佥事,曾数次跟随燕王出塞,后升任北平都指挥使。他原是燕王的部下,早已经与燕王暗中相通,所以燕王这次用离间计非常顺利,使卜万这个忠勇的将领到死都不明白自己是怎么死的。

燕王朱棣略定后方的战事进展得很顺利。在此期间,他为了让全体将士都理解他出兵的正义性,还特意发了告谕全军的布告。这个布告与他给建文帝的上书大不一样,上书中朱棣是把罪过都转嫁到齐泰、黄子澄的头上,说是这些奸臣要谋害他,所以他要起兵靖难,清君侧。但这次颁布的布告则把矛头直接指向了建文帝。在布告中,燕王朱棣说到:“我皇考太祖高皇帝绥靖四方,一统天下,并建诸子,藩屏国家,积累深固。悠久无疆皇考太祖高皇帝,初未省何疾,不令诸子知之。至于升遐,又不令诸子奔丧。闰五月初十亥时崩,寅时即殓,七日即葬,逾月始诏诸王知之。又拆毁宫殿,掘地五尺,悉更祖法。以奸恶所为,欲屠灭亲王,以危社稷。诸王实无罪,横遭其难,未及期年,芟夷五王。我遣人奏事,执以捶楚,备极五刑,锻炼系狱。任用恶少,调天下军官四集见杀。予畏诛戮,欲救祸图存,不得不起兵御难,誓执奸雄,以报我皇考之仇。夫幼冲行乱无厌,淫虐无度,慢渎鬼神,矫诬傲狠,越礼不经,肆行罔极,靡有修底。上天震怒,用致其罚,灾谴屡至,无所省畏。惟尔有众,克恭予命,以绥定大难,载清朝廷,永固基图。我皇考圣灵在天,监视于兹,以惟尔有众是佑。尔惟不一乃心,堕慢乃志,亦自底于厥咎,陷于孥戮。窃闻之,仁者不以安危易节,义者不以祸福易心,勇者不以死亡易志。尔有众明听予言,则无后难。若彼有悛心,悔祸是图,予有无穷之休,尔亦同有其庆矣。告予有众,其体予至怀。”

朱棣为了极力诋毁建文帝,布告中有些话是故意夸大其词,有些则纯属凭空捏造,但是最终燕王在布告中还是说出了自己要起兵夺取皇位的意思,并且不忘给自己的部下们封官许愿。

燕王不时向部下重申,他起兵是迫不得已,说:“我和你们一样,之所以起兵,不是为了追求富贵,只是为了自己救自己,保护自己的家人。每个人都喜欢生,厌恶死,这是人之常情,古今同理。现在的天下是太祖的天下,百姓是太祖的子民。这些人被朝廷中的奸臣驱使着来作战,也是逼不得已。你们切记,不要随意杀人,嗜好杀人会有损天地和气,会遭到上天的惩罚的。你们也不要贪财,贪财会失去民心,民心失去了,则会损害大局。”后来事实证明,尽管燕王起兵难免被人非议,但部下对燕王还是很忠心的。虽然许多将士是从建文帝的阵营中投降过来的,但几乎再没有发生背叛燕王的事情。这是燕王能顺利进军的一个重要条件,也与燕王时常告诫部下有关。

一一　老将耿炳文

当燕王朱棣像秋风扫落叶般攻城掠地的时候，建文帝这个书呆子还觉得他那一套防备燕王的布置很严密，以为“北兵不足忧”，于是把精力转到了文治上，每天都和方孝孺这个迂腐的儒生讨论复古改制的事情。大约就在燕王起兵的时候，建文帝任命方孝孺为翰林侍讲。建文帝好读古书，有什么疑难问题就向方孝孺这位大儒请教。他们整天就在宫里闭门造车，按照《周官》来更改官制，把个官名改来改去，尽做些毫无意义的蠢事。方孝孺因为在复古改制中特别卖力，建文帝特地将他的头衔从翰林侍讲改名为文学博士。他们还在一起讨论更改律令，减轻刑罚，以仁义治国。还要合并州县，裁减冗员。更加离谱的是，方孝孺居然提出要重新实行已被废弃近 2000 年的周代“井田制”，结果不仅朝中大臣们反对，而且广大的自耕农也反对，根本就没有实施的可能性，到头来只是给自己平添许多麻烦。就在这帮文人瞎折腾朝政的时候，北边的战场已经是烽烟四起了，燕王朱棣乘朝廷没有及时作出反应之机，用很短的时间就巩固了自己的根据地，为日后抗衡整个朝廷的大军打下了坚实的基础。两相比较，说明在政治上幼稚的建文帝和他那帮文人心腹大大低估了燕王的实力和能力。建文帝把对付燕王的事情全权交给齐泰、黄子澄去办，然后自己就潜心于复古改制的运动中。

七月二十四日,就藩宣府的谷王朱橞慌忙回京师,向建文帝报告燕王起兵的事。这时,前方失败的战报也接踵而至,尤其是宋忠怀来全军覆没的消息传来后,建文帝这才意识到北边的形势比较严峻。于是他马上召集廷臣,商议对策。齐泰主张立刻公布燕王反叛的罪状,削去他的宗室属籍,并出师征讨。有的大臣认为燕王毕竟有叔父之尊,这样做未免有些过分,齐泰回答道:"明其为贼,敌乃可克。"建文帝采纳了齐泰的意见,决定布告天下,出师伐燕。在征讨燕王的诏书中,建文帝这样写道:"邦家不造,骨肉周亲屡谋僭逆。去年,周庶人橚僭为不轨,辞连燕、齐、湘三王。朕以亲之故,止正橚罪。今年齐王榑谋逆,又与棣、柏同谋,柏伏罪自焚死,榑已废为庶人,获罪天地祖宗,义不容赦。是用简发大兵,往致厥罚。咨尔中外臣民军士,各怀忠守义,与国同心,扫兹逆氛,永安至治。"

斗嘴也斗了,诏书也发出去了,现在要轮到真刀真枪地在战场上较量了,建文帝这才犯了难。让谁来充任伐燕的统帅呢?洪武时期南征北战的老将们被朱元璋差不多都杀光了,这也正是藩王的兵权越来越重的一个原因。有人推测,倘若蓝玉不被杀,仍主持北边防务的话,燕王朱棣要想成功起兵,未必能办得到。蓝玉是建文帝母亲的舅父,凶猛善战,决不是宋忠、谢贵这些庸材所能比拟的,而且蓝玉当年因为送马之事就和朱棣结下私怨,更不可能容忍朱棣起兵造反。只可惜像蓝玉这样的猛将都几乎杀光了,侥幸留下来的几个将领中,就剩下耿炳文还较孚众望,于是讨伐燕王的重任就落到了他的肩上。

耿炳文和朱元璋是同乡,都是濠州人。在与张士诚的战争中,耿炳文攻占了江浙的门户——长兴,并且在那里驻守了10年之久,多次以寡敌众,以小胜大,经大小数十战,使得张士诚始终未能夺回长兴。为此,朱元璋封耿炳文为长兴侯。建国后,朱元璋在功臣榜中把他列在徐达之后,为一等功臣。严格地讲,耿炳文是一员善守之将,他的军事才能主要体现在善于防守上,进攻野战并不是他的强项,而燕王朱棣恰恰是擅长进攻野战。所以,用耿炳文去征讨燕王朱棣,有一点“以己之短,克敌之长”的味道。但是建文帝也没有更好的选择,毕竟耿炳文是沙场老将,有实战经验,总比宋忠、谢贵之流要强得多。

耿炳文时年已经65岁,但身板还硬朗。接受建文帝诏命后,佩大将军印,驸马都尉李坚为左副将军,宁忠为右副将军,三人共同率军北伐。按照黄子澄的奏请,建文帝又命安陆侯吴杰、江阴侯吴高、都指挥盛庸、潘忠、杨松、顾成、徐凯、李文、陈晖、平安等将领,各率所部兵马前进。同时,提升程济为翰林编修,充任耿炳文的军师。耿瓛是耿炳文的长子,也是建文帝长姐江都公主的驸马,这时也随耿炳文出征,充任前军都督佥事。数路大军号称百万,以期一举攻下北平。建文帝还传檄山东、河南、山西三省,务必保证北伐军的军饷供应。

鉴于北平布政司的官员大都归降了燕王,朝廷又另外设置了平燕布政使司,以刑部尚书暴昭掌布政司事务,驻真定(今河北正定)。暴昭曾担任过北平采访使,侦察过一些燕王准备谋反的事,并且曾建议建文帝早作防备。建文帝觉得他是个可靠的大臣,就派他去真定协助伐燕。

耿炳文亲率13万大军,号称30万,于建文元年八月十二日到达真定。与此同时,都督徐凯率领的部队也抵达河间,潘忠、杨松驻札莫州(今河北任丘以北),先锋部队9000人进抵雄县。这样,在真定前方,雄县、莫州和河间就形成了对抗北方燕军的三道防线。特别是雄县,由于距离北平最近,已经摆好了随时进攻北平的架式。耿炳文的长子耿瓛建议,应派精锐部队出其不意地直取北平,一举攻占燕军的老巢。但是耿炳文老成持重,未予采纳，耿璿觉得父亲是坐失良机，非常忧愤。

耿炳文率大军北伐的消息通过燕王安插在南京的间谍很快就传到了北平。朱棣知道耿炳文是一员久经沙场的老将，不敢怠慢。从双方力量对比上看，当时耿炳文率领的南军占有很大优势，而北方燕王朱棣的军队明显处于劣势。对燕王来说，这是一场生死攸关的战斗，他必须亲自率兵迎战。

八月十五日，燕王率兵来到涿州，驻扎在刘备的故里娄桑（位于涿州西南15里）。到了娄桑，朱棣命部下稍事休息，饱餐一顿，把战马都喂饱，作好进攻的准备。燕王对部下们说："今天是中秋节，敌人不会想到我们会马上赶到，一定会饮酒作乐。我们出其不意，攻其不备，定可大获全胜。"随即燕王朱棣督军急行军，中午渡过白沟河，半夜时分到达了雄县城下，立即将城团团围住。南军没料到燕军来得这么快，当他们发觉时，燕军已经前进到了城下。南军登城大骂燕军，说他们中秋节攻城，太不道德了。他们一面骂，一面马上准备防守器械。燕军乘夜猛攻雄县县城，但直到黎明时分才将城池攻破。南军的一些士兵虽然被俘，但拒绝投降燕军，结果全部被杀。朱棣知道了杀俘这件事后很生气，他严厉训斥了杀俘的将领，说："我举义兵是为了安社稷，保百姓，怎么能多杀人呢！我曾经告诫过你们，不要嗜杀，你们却违令乱杀，这不是求生之道，而是求死之道。多杀人正好可以坚定敌人的决心，使他们害怕被杀而拼死抵抗。一夫拼命，百人莫当，这不但无助于我们的事业成功，而且也不是我们自己的福。过去宋朝曹彬下江南，不曾妄杀，所以他后世子孙繁盛，而嗜杀的人往往绝后。这次虽然攻克了一城，但所得甚少，所失甚多。"

从朱棣的这番话可以看出，燕王显示出了作为一名统帅的高明之处。在消灭了南军前锋精锐部队，灭了南军威风的同时，还时刻注意己方的失误,注意到杀俘是一件失民心的大事,会危及他顺利夺取帝位的宏图伟业。在初战大捷的喜悦气氛中,朱棣还能保持这样冷静的头脑,不骄不躁,这确实是一种难能可贵的品质。对付朱棣这样一个精明、冷静、狡猾、勇敢的统帅,耿炳文可不轻松啊!

雄县离莫州很近,大约50里路,潘忠和杨松在莫州驻守。燕王估计,潘忠和杨松不会想到雄县这么快就被攻下,一定会率兵救援,于是他对诸将说:"我一定要活捉潘忠和杨松。"大家颇感迷惑,不知道燕王葫芦里卖的是什么药。

燕王命谭渊率领1000名士兵先过月漾桥,潜伏在水中,等潘忠等人过桥后,听炮声为号,就出来夺占桥头,切断潘忠的退路。谭渊说,士兵们无法在水中长时间地潜伏,露出头又怕被敌人发现,应该另想办法。于是燕王命士兵每人拿一束茭草包在头上做为伪装,身体藏在水里,头露出水面,可以透过茭草呼吸。燕王又命少数士兵埋伏在道路一侧,当看到潘忠和燕军接战后,立即开炮轰击。

当一切部署就绪后,燕王登上雄县城墙向远方眺望,看到潘忠果然率领军队前来救援,于是命张玉率军出城迎战。两军刚一交战,埋伏在路旁的炮手就开炮向南军轰击,谭渊率领的士兵也从水中跳起,夺占了桥头,前后夹击南军,南军遭到突然打击,一片混乱,许多人都掉到河里淹死了,潘忠本人也被俘。

燕王询问潘忠,莫州还有多少兵马。潘忠回答说:"莫州城内还有1万多士兵,战马九千余匹。现在他们听说我打了败仗,一定会很快逃跑。如果马上进兵,定能夺占莫州。"朱棣了解了莫州的情况后,立即亲率100多名精锐骑兵为前锋,直奔莫州城下。莫州城里的南军知道大势已去,无法抵挡,便全部投降了燕王,莫州城内囤积的大批粮草辎重马匹瞬间就转归燕王朱棣所有了。

前锋部队都是南军的精锐,还有数量众多的骑兵,燕王朱棣竟以迅雷不及掩耳之势将其消灭,其兵马正好作为自己军队的补充,这为他在真定打败耿炳文奠定了基础。

莫州不战而下后,燕王率军退守白沟河进行休整。张玉这时主动请缨,要率轻骑去侦察一下耿炳文大军的情况。张玉有勇有谋,由他去侦察,燕王自然很放心。张玉侦察回来报告说,耿炳文的军队“无纪律,其上有败气,宜急击”。张玉的侦察报告鼓舞了燕军的士气,坚定了燕王直扑真定的决心。

经过一番准备后,燕王朱棣率军向真定进发,进驻无极。无极离真定很近,还不到一天的路程。燕王召集诸将领商议进兵策略,多数将领认为,南军人多势众,应该先把部队转移到新乐,与南军对垒。新乐在无极的西面,城池比较大,防守起来比较容易。但是张玉却不同意众人的意见,他说:“我们现在应当直扑真定,敌人虽多,但是刚刚进驻真定,还没有安顿下来,管理和指挥都比较混乱。这个时候如果我军乘胜一鼓作气发动进攻,一定可以打败敌军。”燕王听了张玉的话很高兴,觉得张玉的胆略为一般人所不及,便当着众人的面说:“(张)玉言合吾意,吾倚玉一人足办。”于是燕王朱棣率大军迅速向真定杀来。

这时,恰巧有一个耿炳文的低级将领前来投降,名叫张保,表示愿充任先锋,为燕王效力,燕王就问他真定的布防情况。张保说:“耿炳文的军队虽然号称30万,实际上到达真定的只有13万,一半驻扎在滹沱河南岸,一半驻扎在北岸。”于是朱棣厚赏了张保,给了他一匹马,叫他仍回到耿炳文那里,就说他自己战败被俘,趁看守不注意,偷了匹马逃回来的,并声言燕军马上就要发动进攻了。诸将领不解燕王的意思,问道:“我军由间道赶来,为的就是不让敌人发觉,好出其不意地发起进攻,你怎么还让他回去告诉耿炳文，让南军早作准备呢？”燕王回答道：“你们只知其一，不知其二。开始时我们不知道敌军的虚实，所以要隐蔽行踪，乘敌不备。现在既然知道了敌军的布防情况，就是要让他们知道我军将至，好让敌军将南岸的部队转移到北岸，这样我们进攻真定的时候就不会陷入敌军的两面夹击之中，可以将敌军一网打尽了。”众将都认为燕王的分析很对，便没人再持异议。

八月二十五日，燕军进抵距离真定约 20 里的地方，部下抓住了当地一个打柴的人，从他口中得知，耿炳文的主力部队都部署在真定的西北方向，东南方向没有防备。燕王不放心，又亲自率领 3 名骑兵到东门侦察，刚好撞见南军运送粮草的车队，于是顺手抓了两个俘虏讯问敌情，知道了滹沱河南岸的军队果然转移到了北岸，从西门扎营，直到西山。燕王率领一小队精锐骑兵绕到城西，先冲垮了南军的两个营地。这时，恰巧耿炳文出来送朝廷派来的使臣，当他发觉燕军已经闯了过来时，急忙往回撤，命部下拉起吊桥。燕军冲到桥下，砍断了吊桥的绳索，吊桥无法拉起。幸亏耿炳文的部下拼死抵挡，加上燕军只是一小股骑兵，力量并不大，所以耿炳文侥幸逃脱。耿炳文逃入城中，他手下的一个部将跑到城上对着燕王大骂。两人相距只有不到 200 步，燕王听得很清楚，被骂得火冒三丈，顺手摘弓搭箭，向那个部将射去，一箭就将那个部将射倒，城上一片惊慌。要知道 200 步的距离，已经超过了大多数弓箭的射程，朱棣竟然能一箭将敌方将领射倒，这力量和射箭的技术确实了得。

南军虽然受到了一点冲击，但阵脚并未大乱。耿炳文毕竟是有经验的老将，他很快就组织军队，摆好阵势，出城迎战燕王。张玉、朱能等将领率领燕军迎面进攻耿炳文，朱棣本人则率一支骑兵绕到南军背后，对其前后夹击，横穿南军军阵，耿炳文军大败。朱能率领着 30 多名骑兵在耿炳文后面穷追不舍，一直追到滹沱河边。这时耿炳文军还有数万人，又在河边列好了军阵迎击朱能。朱能人数虽少，但士气高昂，他亲率手下的30余骑兵径直冲入南军阵营，结果南军大乱，自相践踏，死者不计其数，约有3000名南军士兵慑于朱能的勇猛气势而放弃了抵抗，举手投降。燕王朱棣为此亲自慰劳朱能，并立即提升他为都指挥佥事。

燕军普通士兵在这次战斗中表现得也十分英勇。骑士薛禄冲入南军阵营，一枪就将驸马都尉左将军李坚挑落下马，接着就要杀死他。李坚大喊："我是李驸马，不要杀我。"薛禄于是将李坚活捉回营。除了李坚外，宁忠、顾成和都指挥刘燧都被活捉。

耿炳文军大败，急忙撤入城中。数万士兵蜂拥而入，争着挤进城门，结果在城门口挤死了一大批人。耿炳文入城后，随即命令闭门坚守，不再出城迎战。燕王那边也停止了追击，开始清理战果。燕王把李坚叫来，因为他是驸马，所以朱棣只是训斥了他一通，便派人将他送往了北平。在这些被俘的南军将领中，燕王朱棣最重视的就是顾成，朱棣亲自为顾成松绑，并且动情地说："这是上天把你送给我啊！"顾成是洪武朝旧臣，曾充当朱元璋帐前亲兵，后来升任指挥佥事，历大小数十战，屡立战功。后来守贵州10余年，当地少数民族都很服他。这次伐燕，顾成任左军都督，朱棣知道他老成可用，就把他送到北平，要他辅佐世子朱高炽镇守北平。

当真定战场的硝烟还未散尽之时，安陆侯吴杰率领的部队赶到了真定战场前来救援。结果燕王以得胜之师截击吴杰于半路，吴杰大败，仓皇而逃。

对燕王来说，真定大战可谓战果辉煌。据《奉天靖难记》记载，此战"斩首三万余级，尸体填满城壕，溺死在滹沱河的不计其数，缴获战马二万匹，俘降者数万。"这个记载因为是燕王称帝后命人撰写的，其中难免有夸大的成分。另据《明史·耿炳文传》记载，真定之战后，“炳文众尚十万，坚守不出。”耿炳文大军原来到达真定的共计13万，那么在真定之战中，耿炳文军被杀、被俘、投降、失踪人员约3万人，虽然损失巨大，但南军主力尚存，总体实力仍在燕军之上。

耿炳文虽然初战失利，但仍有相当的实力，攻虽不足，守则有余。真定是朝廷伐燕的基地，城内粮草充足。耿炳文虽不善于野战，但论起防守却是个十足的行家里手。燕王朱棣想乘新胜之机，乘势拿下真定城，结果连续攻城3日，不仅没有夺取半寸城墙，反倒自己损兵折将，燕王遂决定撤军。他对部下解释说：“攻城下策，徒旷时日，钝我士气。”南军多步兵，长于固守；燕军多骑兵，长于野战。对一个城池久攻不下，就会使士气受挫，甚至招致失败。之后，燕王率领得胜之师解围而去，退回北平。

在撤军的时候，燕王除了说一番慰劳将士的话外，也不忘做一下政治表演。他把自己抗拒朝廷讨伐大军的行为说成是“周公辅成王”，齐泰、黄子澄就像是散布流言，危害周公的管叔和蔡叔，而他朱棣则要像周公征讨诛灭管蔡一样除掉齐泰、黄子澄。为了完成这正义的事业，燕王朱棣要部下再接再厉，待“肃清朝廷”后“再图休息”。

一二　李景隆挂帅

耿炳文北伐受挫的消息传到南京后，建文帝忧心如焚。黄子澄安慰建文帝说："胜败乃兵家常事，不必这么忧愁。现在国家正是全盛时期，兵强马壮，粮饷充足，取之不竭，用之有余。区区一隅之地，怎么能抵挡全国之力。我们调集50万大军四面围攻他，燕王寡不敌众，一定会兵败被擒。"建文帝问道："那谁当主帅呢？"黄子澄毫不犹豫地说："曹国公李景隆可以胜任，如果上次不用耿炳文而用李景隆的话，一定没有这样的挫折。"建文帝听了这番话后马上转忧为喜，夸奖黄子澄道："你说得好，希望你始终用心维持，等到事平以后，我一定要重重地报答先生。"可是兵部尚书齐泰却认为李景隆不足担此大任，明确表示反对，但是黄子澄不听，终于还是决定用李景隆代替耿炳文，担任北伐的最高统帅。

李景隆是朱元璋的外甥李文忠的长子，袭爵为曹国公。他自幼读书，颇通典故。李景隆身材修长，眉清目秀，举止雍容大度。朱元璋颇看重他，命他掌左军都督府，加官太子太傅。建文帝即位后，李景隆以近亲极受信任，曾受命逮捕周王。当时，周王没有任何武装反抗的准备，所以李景隆能顺利地将其抓获，逮送京师。自此以后，李景隆更加受到建文帝的信赖。但是李景隆只是个贵族公子，没有打过大仗，而且妄自尊大，有经验的人都看得出他不是个将材，所以“诸宿将多怏怏不为用”。建文帝这时才是个22岁的年轻人，缺少识别人才的经验和才识，只是凭着自己的感觉，觉得李景隆亲近可靠，就听从了黄子澄的建议，用李景隆率大军北伐。历史上的经验不止一次地证明，用人不当往往遭致惨重的失败。这次使用李景隆为将，将再一次验证这一论断。

建文帝为李景隆举行了隆重的出征仪式，赐给他“通天犀带”，并亲自率领文武百官到江边饯行，又赐给他代表最高统帅权威的斧钺。除此以外，建文帝还亲自为李景隆写了八个字：“体尔祖祢忠孝不忘”，以示激励。这种荣宠是耿炳文所不可比拟的。但人们内心里都明白，李景隆的军事才能远远不及耿炳文，尽管出征的仪式弄得轰轰烈烈，但随行的将领们还是振作不起精神来。

李景隆出师，建文帝命高巍和刘璟参赞军务。高巍是个典型的书呆子，一听说自己要随军出征，讨伐燕王，这个家伙的迂腐劲就上来了。他跑到建文帝面前说：“我愿意出使北平，披肝沥胆，向燕王陈以大义，晓以祸福，感以亲亲之谊，令其休兵。”建文帝听他说得言辞壮烈，就答应了他。于是，高巍先于李景隆到达北平，向燕王上书。说道：“皆云大王借口诛左班文臣，实则吴王濞故伎，其心路人所共知。巍窃恐奸臣无赖，乘隙奋击，万一有失，大王得罪先帝矣。今大王据北平，取密云，下永平，袭雄县，掩真定，虽易若建瓴，然自兵兴以来，业经数月，尚不能出蕞尔一隅地。且大王所统将士，计不过三十万，以一国有限之众应天下之师，亦易罢矣。大王与天子，义则君臣，亲则骨肉，尚生离间，况三十万异姓之士，能保其同心协力效死殿下乎？……愿大王信巍言，上表谢罪，再修亲好。朝廷鉴大王无他，必蒙宽宥，太祖在天之灵亦安矣。倘执迷不悟，舍千乘之尊，捐一国之富，恃小胜，忘大义，以寡抗众，为侥幸不可成之悖事，巍不知大王所税驾也。况大丧未终，毒兴师旅，其与泰伯、夷、齐求仁让国之义，不大径庭乎？虽大王有肃清朝廷之心，天下不无篡夺嫡统之议，即幸而不败，谓大王何如人？”

高巍给燕王的这封上书，言辞不可谓不壮烈。只不过，字里行间却透出十足的迂腐文人的气息。在这场争夺皇位的殊死争斗中，几十万大军都不能令燕王休兵，一番说辞又有何用？燕王对高巍的做法感到又可气、又可笑，并没有把他处死，只是对他不再理睬。高巍数次上书燕王，都没有任何回音，他后来自己也感到没趣，只好败兴南归。

外交努力失败后，李景隆开始传檄各地，调集各路兵马，于九月十一日进驻德州，对耿炳文的部队进行整顿，接着进驻河间。他一改耿炳文稳扎稳打的办法，一到河间就开始准备部队直扑北平，妄图将燕军一举消灭。

燕王朱棣听说是李景隆率领50万大军来进攻他，不但没有愁容，反而很高兴。燕王胸有成竹地对部下说：“李九江（九江是李景隆的小字）豢养之子，寡谋而骄矜，色厉而中馁，忌刻而自用。况未尝习兵见战阵，而辄以五十万付之，是自坑之矣。汉高祖大度知人，善任使，英雄为用，不过能将十万。九江何等才，而能将五十万？赵括之败可待矣。”燕王接着召来斥堠，也就是侦察兵，问了一番李景隆军中的事，便笑着指出李景隆有五败，说：“兵法有五败，景隆皆蹈之。为将政令不修，纪律不整，上下异心死生离志，一也；今北地早寒，南卒裘褐不足，披冒霜雪，……又无赢粮，马无宿藁，二也；不量险易，深入趋利，三也；贪而不治，智信不足，气盈而愎，任勇俱无，威令不行，三军易扰，四也；部曲喧哗，金鼓无节，好谀喜佞，专任小人，五也。”

燕王虽然指出了李景隆有五败，但是这五败到底是真实地反映了李景隆的治军水平呢？还是只是李景隆为了加速建文帝的灭亡而故意做的安排？这些都很难断定。应该说，李景隆既然能为朱元璋所欣赏，那就未必是所谓的纨绔子弟。毕竟朱元璋是久经沙场的著名军事家，可不是随便能被糊弄的人。朱元璋欣赏的人，肯定有他的过人之处，否则太子太傅的职务怎么可以给李景隆？要知道朱元璋挑选教育自己孩子们的老师，标准向来是很严格的。而且李景隆也受到建文帝和黄子澄的赏识。到后来朱棣夺取皇位后，对李景隆不仅不惩罚，反倒厚加赏赐，待遇连跟随朱棣最初起兵造反的将领都无法与之相比，使人不得不怀疑李景隆的真实军事才能绝不是像燕王表面上说的那么无用。所以从后来的战争进程看，与其说是燕王击败了李景隆，不如说是李景隆在故意求败，好尽快地把建文帝给他的50万大军覆灭掉，以利于燕王夺取最后的胜利。

九月一日，永平守将郭亮派人来报，说江阴侯吴高和都督耿瓛率领辽东兵马来攻。永平临近山海关，是屏蔽辽东的前沿。郭亮归降燕王后，燕王仍命他在此驻守，使燕王免除了东顾之忧，可以放心地攻略北平周围的其他地方，并于真定战胜了老将耿炳文。如果永平失陷，辽东的军队就可以直扑北平，李景隆从南边赶来，两面夹攻，北平的形势就很危急了。燕王果断决定，首先援救永平，之后将李景隆的大军引到北平坚城之下，再回师夹击李景隆，变被动为主动。燕王向部下解释他的战略意图时说："我待在北平，李景隆一定不敢来。现在我去救援永平，他知道我走了，肯定会来攻城。我再回师反击，坚城在前，大军在后，李景隆必将束手就擒。"但一些将领对这种作法还是表示不理解，认为当前最大的威胁是李景隆，应该集中力量对付他。他们劝燕王说："永平城城池完好，粮饷充足，可以无忧。现在应该保守我们的大本营，离开北平恐怕不是很有利啊。"针对将领们的这种担忧,燕王又进一步解释说:“现在我留在北平城中的军队,出战则不足,守城却有余。而且世子能推诚任人,足以御敌。如果全军都留在北平城中,只能是自己示弱。敌人就可以专心来攻,这不是上策。军队在外,随心所用,内外线互相配合,一定能击破敌人的进攻。我离开北平可不是专门为了救援永平,实际上是为了擒获李景隆啊。吴高胆怯,不能出战,听说我来,一定要会逃跑。所以我一举就可以解永平之围,而又可以击破李景隆的进攻。”燕王的这番话,核心就是“兵出在外,奇变随用”。这既可以避免坐以待困,又可以在外线运动战中壮大自己,使自己由弱变强。把主要的敌人引到坚城之下,城内守军足以固守,敌人久攻不下,拖垮敌人,使敌人由强变弱。更何况这时已进入冬季,南方士兵不耐严寒,利于速战速决而不利于打持久战。在城下拖不了多长时间,南军就会自然涣散。这时再回师内外夹击,燕王相信,定可破敌。将领们听了燕王这番解释,都心悦诚服,于是决定首先出师援救永平。

一三　北征大宁

燕王留下世子朱高炽守卫北平，临行前反复叮嘱他不要轻易出城迎战，只须固守。九月十九日，燕王亲自率军奔赴永平，诸将向燕王进言说："应该派兵守住卢沟桥，扼住李景隆来犯的必经之路，使他不能径直攻到北平城下。"燕王则另有一番打算，他说："天寒地冻，随处可渡，守一座桥又何以拒敌？舍之不守，以骄敌心，使他们深入严寒之地，受困于坚城之下。这就是兵法上所说的'利而诱之'。"于是，燕王命令将卢沟桥的守军全部撤入北平城中。

九月二十五日，燕王以朱能为先锋，突然率军赶到永平城下。吴高仓促之间，来不及列阵迎战，就丢下辎重，逃往山海关。朱能率轻骑兵追击，斩首数千级，俘获数千人。燕王对吴高等人很了解，他说："吴高虽然胆怯，但行事还是很谨慎的。反而是都督杨文，为人勇而无谋，除掉吴高，杨文就不足为虑了。"于是燕王故伎重演。他分别给两人写了一封信，对吴高大加称赞，对杨文极力贬低。建文帝听说后，就怀疑吴高与燕王私底下有勾结，便将吴高削职，发配到广西去了，只留下杨文镇守辽东。耿瓛是耿炳文的次子，位在杨文之下。后来他数次请求进攻永平，借以威胁北平，牵制燕王朱棣，但他的意见始终被杨文拒绝。

燕王接着和诸将领商议攻取大宁（今内蒙古宁城以西）。将领们担心大宁不易很快攻取,尤其是担忧北平会被李景隆攻陷,他们都主张回师以解北平之围。他们的理由是,要攻取大宁,就要首先攻占松亭关,现在松亭关由刘真和陈亨驻守,关门险峻,仓促间难以攻下,浪费了时间,不如先回师攻破李景隆,以后再攻取大宁。但燕王自有另一番打算,他对诸将领说:"现在从刘家口径直到大宁,几天就可以到达。大宁的士兵都聚集在松亭关,他们的家属则留在大宁城中,守城的也都是些老弱军卒,我军一到,定可当天攻下大宁。城破之日,要好好扶绥其家属,松亭关的守军就会不战而溃。北平深沟高垒,守备完固,纵使有百万大军,也不易攻破。我正是想他们将大军屯于坚城之下,慢慢消耗他们的锐气。然后我们再回师一击,还不是摧枯拉朽吗?"之后,燕王朱棣又激励部下说,你们尽管放心地去攻取大宁,不必担忧。与此同时,他还派人告谕在北平守卫的世子,要他严加防守,敌人来攻不要出战。

十月二日,燕王率军到达刘家口。那里的道路又窄又险,人马只能成单列行进。守关的有一百多人,诸将想从正面发起进攻,破关而入,但马上遭到燕王的反对。朱棣说:"不行,我军从正面进攻,他们就会弃关而逃,回大宁报告,这就会使大宁早做准备。"于是,燕王命令郑亨率领数百精锐士兵登山,悄悄绕到关后,前后夹击,截断了守军的归路,一举将关上的守军全部擒获。燕军于是从刘家口直奔大宁。

十月六日,燕军抵达大宁城外。城中守军对燕军的突然到来感到十分惊慌,急忙关上城门拒守。燕王率数骑绕城考察地形,看到西南一隅地形较利于进攻,于是将所有精锐集中于西南。朱棣命勇士先行登城,然后其他部队跟着爬上城墙,大宁城很快就陷落。都指挥房宽被俘,关在监狱里的卜万被杀掉,另一个都指挥朱鉴力战而死。燕王下令安抚城中军民,危害百姓者处以重刑,城中的秩序很快就安定下来了。

燕王找来陈亨的家奴和城中一些士兵的家属,让他们把城中的情况去告知陈亨和刘真。这时,刘真和陈亨由松亭关率军回救大宁,当士兵们得知自己的家属都安然无恙时,人心就开始涣散了。宁王朱权原来有3护卫,当燕王起兵后随即被削去,但仍留在大宁,这时也都归降了燕王。大宁是北边军事重镇,大宁行都司领兴州、营州共计20余卫,所属士兵都是西北的精锐。尤其是朵颜、泰宁和福余3卫,都是投降过来的蒙古骑兵,特别骁勇。随着这些精锐部队的归降,燕王朱棣的力量迅速壮大,这成为日后燕军连连取胜的重要因素。

十月十一日,刘真和陈亨率军到达乱石黄崖。陈亨秘密和营州中护卫指挥徐理、右护卫指挥陈文商议,鉴于大宁已经失陷,燕军所向披靡,陈亨又是燕王的老部下,不如早投降燕王。于是,3人在半夜起事,率领部下袭击了刘真的大营。刘真仓促之间,没有防备,只身单骑,携带大印,逃亡辽东,后经海路返回南京。陈亨则率领手下士兵全部归降了燕王。

大宁被攻破,燕军驻扎在城外,燕王单骑进城去会见宁王朱权。洪武时期,燕王受命巡边,曾来过大宁,与宁王关系甚密。在朱元璋的诸子中,人们都知道"燕王善战,宁王善谋"。在燕王攻破大宁时,宁王实际上是在大宁闲居。燕王起兵后,谷王朱橞从宣府奔回南京,建文帝就担心宁王、辽王和燕王勾结起来,便要他们都回京师。宁王不回,建文帝就下令削去他的3护卫。因此,宁王身边已经没有多少可以调动的兵力了。燕王入城后,与宁王相抱痛哭。燕王在宁王府中住了数日,相处得十分融洽。燕王要辞别宁王回北平,宁王到郊外饯行。当宁王要返回城内时,燕王的部下就一拥而上,胁迫宁王随燕王一起返回北平。宁王只得相随,宁王的世子和妃妾则携带着王府的金银财宝,也随燕王一起撤往北平。

大宁诸卫军队的投降,为燕军注入了新鲜血液。特别是朵颜3卫的蒙古骑兵,成了后来燕军冲锋陷阵的主力。从此以后,燕军声势日盛。燕王随即命薛禄先行,一路攻克了富峪(今河北平泉以北)和宽河等地,大军浩浩荡荡向北平扑来。

一四 回师北平

李景隆听说燕王北征大宁，离开了北平，于是指挥部队进攻北平。北平南边的一些城市，如涿州、雄县等地，虽然曾经被燕军占领过，但燕王为了不分散兵力，没有在那里派兵驻守。因此，李景隆几乎没有遇到什么抵抗就到达了北平。在经过了不设防的卢沟桥后，李景隆得意洋洋地挥着马鞭说："不守卢沟桥，我就知道他没什么能力了。"于是挥军直逼北平城下。

李景隆率大军围攻北平，另派一部分军队攻取通州。通州离北平很近，又在东边，攻取通州既可以免除通州燕军对北平的增援，也可以阻挡燕王的大军。

李景隆把50万大军屯集在北平四周，安营扎寨，然后开始命令部队猛攻九门。此时，双方的力量对比十分悬殊。燕王兵力本来就少，其主力和精锐部队都随燕王征战在外，北平城内留给世子朱高炽的军队人数不多，而且多为老弱士卒，人数只占燕军全部数量的十分之一，也就是三四万人左右。要依靠这三四万老弱士卒对抗50万的精锐南军，形势之危急显而易见。

留守北平的世子朱高炽就是后来的明仁宗，当燕王离开北平后，他深知守城的责任重大，一天到晚率领士兵赶修工事，制造守城兵器。他还经常到城中居民当中问寒问暖，凝聚民心、士气。要是在寻访中遇见有才之士，朱高炽便虚心相待，听取他们对守城的建议。他每天“四鼓以起，二鼓乃息”，也就是每天凌晨3点多钟就起床，一直工作到晚上9点多才休息，每天的睡眠时间不到7个小时。当然，北平城防的工作不仅是朱高炽一人完成的，实际上在筹划防守当中，燕王妃徐氏在其中起到了核心作用。徐妃是徐达的长女，精通军事，深得其父真传。朱高炽对军事并不太懂，所以“措置备御抚绥激励之方，悉得其宜。”也就是说，守城之事，虽然总负责人是世子朱高炽，但他遇到大事都要先禀告徐妃，然后再施行。

李景隆以为燕王在外，北平可以一举拿下，没想到竟遇到顽强的抵抗。在北平攻城战中，李景隆的表现确实不尽如人意。当丽正门差点被攻破时，李景隆竟然命令停止进攻，攻城的南军于是一哄而撤，缓解了北平的危机。然后李景隆稍事休整，便再度开始攻城。这次南军准备放火烧顺城门，但城上做好了防火准备，没产生效果，于是发动强攻，结果被防守顺城门的将领李让和梁明击退。

面对强敌，朱高炽激励城中士卒，奋力死守，上至青壮男丁，下至妇女小孩，全都被调动起来协助守城。城中百姓轮番上城，昼夜拒敌，士气空前高涨。朱高炽并没有拘泥于燕王要他不要出战的嘱咐，而是以守为主，适时发动短促反击，不断对城下的南军发动逆袭。有时是乘南军退却时发动进攻，加大对南军的杀伤；有时又乘夜间天黑，派士兵骚扰敌营；或者是挑选一些身强力壮的勇士，半夜时顺着绳索爬到城外，到敌营里杀几个人，放几把火。总之是尽可能的疲敝南军，把敌人搅得昼夜不得安宁。这种游击打法十分奏效，李景隆大军久攻不下，屯于坚城之下，前不能进，后不能退，又加上天气严寒，士兵夜里得不到休息，整个部队很快就处于疲敝交加的状态之下，战斗力大减。李景隆无奈，只得命令大军后撤十里，北平保卫战就此进入时打时停的胶着状态。

在相持期间,李景隆手下的将领瞿能父子曾攻打彰义门,几乎破门而入。瞿能是员猛将,洪武朝时官至都督佥事,曾随大将军蓝玉出大渡河西征,战功显赫。这次,他和儿子率领数千精锐骑兵猛攻彰义门,锐不可挡,经过一番激烈的拼杀,瞿能竟然攻入了彰义门内。朱高炽听说彰义门失守,立即调集重兵前去增援,试图夺回彰义门。瞿能虽然攻入了彰义门,但由于手下士兵不多,无法向城内扩大战果,于是固守彰义门,等待后面的援军赶来。于是燕军和瞿能的南军在彰义门内形成对峙。可瞿能左等右等,不但没有等来援军,反而等来了李景隆令其停止进攻,等候其他几路大军一同行动的命令。时值寒冬,北平守军于是趁瞿能暂停进攻之机,连夜提水浇在城墙上,水立刻凝结成冰,结果城墙变得光滑异常,无法攀登,李景隆其他几路攻城部队大败而归。击退了李景隆的进攻后,朱高炽回过头来全力对付突入彰义门的瞿能,瞿能寡不敌众,只得放弃彰义门,撤出战斗。这次唾手可得的胜利又因为李景隆而告失败。

十月十八日,燕王挟持宁王朱权从大宁向北平进发。十九日,大军到达会州(今河北平泉以南20里),燕王在这里正式建立了五军,统一了军队番号和编制。由于宁王的士兵加入了燕军,燕军的实力大为扩充。为了强化这支部队的战斗力,燕王在会州对部队进行整编。燕王以自己的旧属将士为主体,将大宁降兵分派给自己的各部。五军的设置是:中军由张玉指挥,郑亨和何寿为左、右副将;左军由朱能指挥,朱荣和李濬为左、右副将;右军由李彬指挥,徐理和孟善为左、右副将;后军由房宽指挥,和允中、毛整为左、右副将;前军由徐忠指挥,陈文和吴达为左、右副将。从此以后,燕军正式拥有了五军编制。

按照明朝廷对藩王的规定,诸王对部下不得擅自升赏。燕王在会州建立五军，升赏将领，实际上就是公开表明，他已经不再受朝廷的约束了。当然，后来的《明太宗实录》对这件事又刻意地回避了，只说建立五军，不提升赏将士。这从另一个侧面也可看出，燕王起兵的目的当然不是什么"清君侧"，而是为了夺取皇位，只是碍于舆论，所以才在这些文字记录中想方设法地玩弄文字游戏。

会州整编后，燕王立即率军向北平进发。十月二十一日，燕军入松亭关，又经过半个月的行军，于十一月四日到达孤山。这时，李景隆已将大本营安扎在郑村坝(北平以东约 20 里)，准备拦截燕王的军队。李景隆命都督陈晖为先锋，率领 1 万骑兵到达白河以东，准备迎击燕王。当燕王派出侦察骑兵侦察到南军的布防情况后，根本就不理会陈晖，而是挥师渡过已经结冰了的白河，直扑白河以西的郑村坝。陈晖和燕军走的不是一条路，所以没有遇上燕军。当他听说燕军已经渡过白河向西行进后，便慌忙尾随而来。结果陈晖的军队刚渡过白河，立足未稳，燕王就率精锐骑兵回头痛击，陈晖溃不成军，大败而逃。1 万多人马在很短的时间内毫无次序地拥挤到白河上，导致河上的冰层立刻破裂，很多人连人带马淹死在白河里。在这次遭遇战中，燕军大获全胜，缴获战马 2000 匹，陈晖仅以身免。

燕王消灭了陈晖这支前哨部队后，便立即向郑村坝奔袭而来。南军不耐严寒，再加上李景隆不抚恤士兵，导致南军士气很低落。当他们知道陈晖的前锋部队被全歼的消息后，军心更加动摇，以至于当燕军列阵向南军发动进攻的时候，南军的军阵竟然还是乱七八糟的。燕王朱棣见南军阵势混乱，正是进攻的绝好时机，于是马上命令精锐的骑兵首先向南军发动冲锋。担任冲锋任务的是朵颜三卫的蒙古骑兵，接到冲锋的命令后，1 万多剽悍的蒙古骑兵如脱缰的野马一样向南军的军阵狂奔而来。骑兵裹挟着巨大的势能,形成一股无坚不摧的冲击力,以锐不可当之势直冲入南军军阵,一连冲破南军 7 座大营。好在南军人多势众,虽被燕军的骑兵冲入军阵,但并没有全线溃退。经过暂时的动摇后,李景隆又整军迎战。此时,燕王朱棣已经率领大军随骑兵赶上,双方主力近 70 万的大军,就在这冰天雪地的北国小村郑村坝展开了一场生死决战。激烈的战斗从中午一直进行到夜幕降临,燕军并未取得决定性的胜利。此时,朱棣趁天黑,派出两支奇兵,从左右夹击南军,南军这才渐渐不支。燕军见南军有退却的迹象,于是从正面发动猛攻,南军再也支撑不住,大败而归,数万人阵亡,另有数万人投降,还被燕军缴获了 2 万匹战马。当夜色黑透的时候,两军各自收兵回营,燕军也没有继续追赶南军。

燕王朱棣就地在战场上休息,夜晚寒气袭人,都指挥火真找来几个废旧马鞍,给燕王点了一堆篝火取暖,燕王不忍其他士兵在雪地里受冻,就把身边的士兵都叫来一起烤火。朱棣的一言一行无不感动着燕军士兵,使他们能一心一意地效忠于他。

反观李景隆,就是在这个夜晚,他感到初战失利,再战也是凶多吉少,于是不顾士兵疲惫不堪,抛弃大批伤兵残将,拔营向南边的德州逃跑,脱离了与燕军的接触。郑村坝离北平约 20 里路,逃跑心切的李景隆甚至顾不上给正在围攻北平的部队打声招呼,就抛弃一切辎重,率领部下先跑了。于是丢弃在郑村坝的军需物资极大地补充了燕军的损失,正好帮助他们度过严寒的冬季。黎明时分,燕王的部下请求乘胜追击,因不明敌军虚实,加之天寒地冻,士兵们很是疲惫,燕王朱棣没有答应,而是率军前往北平。

围攻北平的南军还不知道李景隆已经向德州逃跑,仍然驻扎在北平城下。为了迎击燕王,李景隆原先下令,要求部队天天处于高度戒备状态，士兵们日夜警戒，拿着兵器站在雪地里，得不到休息，冻死冻伤的士兵不计其数，甚至有些士兵在值勤的时候冻掉了手指。由于李景隆的瞎指挥，南军士气低弱，战斗力受到很大损失。

十一月七日，燕王展开了对围困北平的南军的进攻，当天就攻破南军4座大营。此时，城内的守军知道燕王率军回师，也出城攻击南军。遭到内外夹击的南军很快就崩溃，尤其是得知李景隆早已不顾他们南逃德州的消息后，更是军无斗志，望风而逃。燕军仅经过两天的战斗，就解决了围困北平的南军，缴获各种军用物资不计其数。十一月九日，燕王率领凯旋之师回到北平城内。

一五　建文帝示弱

燕王从离开北平救援永平开始，经过奔袭大宁，到郑村坝大胜李景隆，然后胜利回到北平，大体经历了一个半月的时间。在这一个半月的时间里，燕军战果辉煌，不仅守住了大本营北平，而且在运动战中消灭、俘虏了大批敌人，壮大了自己的军事力量。十一月十一日，燕王在北平大规模犒劳将士，同时不忘向将士们发布文告，说："自举义以来，荷天地眷佑，皇考在天之灵，以保予躬。亦尔有众用命，同心一德，故获累胜。然常胜之家，难以虑敌。夫常胜则气盈，气盈则志骄，志骄则惰慢生，惰慢生，败机乘之矣。……彼以天下力敌我一隅，屡遭败衄，将必益兵以求一决，战克惕励，惩艾前失。我之常胜，必生慢忽。以慢忽而对克惕，鲜有不败，须持谨以待之。"在这个文告中，燕王已经公开称朝廷为敌，这与他以前给建文帝奏文中所表示的谦恭神情大相径庭。大概也正是因为这一点，所以《明太宗实录》中未收录这个文告。从文告中，我们看出，燕王虽然在军事上节节胜利，但他并没有被胜利冲昏头脑，他知道朝廷一定会继续增兵来对付他，所以他一再提醒部下，要戒骄戒躁，这也正是燕王能继续不断获胜的重要原因。

除了犒赏将士外，燕王也乘着这个时机对有功将领进行封赏。陈实、徐祥等 13 名将领都因战功升任北平都司。另外，朝廷原来任命的都指挥佥事周成、袁成和张睦等 3 人,因通燕而被朝廷夺职,燕王现在又全部恢复了他们的旧职。

在郑村坝之战中,燕军俘虏了很多南军,有愿意留下的就编入燕军的队伍,不愿留下的就予以遣散。当燕王知道俘虏中有些是皇陵的守卒后,心里很是难过,便于十一月十二日,将俘获的皇陵守卒释放回南京。然后借机又对建文帝指责了一番,说他不以“祖宗陵寝为重”,放着全国那么多的兵马不用,居然把守卫皇陵的士兵调来打仗,实在不应该。

朱棣在对有功将士论功行赏的同时,也没有忘记那些战死沙场的将士。他派二子朱高煦和三子朱高燧对自己部下阵亡的将士进行祭奠,并让世子朱高炽对阵亡家属进行抚恤。特别是,燕王感到南军士兵死了那么多,深为怜惜,于是也派人收葬了他们的尸骨。他还命降将耿孝前往两军交战的主战场郑村坝一带,收葬南军阵亡将士尸骸十余万具,将其埋葬在北山,建了一座坟,种上树,并下令禁止在墓地附近放牧和打柴。他还派遣官员前去祭祀,并亲自撰写碑文,在郑村坝“勒石以纪其事”,碑文如下:

> 呜呼,昔我太祖高皇帝起布衣,提三尺剑,扫除祸乱,平定天下。尔诸将士俱从南征北伐,略地攻城,栉风沐雨,宣力效劳,共成我国家大业,勋绩茂矣。兹有奸臣,浊乱朝纲,同谋不轨,欲倾鸿业,而先灭诸王,以剪其藩屏。故调发将士,披坚执锐,列阵成行,加害于我。不得已,为自救之计,率兵敌之。……而所向克捷。尚念阵亡将士,上非由朝廷之所命,下非有切己之怨仇,徒为奸臣所驱迫,而毙于矢石锋刃之下。哀哉何辜!已遵释典,命僧修斋诵经,资其冥福。其骸骨弃露草野,命官收于北山之麓,封土树木,以坚其藏。仍勒石墓侧,昭示久远,而系以铭。……

燕王亲自撰写这篇碑文,表明他把这些南军将士的死归罪于“奸臣肆毒”。他们曾跟随太祖朱元璋创业有功,这次只是为奸臣所驱迫,才来加害于自己,自己不得已起兵自救,所以他们才战死疆场,不能怪燕王。尤其要注意的是,燕王在这里只是指责“奸臣浊乱朝纲”,而没有指责建文帝,这与他起兵时所称的“清君侧”的调子是一致的。因为碑文是要流传后世的,所以撰写的时候,燕王朱棣不得不谨慎点。

继郑村坝之战后,燕王与李景隆的最后一次决定性战役是白沟河大战。自北平保卫战结束以后,双方都在为这场大战作准备,期间大约有 5 个月的休战时间。

燕王朱棣回到北平后,第二次致书建文帝。这次与上次上书时的情形已经大不相同。自燕王起兵以来,燕军接连取胜,兵力大增,燕王有了更多的资本,所以这次上书,文中的语气就比上次要严厉得多。

这封上书前半部分仍是追究明太祖丧葬的责任,大致是说太祖重病时,建文帝不让诸王进京服侍。太祖死后,又不让诸王奔丧。还指责建文帝治丧草率,七日而葬,不合安葬天子的礼法。然后在《祖训》中择章摘句,指责建文帝削藩是错误行为,是违背太祖成制的。最后指责齐泰、黄子澄是祸国奸臣,是这一切事件的罪魁祸首和元凶,而自己起兵靖难,节节胜利,说明自己是正义之师,“清君侧”是正义之举。书中要求建文帝迅速清除齐泰等奸臣,否则他自己就要带军队来清算这些奸臣了。

这次上书,本来燕王根本没抱希望,也不指望建文帝会有回应。哪想到,建文帝这次居然示弱,接到燕王的上书后,于十一月二十六日,罢兵部尚书齐泰、太常寺卿黄子澄,以取悦燕王,结果却适得其反。齐、黄二人名义上被罢免了官职,但实际上仍在暗中帮着建文帝谋划,建文帝想用这种小儿科的手法糊弄燕王朱棣,好消除燕王起兵的借口,让燕王息兵。实际上这是掩耳盗铃之举,不仅骗不了燕王,反倒让朝中的群臣为之丧气,觉得跟着这个窝囊的皇帝,不会有什么好结果,同时也寒了广大讨伐燕王的将士的心。建文帝政治上幼稚、拙劣的表现,不仅对讨伐燕王的反叛没产生任何积极效果,反倒起了不少的副作用。

李景隆在郑村坝的惨败消息,过了很久才传到京城。建文帝对战果并不十分清楚,但还是听到了一些不好的传闻。于是,建文帝就将黄子澄找来,问他李景隆的战况如何。李景隆是黄子澄推荐的,黄子澄害怕建文帝得知真相,会迁怒于他,所以黄子澄就极力为李景隆掩盖败绩。建文帝问黄子澄:"最近听说我军战况不利,情况到底如何啊?"黄子澄回答说:"听说我军和叛军几次交战,但因为天气寒冷,士兵们疲惫不堪,现在我军暂时回德州休整,等到来年春天再进攻。"建文帝因为十分信任黄子澄,听他这么一说,就没有再追究战况了。黄子澄还怕事情泄漏,于是秘密派人到德州,告诉李景隆,要他隐瞒败绩,不要上奏皇上。由于黄子澄和李景隆两人合谋,联合起来欺骗建文帝,结果李景隆非但没有受到惩罚,反而被加官太子太师,并赐予"玺书、金币、珍宝、貂裘"。李景隆打了大败仗,阵亡将士十几万人,却能加官晋爵。而当初耿炳文只是稍有失利,就被朝廷免职。如此的赏罚不公,除了说明建文帝在用人上的愚蠢和无知外,也更加离散了广大平叛将士的决心和信念。

燕王朱棣得到情报,李景隆在德州调集各处兵马,准备明年春天天气转暖时,率领大军来攻。这次燕王采取的战略是调虎离山,运动中歼敌。首先进攻大同,吸引南军前来救援,使南军在冰天雪地里疲于奔命,然后乘天气寒冷,不利南军之际,向北进攻,打击敌军。

建文元年十二月十九日,燕王亲自率军进攻大同。燕军到达紫荆关(今河北易县以西紫荆岭上)时,部下发现燕王所穿的衣服上有一种奇异的图案。燕王本来穿的是素红绒袍,由于行军,身体散发出来的水汽凝结在衣服上,远看上去就像层层龙鳞,部下们还以为是龙纹呢。那个时候,古人都比较迷信,相信是福瑞之兆,所以大家都很高兴,认为这次出征必定大功告成,信心更加充足。十二月二十四日,燕军到达了广昌(今河北涞源),守将汤胜等人举城投降。燕军兵不血刃就夺取了广昌,为这次出征开了一个好头。

建文二年(1400 年)正月初一,正当大家欢度新年的时候,燕军在燕王朱棣的率领下,风尘仆仆地赶到了蔚州(今河北蔚县)城下,接连攻打数天,没能攻克城池。有一天,蔚州守军指挥李诚到城外察看,被燕军发现,仓促之间躲到一个水沟中,但还是被燕军搜出来了。士兵们将李诚带到燕王跟前,燕王马上亲自为其松绑,并好言安慰。朱棣知道李诚是员勇将,外号“冲天李”,就极力争取他为自己效力。李诚深受感动,表示愿意献城,燕王就把他放了回去。可是城中的其他将领不愿意投降,就把李诚囚禁了起来。燕王等了几天,不见李诚来降,部将们就主张强攻蔚州城。燕王不同意,说道:“看蔚州城的防守,没有半个月是攻不下来的。到那时,兵威受挫,更难攻取,应当想办法智取。”之后几天,燕王仔细察看蔚州城的地形,他发现城外边有一座敌台,台上建有望楼,敌台和城墙上部原有一座飞桥连接,但现在桥已损坏,但敌台尚存,正可以加以利用。于是,燕王命令士兵每人准备一条布袋,里面装上土,从敌台上推下去,将敌台和城墙之间的空隙填满,使其与城墙一样高,以便发起进攻。当土堆得快与城墙齐平时,燕军就用抛石机发射石弹轰击城上的守军,使守军无暇阻挡填土工作。守将王忠、李远等人看形势不对,便率军举城投降。燕王传令各军,进城后不得侵扰百姓,否则军法严惩。燕军占领蔚州城后，城中秩序井然，为燕军赢得了很好的口碑。二月二日，燕王提升降将张远、王忠、李远为北平都指挥佥事，原蔚州守军精锐都交由王忠统领，随燕王远征大同，蔚州城将领的家属则被送往北平，以作为人质。

二月十二日，蒙古鞑靼部国公赵脱列于和司徒赵灰邻帖木儿等从漠北“率众来归”。当时，蒙古各部纷争不断，失势的一方经常南下降燕。这些蒙古人都是强悍的骑兵，对他们的归降，燕王喜不自胜，随即加以赏赐，给予差事。燕王增加了这支生力军，真是意外的收获，它使燕军的战斗力又得到增强。

但与此同时，北边又传来了一个坏消息，鞑靼可汗坤帖木儿率众犯边，要大举南下。燕王正在集中力量对付南边的李景隆，如果鞑靼骑兵从北边攻过来，那无异于抄了燕王的后路。发觉形势危急后，燕王朱棣马上致书鞑靼可汗坤帖木儿，同时致书瓦剌王猛哥帖木尔，对他们晓以福祸，又利而诱之，终于制止了他们的南下企图，保证了自己后方的安全。

燕军占领蔚州后，并没有直接进攻大同。燕王朱棣得到情报，李景隆果然率军救援大同，引军出紫荆关。燕王没有从正面回师迎击，而是由居庸关回师北平，听任李景隆的部队在风雪中到处奔波。二月初的北方，天气仍然很冷，李景隆手下的士兵冻死冻伤造成的非战斗减员达到了全军人数的百分之二三十。虽然没有打仗，但南军士兵为了保护自己的手指不被冻掉，很多人干脆把武器丢掉，结果一仗没打，南军丢弃在路上的武器就不计其数了。李景隆在大冷天里领着几十万大军瞎跑了一通，最后是无功而返。

建文二年二月十三日，李景隆致书燕王，请求息兵。燕王两次上书建文帝，未见答复，从一定意义上来说，李景隆的这封书信代表了朝廷的意向。没有建文帝的允许，李景隆未必敢写这样的书信。其大意是说，齐泰、黄子澄已被罢免，燕王起兵的目的不就是要“清君侧”吗？现在奸臣已被贬逐，起兵的理由已不存在，自然就该息兵了吧。书信中还多次提到明太祖圣训，称“太祖高皇帝圣训谆谆，今犹在耳。”周王是因为“不遵成训，狂作枉为”，所以才“大义灭亲”，将其擒治。实则是要求燕王遵守祖训，罢兵以保全骨肉。“骨肉有伤，大乱之道，欲舍小怒，以全大义。”

从李景隆致燕王的书信中可以明显地看出，朝廷方面的态度已经软化，这显然是朝廷在军事上一再吃败仗的结果。

二月二十八日，燕王回书李景隆。他首先指出，李景隆的致书并没有表达他本人的意思，不诚恳，是代奸臣进言，欲离间骨肉。朱棣接着说，齐泰、黄子澄等人陷害周王，接着又陷害自己，建文帝对这样的奸臣仅仅贬逐是远远不够的，应该灭其九族。更何况所谓的贬逐只是掩人耳目的小儿科伎俩，两个人其实还在为建文帝出谋划策，所以建文帝的说法令人可笑。对于书中“舍小怒，以全大义”的话，燕王朱棣更是愤怒地要追究明太祖之死的责任，说建文帝在太祖病重时不让亲王前往护理，死后又不准他们奔丧，然后又借口谋反，杀害太祖的子孙，破坏太祖高皇帝建立的基业，这根本就不是“小怒”，而是事关朱明王朝生死存亡的大是大非问题。而且，燕王还借《祖训》，批驳建文帝随意更改祖制，自己不思反省，反倒说其他人不遵成训，这是欺瞒上天、欺瞒天下人的行为。在这里，燕王在回书中批驳得非常有力。建文帝复古改制，只是成天到晚把个官名改来改去，不仅未收到任何实际成效，反而给燕王以起兵的借口。在回书中，朱棣最后说道：“现在奸臣使用阴谋诡计，要杀害我太祖高皇帝的子孙，妄想窃取天下。……我们这些亲王当然感到害怕，所以起兵反抗，这是在为父皇报仇。”

燕王在回书中严厉地教训了李景隆，实际上也是教训了建文帝，并且明白无误地告诉建文帝，要我息兵，那是痴心妄想。双方各执一词，商谈无果而终，问题的解决最终还得看战场上的胜负。

一六　白沟河大战

李景隆接受了上次冬季北伐失败的教训，这次等到四月春暖花开的时节才出兵北征。四月初一，李景隆在德州誓师，又一次开始大举北伐。武定侯郭英和安陆侯吴杰先期进兵到真定，巩固伐燕的基地。这次，李景隆又从全国各地征调精兵，加上上次出征所剩下的人马，全军总数高达60万，号称百万，这可是当时全国军队的精锐了。李景隆率领着大军浩浩荡荡向白沟河一带逼来，他打算在白沟河等各路兵马会齐后，再合兵一处，一举夺占北平。

建文帝担心李景隆的权力不够重，压不住诸将领，还特地派宦官前往李景隆军中，赐给李景隆斧钺、旌旗。没想到的是，当宦官携带着玺书和赐物前往军中时，在江上遇到大风雨，船只被打坏，玺书和赐物都沉入水中。有人认为这是不祥之兆，要建文帝三思而后行，可是这位皇帝偏不信邪，再派宦官前往，赐物如旧，命李景隆专事征伐。

四月二日，燕王召集诸将，商议出兵迎敌之事。四月五日，燕王于北平祭告天地，之后率领大军南下，四月七日到达武清。燕王派侦察骑兵去德州、真定侦察敌情，知道了李景隆大军的前锋部队已经到达白沟河，郭英已经率军过保定，准备到白沟河与李景隆会师。于是燕王指挥部队进驻固安，和将领们商议敌情，制定作战计划。燕王对将领们说:“李九江志大而无谋,自专而违众。郭英老迈退缩,平安刚愎自用,胡观骄纵不治,吴杰懦而无断。数子皆匹夫,其来无能为也,惟恃其众。……其甲兵虽多,粮饷虽富,适足为吾之资耳。”燕王在大战之前激励将士,为他们树立必胜的信心。同时也表明,燕王对这场大战已经是成竹在胸。至于燕王为什么这么自信,谜底只能等到他夺取天下后才会真相大白。

四月八日,燕王率军渡过大清河,进驻文安县以北40里的苏家桥。这天夜里,天降大雨,平地水深三尺,积水漫到了燕王的床上。燕王便在床上又放了一张床,自己就坐在上边的床上办公,一直工作到天明。在苏家桥待了几天后,大雨停了,燕王便率军向西北方向的饶阳县白沟河挺进。

在这场大战即将开始的时候,建文帝担心李景隆有失,就又命徐达的长子徐辉祖亲自率领南京守卫官军3万人,日夜赶赴前线,增援李景隆。这时,李景隆在白沟河也摆出了一副决战的架势。他派平安率1万骑兵邀击燕王。平安是一员猛将,曾随燕王出塞,知道燕王的用兵特点,所以这次派他充任先锋。燕王先派一百多名骑兵前去诱敌,他们来到平安大营前,刚要交锋,却掉头就跑。平安的部下要追击这小股敌人,结果引起军阵骚动。燕王见诱敌成功,立即指挥大军从平安的背后冲杀过来。平安毫不示弱,手挺长矛,挥众迎战燕王朱棣。平安手下的瞿能父子也是猛将,率领所部奋击燕军,所向披靡,杀伤燕兵甚众。在南军的勇猛还击下,燕军居然被杀退,几乎支撑不住。幸亏此时燕军中一名宦官狗儿,以及千户华聚,百户谷允率部力敌,才稳住了燕军的阵脚。在这场前哨战中,燕军对平安的1万南军,在人数上占有绝对优势,但却叫南军打得有点招架不住,幸亏仗着人多势众,才没有被击溃,这在燕王起兵以来是从未发生过的情况。燕王朱棣见平安的军队如此顽强地对抗自己，非常气恼，遂亲自率领精锐的护卫骑兵向南军冲杀过来。南军一时陷入危机，数千人战死，南军都指挥何清被俘。一直到天黑，双方仍在鏖战不已，直到夜深时分，才各自收兵回营。在回营的时候，燕王和3名贴身护卫骑兵殿后，结果在茫茫夜色中迷了路，幸好燕王常年在外征战，有丰富的野外生存技能，他趴在地上看河水的流向，这才分出东西南北，于是从上游渡河回到白沟河北岸。

这次遭遇战，燕军和南军互有损伤。燕王回营后，立即升任谷允为指挥，秣马厉兵，准备明日再战。燕王没料到这次南军居然如此凶悍，为防万一，朱棣不得不更加认真地布置一番。他命张玉指挥中军，朱能指挥左军，陈亨指挥右军并充先锋，丘福率骑兵跟进，自己则统领马步军10万全力进攻。

第二天黎明时分，燕军主力全部由白沟河以北渡河到南岸。刚渡河，南军的瞿能父子就率军冲了过来，直捣房宽的军营，平安也从侧翼发动攻击。房宽一军很快就溃败下来，燕军被杀数百人。就连向来敢打恶仗的张玉，见此情景也面露惧色。燕王朱棣看到张玉的神情，对张玉说："胜败乃兵家常事，敌军人数虽多，但不超过中午，我保证为诸君击破他们。"燕王命丘福率骑兵1万猛冲南军的中坚，南军奋勇反击，丘福一军没能撼动南军军阵，被迫退回。燕王见此情景，亲自指挥数千护卫精骑冲击南军左翼，张玉和朱高煦二人率领马步军齐头并进，双方数十万大军瞬间就绞杀在一起。但是燕王的这次出击同样没有取得进展，双方时进时退，往来有百余回合。

正当燕军和南军在左翼酣战之时，燕王突然看到自己军队后面尘土飞扬，立刻意识到这是敌军从背后夹击自己来了。燕王马上率骑兵回击，但偷袭的南军有两万多人，燕王虽然连杀了数十人，但他那点兵力根本挡不住南军如潮水般的攻击。偷袭的南军向燕军射出密如雨点的利箭，一连射死了燕王的3匹坐骑，而燕王居然在乱箭之中没中一箭，这也算是超好的运气了，否则纵使燕王再足智多谋，雄才伟略，也只能命丧白沟河了。燕王朱棣很快就射完了自己携带的箭，于是拔出长剑在南军中左右冲杀，很快剑也砍得到处是缺口，后来竟砍断了。剑断了，燕王手中没有了兵器，便拍马向河堤上退去。瞿能父子看到燕王没了兵器，马上指挥手下追了上来，燕王反应也快，他赶忙跑到河堤上，假装用马鞭招呼部下，让瞿能以为燕军大部队马上就从后面赶来。南军害怕有埋伏，没敢上堤，这才让燕王喘了一口气，躲过一场灭顶之灾。

这时，有部下向燕王建议说："敌众我寡，难以长时间抵挡，不如赶快回到大军营中，然后再合力迎敌。"燕王却冷静地说："这是敌军的一支奇兵，精锐都在这儿了，所以我要独自抵挡他们，拖住这股敌人，才能使那边的将领们全力进攻。如果我到大军中去了，他们就会合兵一处，前后夹击。敌军数倍于我，那时候形势就危险了。"于是，燕王又率领手下冲入敌阵，与南军展开厮杀。

在这场大战中，南军的一些将士表现得十分英勇。瞿能军中有一个被称为王指挥的人，经常骑一匹小马，军中便称他为"小马王"。在白沟河大战中，他受了重伤，自知必死，便把盔甲脱下来交给他的仆人，说道："我为国捐躯，你把我的盔甲拿回家，就算是我报答家人吧。"随后倚着战马，手扶插在地上的长枪死去。

还有平安这员猛将。他指挥部下冲击燕军，所过之处，就留下一路的燕军尸体。燕将徐忠上前迎战平安，结果被砍伤了两个手指，骨头断了，还连着点皮肉。徐忠毅然将这两个断指砍去，撕了块布裹上伤口，然后继续作战。由于燕军拼死抵抗，平安才未能将燕军大阵冲乱。

燕王次子朱高煦看形势危急,急忙率领一千多名骑兵前来支援燕王。燕王说:“诸将在那边鏖战正急,你怎么跑到我这里来了?”高煦说:“我听说父亲以数骑抵挡敌人大军,形势紧急,所以就赶来了。”燕王这才知道,高煦不是因战败而来,这才放下心来。燕王说:“我已经很累了,你赶快上前抵挡一下敌人。”对于这支生力军的到来,南军吃了一惊。双方接战,一时杀得难解难分。燕王休息片刻后,便乘高煦和南军混战之时,自己率领一队骑兵绕到南军后面发起攻击,这才使南军稍稍退却。

战至中午,两军仍然相持不下。这时南军仰仗人马众多的优势,再一次向燕军发起冲击。瞿能父子大呼灭燕的口号,一马当先冲入燕军大阵,斩首数百级。越嶲侯俞通渊和陆凉卫指挥藤聚随后跟上掩杀,燕军形势一度不利。正在双方拼杀的关键时候,忽然发生了一件意外的事情,一阵旋风突然将南军的大旗刮倒。南军士兵见不到自己的大旗,一时不知如何是好。古代行军打仗,旗帜是最重要的指挥手段之一。作战命令的传达,阵形的变化,都要靠军旗的指挥来实现。南军大旗一倒,指挥系统顿时混乱,南军士兵失去了指挥,也开始乱作一团,攻势大为减弱。燕王抓住这一千载难逢的机会,麾军发动猛烈的反攻。他和二子朱高煦合兵一处,将冲入燕军大阵的瞿能父子包围,力斩于阵前。平安与朱能接战,也被朱能击溃。俞通渊和藤聚全部战死。于是南军顷刻间全线崩溃,真是兵败如山倒,南军士兵奔逃之声如雷。燕军乘胜追击,又顺风放火,焚烧南军军营,南军连绵数十里的军营陷入一片火海。

南军各部竞相奔逃。郭英往西逃,李景隆向南跑,丢弃的辎重、器械堆积如山,不可胜数。南军士兵被杀、淹死的人数达十多万,仿佛又是一次郑村坝惨败的翻版。燕军追击李景隆到雄县月漾桥,又厮杀了一阵,南军又阵亡数万人,整个一百多里的逃跑路上横七竖八地躺满了南军将士的尸体。白沟河一战,南军阵亡近 15 万人,受伤失踪的更多。投降的有 10 万多人,降者大部分被遣散,少数编入燕军各部。参加白沟河会战的近 60 万南军将士几乎全军覆没,李景隆单骑逃回德州。而此时,徐辉祖率领的 3 万援军还没来得及与燕军接战。当南军全线溃败的消息传来后,徐辉祖只得全军而还。

燕军虽然取得了白沟河大战的全面胜利,但是胜得也十分艰难,将士死伤甚众。燕王命令部下埋葬好阵亡将士的尸体,将他们的头骨带回北平,叫僧人进行超度。白沟河大战是一场决定性的战役,双方都倾注了全部的兵力,志在必得。但由于李景隆的瞎指挥,以及战场上一些不可预知的因素影响,南军遭到空前的惨败,朝廷用来讨伐燕王的军队,精锐尽失,从此以后,南军士气难以恢复,战局也难以得到挽回。虽然后来南军也打了几次胜仗,但已经无法从根本上扭转败局了。

一七　铁铉和盛庸

建文二年四月二十七日，燕王朱棣不顾白沟河大战后的疲劳，率领10万大军乘胜南下追歼溃逃的李景隆。李景隆战败后，仓皇逃往德州。德州是李景隆北伐的基地，粮草充足，原来的守军并未受损，再加上败逃回来的南军残部，人数还略微超过了燕王朱棣。但这支军队虽人数不逊于燕军，可惜早已经是惊弓之鸟，新败之师，军心、士气、纪律，荡然无存，如何能抵挡燕王手下的虎狼之师。李景隆听说燕王马不停蹄地来进攻德州，便于五月七日夜间慌忙南逃济南。燕军南下，一路之上几乎未遇抵抗，顺利占领了沿途各县。燕王朱棣本以为在德州会有一场大战，但因李景隆闻风而逃，燕军兵不血刃就占领了德州。五月九日，燕王朱棣命令都督陈亨和都指挥张信率军进城，清查户口，封存府库，缴获南军储存在德州的军粮一百多万石，这对燕军来说是一个很大的补给。

五月十三日，燕王留都指挥陈旭在德州驻守，自己亲率10万大军进攻济南，他要乘李景隆新败之际，立足未稳，不给他喘息的机会，以迅雷不及掩耳之势将南军彻底消灭。两天后，燕王到达了禹城，稍事休息后，于天黑时分拔营起寨，经过一夜的急行军，于第二天黎明赶到了济南郊外。

这时，李景隆的部下尚有10万余人，和燕军人数差不多。

但此时的李景隆已经如漏网之鱼,一心只想逃跑,哪顾得上布阵迎敌。李景隆对燕军如此迅速地赶来感到很吃惊,仓促之间摆开军阵。燕王朱棣亲自率精锐骑兵冲击南军军阵,南军未及接战,就全军惊溃。燕军势如破竹,将南军冲散。跑得快的南军士兵就逃回了济南城,跑得慢的则成了燕军的俘虏。这次短暂的会战,南军阵亡1万多人,被燕军俘获战马17000多匹。燕军又获得了一个不小的胜利。李景隆单骑逃入济南,燕军随后就将济南团团围住,展开猛烈的攻城。幸亏铁铉和盛庸全力防守,济南才未被燕军一举攻下。

李景隆惨败的消息传到南京后,满朝文武大惊失色。黄子澄痛感推荐了李景隆,结果造成了今天这样的重大损失,后悔不已。他奏请建文帝对李景隆明正典刑,以严肃军纪。可优柔寡断的建文帝只是将李景隆召回南京问罪,然后又赦免了他的死罪。黄子澄顿足捶胸,痛苦地喊道:"大事去矣,荐景隆误国,万死不足赎罪。"除了黄子澄奏请要杀李景隆外,吏部左侍郎练子宁等人也力请诛杀李景隆,可是建文帝念其是皇亲国戚,始终不肯杀李景隆,练子宁愤怒地叩首大呼道:"坏陛下事者,此贼也。臣备员执法,不能为朝廷除卖国奸,死有余辜。即陛下赦景隆,必无赦臣。"之后大哭,但求一死。建文帝被练子宁闹得十分尴尬,最后以罢朝的方式来为李景隆开脱,李景隆最终没有被建文帝治罪。可是建文帝没想到的是,他这样有令不行、有禁不止的做法,以及如此露骨地袒护皇亲国戚的行为,实在是使亲者痛、仇者快。要是他知道他如此袒护的李景隆居然是燕王朱棣安插在他身边的一个超级卧底间谍的话,真不知建文帝会作何感想。当然,这些都是后话了。

燕王朱棣挟胜利之师的余威进攻济南,没想到在这里,燕王朱棣遇上了他的真正对手——铁铉和盛庸。

铁铉是河南邓州(今河南南阳)人,建文朝时任山东参政。李景隆率大军北伐,他就负责督运粮草,从未误过事。李景隆在白沟河大败之后,仓皇南逃,沿途县城望风瓦解。在临邑县城,铁铉遇到了参军高巍,二人一起从临邑赶到济南,和盛庸等人一起誓死守城。

李景隆从德州逃到济南,多亏铁铉的帮助才没有成为燕军的俘虏。燕王朱棣亲自指挥燕军将士将济南城团团包围,不断发起猛攻,志在必得。因为济南是北平通往南京的咽喉要冲,如果能夺占济南,即便攻不下南京,也可以达到与建文帝划江而治、统治大明王朝半壁河山的目的。可是,守卫济南的铁铉和盛庸却打碎了燕王朱棣的梦想。铁铉和盛庸不像李景隆那样对待将士寡恩少德,而是很善于抚慰士卒,激励大家同心协力守城,结果燕军久攻不下。建文帝听说铁铉和盛庸将燕军阻挡在了济南,转忧为喜,马上升铁铉为山东布政使,命盛庸代替李景隆为大将军,以右都督陈晖为副,整顿兵马,协力抗击燕军。

济南久攻不下,燕王忧心如焚,便命人将书信绑在箭上,射入城中,劝铁铉投降。城内有个叫高贤宁的儒生,看了燕王的书信后,便也写了一篇《周公辅成王论》,射到城外,叫燕王息兵。当然,这种"文字游戏"并不可能让燕王罢兵,高贤宁也无此指望。因为济南城守军人数少,又是新败之师,面临燕军连续的猛攻,形势一度十分危急,高贤宁这样做,只是想借此拖延时间,实际上就是缓兵之计。但燕王朱棣怎么会轻易上当,他不为高贤宁的箭书所动,仍然命令继续攻城。

久攻不克的燕王现在确实有点着急了,他命士兵赶造云梯,准备强行登城。铁铉就命令士兵准备火油,当燕军把云梯靠上城墙后,一把大火,焚烧了燕军的攻城器械。燕王又将济南城外的河道阻塞,打算用水灌城。这一来,城中的人都害怕了,可是铁铉却镇定自若。他让一些城上的守军故意昼夜啼哭，表现出害怕的样子，然后自己又挑选了 1000 多人出城诈降，向燕王恳求说，不是济南城的百姓不投降，而是他们不认识您，不知道燕王你率大军来是为了铲除奸臣，安定天下的。只要燕王退兵 10 里，单骑入城，济南城的百姓一定会夹道欢迎您的。燕王朱棣被这些人说动了，心里很高兴，于是命令停止攻城，并按照约定的时间，自己骑着一匹马，带了几名卫兵，就向城门走去。以前，燕王几乎是战无不胜，攻无不克的，很多城池都是不战而降，从未中过计。燕王朱棣以为这次也会像以前一样，只要他来到济南城下，济南城守军就会开门投降。燕王走过城门外的吊桥，来到城门下，城门果然大开，城门守军齐声大喊“千岁”，一片欢呼声。燕王见此情景高兴极了，便骑着马走进城门。没想到，刚过城门，城楼上的千斤闸就落了下来，恰巧砸在了燕王的马头上。燕王大惊，立即换上随从的一匹马，掉头就跑。埋伏在吊桥两边的守军试图拉起吊桥，断绝燕王的归路，但仓促之间竟没能将吊桥拉起来，燕王得以侥幸冲过吊桥，逃出济南城。

中了铁铉的诈降之计，差点命丧济南城，这件事使燕王朱棣更加气恼，于是督军不分白天黑夜地猛攻，还把火炮搬出来轰击城墙。济南的形势再度危险，大有即将失守的征兆。对济南守军威胁最大的就是燕军的火炮，常常一炮过来就打死城上一片人，城墙也被打得多处塌陷。铁铉见情况紧急，于是命部下写了很多明太祖的神主牌位，高高悬挂在城墙上。这一招还真见效，燕王朱棣一看城上到处树的都是自己皇考的牌位，不敢再开炮轰城了。要是真的一炮轰了自己父皇的牌位，那可就是大逆不道的事情了。

当燕王被阻挡在济南城下时，平安率领着重新集结的 20 万南军驻扎于单家桥（又名五节桥，在今天河北献县以南），还打算移营到宛平城，偷袭北平。另外，平安又派5000名会水的士兵泅渡过河，准备攻打德州。得到这些情报后，燕王仍不放弃攻打济南的想法，他只是派人送信给世子朱高炽，要他出疑兵牵制平安。因南军屡遭败绩，平安也未敢轻举妄动。

由于后方出现平安的威胁，燕王更加想赶快拿下济南。他督促大军轮番攻击，前后历时3月之久，但终未能将济南攻克。从五月到八月，夏去秋来，济南城还是巍然屹立在燕王朱棣的面前，朱棣看着近在咫尺的济南城，却是可望而不可及。到这时，燕王朱棣也已经是黔驴技穷了。此时，燕王的第一谋臣和尚姚广孝派人送来书信，说："师老矣，请班师。"就是说大军在外数月，攻城受挫，已经没有锐气了，应该及时撤军，不然会于己不利。燕王看了姚广孝的来信后，加上又担心平安随时会进攻北平，截断自己的归路，就听从了姚广孝的建议，决定解围而去。八月十六日，燕王朱棣率军班师回北平。铁铉和盛庸乘势展开追击，很快收复了德州，南军的士气开始恢复。

自燕王起兵以来，济南攻防战是南军获得的第一个较大的胜利，这对于急需用胜利来鼓舞士气的朝廷来说是极为重要的。建文帝闻讯后自然十分高兴，立即升铁铉为兵部尚书，赐给金币，封其三世。另外封盛庸为历城侯，总掌诸军北伐事宜。燕军退去后，济南城中也洋溢着胜利的喜悦。铁铉在城内著名的风景区大明湖大摆宴席，犒劳有功将士，激发他们的报国之志。

燕王朱棣在济南被铁铉所阻后十分懊丧，不得不退回北平，但是，他并没有放弃取道山东攻取南京的计划。只要看看地图就知道，为什么燕王对济南如此耿耿于怀，必欲取之而后快。从北平去南京，取道济南的这条路线，路程最近。北平、济南、南京几乎就在一条直线上。所以燕王朱棣回到北平后，又开始积极筹划再次南下。燕军将校除每人晋升一级外，对有功的将士还进行了特殊的封赏。之后，燕王在北平整顿兵马，激励将士，以图再战。在北平休整了一个多月，燕王就又踏上了南征之路。

此时的建文帝又换了一副样子，不再是以前那副愁眉苦脸的熊包样。济南战役胜利后，建文帝以为天下又太平了，于是又开始搞他那套无聊的复古改制游戏了。恰巧承天门失火，有朝臣说这是上天示警，要我们对燕王不可掉以轻心，可方孝孺却说这是谋反藩王要被消灭的预兆。建文帝对方孝孺是信任无比，自然听信了方孝孺的一派胡言。建文二年九月初一，建文帝按照方孝孺的建议，把南京城几个城门的名称大改了一遍。改承天门为皋门，前门为辂门，端门为应门，午门为端门，谨身殿为正心殿。建文帝自以为将城门名字一改，燕王的虎狼之师就会灰飞烟灭，自己仍旧可以当个太平皇帝。在这关乎两个政治集团生死存亡的搏斗中，建文帝与他的幕僚不把主要精力用在如何消灭燕王的事情上，反倒天天忙这些无谓的"改制"游戏，除了给燕王以妄改"祖制"的口实以外，实在是没有任何用处，这些做法只能让人们感到建文帝的迂腐和无能。

进入十月份，燕王朱棣就又准备挥军南下了。十月八日，后军都督陈亨死去，燕王十分悲痛，亲自撰写祭文，并派仪宾袁容前往祭奠。陈亨原来是个降将，但自从归附燕王后，历次作战都是异常勇敢。燕军从济南败退时，陈亨为了掩护燕王安全，与南军悍将平安大战于铧山，结果身受重伤，后被抬回北平。燕王曾经亲自到他家慰问，但是陈亨终因伤势过重，不幸逝世。燕王对他隆重祭祀，使部下们感到燕王不仅是一个叱咤风云的三军统帅，而且还是一个有情有义的知心朋友，是个值得为之效力的人。这对激励部下士气，团结鼓舞军心民意是大有裨益的。

十月十五日，燕王下令征讨辽东。将士们都不理解燕王的用意，认为应该对付南边的威胁，现在却去攻打辽东，所以大家都很不高兴。到达通州后,张玉和朱能私下里问燕王:“现在南军近在咫尺,而我们却劳师动众,征讨辽东。况且辽东冷得早,士兵们难以忍耐,此行恐怕于我军不利。”燕王这时才告诉他们自己真实的意图,说:“现在敌将吴杰、平安守定州,盛庸守德州,徐凯和陶铭守沧州,他们想成犄角之势。德州城墙坚固,敌军主力聚集于此;定州的城墙也已经修好,但防守比较粗陋;沧州是土城,颓坏已久。现在天寒地冻,雨雪交加,要重修沧州土城非常不容易。我们乘敌不备,出其不意,从小道前去偷袭敌人,敌军必定土崩瓦解。我现在装出要征讨辽东的样子,实际上是隐藏我军南征的真实意图。趁敌军懈怠之际,我军偃旗息鼓,偷袭沧州,定可破敌。”张玉朱能这才明白燕王的用意,齐口称赞。

驻守沧州的徐凯侦知燕王东征,果然放松了警惕,派兵四处伐木,昼夜修筑城墙。十月十九日,燕军驻营夏店(今河北三河县西南30里处)。燕王一面密令陈旭等人先到直沽(今天津市东南)建造浮桥,自己则率军秘密返回通州,然后沿运河南下。部下都感到迷惑不解,本来是要征讨辽东,怎么忽然又回师南行呢?燕王就撒了个谎,说:“我夜里看到有两道白气从东北指向西南,经过占卜得知,如今只利于南征,不利于东征。这是上天给我的警示,不可违抗。”于是在满腹疑惑中,燕军将士们跟随燕王到达了直沽。然后从直沽南下,一昼夜急行军300里,到达沧州近郊。

徐凯派出的侦察骑兵都被燕军的前哨部队消灭了,所以当黎明时分,燕军到达沧州城下时,徐凯还没有发觉危险来临,仍然在督促众将士垒土筑城。当燕军突然来到沧州城下时,徐凯这才发觉,于是马上命令部下分头防守。士兵们来不及穿上盔甲,就仓促迎战。燕军将沧州城团团包围,从四面猛攻,并派出一支队伍切断了南军的退路。张玉率燕军士兵从城的东北角发起强攻,登城而入,后军随即跟上,沧州城很快就被攻克。都督徐凯和程暹被活捉,1万多名南军将士阵亡,其余投降,燕军缴获战马9000多匹。

对于这些降兵,燕王下令发给他们文书,全部予以遣散。但降兵太多,一直到天黑的时候,还有3000多名未来得及遣返,准备第二天再发给他们文书,将其遣散,但是都指挥同知谭渊在夜里就将这些降兵全部杀掉了。燕王听说后非常恼怒,将谭渊找来痛斥了一番,谭渊说:“这些人都是壮士,放他们回去将成为后患。”燕王说:“照你说应当把敌人全部杀光啊,可是敌人杀得光吗?”谭渊被燕王驳斥得满面羞愧,只好低头认错。

徐凯和程暹投降燕王后,仍旧官复原职,被送回北平。在沧州缴获的许多辎重器械,燕王也派人押运,经水路,从直沽运回北平。沧州之战的胜利,再一次提高了燕军的士气,燕王急切地希望击破山东的南军,然后好取道山东南下,攻取南京。

此时盛庸率南军主力驻守德州。燕王接受了攻打济南失利的教训,没有直接对德州发起强攻,而是从德州城旁穿过,只派小股部队到德州城下引诱南军,试图把盛庸引出城来,然后在野外将其消灭。盛庸明白燕王的意图,于是坚守不出,只是等燕军过后,派千户苏瓛率领几百名骑兵在后面尾随追击。准备袭击燕军的后卫部队。燕王对此也有防备,他亲自殿后,当发现南军追来后,立即回师攻击,杀死南军百余人,生擒了千户苏瓛,其余的人都投降了燕军。燕王与盛庸的再次交手,取得了一个小小的胜利。

十一月十二日,燕军驻扎临清。因为没能将盛庸从德州城里引诱出来,于是燕王又进行了一番新的部署。盛庸主力在德州,依靠运河运送粮饷。如果切断盛庸的粮道,军队没有吃的粮食,盛庸就必然要南下就食。这时再回师攻击,就可以在野战中消灭盛庸的部队。十四日，燕军转移到馆陶，朱棣随即派出一队轻骑兵到大名，将那里为盛庸军运粮的船只全部夺取，缴获所有粮饷，之后一把火烧掉了全部船只。然后，燕军经由馆陶渡河，经冠县、莘县、东阿，到达东平。

十二月四日，燕军来到东汶，燕王朱棣派出一队骑兵到达济宁。这时燕王才侦知盛庸已经率军队离开德州。三天后，燕军俘获了两个为盛庸运粮的百户官，经审讯得知，盛庸的主力在东昌(今山东聊城)扎营，其先锋孙霖率5000人驻扎于滑口(今山东平阴西南约30里)。于是，燕王派朱荣、刘江等人率领精骑3000人，乘黑夜偷袭孙霖的营地。南军毫无防备，这次偷袭可谓马到成功，斩首南军数千人，缴获战马3000匹，南军都指挥唐礼等4人被俘，孙霖仅以身免。燕军在这场前哨战中大获全胜，之后便气势汹汹地向东昌扑来。

盛庸没有被燕军的气势吓倒，他和铁铉齐心协力，宰牛杀羊，犒劳将士，激励部下，立誓灭燕。盛庸也汲取了前几次南军惨败的教训，不和燕军斗勇气，而是决定先充分利用火器优势，大量削弱燕军的有生力量和士气，然后再投入大军与燕军展开决战。盛庸选拔精锐士兵，背靠东昌城排列军阵。在军阵前面密布火器，准备了充足的毒箭，只等燕军飞蛾扑火，自投罗网。而燕军由于此前连续获胜，士气正高昂，对于敢在野外和他们对阵的南军很轻视，认为南军必败无疑，于是遇到南军就呐喊着冲了上去。盛庸等燕军冲到火器的射程之内后，立即命令射击。南军顿时毒箭齐发，燕军在南军密集的毒箭攻击下死伤一片，留下累累尸体，却丝毫未能冲动南军的军阵。正当盛庸和燕军大战之时，平安也率大军赶到东昌战场，与盛庸两军会合，对燕军展开了两面夹击。盛庸随即反守为攻，麾大军向燕军发起冲击。

燕王见战场形势突变，于是亲率一队精锐蒙古骑兵冲击南军的左翼，没想到竟然冲入了南军的中军大阵。盛庸见燕王自投罗网，马上命令中军的士兵将燕王团团围住。燕王左冲右突，试图突出南军大阵，但无论他冲向哪边，都会被如海浪般汹涌的南军人墙堵回来。冲了几次，燕王始终冲不出南军的包围。此时朱能和周长率领蒙古骑兵奋力进攻南军的东北角，试图营救燕王，盛庸就撤西南方向的南军前来抵御。由于朱能等将领的奋力死战，终于冲入南军大阵中，保护着燕王突出了包围圈。而此时张玉还不知道燕王已经被救出，他也率领部下冲入南军军阵。尽管张玉勇力过人，但终究寡不敌众，战死于南军阵中。盛庸杀了张玉后，指挥大军乘势反击，斩燕军万人，燕军大败，急忙往北逃去。南军跟踪追击，又歼灭大量燕军。

正当燕王仓皇北逃的时候，朱高煦率领华聚等人赶来，经过奋力拼杀，才击退了盛庸的追兵，使燕王得以转危为安，撤出战场。燕王很高兴，觉得高煦与自己最相类似，便好好地夸奖了他一番。在靖难之役中，燕王朱棣几次出生入死，多亏二子朱高煦帮助，才化险为夷。而世子朱高炽一直留守北平，从未随燕王在外征战，此时燕王朱棣就隐约有了易储的念头。

燕军一路北撤，南军一路追杀，还不时有南军半路截杀，使得燕军险象环生，狼狈不堪。十二月二十七日，燕军退至馆陶，稍事喘息，然后向更北的深州方向撤退。

建文三年（1401 年）元旦，正当老百姓欢欢喜喜迎新年的时候，燕军风尘仆仆地退到了威县。这时，驻守真定的南军派出 2 万马步军赶来截击燕军。燕军新败，不想与南军硬拼，燕王于是领着十余骑到南军阵前，恳求南军放行。燕王几乎是以哀求的口气对南军将领说："我常常俘虏你们的人，随即就将他们放了。请放我们这几骑过去吧，不要苦苦相逼。"但南军将领一点也不领情，说："放你就是放了毒蝎子！"随后就蜂拥而上，冲杀过来。燕王且战且退，把南军引入自己的埋伏圈，然后四面合围，竟然全歼了这支两万人的南军部队。

一月初五，燕王率军退至深州（今河北深县）。此时，平安和吴杰率领 3 万人马从真定赶来，邀击燕军。燕王先派出 1000 名骑兵绕到南军的后面，切断南军的后路，然后亲自率领一队骑兵向南军冲击。南军看到燕王亲自冲阵，顿时骚动起来。燕军主力随后跟上，南军立刻乱了阵脚。当南军往真定方向撤退的时候，又遭到燕军骑兵的阻击，南军大败，阵亡 1 万多人，被燕军缴获战马 3000 余匹，南军的监军长寿也被燕军俘虏。击退了平安的阻击后，燕军终于冲破了南军的围追堵截，于正月十六日回到北平。

东昌大战不仅是燕王在靖难之役中最惨重的失败，而且也可以说是燕王一生军事生涯中最惨重的失败。此次战败，燕军精锐几乎尽丧，盛庸指挥的南军声威大振。同时，此战也彻底打破了燕王取道山东，南下京师的梦想，使得山东、河北一带原来被燕军占领的一些城池又重新回到了朝廷的手中。

尤其令燕王伤心的是，自己最倚重的大将张玉在东昌之战中战死。燕王朱棣流着眼泪对部下说："胜败乃兵家常事，不值得忧虑，只可惜失去了张玉。艰难之际，失我良辅。"张玉不仅骁勇善战，而且足智多谋，张玉之死自然是燕王的莫大损失。失去张玉后，燕王对其家进行了厚赏，特别是很看重张玉的儿子张辅。后来张辅的名气远在他父亲张玉之上，征安南，平交趾，功勋卓著，被封为英国公。只是最后年逾古稀的张辅未得善终，因王振误国，随明英宗出征蒙古瓦剌部，死于土木堡乱军之中。

这时朝廷方面却是另一番景象。当建文帝得知东昌大捷的消息后，异常高兴，立即下诏，犒赏将士。他还亲自到太庙祭祀，向祖上报告东昌大捷的喜讯。这时，建文帝感到已经没有必要屈从于燕王的压力了，于是又把齐泰、黄子澄召回宫中，官复原职，让他二人照旧参与军务。

一八　再次南下

燕军从山东败退回北平不久，姚广孝这个和尚就极力督促燕王朱棣再次南下。燕王心里也很清楚，无论从人力还是财力上看，自己都处于劣势。对于以一隅敌全国的他来说，消极防守就等于坐以待毙，所以必须主动出击。建文三年二月，天气渐渐地转暖，士兵们也得到了一个多月的休整，燕王便决定再次南下。

在出师之前，燕王照例又激励了一番部下，说得十分感人肺腑："尔等怀忠奋勇，每战必胜，可谓难矣！比者，东昌之役，接战即退，遂弃前功。夫惧死者必死，捐生者必生。白沟河之战，南军先走，故得而杀之，所谓惧死者必死也。尔等奋不顾身，故能出万死，全一生，所谓捐生者必生也。自今无轻敌，无选愞，违者杀无赦。"燕王这番话的意思很明确，那就是两军相斗勇者胜。

二月十六日，燕王率大军从北平南下，4 天后到达河北保定。这时，盛庸率领的南军主力 20 万人驻扎在德州，吴杰和平安驻扎在真定。燕王召集诸将商议进军方案，丘福等人主张先攻取定州。他们的理由是，定州府民新集，城池还没有修缮完毕，攻定州一定能成功。但燕王没有采纳他们的意见。燕王知道，燕军的优势在于擅长野战，不宜在攻城战中消耗实力。现在盛庸与吴杰、平安互为犄角，攻城如果不克，屯兵坚城之下，吴杰和平安必然来救援。到那时,坚城在前,强敌在后,很可能又会重蹈济南城的覆辙。

真定和德州相距约 300 里,燕王主张进军到两城之间,敌人必然出来迎战,这样燕军就有机可乘,先攻破一军,另一军自然害怕,不敢来攻,燕军就可以避免遭到夹击的噩运。但是将领们都觉得这样做很危险,如果真定和德州的南军合势夹击,燕军将腹背受敌。燕王的分析则高出部下一筹,他说:“百里之外,势不相及。两军相薄,胜败在呼吸间,虽百步不能相救,况二百里哉!”于是燕王率领军队往真定和德州的中间地带进发。三月十二日,燕王侦知盛庸驻军单家桥,便率军由陈家渡渡河,准备进攻盛庸。燕王担心盛庸和真定的南军汇合一处,往返渡河四次,希望能找到南军主力,速战速决,但一直没有遇到南军。当燕王正在为疲于奔命而苦恼时,却遇到了一只老虎在河边咆哮,部下就将这只老虎射杀了。本来射死一只老虎对于作战来说是件微不足道的事情,可燕王却转忧为喜,借题发挥,说老虎是猛兽,今天杀掉了老虎,是战胜敌人的征兆。部下们听了燕王的解释,也都信以为真,士气提高了不少。

三月十日,燕王侦知盛庸已经转移到夹河(今河北武邑南,为漳水的支流,向东流入滹沱河),遂率军迅速向夹河移动。第二天,燕军在离南军 40 里的地方扎营。燕王心里清楚,盛庸不像李景隆,东昌大败的情景还记忆犹新,对于明天的战斗必须慎之又慎。为此,燕王在这里对部下仔细传授作战方略,其核心是先以劲旅摧垮南军的精锐部队,以将敌人击溃为目的,不必穷追猛打,免得南军做困兽之斗。燕王担心部下不理解自己的意图,还抽出一枝箭在地上画图说明。为了使各路将领都能理解自己的意图,燕王还把军中的宦官单独编成一队,让他们对各路将士逐一传授。

十二日，燕王率领各路部队列阵前进，中午时分到达夹河。燕王看到，盛庸也是早有准备，正严阵以待。燕王首先派小队骑兵到南军阵前察看形势，南军发现后，立即派出千余骑兵来追。燕王有一手好箭法，接连射死了数名追击的南军骑兵，其他南军看了就不敢追得太紧。接着燕军1万骑兵连同5000步兵向南军冲杀过来。步兵攻击南军的左翼，南军都有盾牌掩护，燕军的数次进攻都被打退。燕王见此情景，命人赶制了一些长六七尺的长枪，前端横穿钉子，钉子末端带有倒钩。燕王命一批勇士冲到南军阵前向南军投掷长枪，长枪穿过南军的盾牌，一时取不下来，而要取掉，又会影响旁边的人，破坏军阵的严密性。结果南军士兵一时不知如何是好，于是丢掉盾牌往回走。燕军乘南军军阵出现混乱，发起冲锋。为稳定阵脚，南军匆忙之间发射火箭，结果很少能击中燕军，反而射死了不少自己人，结果南军军阵更加混乱。

这时，燕将谭渊看见南军阵地烟尘四起，于是主动率部进攻南军。南军将领庄得是员猛将，率领部下拼死抵抗燕军的进攻，经过一番拼杀，谭渊和他的部下董中峰都被庄得杀死。

另一边，朱能和张辅率众齐头并进。燕王自己亲率一队精锐骑兵绕到南军背后，向南军后方发动进攻，与从正面攻来的朱能、张辅会合。南军火器本来占有优势，但在两军混战之中难以发挥威力。幸亏庄得率军赶到，才使南军又稳住了阵脚。但是庄得求胜心切，冲入燕军阵中，反倒被围，力竭被杀。

在这场大战中，南军有些将士表现得十分勇敢。例如都指挥楚智，每战都是一马当先，燕军看到他的旗帜就心惊胆战。后来，他的战马被射死，他就拔出佩剑徒步格斗，最后被燕军所杀。还有一个姓张的军官，没人知道他的真名，只知道他臂力过人，能举千斤，每次交战，总是高举一面黑色的旗帜，所以军中便称他“皂旗张”。在这场大战中，皂旗张也战死沙场，但至死仍手执皂旗不倒，令人肃然起敬。

两军一直鏖战到天黑，直到分不清敌我才各自收兵回营。这天战斗双方互有伤亡，燕军并没有占据明显的优势。尤其是谭渊战死，对燕军来说又是个不小的损失。

这天晚上，燕王在离南军军营很近的地方露天野营，南军士兵竟然没有发现。这时跟在燕王身边的只有数十名骑兵。到天亮的时候，燕王四处一看，发现全是南军，左右随从都很害怕，催促燕王赶快跑。此时燕王虽然身处险境，却格外的沉着冷静，他从容地对随从人员说，不要害怕，我们一害怕，一乱，就会被敌人发现，那样就真的危险了。于是当日出东方的时候，燕王看准了方向，率领一行人突然跃马扬鞭，吹着号角穿过南军的军营，奔回自己的驻地。南军士兵们根本就没有想到燕王会在自己的营地里露宿，当然绝大多数南军士兵也不认识燕王，也不知道他长得什么模样，所以他们看着这几十个人从容不迫地穿营而出，都你看看我，我看看你，显得十分惊讶。等到有的士兵反应过来这些人是燕军，再想去追时，燕王早就飞奔而去，找不到踪影了。

燕王回到自己的营地，立即准备再次整军会战。大将谭渊战死，使燕王既感到悲伤，又感到有些将领还是没有领会他的作战意图，因此他不得不再次对诸将进行训诫，说：“昨日谭渊见敌走，逆击太早，故不能成功。兵法上说，穷寇莫追。我事先就告诫过中军将士，令其整兵以待。俟敌已过，然后顺势击之。盖彼虽少挫，其锋尚锐，必欲绝其生路，安得不致死斗！大抵临敌贵于审机变，识进退。(谭)渊不从吾言，以致丧身，汝曹当慎之。今日敌来，尔等与战，我以精骑往来阵间。敌有可乘之处，即入击之。两阵相当，将勇者胜，此光武所以破王寻也。”燕王的这一番话，实际上代表了燕王在靖难之役中一贯的作战思想。每当临阵交战，他都身先士卒，实际上就是为了鼓舞士气。南军兵力占优势，所以他以击溃敌人为目的，不打消耗战。

这天，也就是农历三月二十三日，两军又展开了激烈的鏖战。燕军列阵于东北方，南军列阵于西南方。从辰时，也就是早上7点多钟开始，一直酣战过中午，两军互有杀伤，难分胜负。燕王临阵督战，并且亲自率骑兵往来冲锋。燕军有时用骑兵将南军冲破个缺口，但南军很快又围拢上来。经过这样四五次的反复拉锯战，燕军一直未能将南军的阵线冲垮。在那北方春天的原野上，人们丝毫感受不到还未散尽的余寒，激烈的拼杀声、呐喊声早已汇成了一片炽热的海洋，将两军将士的躯体不断地吞噬掉，热血将这片北国土地浸透了。

两军短兵相接，箭炮如雨，相持不下。有时两军的士兵打得实在太累了，就都不约而同地坐下来歇一会，然后起身再战。一直打到未时，也就是接近下午3点钟，两军仍处在胶着状态，杀得难分难解。此时，战场上突然刮来一股狂风，从东北吹向西南。狂风卷起漫天的尘沙，遮天蔽日，向南军所在的军阵席卷而来。霎时间，天昏地暗，咫尺之间，人不能辨。由于燕军处于东北方，是在顺风方向，而南军处在西南方的下风头，南军士兵被风沙吹得睁不开眼睛，这对燕军来说可是千载难逢的好机会。燕军在这种有利的形势下，乘风大呼，派出骑兵冲锋，将南军军阵截为两段，南军立刻溃不成军，丢盔弃甲而逃，一败而不可收拾。燕军乘势展开追击，一直追到滹沱河，南军被杀死和溺死的不计其数，盛庸只得率余部退往德州。

盛庸此前在东昌大胜，朝廷赏赐极其丰厚。此时盛庸为了激励部下，让许多将士带着赏赐的金银器皿和锦绣衣袍，说攻下北平以后，与将士们痛饮。不料夹河大败，这些赏赐之物反倒成了燕军将士的战利品。

燕军士兵回营以后，个个都是灰头土脸，尘灰满面，就连燕王本人也是一样。诸将一时都没有认出燕王来，只是当燕王说话的时候，诸将才凭声音认出了燕王，随即纷纷来见。

对燕王朱棣来说，夹河大胜的意义十分重大，这是燕王在靖难之役中的一个转折点。此前燕王在山东连遭败绩，损失重大，特别是盛庸率领的南军，几乎成了燕王不可逾越的障碍，燕王对盛庸在心理上有点犯怵。这次将盛庸击溃，不仅报了东昌惨败的一箭之仇，使燕军恢复了往日那种所向无敌的军威，而且也使燕王从失败的阴影中走了出来，重新树立了夺取天下的雄心壮志。因此，燕王满心欢喜，第二天就派人把胜利的捷报送往北平。前去报信的使者来到单家桥后，竟意外地发现还有 1 万多南军士兵驻扎在桥南，显然是盛庸为了截击燕军而预先布置在那里的。使者无法通过，只好回来向燕王禀报。燕王立即率领一军直扑单家桥，将这股南军击溃，杀死淹死数千人。同一天，燕军主力移师到楼子营，准备迎战从真定方面开来的南军部队。

当燕王与盛庸在夹河会战的时候，吴杰也率军从真定出发，准备与盛庸合兵一处，夹击燕军。可是当吴杰到达离夹河战场还有 80 里的地方时，就听到了盛庸兵败的消息，于是迅速撤回真定。

燕王向诸将分析吴杰的情况，说："吴杰要是据城固守，这是上策；如果他的大军已经出城，但及时回避我军，则是中策；要是他主动前来求战，那可是下策。我估计吴杰必出下策，我军定能击破吴杰。"诸将认为，吴杰听说盛庸刚刚失败，一定不敢出战，燕王则显得胸有成竹。他对将领们说，吴杰手上拥有 10 万大军，如果总是逗留不出，那就会有"劳师糜饷"之罪。况且吴杰这人表面上听从盛庸的调遣，其实内心里很嫉妒盛庸的战功。现在盛庸新败，吴杰肯定想自己打败我军，以独占其功。于是，燕王朱棣决定仍然采取扬长避短的方法,不直接去攻打真定,而是诱使南军前来与他野战。燕王命令士兵佯装四散抢粮,又派出一些军官装扮成农夫的模样,挑着担子,抱着小孩,假装躲避乱兵,逃入真定城。这些人到了城中就四处散布谣言,说燕军都已经四处抢粮了,军营中没有戒备。吴杰派出的侦察骑兵也发现了同样的情况,于是吴杰信以为真,立即率军出城,沿滹沱河向东进发,在距离燕军大营 70 里的地方安营扎寨。

闰三月初六,燕王派郑亨、李远率骑兵 5000 袭扰真定。第二天,郑亨派人来报,说吴杰驻军滹沱河北,距我军约 70 里。燕王闻报,心里很高兴,立即命令准备渡河出击。这时已到傍晚时分,诸将请求明天一早再渡河。有个叫陆荣的人,略懂阴阳术数,他劝燕王说:"今晚出兵,是阴阳家所忌讳的。"古人大都有迷信思想,但燕王却认为:"我千里求战,就怕敌人不出来,所以百般引诱敌人。现在敌军已经出城在外,正是消灭他们的大好时机。战机稍纵即逝,怎可轻易失去?如果行动慢了的话,敌人就会退回真定。真定城池坚固,粮饷充足,攻之不可,想与敌交战,敌人不理睬你。到那时就会欲攻不能,欲退不能,陷入进退维谷的境地。拘泥于小忌讳的人终究会误了大事的。"通过这段话,可以看出,虽然燕王也是一个比较迷信的人,比如他就很迷信姚广孝和袁珙的那些说辞,但他并不是一个盲信的人,他对阴阳术数家的说教采取的是拿来主义,对他有用的他就听,对他没用甚至有害的就断然舍弃。作为一个政治家和军事统帅,这正是燕王朱棣的高明之处。

于是,燕王亲自率领骑兵先行渡河。部下刘才手执马缰绳对燕王说,河水还很深,骑兵过河还好办,步兵和辎重怎么办呢?燕王想了一会,有了主意。他率领骑兵从上游渡河,步兵和辎重从下游渡河。燕王和骑兵先到上游筑起一道人墙,使河水受阻,这样下游的河水就变浅了,步兵和辎重就可以顺利地渡河。燕王率领 3000 骑兵沿河西行,走出约 20 里地,果然遇到了吴杰指挥的南军。这支南军迅速退守藁城,两军未及交锋。

闰三月初九,两军略有交锋,不分胜负,因天色已晚,便各自回营。燕王担心吴杰会跑回真定,于是亲率数十骑到临近吴杰军营的地方安营,以牵制吴杰。

第二天,吴杰和平安在西南方向摆成四方形的军阵,与燕军对垒。燕王从远处看到这种阵形,笑着对诸将说:“方阵四面受敌,怎么可能取胜? 我以精兵攻其一隅,一隅战败,其他的就会自然溃散。”于是,燕王派出少量兵力牵制其他三面,自己则亲自率领精锐攻打东北面的军阵。

燕军从东北角发起攻击,经过一番激战,南军稍稍退却。燕将薛禄率部冲入南军军阵,不料战马被南军刺死,薛禄被活捉。没想到,薛禄乘南军士兵不留意,突然夺过对方手中的刀,力斩数人,竟侥幸逃了出来。尤其可贵的是,薛禄没有喘一口气,就又督促自己的部下奋力拼杀,比以前更加勇敢。薛禄只是燕王手下众多将领中的普通一员,但就是这些将领的勇敢精神,才使燕王每每能以少胜多,以弱克强。

燕王看到,单从正面进攻,难以将敌人彻底击溃,于是自己率领一队骑兵,顺着滹沱河绕到敌人后方,大呼进攻,冲入南军军阵。南军箭如雨下,燕军士兵死伤甚众,许多箭都射到了燕王的军旗上,密密麻麻的,就象刺猬身上的毛一样。这时,南军军阵中有个临时搭起来的高楼,约有几丈高,平安就站在高楼上指挥作战。燕王朱棣一看就知道那是南军的指挥中心,于是燕王派出一队骑兵朝高楼冲了过去。平安在高楼上看到一队燕军骑兵朝自己冲了过来,发觉有危险,立即下楼,骑马逃走。这样一来,南军的指挥系统顷刻之间陷入混乱。此时又偏巧刮起一阵大风,燕军于是乘势发起总攻,南军不支,很快就全线崩溃了。燕王麾军追杀,南军阵亡达6万多人。燕王一直追赶到真定城下,夺得军械物资无数。平安和吴杰逃入城中固守,来不及逃入城中的南军将士大多被俘。

继夹河大败盛庸之后,燕王朱棣又在藁城击溃了吴杰,这是燕军的又一个战役性胜利。这次藁城之战,燕军和南军打得都很艰苦,燕王那面扎满了箭头的战旗就是最好的证明。燕王也感到这面战旗是件很好的纪念品,于是专门派人将这面战旗送回北平,交与世子朱高炽,要他好好珍藏,传之子孙后世,让他们知道今天征战的艰难。这时老将顾成正协助世子防守北平,他看到这面战旗后,激动得热泪盈眶,对朱高炽说:“臣自幼从军,多历战斗,今老矣,未尝见此旗也。”顾成此时已经是72岁高龄的人了,就是这位身经百战的老将,也未曾见过如此激烈的战斗。

藁城之战后,燕军乘胜攻占了顺德、广平等地,河北原先归附朝廷的许多州县又都望风倒戈,重新投入燕王的怀抱。

一九　叔侄双方的心理战术

闰三月二十四日，燕军进攻大名，不战而下。这时燕王得到消息，建文帝又将齐泰、黄子澄罢逐，并派官员抄没了他们的家产。用意很明显，就是燕王把诛杀齐、黄二人作为起兵的理由，现在我把齐、黄二人治罪了，燕王总该罢兵了吧。这种蠢事，建文帝已经不止一次地干过，表面上是缓兵之计，实际上除了向燕王示弱和使得燕王起兵的理由更显得合法化外，没有任何作用。

对燕王来说，建文帝罢逐齐、黄二人恰好为自己提供了一个机会，他不仅不罢兵，反而致信建文帝，要建文帝先罢兵。燕王写了一封洋洋洒洒数千字的信送给建文帝，大概的意思是说："齐泰、黄子澄两个奸佞，想要加害本王，所以自己不得不起兵。兵者，乃不祥之器也，圣人不得已而用之。目的是为了保护百姓，铲除奸恶。现在听说齐、黄二人已被罢逐，虽然这两人没有被诛杀，但或多或少可以让上天稍微息怒，所以我听说这个消息后很高兴。"接下去，燕王朱棣就笔锋一转，说自己日夜期盼朝廷的休兵旨意，可是到现在还没有等到，这实际上是"外示窜逐奸恶之名，而中实主屠害宗藩之志"。燕王接着又追述自己起兵以来的赫赫战功，说明自己率领的是正义之师，所以才能屡战屡胜。然后又说朝廷在招募新兵，指责建文帝没有休兵的诚意。

如果建文帝真的想休兵，就要立即下罢兵的诏书，恢复被废黜亲王的爵位，解散军队，销毁武器，使天下的军民都各安其业。如果建文帝能做到这些的话，那朱棣就愿意为国家守边关，老死在自己的封地，以报效朝廷。

燕王在这封上书中，除了重弹过去的一些老调之外，就是借建文帝罢逐齐泰、黄子澄之机，要建文帝先下诏停战。在燕王接连打败南军的情况下，燕王朱棣的这种要求几乎带有最后通牒的味道。

建文帝看了燕王的上书，不知道该如何处理，便交给方孝孺和侍从黄观去看。方孝孺毕竟比建文帝有谋略，他要利用这个机会，搞拖延战术，然后再调集兵马，趁燕王疏于防备的时候将其消灭。方孝孺向建文帝献计道："现在燕兵长时间屯扎在大名，天气炎热，又时常下雨，应该已经疲惫了。应当急令辽东诸将入山海关攻取永平，真定诸将渡过卢沟河直捣北平，燕王必定回师救援。然后我们派大军跟踪其后，可生擒燕王。"建文帝听了方孝孺的建议，这才觉得有了主意，便决定依计而行。建文帝让方孝孺马上拟了一封诏书，让大理寺少卿薛岩送给燕王。诏书中除了赦免燕王父子及燕军诸将士的罪过外，还同意燕王归藩，仍恢复王爵，只是以后不要干预朝政和军事。在薛岩临行前，方孝孺又拟了一封晓谕燕军将士的诏书，要薛岩在燕军大营中秘密散发。这封诏书印在小黄纸上，约有上千张，意欲在燕军中广为传播，以涣散军心。

薛岩心里很清楚，那些传单式的小黄纸如果在燕军中散发的话，倘若被燕王发现，自己的性命必定不保。因此他在去燕军大营的半道上就把这些小黄纸藏了起来，始终未敢拿出来。薛岩到了燕军大营后，只是把建文帝致燕王的那封诏书拿了出来，交给燕王。燕王见诏书措词轻慢，便冷笑着对薛岩说："帝王之道，自有弘度，发号施令，昭大信于天下，怎么能自欺欺人，拿祖宗的基业当儿戏呢？”薛岩吓得心惊胆战，燕王沉吟了片刻，又问薛岩：“你在来的时候，皇上还对你说了什么话？”薛岩回答道：“皇上只是说，殿下早上罢兵来谢孝陵，晚上就下诏班师。”燕王冷笑着说：“哼，这种话连三岁小孩都骗不了。”接着指了指自己的侍卫，对薛岩说：“这里有大丈夫在！”诸将立刻一片喧哗，要杀了薛岩。薛岩吓得汗流浃背，说不出话。燕王说道：“奸臣不过数人，薛岩是天子派来的使者，你们不要瞎说。”然后燕王下令炫耀军威，让薛岩看一看燕军的士气。

燕军连营百余里，骑兵和步兵交错排列，旌旗蔽日，刀枪耀眼，队伍威武雄壮。有的骑马追猎，有的摔跤角力，人人看来都很安闲，有一种鼓勇好斗的架势。薛岩一行人看了以后很是吃惊，相互之间窃窃私语，来时听人说燕军人少，又很疲敝，现在看来完全不是那么回事。给薛岩一行这种印象，正是燕王的目的，这实际上是给朝廷方面的一种心理威慑。

燕王留薛岩在大营住了几天，就把他打发回去了。临行前，燕王再一次对薛岩说，如果朝廷真想息兵，就应该以诚相待，将各路军马撤回，自己也撤军回北平，永为屏藩。与建文帝要求燕王先撤军一样，燕王也要求建文帝先撤军，这实际上是把球又踢还给了建文帝。

薛岩回去后，方孝孺立即到他的家里询问燕王的事情。薛岩把自己的所见所闻如实告诉了方孝孺，说燕军将士上下一心，燕王气度恢弘，言辞恳切，南军兵马虽多，不见得能取胜。第二天薛岩上朝，把燕王的话和自己的观感如实重复了一遍。建文帝听了以后又有些动心了，方孝孺见势头不对，就斥责薛岩，说他为燕王游说。薛岩感到胜利的希望在燕王那边，后来就投降了燕王。

建文帝并没有按照燕王的要求首先罢兵，盛庸和吴杰还在前线与燕军对峙。五月初，燕军主力仍然活动在大名一带，吴杰和平安率南军切断了由北平前往大名的粮饷通道，消灭燕军数百人，擒获燕军指挥张彬，对燕军构成了不小的威胁。五月十五日，燕王又派武胜把一封上书送给建文帝，责备建文帝一方面说罢兵，一方面又调兵遣将，切断自己的粮道，与上次送来的朝廷旨意背道而驰。燕王在上书中再一次表示，朝廷早上将德州和真定的军队撤回，晚上自己就收兵回北平。

建文帝看了燕王的上书，又颇受感动，有了罢兵的意思，于是对方孝孺说："燕王，朕叔父也。吾他日不见宗庙神灵乎？"方孝孺对这样一个优柔寡断的皇帝感到既好气又好笑，只能一方面开导建文帝，一方面又据理力争，说："陛下真的打算罢兵吗？您要知道，军队一旦撤了，可就再也集合不起来了。到那个时候，燕王要是长驱直入南京城，陛下打算用什么来抵抗啊？现在我军正是军威大振之时，离胜利的时候不远了，愿陛下不要被燕王的言语迷惑了。"建文帝这才拿定主意，遂将武胜下锦衣卫大狱，以表示与燕王斗争到底的决心。

在藁城之战以后的两个月时间里，双方书信来往不断，展开了一场心理战。从朝廷方面来看，前线战事不断失利，燕军前锋已经到达大名，想通过罢逐齐泰、黄子澄来消除燕王起兵的借口，并答应赦免燕王父子的罪过，恢复其爵位，促使燕王罢兵停战，然后朝廷再调集各地兵马，对燕军实施总攻击。可是燕王却将停战的皮球踢回到建文帝这边，要求朝廷先撤兵，好使燕军乘虚南下，进攻金陵。在这场心理战中，燕王明显地占据了上风。首先得益于他在军事斗争上不断取得胜利，掌握了战场上的主动权，这对他和建文帝的政治斗争就有非常大的帮助。否则的话，就是燕王想罢兵，建文帝也不会同意的。其次是建文帝平燕的决心不坚定，举措失当。一听说前线打了败仗，就向燕王屈服，罢逐了齐泰、黄子澄，这无异于承认了齐、黄是奸臣，也就等于承认了燕王以诛齐、黄二人为名起兵的正当性。从一开始，建文帝一系列的愚蠢举动就把自己置于了劣势地位。再加上建文帝本人柔弱有余，刚毅不足，看到武胜送来的燕王上书就觉得燕王说得有理，要罢兵休战；可是听了方孝孺的一番劝解后，又不讲外交礼仪地将燕王使者逮捕下狱，毫无主见可言，完全是风吹两边倒的人。

方孝孺虽然也是个迂腐的儒生，可毕竟政治立场坚定，也比建文帝有头脑。他坚持不能在燕王面前示弱，在他所草拟的答复燕王的诏书中，语气一贯地强硬，似乎战争的主动权掌握在朝廷手中，因为朝廷的兵马毕竟比燕军要多些。这也正是薛岩送诏书给燕王时，燕王特意要向薛岩耀武扬威一番的原因。但不管方孝孺如何费尽心机，燕军始终掌握了战场上的主动权，况且还有大量潜伏在建文帝身边的卧底间谍，不断给燕王传来朝廷方面的机密情报，使得南军劣势早已注定，败局已无可挽回了。

燕王听说自己派去的使者武胜被朝廷逮捕下狱，非常恼怒。燕王知道通过谈判、打心理战的手段已不能达到目的，便决定立即在战场上给朝廷一点颜色看看。先前南军切断了燕军的粮道，燕王就以其人之道还治其人之身，也要切断南军的粮道。当时南军的主力在德州，粮草都要经过徐州、沛县等地运来。燕王就派李远率领轻骑兵6000人前往徐州一带，让士兵都换上南军的装束，看上去和南军完全一样，只是各人在背上都插了一根柳枝，以供辨认敌我。

李远率军从小路南下，直奔济宁府的谷亭镇。谷亭镇在鱼台县，北距济宁、南至沛县各90里，是漕运的枢纽要地，还设置了递运所，南军的大批粮草都囤积在这里。李远一行一路没有遇到什么阻挡就赶到了谷亭，随后一把大火将那里的粮草全部烧光。紧随其后的丘福和薛禄，率军攻打济州（今山东济宁）。他们在护城河上迅速填出一条通道直达城下，然后强攻济州城，很快就攻破城池。随后他们偷渡沙河，直达沛县，将停泊在那里的南军数万艘漕运船只和数百万石军粮全部烧毁，可怜南军囤积的军需物资，在大火中尽数化为乌有，河水都被烈火烤得热气腾腾，负责漕运的南军士兵四散奔逃。

燕军的这次偷袭取得了重大的胜利，它使南军前线的粮饷供应完全陷入停顿，致使朝廷大为震惊。当李远撤军北归的时候，盛庸派袁宇率军 3 万前去截击，结果情报早为燕军的间谍窃取，李远知道了南军的动向，预先设伏，将袁宇包围消灭，南军阵亡 1 万多人。

到了七月间，燕王又率军攻打彰德（今河南安阳）。当时，南军都督赵清在彰德镇守，两军相持不下。燕王就派十余骑每天到城下走动，骚扰出城打柴的人。南军追来了，他们就跑；南军走了，他们就又来骚扰。过了几天，城中开始缺少烧火做饭的柴草，只好拆屋来用。燕王看到时机成熟，就将主力埋伏在城边的山麓间，然后派小股骑兵到城下诱敌。城中的南军果然出来追赶，结果进入埋伏圈，南军大败，被擒杀数千人。从此以后，南军再不敢轻易出城。

为了攻下彰德城，燕王将目光投向了城东的尾尖寨。燕军找了一个当地向导，由都指挥张礼率兵 1000 人，乘夜色进攻，夺取了尾尖寨，守卫尾尖寨的南军士兵都投降了。然后燕军集中兵力围攻彰德。燕王对彰德双管齐下，一方面派重兵围攻，派使者入城劝降。守城都督赵清对来使说：“殿下到了京城的时候，只需要给我写个两指长的小条子招臣来，臣就不敢不来，但是现在我是不敢啊。”使者把赵清的话带给了燕王，燕王听后觉得有道理,也受到很大的启发。他认识到,南军中有许多将领都持赵清这样的态度。他们只是忠于朝廷,而不是忠于哪个个人。如果自己能占领南京,夺取帝位,再以朝廷的名义号令天下,各地的守将就会不战而降,全国就会传檄而定。因此,燕王决定自己不宜与南军进行一城一地的争夺,必须想办法尽快攻占南京。所以不久之后,燕王停止了对彰德城的围攻,撤兵转攻林县。

七月九日,燕王率军到达林县,当地守军举城投降。这时,燕王接到世子朱高炽的告急文书。原来平安正在率军攻打北平,驻扎在离北平50里地的平村。燕军主力在外,北平的守军不仅人数少,而且以老弱居多。平安是南军中有名的猛将,他的来攻,不仅对北平,而且对燕军的整个作战部署都会造成很大的威胁。世子朱高炽督众人据城固守,在平安的猛烈进攻下,北平城险象环生。燕王接到告急文书后,急忙回师北平,走到定州(今河北定县)后,又接到世子报告,说北平情况危急。这时燕王召来手下勇将刘江,问他该怎么办。刘江毅然请令,由自己率领精锐先驰援北平。二子朱高煦也请求与刘江一同前往,刘江认为大家都为此疲于奔命,没有必要,只会叫平安笑话了。燕王听了很高兴,立即命侍从上酒,为刘江壮行。

刘江临行前,燕王反复叮嘱,要他渡过滹沱河后,从小路前行,要虚造声势,多设侦察骑兵,遇到南军,能打的就打,没有把握的就避开而行。敌众我寡,白天可以广设疑兵,多张旌旗,夜里多点火把。这样,敌人以为我大军已经回师,就不敢全力攻城。刘江则要火速进入北平,协同守军共同御敌。刘江对燕王说的话很悲壮,颇有壮士一去不复还的味道。他对燕王说:"臣到北平,以炮响为号,二次炮响则冲破包围,三次炮响则进城。如果听不到第三声炮响,那就说明臣已经战死了。"刘江还要燕王率大军赶到时,连续放炮,使南军以为燕军主力已经到了,平安就会因害怕而逃跑。

一切都按计划进行,刘江顺利地进入北平,和世子朱高炽合兵一处,共同抵御平安。双方在平村展开了一场激战。刘江一马当先,所向披靡,平安大败。燕军斩敌数千,俘虏一千多人,缴获战马600多匹,平安仓皇逃亡真定。

击破平安后,燕王朱棣开始集中精力对付另一路由房昭指挥的南军。房昭是大同守将,他奉命率兵进入紫荆关,守卫保定府等诸县,和平安一样,对北平构成了现实的威胁。房昭招募百姓中的强悍之人从军,与官军混合编组,实力比较强大。后来他又在西水寨设立了一个据点,以此作为长久坚持的基地。西水寨在易州(今河北易县)西郎山上,四面地形险要,只有一条山路可以攀援而上。房昭在寨中储存了充足的粮草,集中了一批精锐,一方面骚扰燕军的粮道,一方面时刻监视北平,试图进取。保定府距离北平很近,人们习惯上把它比作北平的南大门。房昭盘踞于此,无疑是燕王的心腹之患。

八月十一日,燕王率军到达完县。二十日,燕王得到情报,南军都指挥韦谅率兵万人,由真定运粮接济房昭。燕王于是率兵3万前往截击,第二天赶到西水寨口,与韦谅军遭遇。燕军虽有小胜,但粮食却让南军抢运入寨中,损失不大。燕军于是将西水寨团团围住,发动进攻,可是却久攻不下。

房昭手下将士有很多是南方人。当时已是秋末冬初,天气渐渐转寒,虽然房昭军不缺粮草,但包围时间一长,御寒的衣物就短缺了。围困西水寨的燕军为了瓦解南军的斗志,便在月明之夜唱起吴歌,就像垓下之战时的四面楚歌一样。南军士兵听到家乡的歌声,顿起思乡之情,有些胆子大的就偷偷下山投降了燕军。

十月一日,南军都指挥华英等人率军3万从真定出发救援西水寨。燕王得到消息后，率军星夜返回，第二天与南军在郎山脚下相遇。南军在山下列阵迎战，围寨的燕军配合燕王对南军两面夹击。这时，房昭也率寨中守军下山参战，这正是燕王求之不得的机会。燕王命勇士悄悄绕到敌人后方，卷旗登山。当山下的南军被燕军击溃时，山寨也因为防守空虚而被燕军攻破。南军四散溃逃，燕军乘胜追击，南军阵亡士兵近万人，被燕军俘获战马千余匹，都指挥华英被燕军俘获，只有房昭和韦谅侥幸逃跑了。

与房昭威胁北平的同时，辽东守将杨文也率兵出山海关，围攻永平，攻克蓟州、遵化等县，直接威胁北平。自燕王起兵以来，辽东一直在朝廷的有效控制之下。辽东军虽时常为燕军所败，但元气未伤。这次杨文率军来攻的时候，燕王还在保定一带和房昭周旋。燕王闻报后很担心，因为自己不能亲自前往，便命正在北平协助世子守城的刘江前去抵御杨文。燕王向刘江仔细指点了作战方案，要他率兵奔永平，当杨文退守山海关的时候，不必去追，只要声言返回北平就行。回师不远，然后连夜悄悄返回永平，杨文必然回头攻打永平，那时再出兵进攻，就可以将杨文击败。刘江按计而行，果然在昌黎大败杨文，杀死南军数千人，俘获杨文的部将王雄。杨文率残部逃回山海关。这样，南军从东西两面对北平的威胁都解除了。

十月二十一日，燕王回师至涿州。因各方捷报频传，北平安然无恙，燕王心里高兴，便大摆宴席，犒劳有功将士。三天后，燕王率军回到北平。对于王雄等被俘的南军将领，燕王表现出了宽宏大度，回到北平后马上就释放了他们。自然，在放他们回去之前，少不得又对他们教育一番。

十一月底，鞑靼可汗遣使来见燕王，表示愿意正式归附。实际上鞑靼部和燕王早就有联系，只是这时见到燕军势盛，才正式归附燕王。随后,鞑靼部派骑兵协助燕王出兵进攻辽东的铁岭,牵制辽东的朝廷军队,使其无法西进。

对这种情况,朝鲜使臣看得很清楚。建文三年秋,朝鲜使臣崔有庆为祝贺万寿圣节来到明朝,经辽东由北向南到达南京,然后于第二年三月返回朝鲜。崔有庆说:“燕兵势强,帝兵虽多,势弱,战则必败。又有鞑靼兵乘间侵掠燕赵之间,中国骚然。”在整个靖难之役期间,朝鲜一直效忠于建文帝,并不时派使节前来朝贡,还不断向明朝廷供应马匹。朝鲜使臣的话是比较客观与可信的。

由于燕军节节胜利,燕军将领对燕王的真实意图洞若观火,知道他并不是简单地要清君侧,铲除齐、黄二人那么简单,而是要夺取帝位。都指挥张信等人便于十一月间上书燕王,要他立即登极称帝。信中说:“汤武革命,顺乎天而应乎人。……殿下不得已起兵,以救须臾之祸。……岂期幼冲心志蛊惑,牢不可回,必欲加害于殿下然后已。殿下应之以仁义之师,……故百战百胜,此虽殿下神谋睿算之所致,实以天命人心之所归也。……天之所生以为社稷生灵主,正在于今日。……臣等伏望殿下遵太祖之心,循汤武之义,履登宸极之尊,慰悦万方之望,则社稷幸甚,天下幸甚,臣等不胜惓惓之至。”

这些话很合乎燕王的真实心意,但燕王比他的部下要高明,他知道现在称帝的条件还不成熟。如果现在称帝,那就等于自己否定了自己起兵的正义性。因此,燕王拒绝了张信等人的请求,并再次向部下讲道,自己举兵是为了铲除奸恶,保卫社稷,并没有觊觎皇位的意思。等到铲除了奸臣后,自己就会“行周公辅成王之事”。部下们知道这不是燕王的真心话,所以都督顾成和五军总兵官丘福再一次上书陈请,但燕王仍不许。宁王朱权也上表恳请,也被拒绝。很明显,燕王要等到攻下南京后,再去登极称帝。

二〇 走向胜利之路

燕王起兵两年多，在战场上虽占据主动，但敌我双方力量的对比并没有发生根本的改变。燕王决定不再和建文帝打消耗战，不再以攻城略地为战略目的，他想改变战略，绕过山东，长驱金陵，一举夺取京师，然后传檄全国，这样天下就是他朱棣的了。

燕王这次从大名回师北平，虽说连连取胜，但实际上也是不得已而为之。前方难以在短时间内取得决定性的胜利，后方的根本重地又受到威胁，所以必须回师相救。燕军往来转战，不可能在每个占据的城市留驻重兵，所以导致许多城池得而复失。战争打到第三年，燕王朱棣的势力仍然被局限在北平一带，所占据的重要城池不过北平、永平、保定三郡。这种状况对燕王来说不是很满意。

从朝廷方面看，虽几经重大损失，但实力还是有的。而且经过几次大的败仗，南军也改变了他们的战略，把主要兵力集中于战略要地，据城固守。例如德州和真定，南军虽有夹河、藁城之败，但两城始终没被燕军攻占，成为对抗燕军的前方基地。另外，南军还在一些险要的地方设置堡垒要塞，坚壁清野，阻挡燕军的南下。此外，南军有全国的物资作保障，可以比燕军更方便地获得后勤补给，以恢复战斗力。像先前燕军偷袭济州，焚烧了南军的军粮和漕船,使南军的物资供应一度中断,但南军的粮道却很快就恢复了。建文三年十一月,松江府就征派9万民夫从陆上向济州运去军粮9万石,使南军得以重振旗鼓。

经过认真分析燕军的弱点和南军的优势,燕王不得不调整战略部署,决定破釜沉舟,直捣金陵,与建文帝一决胜负。当时由于建文帝对宦官管得比较严,而燕王对宦官较为宽厚,所以不少宦官纷纷从建文帝那里跑出来归附燕王。这些宦官了解宫中的情况,告诉燕王朝廷的重兵都在外边,南京城比较空虚,应该火速直取南京。燕王感慨地说道:“像这样年年用兵,何时才能到头啊?要当临江一决,不复返顾矣!”遂决定长驱金陵。

燕王作这样的决定有着深刻的原因,明人高岱在《鸿猷录》是这样分析的:“四方人心多所观望,惟视金陵成败为向背耳。若复攻城略地,广土众民,必待四方之服而后徐议根本之计,则稽延岁月,师老时变,非所谓批虚搤吭之兵也。盖其所急在京师,而不在四方。”高岱的分析非常中肯。对于燕王叔侄争夺皇位的这场战争,绝大多数人都持坐壁上观的观望态度,其中的是非曲直他们并不关心,他们只关心谁最后登极做了皇帝,谁做皇帝就服从谁。所以这里所说的“视金陵成败为向背”,就是以谁当皇帝为风向标。燕王的势力一直不能得到很快的发展,一些城池得而复失,就是因为建文帝仍然控制着京师,仍然是全国的皇帝,在普通军民中,建文帝仍代表着正统。所以燕王不能再拖延时间了,他需要迅速攻下南京,然后就可以以皇帝的名义号令全国了。

建文三年十二月,按照公历应该是1402年了,燕王经过一番准备,留世子驻守北平,自己则亲率大军南下,由李远率轻装骑兵为前哨。

燕王率军南下的消息很快传到了京师。由北平到南京,取道山东的德州、济南一线是路程最近的。朝廷方面估计，燕王还会像上次一样走这条路，于是建文四年(1402年)元旦刚过，建文帝就命令徐辉祖率京军驰援山东。

可是建文帝想错了，燕王接受了上次在山东失利的教训，不再从这条近路南下，而是取道山东和河南交界的地方南下。燕王于建文三年十二月十二日出发，半个月后到达师蠡县。建文四年元旦这一天，李远率800轻骑到达藁城。这时盛庸的部将葛进率马步军兵1万人前来截杀燕军。此时正是一年中最冷的时节，天寒地冻，滹沱河上结了厚厚的冰。当南军踩着冰面过河的时候，李远率部突然向南军发动袭击。葛进看李远人马少，就退回岸上，把马匹系在树林中，用步兵前来迎战。李远佯装败退，引诱南军前来追赶，他却分兵绕到南军后方，将树林里的马全部放跑。之后李远挥众反击，南军退回，准备乘马与燕军再战，但这时葛进才发现树林里的马匹全都不见了，于是南军大败，奔逃的士兵拥挤到河面上，结果冰层破裂，很多人掉到河里淹死冻死，南军损失数千人，葛进仅以身免。李远在此次战斗中缴获战马一千多匹。

燕王在新的一年里首战告捷，心里特别高兴，亲自嘉奖李远，说他："以轻骑八百，破敌数万，出奇应变，虽故名将不过也。"同时燕王颁布命令，对这次参战的将士每人晋升一级。

建文四年一月初五，燕王命都督朱能率轻骑一千前往衡水一带，在那里恰好与平安部下贾荣的部队遭遇。朱能是一员猛将，贾荣自然不是对手，朱能一马当先发动进攻，南军即刻溃不成军。燕军斩首700余级，缴获战马500余匹，贾荣被俘。

燕王乘机迅速挥军南下，一月十二日从馆陶渡过漳水。当燕王渡过河后，看到一个生病的士卒躺在路边呻吟，燕王便停下马来，命令侍从将生病的士兵扶上自己备乘的马匹。侍从说：

“殿下的马怎么能让病卒乘呢?”燕王却动情地说:“人命和马孰轻孰重?人生病了不能行走,不载他,是弃之不管。我岂能贵马而贱人哉!况且你们跟随我南征北战,尽心竭力而病,我要是不体恤他们,岂是为人父母之道!”将士们知道此事后,都很受感动。燕王体恤部下,在各种史书中不时有记载,虽不免有溢美之辞,但燕军将士乐为所用,临阵舍生忘死,常以少胜多,几乎不见叛降者,这与燕王体恤部下有一定关系。

燕军接连攻破东阿、汶上,一路战事顺利,很快抵达沛县,指挥王显率众投降。沛县既破,燕军遂逼向徐、淮。一月三十日,燕军抵达徐州。大军长驱南下,却一直没有见到山东方面的南军有什么动静,燕王颇为担忧,就派指挥款台率12名骑兵到邹县一带侦察。款台在那里遇到了转运粮草的3000名南军。款台鸣锣大呼,直冲南军队伍,并大声喊道,大军马上到了,不投降的格杀勿论。南军毫无准备,对这突如其来的袭击不知所措,于是四散奔逃。款台擒获千户官两人,经过询问,知道了南军驻扎在济宁。燕王知道款台的事情后,他称赞款台是“真壮士也”,命左右记其功,以备日后升赏。

建文四年二月二十一日,燕军驻营于徐州东北。徐州守军据城固守,燕军一直未能将城攻下,燕王就想移师南行。但是诸将担心拔营起寨的时候南军前来追击,燕王就用计,设伏兵于九里山,在演武亭埋伏百余名精锐骑兵,命数骑到徐州城下诱敌。结果徐州城守军上当,出兵5000追杀燕军,在九里山被围歼。此后徐州守军再也不敢出城,燕军安然撤围,绕开徐州,直扑南京。

建文四年三月,燕军绕过徐州,攻下宿州(今安徽宿县)。燕王估计徐州守军会在后面骚扰,就命令都指挥金铭率百余骑兵殿后,并面授机宜。金铭按计而行。南军万余人果然出城尾随燕军之后，金铭不慌不忙，列队徐行。南军见此情景，害怕再遇埋伏，果然不敢贸然来攻。当金铭渡河时，南军迅速追上来，想乘机攻击金铭，结果埋伏在河南岸的冀英一行人立即发炮，南军这下以为真的遇到了埋伏，便迟疑下来，停止前进。就在此时，燕军已经安然地渡过河去。其实冀英只率领了几个人在河南岸放炮，以迷惑南军罢了。

燕军火速南下，迅速到达蒙城一带。蒙城在宿州南面，而宿州有南军重兵驻守，粮草充足。燕王想切断南军的粮道，便命令刘江率 3000 人前去断粮道。可是这次刘江害怕了，说这里是南军的后方，南军兵力充足，不敢前去。燕王大怒，立即命令将刘江斩首。幸亏诸将求情，并且念及刘江以前多有战功，这才饶了他死罪。也正因为这件事，燕王称帝后未封刘江，只是给了他个都督佥事的职务。永乐十七年（1419 年），刘江才因为在望海埚全歼倭寇之功，受封为广宁伯。

三月九日，燕军主力转移到了涡河。侦察骑兵报告说，平安率领 4 万马步军从北边尾随而来了。燕王闻报后又惊又喜。惊的是平安竟然这么快就赶来了，喜的是平安的到来使北平免除了一大威胁。燕军主力南下，后方空虚，燕王一直担心平安会乘机进攻北平。现在平安赶到这里，正好将其击溃，彻底解除北平之忧。

燕王经过仔细考察，看到涡河一带树木茂盛，河道狭窄，平安一定会以为有埋伏，不敢大胆进兵。淝河一带地势平坦，树木稀少，平安不会怀疑，正可以在那里与平安决战。于是，燕王命朱高煦守营，自己亲自率领精锐骑兵 2 万人前往，每人携带 3 天的干粮。燕王还让士兵们各准备一具火把，从前哨伏兵到大营约有百里，持火把的士兵连绵于道。前线遇敌就举火为号，一支火把燃起来，其他的火把就会陆续点燃。敌人见后一定会以为燕军大军赶到,落荒而逃。可是燕王在那里等了三天,却一直不见平安到来。士兵们带的干粮都快吃光了,诸将就请求先回军。燕王则要大家再等上一两天,敌人一定会来的。又过了两天,还是不见平安的踪影,诸将又请求回军。燕王则再次向大家解释说,平安引兵远道而来,是想主动求战。如果他们侦察到我军回撤,一定会跟踪袭击,那我们就被动了。如果我们先击败他的前锋,南军士气自然低弱。好不容易把诸将暂时说服,燕王也开始担心平安是否真的如他所料前来。等到傍晚时分,燕王命胡骑指挥款台率几名骑兵前去侦察。大约夜里四更天,也就是凌晨两三点钟的时候,款台回来报告,说平安已经在距淝河 40 里的地方安营扎寨了,天亮的时候一定会赶过来。燕王闻报大喜,立即命令王真等人率轻骑前去迎敌,任务就是将南军引入燕军的埋伏圈。燕王又让王真诸将士各准备一束稻草,装入背囊,从外面看上去像装着布帛等物。朱棣告诉王真,等平安的军队来追击的时候,就将这些背囊扔在地上,南军一定会去捡拾,这样南军就会不战自乱。王真与平安的军队遭遇后,平安果然派骑兵前来追赶。王真佯败,把各人的背囊扔了一地,南军竟相捡拾东西。后退了约 20 里,平安的追兵进入了燕军的埋伏圈。燕军伏兵冲出,南军措手不及,阵势稍乱,接战不利,开始后退。王真回军奋击,不巧遇上平安率大军赶到,将王真团团围住。因燕军后续部队未能跟上,王真寡不敌众,身受重伤。在杀死了数十名南军士兵后,王真对身边的人说:"我不能死在敌人手里。"于是自刎身亡。

燕军前锋虽然受挫,但王真已经成功地把南军引入了燕军的埋伏圈,任务也算完成了。此时燕王率主力赶到,而平安也率领 3000 骑兵立于淝河北岸的高坡上,两军主帅迎面相遇。平安的裨将火耳灰是蒙古骑兵指挥,原来是燕王部下,后调入京师。

燕王起兵以后,火耳灰隶属于平安麾下,作战素来骁勇。火耳灰手持长矛,一马当先,直刺燕王,冲到距离燕王只有十几步远的地方。燕王很欣赏火耳灰的勇敢,不忍心射死他,于是只命胡骑指挥童信射死了火耳灰的坐骑。火耳灰的马被射死,人摔到地上被俘。火耳灰的部下哈三帖木儿也是位勇士,见火耳灰被俘,也挺枪冲入燕军阵中,结果他的战马也被射死,人也被俘。燕王擒获这两员南军将官后,麾师开始反击,平安大败,被燕军追得到处跑,最后不得不换了一身衣服,才带着几个亲随逃出战场,退守宿州。此次淝河之战,燕军斩敌数千,缴获战马8000多匹,还俘获了平安部下的骁将林帖木儿。

淝河之战胜利后,燕王当天就释放了火耳灰等人,并授火耳灰为指挥,哈三帖木儿为百户,让他们充当自己的近卫侍从,带刀宿卫。诸将认为此举不妥,说他们虽然是燕王的旧部,但久在南军中,人心叵测,不宜安置在身边。可燕王却说这几人都是壮士,既然被擒,心底里已经臣服了。自己与他们有旧恩,现在不杀他们,他们必定知恩图报。后来的事实表明,这几人对燕王果然是忠心不二。此事虽小,但表明了燕王知人善任,用人不疑的过人胆略。

燕王接着率军前往临淮(今安徽凤阳东北)。这里是水陆交通要道,控制这里对燕军南下至关重要。但燕王对身后的宿州还是比较顾忌,因为驻守宿州的南军打算和燕军打持久战。燕王想切断南军的粮道,这样就可以使南军不攻自破。于是燕王命都指挥谭清率轻骑兵前往徐州一带,袭击南军运输粮饷的士兵。谭清飘忽不定,多次截杀南军运输部队。在五河,谭清顺手焚烧了南军存放在那里的大批运粮车船。回到大店(今安徽宿县以东约50里处)时,谭清遇上了一大股南军部队。谭清人马少,只得且战且退。这时铁铉率兵赶到,将谭清团团包围。燕王在远处看到了谭清的军旗，于是赶紧率军前来支援。初战不利，燕军被南军挡了回去。于是燕王亲率火耳灰等将领冲入南军军阵，斩杀南军数十人。燕军见状，士气大振，发起反击，将南军击退。

四月间，平安移军到小河(今江苏睢宁一带)。十四日，燕王率军进抵小河北岸，双方摆开了一副决战的架式。燕王命都督陈文在河上架桥，先渡步兵和辎重，接着渡过骑兵，然后派兵守住这座桥，使得进可攻，退可守。之所以出此万全之策，主要是因为对手是平安、何福这些知兵敢战的南军骁将，要想取胜可不是件容易的事情。

十五日，南军沿河东列阵十余里，分左右两翼夹击燕军。燕王首先率骑兵发起攻击，南军总兵何福率步兵冲击渡桥，经过激烈的战斗，何福击溃了守桥的燕军，俘虏数百人，斩杀守桥燕将陈文。在另一边，平安则将燕王死死围住，燕王差一点就被平安一矛刺死了。燕王的坐骑在混战中被南军射死，幸亏胡骑指挥王骐冲入南军阵中，救起了燕王，燕王才侥幸脱险，保住一命。南军夺占渡桥后，勇气倍增，他们渡过桥向北面的燕军大营冲去。关键时候，燕将张武率一支部队从河边的树林中冲出，与燕王的骑兵会合一处，奋力抵抗，南军才被迫后撤，南军指挥丁良、朱彬被俘，燕将都指挥韩贵战死。在这场以争夺渡桥为中心的拉锯战中，双方战死淹死的士兵不计其数，尸体把小河都堵塞了。

小河之战后，燕军屯驻河北，南军屯驻河南，双方以河为界，一连对峙了数日。这种情况对燕军来说是相当不利的，燕军深入敌后，没有后方保障，利在速战，不能和南军打消耗战。因此燕王决定对南军进行冒险偷袭，以图打破僵局。燕王留下少数人守桥，亲率大军于半夜时渡过小河，绕到南军背后，于黎明时分对南军发动了突然袭击。一开始南军有些被动,但很快稳住了阵脚,投入反击。恰在这时,徐辉祖率领的援军也赶到,燕军顿时陷入重围之中,情况危急。燕王果断下令,避开南军主力,撤军到齐眉山(今安徽灵壁西南)。四月二十二日,两军会战于齐眉山。双方从中午一直鏖战到傍晚,胜负相当,燕军损失了李斌这员勇将,形势对燕王来说很不利。

自淝河之战后,燕军接连失利。四月底的南方已是盛夏时节,阴雨连绵,天气湿热,燕军多是北方人,不习惯这种气候,很多人得病。正是因为这些困难,在齐眉山会战结束的第二天,诸将就纷纷劝燕王回军,或者转移到小河以东,在那里休整,然后相机而动。诸将几乎一致认为,在这里与南军相持,绝非燕军之利。

这真是到了关键时刻,弄不好燕军就会土崩瓦解。面对诸将的意见,燕王只得耐心劝导,激励大家必胜的信心。燕王对诸将说:“你们所说的都是常理,却不知道变通。两敌相持,贵在进攻,忌讳后退。现在敌人屡败,已没有和我军决战的胆魄了。况且他们长时间缺乏粮食,士兵们都很饥饿,军心已经离散。……如果像你们所言打算渡河休整,恐怕我军士气就会懈怠。……现在要乘敌人疲惫饥饿的时候,截断他们的粮道,就可以让他们坐困愁城。现今之势,有利的形势已经在我们这边,不容我们给敌人缓和喘息的机会。”此时与燕王意见一致的只有朱能和郑亨两人。尤其是朱能,不但力主前进,反对回军,而且还慷慨陈词,说道:“用兵未必常胜,岂可因小的挫折而沮丧?项羽百战百胜,最后还是灭亡了,汉高祖屡战屡败,但最终胜利。自殿下举兵以来,打的胜仗有多少啊,这点小小挫折又算什么。我们要以祖宗社稷为重,重新整顿兵马,奋勇前进。”

可是不论燕王怎么解释开导,诸将还是认为这样做太冒险了,力主渡河休整。燕王心里很清楚,如果回军休整,不仅会遭到南军的追击,而且他整个直取金陵的战略计划都要被打乱,出师四个月来的战果就会付诸东流。对这样的局面,燕王最后只得对诸将说,凡是想渡河的站到左边,不想渡河的站到右边。结果只有朱能和郑亨站到了左边,其余的都站到了右边,有一个叫王忠的将领不知如何是好,就站在中间没动。燕王看到这种情况非常生气,声色俱厉地说:“凡是想渡河的就听其自便吧!”诸将这才慌了神,不敢再提回军渡河之类的话了。燕王为是进是退的事发愁了好几天,到这时才算用强力和权威统一了思想,他可以继续麾军前进了。

齐眉山之战后,朝廷本来处于有利地位,但却没能抓住有利时机实施反攻。有些朝臣认为燕军将要北撤,朝廷已无大忧,应该把在前线作战的将领召回来,防守京师,说是“京师不可无良将”,于是建文帝就将徐辉祖调回京师。这种行为简直让人不可理喻。燕军并没有北撤,建文帝仅仅凭朝臣一些捕风捉影、道听途说来的消息就把徐辉祖调了回来,于情于理都很难解释。可能真实情况是建文帝担心徐辉祖和燕王是亲戚,对他不放心,所以才调他回来。

徐辉祖一撤,何福一军就陷于孤立。因粮饷不继,何福下令南军移往灵璧就食。为防备燕军袭击,南军每到一地都修筑防御工事,然后安营。往往是工事刚修好,第二天就又要出发,弄得士兵疲惫不堪。相比之下,燕王行军时不修工事,只是将队伍列成军阵,然后安营,辕门之外派士兵把守,其他人就可以在营中休息。无事时大家休息,遇有敌人袭击,士兵们就地依托军阵进行防御。这比何福的做法省时省力多了,而且效果更好。

燕王为了彻底消灭何福的部队,决定将何福诱出灵璧,然后在野外将其消灭。当时南军运粮 5 万石,由平安率马步军 6 万人保护。士兵在外，运粮的人在中间。燕王挑选了1万名精锐士兵前去阻击南军的援军，自己则亲率主力对平安的运粮队发动进攻。此外，燕王又命朱高煦率一队骑兵埋伏在密林中，叮嘱他要等到两军战至筋疲力尽的时候再冲出来。燕王以骑兵为两翼，径直向平安冲了过来。没想到，平安对燕军的这种突袭早有准备，还没等燕军攻过来，平安已经率部下冲了过去，并且当头就给了燕军一顿密集的箭雨，杀死杀伤数千燕军。燕军一开始有些失利，但很快就稳定下来，燕王指挥步兵横向攻击，将南军队伍截为两段，南军这才乱了阵脚。此时何福也从灵璧率军冲了出来，与平安合兵一处，夹击燕军。燕军抵挡不住，只得后退。此时朱高煦在密林中看得很清楚，南军的主力已经尽数出动，而且也疲惫了，于是朱高煦率领自己这支生力军从林中突然杀出，燕王也回师反击，这才挽回败局。何福大败，损失1万多人，战马3000多匹，粮草也被燕军夺了去。何福和平安率余部逃入城中，闭门固守。

现在灵璧城的情况相当不妙。何福本来想依靠灵璧的粮食保障大军补给需要，结果不仅运来的粮食被燕军夺了去，而且城中的粮食也因为平安的几万人马到来而出现短缺。南军丢了粮草，又打了败仗，军心涣散，士气低落。于是何福下令，第二天天亮的时候，大家听三声炮响，就出城突围，南下淮河就食。

第二天，也就是四月二十九日，燕王率大军开始围攻灵璧，命朱高煦率勇士先登城墙，诸将然后跟上。燕军连放三声号炮，打算威慑南军，同时作为发动进攻的信号。结果南军误以为是自己军队的突围信号，于是打开城门，争相往城外涌。城门本来狭窄，何福对突围又没有做仔细的计划，导致数万士兵在城门口挤作一团，一时失去了控制。城上南军看到从城门口难以出去，就把城上用来防御的石头、木桩等物纷纷投下去，将城墙外的堑壕填平。这恰好又为燕军攻城创造了条件。燕军四面进攻,南军很快就溃败。何福单骑逃跑,左副总兵陈晖、右副总兵平安被活捉。另外都督马溥、徐真,都指挥孙成等 37 人,指挥王贵等 150 人,宦官 4 人,都被燕军俘虏。被俘的文臣有礼部侍郎陈性善,大理寺丞彭与明,钦天监副刘伯完。投降的南军士兵更是不计其数,绝大多数都被遣散,只留少数补充入燕军。夺得南军战马 2 万匹,有力地补充了燕军的需要。灵璧之战是燕军此次南下以来取得的最重大胜利。

特别令燕军将士高兴的是,这次竟然将平安活捉了。平安是南军的一员骁将,屡败燕军,是燕军的劲敌,自燕王起兵以来,平安就一直与燕军周旋。将士们听说俘获了平安,欢声雷动,高兴地说道:"我们从此以后就真得获得平安了。"燕军士兵们纷纷要求杀掉平安。燕王把平安召到帐中,对他说:"淝河之战,你的马也不停顿一下,跑得真够快的,现在怎么又来见我了呢?"平安大声答道:"刺殿下如拉朽耳!"燕王感叹道:"真是高皇帝的好养壮士啊!"身边的将领都感到很奇怪,燕王不仅没有生气,反而还赞赏平安。原来平安是明太祖朱元璋的养子,过去又是燕王的部下,作战素来骁勇,燕王念及亲情,不忍心杀了他,就派都指挥费瓛将平安和陈晖押回北平,陈性善等文臣也被释放。然而,陈性善觉得自己有辱皇命,身穿朝服跳河自尽了。同行的彭与明和刘伯完则换掉衣服,隐姓埋名,逃往他方,不知所终。

灵璧之战使南军仅剩的一点精锐丧失殆尽,朝廷已经很难对燕军实施有力的反击了。建文帝这才又感到形势的危险,于是急忙采取齐泰、黄子澄的建议,命杨文率辽东兵 10 万赶赴济南,与铁铉合兵一处,切断燕军的后路。但杨文是个庸才,才走到直沽就被燕将宋贵截杀,全军覆没,本人也被活捉。这样,利用辽东切断燕军后路的计划也破产了。

燕王乘胜前进，势如破竹，五月七日到达泗州（今江苏盱眙以北）。当地守将周景初当天就率部下献城投降，燕王很高兴。当天，燕王到泗州祖陵拜祭自己的祖宗。朱元璋的祖上曾迁居到泗州，后来到了朱元璋的父亲这辈才从泗州迁往濠州（今安徽凤阳），所以在泗州有燕王祖上的陵墓。当地人听说朱元璋的儿子回来拜祭祖陵了，纷纷到军营大门前求见。燕王对他们都热情款待，赐以酒食、钱钞，然后送回。

消灭何福和平安后，就剩下盛庸的一支军队在与燕军对抗。盛庸手上有步骑兵数万人，并获得了数千艘大小战船的支援，他将战船列于淮河南岸。泗州在淮河以北，燕军列于北岸，两军隔河相对。五月九日，燕王命士兵们找来一些小船，又编了一些小木筏，令士兵在上面摇旗呐喊，佯装强行渡河。另一面却让丘福、朱能等将领率轻骑西行20里，用小船偷偷渡河。丘福、朱能渡河后，率军绕到盛庸军的背后，举炮攻击，丘福直冲南军大营。南军被突如其来的袭击弄得不知所措，纷纷丢盔弃甲逃跑。盛庸也吓得惊慌失措，一时间竟上不去马，只得由部下拖着他上了一只战船，单船逃走。南军的数千艘战船几乎全部被燕军缴获。燕军很快渡过淮河，当天就占领了南岸的盱眙。

燕军占领盱眙后，燕王召集众将开会，商议下一步进军的目标。有的将领主张先向西攻取凤阳、庐州、安庆，切断南军的援军，同时南下滁州、和州，夺取长江天险。但这个意见遭到燕王的否决，主要是担心凤阳城池坚固，难以短时间内攻取。而且凤阳还是皇陵所在，自己也不宜对此地动兵。还有的将领主张先攻取淮东，然后由淮安南下，经高邮取扬州、仪真，由此渡江可无后顾之忧。但燕王也不同意，他说淮安城墙高池深，人马众多，粮草充足，不利于燕军速战速决。而且防守淮安的是驸马梅殷，是朱元璋逝世前亲自指定的建文帝辅佐人，此人有胆有识，防守淮安，号令严明，守备完善。灵璧之战后，燕王本来想取道淮安南下，便以南下进香为名，向梅殷借道。梅殷却回书说："进香皇考有禁，不遵者为不孝。"燕王大怒，遣使再次致书说："今兴兵除君侧恶，天命有归，非人所能阻。"梅殷就命人将送信的燕使割去耳朵、鼻子，对他说："我留下你的口，让你转告燕王什么叫做君臣大义！"燕王被梅殷气得异常沮丧，不得不放弃攻占淮安的打算。后来一直到燕王占领了南京，梅殷都还在淮安坚守着。

凤阳和淮安防守坚固，不易攻取，确是实情，但这不是燕王否决诸将意见的主要原因。无论是东取淮安还是西取凤阳，都要耽误时间，这与燕王尽快攻取南京的战略思想是不符的。燕王既不想东去，也不想西行，而是要撇开东西两翼南军的威胁，直取扬州和仪真，然后渡过长江，长驱入金陵。对燕王来说，现在是放手一搏的时候了，胜负成败就在于他能否在短时间里攻占南京，夺取帝位，其他事情都是次要的了。明白了燕王的这层意思，诸将们也就不再坚持己见。

建文四年五月十七日，燕王派指挥吴玉到扬州诏谕。这时，扬州的守将分为战降两派，扬州卫指挥王礼主张投降，监察御史王彬和指挥崇刚主战，两人就将主降的王礼逮捕下狱。王礼的弟弟王宗对此不满，密谋投降，就设计逮捕了王彬和崇刚，将王礼从狱中放出，开门降燕。王彬和崇刚后来不屈而死。

扬州是江北重镇，结果不战而降，这对燕军来说真是莫大的帮助。受扬州投降的影响，高邮和靠着长江的通州、泰州、江都也先后降燕。燕军接着攻陷仪真，在长江北岸扎下大营，随时准备渡江南下。燕军搜集了沿江船只，往来穿梭，旌旗蔽日，其阵容足令南军生畏。

此时的南京城内一片惊慌，建文帝迫不得已下了罪己诏。在明朝的文献中保存的罪己诏比较简略，而在《朝鲜李朝实录》

中保存的较为完整。当时，朝鲜派来的谢恩使朴惇之来中国，因南京一带战事正紧，他未到京师就返回了朝鲜，他抄写了建文帝的这份诏书：

奉天承运，皇帝诏曰，朕奉皇祖宝命，嗣奉上下神祇。燕人不道，擅动干戈，虐害万姓，屡兴大兵致讨。今者诸将失律，寇兵侵淮，意在渡江犯阙。已敕大将军率师控遏，务在扫除。尔四方都司、布政司、按察司及诸府卫文武之臣，闻国有急，各思奋其忠勇，率慕义之士，壮勇之人，赴阙勤王，以平寇难，以成大功，以扶持宗社。呜呼，朕不德而致寇，固不足言，然我臣子其肯弃朕而不顾乎？各尽乃心，则封赏之典，论功而行，朕无所吝。故兹诏谕，其体至怀。

这位朝鲜使臣的记载比较真实可信。这里既罪己"不德"，又斥责"燕人不道"，号召各地"赴阙勤王"。京师的大臣们看到建文帝大势已去，为保全自己，纷纷请求出城去募兵，结果京师更加空虚。这时只有方孝孺等几个人还忠心耿耿，每日服侍建文帝左右，帮助他出谋画策，并劝建文帝不必焦虑，说有长江天堑阻隔，燕兵没有那么容易过来，各地勤王的兵马也很快会赶到京师，到那时局面就会改观。

刚入六月，燕军就抵达浦子口，这里与南京的下关隔江相对，为南北交通要道。这时盛庸驻守在浦子口。盛庸在淮河战败以后就退到这里，专门致力于长江防守，企图依靠长江天险来抵抗燕军。两军在浦子口展开激战，盛庸率军奋勇反击，燕军一时受挫。正当燕王要败退的时候，朱高煦率蒙古骑兵赶到，燕王一阵高兴，拍着朱高煦的背说："勉之！世子多疾，如得天下，以若为嗣。"听了燕王的这番承诺，朱高煦大喜过望，于是率军拼死反击，燕王也率精骑冲击盛庸军阵，燕军于是转败为胜。盛庸丢失浦子口，南京就完全暴露在燕军的面前了。

六月二日，燕王就要准备渡江了，他亲自到江边祭祀大江之神，祭文如是："予为奸恶所迫，不得已起兵御祸，誓欲清君侧之恶，以安社稷。予有厌于神者，不得渡此江。神鉴孔迩，昭格予言。"就算是在胜利指日可待的情况下，燕王还没有放下他那面"清君侧"的旗帜。

自从燕军占领了扬州以后，建文朝廷就陷入一片惊慌之中。在一些大臣的策划下，建文帝一面遣人出城募兵勤王，一面遣使向燕王求和，以作为缓兵之计。燕王很清楚建文帝求和的真实意图，所以丝毫没有放松自已的进军步伐。在燕军胜利进军的号角声中，建文帝的求和行动一个一个化为泡影，甚至建文帝派燕王的堂姐庆成公主前去求和也被拒绝。

庆成公主回来向建文帝禀告以后，建文帝很害怕，问方孝孺该怎么办，方孝孺此时也是黔驴技穷，只能委婉地安慰建文帝，说长江天险可以凭借，他已经派人去烧燕军的船只了。况且天气酷热，燕军中疾病流行，用不了几天就会退兵了。

在燕王这边却加快了攻占南京的步伐。燕军六月初一在浦子口击败盛庸后，于六月三日即刻誓师渡江。誓词中除了指责建文朝廷"群奸构乱"以外，主要是激励将士，奋勇向前，以给建文朝廷最后一击。

此时掌握长江水师的是南军都督佥事陈瑄，这是建文帝现在唯一可以依赖的力量了。但是当建文帝命令陈瑄率水师前去增援盛庸的时候，陈瑄却率领整个舰队倒戈，投降了燕王。燕军原来都是骑兵和步兵，没有水军，虽然临时征募了一些船只，但北兵不习水战，要想渡过长江，战胜南军的水师，还是有相当大难度的。陈瑄的投降对于燕军来说无异于雪中送炭，使得燕军一夜之间就掌握了长江的控制权，这给了南军最后的致命一击。

渡江这天是个大晴天，万里无云，微风吹拂，江上风平浪静。

燕王喜形于色，广大燕军将士更是士气高昂。燕军战船蔽江而来，金鼓大震，刀枪耀眼，大军顺利地渡过了长江。盛庸此时驻军在高资港（今江苏丹徒以西约40里处），沿江上下200余里，尽列海船备御。但是南军见燕军水师阵容如此雄壮，早就吓破了胆。当燕军逼近江南岸时，盛庸整军抵挡。燕王亲自指挥先锋部队鸣鼓登岸，随后以数百精锐骑兵直冲盛庸大营。南军士兵在燕军的冲击下马上溃不成军，争相往山上逃跑。燕军追赶了几十里地，斩杀南军数百人，干净利落地打败了盛庸的抵抗。盛庸又一次单骑逃走，其他南军士兵见主帅逃跑，于是纷纷弃甲投降。

燕王胜利渡江后，将领们大都主张直接西进，攻取南京。经过半年的转战，诸将们都明白了燕王的意图所在，就是要尽快地占领南京当皇帝。他们以为这次建议肯定能迎合燕王的心意，但出乎意料的是，燕王却要攻取东边的镇江。燕王对诸将们说："镇江是咽喉之地，如果守不住此城，我们往来就很不方便。这好比人得了皮癣病，虽说不会危及生命安全，但始终是不方便。先取镇江，朝廷的形势就很危险了。"燕王担心的是，南京城的防御力量虽然说比较空虚，但毕竟还是有20万军队摆在那里。虽然这20万人马多数是由临时征募的老百姓充当的，战斗力远不及燕军，但要是这些人顽强抵抗，坚城固守的话，燕军也难以一朝一夕就攻下南京。如果在南京城下受挫，镇江方面的南军再前来夹击，自己腹背受敌，会处于相当不利的地位，甚至有可能功败垂成。镇江是军事重地，占领了这里，自己就可以放心地攻打南京了。

燕王命投降的南军战船都悬挂黄旗，在江上往来穿梭。镇江紧靠长江，城中守军看到水军都已经投降了燕王，非常吃惊。他们向镇江守将童俊说："水军已经投降，我们还能有什么作为呢?”童俊自知不敌,于是也率众归降。这样,燕王进军京师就没有后顾之忧了。

建文四年六月八日,燕军从镇江西行,到达龙潭。这里离南京很近了,燕王在此遥望钟山,感慨万千,怆然泪下。而此时南京城内的建文帝已经是坐卧不宁了。方孝孺虽然也很忧虑,但他在建文帝面前还是表现得镇定自若。方孝孺建议建文帝实行坚壁清野,让城外的人迁往城内,将城外的木料石头都运进城内,使燕军无法获得建造攻城器具的材料,难以攻城。建文帝此时是一一照办。另外方孝孺还建议派诸王分守城门,遣曹国公、茹尚书、王都督前往龙潭,与燕王谈判,拖延时日,等待援军,内外夹击燕王。如果这些措施都不起作用,就迁都四川,再集结军队,以图东山再起。方孝孺的这些建议不能说没有道理,因为朝廷方面毕竟还有半壁河山,如果上下一心,局面并非不可收拾。无奈此时的朝廷方面已经是君臣之间离心离德,大有树倒猢狲散的意思。绝大多数大臣们都想着如何保住自己的性命和官位,谁还肯为一个将要倒台的皇帝赴汤蹈火。此时就是再有高超的锦囊妙计,也是回天无力。

方孝孺要茹常和王佐前去燕王面前谈割地求和之事,两个人虽心里不愿意,但又不敢不从命,于是李景隆领着二人来见燕王朱棣。燕王见他们前来,不无讥讽地说:“烦劳诸位到我这里了,有什么要说的话吗?”李景隆等人就将建文帝准备割地求和的事情说了一遍。燕王冷笑了几声,说他们不过是充当说客,行的是缓兵之计,接着又表示自己只求铲除奸臣,别无他求。李景隆等人只得扫兴而归,向建文帝如实禀告。

建文帝要李景隆再去见燕王,说他已经将齐泰、黄子澄等奸臣驱逐出朝廷了,等捉拿回来再交给燕王,李景隆却说什么都不愿再去,无奈之下,建文帝只得命在京诸王陪同李景隆一起前往。在前去的诸王中,有谷王朱橞、安王朱楹。

六月十一日,诸王来到燕军大营。燕王和兄弟们在此相见,颇有感慨。诸王就把来意对燕王说了,燕王随即严肃地说道:“诸弟试谓斯言当乎？否乎？诚乎？伪乎？果出于君乎？抑奸臣之谋乎?”此话说得是一针见血,诸王只得无奈地说道:“大兄所洞见矣,诸弟何言！诸弟来，岂得已哉?”从诸王的处境来看,他们内心都是向着燕王的。建文帝削藩，他们都是利益受损者。燕王起兵，正好替他们出了一口恶气。只是碍于封建正统观念，他们还得尊奉建文帝，受建文帝差遣出使，确实也是无可奈何。

诸王的谈判无果而终,建文帝更加六神无主,在会见朝臣时竟然失声痛哭。朝臣们有建议去浙江的,有建议去湖南的,方孝孺还是坚持不必仓促出走,坚守京师,以待外援。实在是到了不利的时候,再去四川不迟。建文帝同意方孝孺的主张,一面派魏国公徐辉祖和开国公常升负责京城防守事宜,一面秘密遣人出城,以蜡丸裹诏书,催促各地赶快出兵勤王。但这些蜡书都被燕军截获,直到南京陷落,也没见有一处勤王的军队赶到南京城下。

六月十二日,燕军逼近南京。徐辉祖的弟弟徐增寿当时任左都督,暗中策划投降燕王。其实自打燕王开始起兵,徐增寿就不断向燕王送去许多朝廷内部的情报,这些情报对燕王起了很大的帮助作用。此时徐增寿更是加紧了投降活动。大理寺丞邹瑾和监察御史魏冕得知实情,就和18名同部官员一起在大殿下将徐增寿狠狠打了一通。建文帝亲自讯问徐增寿有无投降之事,徐增寿缄口不答。建文帝被他气得大怒,亲手提了宝剑将徐增寿斩于大殿之下。但是杀一个徐增寿已经是于事无补,打算投降的又何止他一人呢!

六月十三日，在投降派的配合下，燕王兵不血刃地进入了南京，朱棣在经历了 4 年的艰苦战斗之后，终于打开了他通往皇帝宝座的胜利之路。

二一 “超级卧底”李景隆

在长达四年的靖难之役战争中,有一个非常关键的人物,他首鼠两端,越往后越倾向于明成祖朱棣,应该说是葬送建文朝廷的第一祸首。可是这个人开始的时候很好地伪装了自己的真面目,骗过了所有人的眼睛,而且还得到了建文帝宠臣黄子澄的保荐,使他能有机会暗中帮助燕王朱棣夺取天下,这个人就是“常败将军”——李景隆。

李景隆是朱元璋的外甥李文忠的长子,袭爵为曹国公。他自幼读书,颇通典故。李景隆身材修长,眉清目秀,举止雍容大度。朱元璋颇看重他,命他掌左军都督府,加官太子太傅。按辈份来算的话,明成祖朱棣应该是李景隆的表叔,建文帝朱允炆是李景隆的表兄弟。李景隆曾奉建文帝之命逮捕了朱棣的同母兄弟周王朱橚,从而更加受到建文帝的信任。建文帝命李景隆代替耿炳文为大将军,将倾国之兵交付于他,让他北伐燕王,试图一举消灭燕军,没想到李景隆接连大败,把 60 万精锐之师尽数葬送,使得南军的战斗力急剧削弱,丧失了战略主动权,从而使朝廷后来在与燕王的军事斗争中一蹶不振。

其实在建文朝廷中,倾向燕王朱棣的王公大臣也不少,但作用都不及李景隆。就连后来被建文帝亲手杀掉而又被明成祖追封为定国公的徐增寿，充其量也只是为燕王朱棣传递绝密情报而已，可不像李景隆那样亲手毁掉了建文朝廷的国防基石。以李景隆的才干，先是受到朱元璋的赏识，后来又被建文帝信任，却令人万万没想到的是，他居然是燕王朱棣安插在建文帝身边的一个“超级卧底”。此人的才干不仅仅在于及时为燕王传递消息，更在于和燕王朱棣合演了多出苦肉好戏，硬生生地将建文帝的几十万精锐大军耗光败尽，还居然半点事没有，全身而退，哪怕是满朝文武都要杀他，他照样以败军之将的身份受到建文帝的宠信，连最后京师城门的防守都交给他。最后，李景隆算是圆满完成了燕王交给他的秘密使命，连城带人一起交给了燕王。平心而论，李景隆这个“超级卧底”的间谍才能确实是古今罕见。

燕王朱棣起兵之初，兵少将缺，物资匮乏，主力又远攻大宁等地，留在北平的守军多为老弱之军，人数也不过三四万。李景隆率50万南军精锐主力倾巢出动，直扑北平城下，颇有泰山压顶的气势。在这种前无劲敌坚守，后无敌军骚扰，南军完全没有后顾之忧的情况下，李景隆的大军竟然一直未能攻取北平城，这本身就令人不可思议了。而李景隆在攻城战中的表现，就更令人怀疑他的立场了。当时瞿能父子所部经过浴血奋战，已经攻破了彰义门，可李景隆不是麾军跟进乘机攻入城中，而是命瞿能暂停进攻，等其他几路人马共同行动，结果功败垂成。《明史》上说李景隆是因为妒忌瞿能的战功，这种理由未免也太牵强、太轻描淡写了。瞿能是李景隆的部将，瞿能立了功，自然也算是李景隆的功劳。以建文皇帝对李景隆的宠信程度来看，就是论功行赏，首先要赏的也是他李景隆用人有方，战功卓著才对啊。就算是妒忌瞿能的战功，以李景隆的身份和地位，也完全可以把瞿能的战功隐匿不报，把攻克北平城说成是自己的功劳，谁又敢有异议？完全犯不着将唾手可得的胜利果实白白扔掉。《明史》用

“忌功”两个字就想解释这一关乎全局的败军之举,实在是一种掩耳盗铃的春秋笔法。况且在攻打北平城的过程中,李景隆已经不止一次地干过这种阻止攻城将士夺取胜利的行为了。

现在我们从头来看李景隆在整个靖难之役中的各种反常表现,也许就更能说明问题。

建文帝即位之初,周王朱橚的次子朱有爋向建文帝告发自己的父王谋逆,这促使建文帝马上就接受了齐泰、黄子澄的建议,首先从周王下手,进行削藩。建文帝命李景隆率兵借口北上巡边,路过开封的时候,突然将周王府包围,逮捕了周王,解送京师,后来又禁锢于京师。也就是因为这件事,建文帝才信任李景隆。从这次干净利落地解决了周王朱橚来看,李景隆办事是非常严密周到的,行动也是果断坚决的。这么大的行动,居然一点风声都没有走漏,以周王的才能,对李景隆的这次行动竟然也是毫无察觉和防备。由此可见,李景隆绝不是像一般人所认为的那样只是个贵族公子哥,金玉其外,败絮其中。否则,以朱元璋的见识和识人辨人的眼力,又怎么会让他管理左军都督府这个全国军事枢纽呢?逮捕周王的行动,应该说不但没有威胁到燕王的利益,反倒为燕王争夺皇位扫除了一大障碍,作为燕王的“卧底特工”,李景隆自然乐得做这个顺水人情。既帮燕王扫除了一大争夺皇位的障碍,又向燕王示了警,还赢得了建文帝的信任,岂不是一举三得的好事情。这种好事,李景隆办得自然要显示出自己的真实才能。否则让周王有了防备,不定会弄出什么乱子来,那对自己和燕王都没有好处。

建文元年八月,建文帝得知了耿炳文北伐受挫的消息,忧心如焚。黄子澄就推荐李景隆,说:“曹国公李景隆可以胜任,如果上次不用耿炳文而用李景隆的话,一定没有这样的挫折。”建文帝听了黄子澄的建议后,就决定用李景隆代替耿炳文,担任北伐的最高统帅。虽然兵部尚书齐泰表示反对,说李景隆不是将才,难担大任,但是齐泰也仅仅认为他作统帅不合宜,而根本没有看出李景隆心里是向着燕王朱棣的。即便如齐泰和朝中一些大臣所说,李景隆不是个将才,但这并不影响李景隆成为一个暗中帮助燕王朱棣的超级卧底间谍。

建文元年九月十一日,李景隆进驻德州,开始传檄各地,调集各路兵马,对耿炳文的部队进行整顿,接着进驻河间。他一改耿炳文稳扎稳打的办法,一到河间就开始准备部队直扑北平,妄图将燕军一举消灭。燕王朱棣听说是李景隆率领50万大军来进攻他,胸有成竹地对部下说:"李九江,豢养之子,寡谋而骄矜,色厉而中馁,忌刻而自用。况未尝习兵见战阵,而辄以五十万付之,是自坑之矣。……赵括之败可待矣。"在以后燕王和李景隆的对阵中,要注意燕王这种胸有成竹的心态曾多次情不自禁地流露出来过,燕王对李景隆的一切军事部署都显得毫不在意。九月十九日,燕王留下世子朱高炽守卫北平,临行前反复叮嘱他不要轻易出城迎战,只须固守,自己则率燕军主力救援永平,攻取大宁,完全不把李景隆攻打北平的50万精锐大军放在眼里。这对于用兵向来慎重,又极端重视自己大本营的朱棣来说,表现可谓反常。对照李景隆撤职之后,南军攻打北平的情况来看,平安区区几万人就让燕王不得不率全军返回北平,护卫根本。就连有勇无谋的杨文率领着10万辽东兵来进攻北平,也让燕王紧张得要拼尽全力加以消灭,丝毫没有看出轻敌思想。怎么单单轮到李景隆率50万朝廷的精锐之师来进攻北平,燕王反倒觉得无关紧要,自己跑出去攻打大宁,只留了三四万人防守北平呢?要知道,即便李景隆无能,可李景隆手下多的是勇将悍兵,难保不打下北平城。

事实上,当李景隆指挥的南军向北平发动进攻的第一天,北平城的丽正门就差点被攻破了。可这时李景隆突然命令停止进攻,攻城的南军于是一哄而撤,缓解了北平的危机。北平的燕军乘机修复城门,加强防守力量。等燕军布置停当了,李景隆才又下令发动进攻,结果自然是毫无进展。第一天攻城失利,李景隆就把大军扎在城下,结果不断受到城中守军的骚扰,可他并没有采取什么有效的预防措施,听任自己的士兵在北平城下受着天寒地冻的折磨。此时李景隆的军队按照燕王的说法是,“政令不修,威令不行,部曲喧哗,金鼓无节,纪律不整”;士兵们御寒衣物不足,顶风冒雪,“又无赢粮,马无宿蒿”;与先前抓捕周王时那种严密、果敢的作风完全判若两人。

在此后的围城战中,李景隆又一次故伎重演。在两军相持期间,李景隆手下的将领瞿能父子曾率所部攻打彰义门,几乎破门而入。瞿能是员猛将,洪武朝时官至都督佥事,曾随大将军蓝玉出大渡河西征,战功显赫。这次,他和儿子率领数千精锐骑兵猛攻彰义门,锐不可挡,经过一番激烈的拼杀,瞿能竟然攻入了彰义门内。朱高炽听说彰义门失守,立即调集重兵前去增援,试图夺回彰义门。瞿能虽然攻入了彰义门,但由于手下士兵不多,也无法向城内扩大战果,于是固守彰义门,等待后面的援军赶来。可瞿能左等右等,非但没有等来援军,反而等来了李景隆令其停止进攻,等候其他几路大军一同行动的命令。时值寒冬,北平守军趁瞿能暂停进攻之机,连夜提水浇在其他地方的城墙上,水立刻凝结成冰,结果城墙变得光滑异常,无法攀登,李景隆其他几路攻城部队大败而归。击退了李景隆的进攻后,朱高炽回过头来全力对付突入彰义门的瞿能,瞿能寡不敌众,只得放弃彰义门,撤出战斗。这次唾手可得的胜利又因为李景隆而告失败。

接下来郑村坝之战,李景隆只是战局不利,损失了几万人,但燕王朱棣也没有取得完全胜利。两军相持下去,南军人数多的优势就会发挥出来，燕王要想取胜就很困难了。可就在两军胜负未分之际，李景隆不顾士兵疲惫不堪，抛弃大批伤兵残将，乘夜拔营，向南边的德州逃跑。逃跑心切的李景隆甚至顾不上给正在围攻北平的部队打声招呼，就抛弃一切辎重，率领部下先跑了。等到天亮，攻城的十几万南军部队就被燕军消灭了。郑村坝一战后，南军仅仅因为李景隆的私自逃跑就平白无故地损失了十几万人，加上战斗中阵亡、受伤、被俘、失踪的人员，仅一个晚上，在没有敌人进攻的情况下就损失了将近一半的军队。一个朝廷将领以如此速度为建文帝毁灭军队，在中国的历史上恐怕再难找出第二人了。

建文二年四月，李景隆再次北伐，这次他调集了 60 万大军。其中包括上次郑村坝之战中剩下的部队，以及从全国各地抽调来的精锐部队。可以说，这次建文帝把整个朝廷的家底子都交给了李景隆。同样，燕王朱棣仍是胸有成竹地对将领们说："李九江志大而无谋，自专而违众。郭英老迈退缩，平安刚愎自用，胡观骄纵不治，吴杰懦而无断。数子皆匹夫，其来无能为也，惟恃其众。……其甲兵虽多，粮饷虽富，适足为吾之资耳。"四月九日，燕王和李景隆在白沟河又爆发了一场激战。这次大战彻底葬送了南军的精锐主力部队，使南军在战略上从此一直居于劣势，最终难以挽回败局。九日黎明时分，两军进抵白沟河，大战爆发。战至中午，两军仍然是相持不下。史载，正在双方拼杀的关键时候，一阵旋风突然将南军的大旗刮倒。南军大旗一倒，指挥系统顿时混乱，南军士兵失去了指挥，也开始乱作一团，攻势大为减弱。燕王抓住这一千载难逢的机会，麾军发动猛烈的反攻。南军中的骁将瞿能父子战死，平安被朱能击溃，俞通渊和滕聚全部战死。于是南军顷刻间全线崩溃，兵败如山倒，南军士兵奔逃之声如雷。燕军乘胜追击，又顺风放火，焚烧南军军营，南军连绵数十里的军营陷入一片火海。郭英往西逃，李景隆向南跑，丢弃的辎重、器械堆积如山，不可胜数。南军士兵被杀、淹死的人数达十多万，仿佛又是一次郑村坝惨败的翻版。燕军追击李景隆到雄县月漾桥，又撕杀了一阵，南军又阵亡数万人，整个一百多里的逃跑路上横七竖八地躺满了南军将士的尸体。白沟河一战，南军阵亡近15万人，受伤失踪的更多，投降的有10万多人，大部分被遣散，少数编入燕军各部。参加白沟河会战的近60万南军将士几乎全军覆没，李景隆单骑逃回德州。

与前次郑村坝之战惊人的相似，都是在关键时刻，因李景隆指挥失误而导致惨败。这次白沟河之战，李景隆算是把建文帝的家底彻底败光了。可他还嫌不够，从德州逃往济南的时候，德州尚有储粮一百多万石。德州是伐燕的前线基地，粮草充足。李景隆将这些粮草完好无损地留给了燕军，对于物资缺乏的燕军来说，这一百多万石粮食的作用无异于雪中送炭。李景隆如果不是暗中帮助燕王的话，完全有时间将这些粮草全部烧掉，不留给燕军。李景隆和燕王的两次大战，燕王就凭着不到20万人的部队，消灭了建文帝的百万大军，使南军精锐尽失，建文帝不得不重新招募新兵，这些新兵的战斗力当然远不及之前的南军部队，自然这些新兵也难成燕军的对手。由此可见，李景隆伐燕是假，借机帮助燕王，覆灭建文帝的军队是真。当然了，这之间发生的一些李景隆和燕王的口水战，那就纯属掩人耳目的举动，李景隆和燕王都不会计较对方言语上的冒犯。要是连这点政治素养都没有，燕王又怎么敢信任李景隆这个“超级卧底特工”呢？

李景隆为将，对南军中有勇有谋，真心伐燕的将领百般排斥。例如杨本，是一个有勇有谋的将领。自从跟随李景隆讨伐燕王，颇有战功。李景隆很忌恨，就是不给他上报军功。即便你再有功，我不给你上报，活活气死你。杨本后来大概看出了李景隆怀有二心，于是自己“孤军独出”，李景隆也不接应，杨本终因寡不敌众被俘，后来死于北平狱中。

王度也是个文武兼备的人才，盛庸后来取得东昌大捷，实际上多赖王度的谋划。李景隆丧师辱国，建文帝不顾众人反对，对李景隆不予追究，仍旧让他回朝用事。李景隆又开始在朝中诽谤盛庸，排挤和盛庸一样真心伐燕，拥护建文帝的大臣，王度因此为李景隆所不容。李景隆依靠建文帝对自己的宠信，挑拨是非，使王度被皇帝疏远，有志难伸。这样，盛庸逐渐失去了朝廷的支持，在前线也很难取得什么胜利。

这一连串的事件充分证明了李景隆在靖难之役中的间谍角色。如果说开始逮捕周王的时候还有一点脚踩两只船的意味的话，到了建文帝任命他为南军统帅，全权负责伐燕大事时，李景隆就完全倒向了燕王这边，成为燕王安插在建文帝身边众多间谍人员中的最重要一员。李景隆的一举一动实际上就已决定了燕王和建文帝谁生谁死。后来，有越来越多的人识破了李景隆的真面目，弹劾他，要建文帝杀掉他。可是建文帝太过柔弱，总是怀妇人之仁，念及李景隆是自己的至亲，始终没有治他的罪，也没有将他排除在朝政活动之外。这使得李景隆得以继续获得朝廷的许多绝密情报，为燕王有针对性地制定作战方案提供了巨大的帮助。

黄子澄最初极力推荐李景隆为大将军，郑村坝之败后，黄子澄还没有完全看清李景隆的真面目，又担心皇帝责罚自己，心中存了私意，还替李景隆隐瞒败军真相。可后来白沟河之战，李景隆将朝廷的60万大军全部葬送干净了，黄子澄这才认清李景隆的真面目。当着建文帝的面痛哭，说道：“景隆出师观望，怀二心，不亟诛，何以谢宗社，励将士！”练子宁也是当廷抓住李景隆的衣服领子，哭着指责他，请求建文帝立即将李景隆杀掉。方孝孺最后也看清了李景隆的真面目，当燕军逼近南京的时候，方孝孺当着建文帝的面抓住李景隆，一针见血地说道：“坏陛下事者，此贼也。”要建文帝立即处死李景隆。郑公瑾等 18 名朝臣更是群起而殴之，差一点将李景隆当场打死。可建文帝就是要维护这位皇亲，不仅不杀他，反而让李景隆领着谷王朱橞、安王朱楹，再次前往龙潭，与燕王谈判。燕王通过他们很容易就知道了南京城内的虚实，于是决定从李景隆和谷王把守的金川门进入南京。

当燕军发起对南京城的总攻时，李景隆和谷王朱橞立即响应，打开金川门，放燕军入城。防守南京城的 20 万南军士兵顿时如鸟兽散，方孝孺、齐泰、黄子澄对李景隆的投敌毫无防备，方孝孺、黄子澄被活捉，齐泰匆忙之间骑了自己的马逃跑，后来也被抓住，建文帝更是不知所踪。建文朝廷就这样被燕王推翻。燕王朱棣登上皇位，成为明成祖。

李景隆到底在暗中帮着明成祖干了多少事情，现在已经无从考证，也没办法考证。要知道但凡从事情报工作的特工人员，首先要遵循的一条原则就是保密。自己干了什么事，既不能说，也不能留下文字依据。即便是现在，各个国家的情报机关依然奉行着这一原则。所以，对于李景隆来说，就是有什么他从事秘密活动的证据，也会被他销毁掉，但是他的功绩，明成祖朱棣是不会忘记的。从后来明成祖对他的封赏来看，李景隆俨然是明成祖夺取天下的第一功臣。据《奉天刑赏录》中记载，明成祖封赏靖难有功之臣，“公爵加禄受赏者一人”，那就是李景隆，他所受的封赏最为隆重，“奉天辅运推诚宣力武臣，特进光禄大夫、左柱国、太子太师曹国公，加食禄一千石，子孙世袭。其赏白金四百两，文绮四十表里，钞四千贯。”在李景隆之后，都督佥事封公受赏者两人，他们是朱能和丘福。张玉死后，朱能就成为明成祖手下的第一员大将了，他受的封赏是，“奉天靖难推诚宣力武臣，特进荣禄大夫、右柱国、左军都督府左都督、成国公,食禄五千二百石,子孙世袭。其赏白金四百两,文绮四十表里,钞四千贯,并貂蝉冠服。”对比一下就可以看出,朱能的爵位和封赏都大大低于李景隆。朱能是右柱国,李景隆是左柱国,明代尚左,左柱国当然比右柱国尊贵。李景隆的“太子太师”衔也是朱能所没有的。就是食禄,朱能也比不上李景隆。李景隆是在原来曹国公的食禄上再加一千石,就有六千多石的食禄;而朱能比李景隆要少将近一千石。跟随燕王朱棣起兵靖难的武将中,就属朱能的地位最高了。以朱能的待遇赏格且无法与李景隆相比,那就更不用说其他的有功之臣了。这时如果我们再比对先前燕王对待李景隆的态度,细心的人就会发现,明成祖在封赏李景隆的时候可没有再说什么“李九江豢养之子,寡谋而骄矜,色厉而中馁,忌刻而自用”之类的话了。要是李景隆真像朱棣所说的那么无能,以朱棣的雄才大略会看得上无能之辈?会给他如此优厚的奖赏吗?所以,明太祖朱元璋看中的这个贵族公子李景隆,绝非等闲之辈。

在《明史纪事本末》第16卷中记载了这样一段话,说明成祖“以曹国公李景隆……有默相事机之功”,所以才对他的赏赐特别优厚。什么是“默相事机”?说白了就是在暗中帮助明成祖。

正因为李景隆功高爵显,所以在明成祖的群臣中,他堂而皇之地位居第一。朝廷大事,“景隆犹以班首主议,诸功臣咸不平”。诸功臣九死一生,打下了江山,李景隆是个降臣,却位列班首,也难怪大家心里不平衡。不过这也不怨他们,谁叫他们不明白底细呢?明成祖才真正了解李景隆的特殊贡献,但是这些贡献却不能公之于众,所以才会引起众人的议论。可悲的是,对这样一个间谍,建文帝可能到死都没有看出他的庐山真面目,这才是李景隆作为一名“超级卧底”的过人之处。

二二　皇帝轮流做

南京作为明朝的都城，经过数十年的修建，城墙坚固，因此燕王对攻打南京这一仗是相当重视的，他以为一定会有一场恶战，于是先派先锋刘保率一千多骑兵到南京城外侦察敌情。刘保先来到朝阳门一带，看到这里并没有什么防备，就向燕王禀报，燕王大喜过望。而此时南京城内已经是乱成一团，许多人见建文帝大势已去，不足依靠，便暗中积极谋划——降燕。建文帝朱允炆感到身边的人没有几个可靠，便决定让诸王分守几个城门。但朱允炆没有想到的是，这些亲王也在盘算着投降燕王。

建文四年六月十三日，燕王整军向南京挺进。临行前，燕王再三告诫部下，进入南京城后要严守军纪，不得骚扰百姓。规定：将士入城之日，不许擅入人家。侵入一毫者，功高必斩。

这时，曹国公李景隆和谷王朱橞负责防守金川门。金川门位于南京城的西北边，位置很重要。之所以派谷王把守，是因为当燕王起兵靖难的时候，谷王不愿意归附燕王，自己就从宣府逃回京师，协助建文帝抗燕，所以建文帝认为谷王是比较可靠的人，这才把金川门交给这位亲王把守。但建文帝没想到，此时自己的朝廷已经是树倒猢狲散的状况，谷王已经抛弃了他这艘即将翻沉的破船，作好了投降燕王的一切准备。当燕王率兵来到金川门的时候，谷王和李景隆立即打开城门，迎接燕王的军队入城。

燕王朱棣顺利进入南京城后，立即派出两支各有一千名骑兵的部队将周、齐二王保护起来，以免他们被建文帝杀掉。周王被囚禁府中，突然看到这么多士兵冲来，还以为要杀掉自己，非常害怕。当得知这是燕王派来保护自己的军队时，才又惊又喜地说："我这下死不了了！"

这边燕王的大军已经进城了，而建文帝那边的勤王兵马却一个也没来。胜败之势已经很明显了。当燕王来到皇宫时，宫中燃起大火，建文帝不知去向，人们只在火中找到一具烧得残缺不全的尸体，分辨不出是不是建文帝。从这时起，建文帝历时 4 年多的统治宣告结束，燕王朱棣赢得了这场争夺皇位的战争，明朝历史上一个新的皇帝和新的时代就要诞生了。

燕王进城的当天，即发布安民告示，于城中各处张贴。告示原文如下：

> 洪武三十五年（建文四年）六月十三日，大明燕王令旨，谕在京军民人等知道。予昔者同守藩封，以左班奸臣窃弄威福，骨肉被其残害，起兵诛之，盖以扶持祖宗社稷，保安亲藩也。于六月十三日扶定京城，奸臣之有罪者，予不敢赦；无罪者，予不敢杀，惟顺乎天而已。或有无知小人，乘机图报私仇，擅自绑缚，劫掠财物，祸及无辜，非予本意。今后凡为首恶有名者，听人擒拿；余无者，不许擅自绑缚，惟恐有伤治道。谕尔众，咸使闻知。

值得注意的是，首先此时虽然燕王已经入主京师，但这篇告示仍用的是燕王的名号。表明直到此时，朱棣还没有放弃他的"清君侧"、除奸臣的旗帜，表明自己起兵并不是为了夺取皇位。其次，朱棣在告示中使用的年号不是建文，而是洪武，又表明他不承认建文皇帝的合法地位。在燕王起兵之初，他就开始使用洪武年号,但全国各地,特别是京师还是使用建文年号。现在他就是要让京城里的军民百姓都知道,建文年号是非法的,只有他尊奉的洪武年号才是正统合法的,这就为日后他登极称帝制造了舆论声势。不过这也很滑稽,燕王一面说自己只是为了铲除奸臣,不是为了夺皇位;另一方面又否认了建文帝的合法性,明摆着就是告诉世人,他才是合法正统的皇帝。这不是为了夺取皇位,又能是什么呢?所以燕王处心积虑写出来的告示,只是一种欲盖弥彰的表现罢了。

不过,燕王的告示还是有效的,在他严格约束之下,燕军入京城以来,治安状况还算良好,商铺也没有歇业,老百姓的生活也还安定。据《太宗实录》记载,入城当天,燕军的一个士兵在市上擅自拿了百姓的一双鞋子,燕王知道后立即命令将那名违纪士兵当场斩首,于是京城的秩序很快安定下来了。虽然不知道这个故事是否真实,但燕军纪律严明却还是实情。

燕王进入京师当天,兵部尚书茹常就率领群臣叩头劝进,说国家不可一日无主,劝燕王立即登极。燕王心里自然十分高兴,但他还觉得时机不够成熟,也没有必要如此匆忙,便拒绝了茹常的建议。

第二天,诸王和文武群臣又一起上劝进表,请上尊号,正大位,燕王则故作姿态,说什么自己起兵是不得已而为之,目的是在铲除奸恶,安定社稷,是要作周公辅成王那样的事情。然后又说,当今少主"自绝于天",当选择有才有德的人当皇帝,自己才德浅薄,如何当此大任?大家一听燕王这番表白,立刻就明白了其中的意思,原来燕王是想作一番禅让表演。于是大家继续叩头固请,说"殿下为太祖嫡嗣,德冠群伦,功施社稷,宜居天位,使太祖万世之鸿业永有所托,天下之生民永有所赖。不宜固让,以孤天人之心。"群臣的这些话说得也够恳切的了,可燕王还是觉得火候不够，仍然予以拒绝。

第三天，跟随燕王征战的诸将也一起上表劝进，说自打起兵以来，“战必胜，攻必取，实由天命之有归”，劝燕王早登大位，但燕王仍拒绝。

第四天，诸王又一次上表劝进，燕王固辞不许。同一天，文武群臣也再次上表，燕王回答说，自己并不是“许维谦让，盖思皇考创业甚难，诚欲推择诸王中有才德、可以奉承宗庙者立之。主宰得人，天下之富。予虽北面，且无忧矣。”群臣叩头固请，说“殿下德为圣人，位居嫡长，当承洪业……不宜徇匹夫之谦，以虚天下之望。”但燕王仍然不答应。

到了第五天，也就是建文四年六月十七日，燕王觉得火候差不多了，如果再固辞不就，反而不好下台，便准备登极称帝。正当燕王喜气洋洋地进宫准备登极之时，当时任编修的杨荣在半道上拦住了燕王，杨荣对燕王说：“殿下先谒陵乎？先即位乎？”这一句话提醒了燕王，他立即命车驾掉头，前往孝陵拜谒。这在外人看来似乎是一件小事，但在当事人看来却是一件相当重要的政治大事。拜谒父皇的陵墓后再即位，可以表明自己是继承明太祖的皇位，而不是建文帝朱允炆的皇位，这对否认建文帝皇位合法性的燕王朱棣来说当然是一件大事，否则就相当于告诉别人自己是非法窃取了建文帝的皇位。经过杨荣的提醒，燕王拜谒了孝陵，经过这么一番表演，在天下臣民心理上，至少可以增加一些自己是合法继承人的色彩。杨荣也因为此事日见信任，后来成为明成祖最亲近的大臣之一。

燕王拜谒完孝陵后，登上辇舆入城。在登极前，燕王少不得跟诸王和群臣说几句客套话：“诸王群臣以为，奉宗庙宜莫如予。宗庙事重，予不足称，今辞弗获，勉徇众志。诸王群臣，各宜协心，辅予不逮。”随后，燕王朱棣登上奉天殿，即皇帝位。文武百官和在京军民自然少不了一番热烈隆重的庆贺。

明成祖建元“永乐”，以明年为永乐元年，改建文四年为洪武三十五年。翰林儒臣开始拟的年号是“永清”，明成祖自己把它改成了“永乐”，取天下永远康乐之意。帝王年号一般都不会取与前代重复的名字，像“洪武”这个年号，就是明太祖朱元璋自己定的，与以前历代帝王都不重复。但“永乐”这个年号却是前人就已使用过的。十六国时，前凉的张重华在公元346年至353年就用过这个年号。北宋末年方腊起义时也使用过。但是这几个人使用的时间都比较短，又处于乱世，知道的人不多，所以明成祖也使用了这个年号。由于明成祖一生文治武功，雄才大略，后人甚至称明成祖为永乐大帝。不过至少在明成祖在世的时候，他还不知道自己亲自选定的这个年号居然是个“二手货”。但历史又很有趣，偏偏“永乐”这个“二手”年号在他手中叫响了。

在中国历史上，大体从明成祖开始，年号就成为皇帝的小名，或者说是代号，到清朝就更加流行。例如永乐、嘉靖、万历、康熙、乾隆……等等这些年号，俨然就是这些皇帝的代称。这种习俗有一个演变的过程。在汉武帝以前，中国的帝王是没有年号的，只有谥号，即帝王死后，根据他生前的行为和功业定一个谥号来代替帝王的名字。例如商纣王、周武王、汉文帝、汉武帝等等，谥号几乎就是这些帝王的代称。年代久远了，用作谥号的那些常用字就多有重复，使用起来已经不方便。像一个“武”字，就有汉武帝、汉光武帝、魏武帝等好几个帝王使用，后人如不注意，经常会弄混淆。所以自唐代始，称呼为之一变，大行庙号。即皇帝死后升附太庙，后人追尊他为某祖某宗。例如唐高祖、唐太宗、宋太祖、宋太宗等等。于是，唐代以后直到明代以前，庙号就几乎成为皇帝们的代称。后来祖啊宗啊的也叫得多了，用起来又不方便了，所以到明清时期就开始流行年号，以至于人们记不得这些皇帝的谥号和庙号,而只知道他的年号。当然这必须以每个皇帝有稳定专一的年号为前提。此前有的皇帝就很爱变换年号,有的把改年号当作谋求时来运转的手段,如汉武帝就用过十二个年号。这很像有些人随便更改自己的名字一样。本来名字只是一个代号而已,可在中国历史上名字里却包含了太多的文化内涵。诸如"贱名易养"、"名字决定命运"等等。大概是由于明成祖是少有的伟大帝王,所以从他那时起,以年号代称皇帝的习俗就基本形成了。

朱棣一当上皇帝,首先忙着做两件事情。一件事是革除建文年号;第二件事是论功行赏。

明成祖在即位以前,数次向建文帝上书,用的都是建文年号。他称帝后即予以"革除",实际上就是表示他不承认建文帝的意思。对建文帝所实行的一些制度、所上的一些尊号、改用的一些名称,明成祖尽数予以更改,一般是恢复到洪武时期的旧制。

建文帝曾"更定内外大小官制",例如洪武时期的六部尚书为正二品,侍郎为正三品,建文帝则升尚书为正一品,同时增设左、右侍中各一人,为正二品,位居侍郎之上。明成祖则令全部恢复洪武旧制。官制名称改来改去,十分繁琐。对于这些名称的改变,建文帝只是改来改去,没有任何实际意义,徒然为明成祖起兵增添借口。现在明成祖恢复洪武旧制,显得明成祖才是明太祖的正统继承人。对于建文帝更改洪武官制一事,明成祖曾经叹息着对群臣说:"只如群臣散官一事,前代沿袭,行之已久,何关利害,亦欲改易。且陵土未干,何忍纷纷为此!……凡开创之主,其经历多,谋虑深,每作一事,必筹度数日乃行,亦欲子孙世守之。……后世轻佻谄谀之徒,以其私智小见导嗣君改易祖法,嗣君不明,以为能而宠任之,徇小人之智谋,至于国敝民叛而丧其社稷者有之矣,岂可不以为戒!”所谓“散官”,明代也称“阶官”,即虽有其名,但闲散无职事的官。其制始于汉代,到隋代才有了“散官”之名。以后历朝历代都有勋官、散官之分。明代文臣散官资阶分为42级,武臣散官资阶30级。建文帝时期不仅勋官,而且连同散官都重新更定。这种改变确实没有什么实际意义,只是将沿用已久的名称变了变而已。明成祖以此为例,指责建文帝“改易祖法”,也确实能让人信服,因为当时就有很多人对建文帝的这类举动不以为然。所以明成祖发布的即位诏书中,第一条就宣布,“建文以来,祖宗成法有更改者,仍复旧制,刑名一依《大明律》科断”。

建文帝时,南京城各门和宫中诸殿的名称都被改过,明成祖下令全部恢复洪武时期的旧名。建文帝所上的谥号也重新改谥。建文帝追尊他的父亲朱标为孝康皇帝,庙号兴宗,明成祖则仍称朱标为懿文皇太子。建文帝的生母吕氏,建文帝尊为皇太后,明成祖则仍称她为懿文太子妃。建文帝的另外两个弟弟允熥和允熞都被废为庶人。

为了安抚归降的建文旧臣,明成祖将建文时诸臣的千余封奏章取出来,命解缙等人检查一遍,凡是关于民生之类的都保留下来,其他凡是有所干犯的都烧掉,以解除诸降臣的顾虑。明成祖从容地问解缙等人:“你们大概也有一些干犯的奏章吧?”还没等解缙等人回答,修撰李贯争先答道:“臣实无之。”明成祖遂正色说道:“你以为没有这样的奏章就是贤臣吗?食其禄,则思任其事。当国危之际,近侍独无一言,可乎?我不是厌恶那些尽心于建文帝的人,只是厌恶那些诱导建文帝变坏祖宗法规的人。以前你们是他的臣,就应该忠于他;今天事我,就应该忠于我,不必曲自隐蔽。”这显然是明成祖的高明之举,如果没有这种安抚措施,还不知道有多少人会因为害怕追究责任而自杀。

在革除建文年号之际,明成祖还做了一个大的举动,那就是修改《明实录》。对于建文帝所修的《明太祖实录》,明成祖说它"遗逸既多,兼有失实",于是明成祖一即位,就命曹国公李景隆为监修,以解缙为总裁官,重修《明太祖实录》。《实录》于永乐元年六月修改完毕。后来,明太祖对这个改后的本子还不满意,又命姚广孝为监修,杨士奇为总裁官,再次修改。所以今人看到的《明太祖实录》是经过三修而成的,头两次修改的本子已经被焚毁了。

除了革除建文之制外,明成祖登极后的另一件大事就是论功行赏。明成祖于北平起兵的时候,身边只有800壮士。建文朝廷"以天下敌一隅",明成祖则"以一隅抗天下",经过3年多艰苦卓绝的战斗,终于推翻了建文帝的统治,自己当了皇帝,开始南面称孤,他自然忘不了那些为他打江山的将士。当南京的局面稍为稳定以后,他便大行论功行赏之举。

从征将领中封公的人有两个,一个是成国公朱能,食禄5200石,子孙世袭;第二个是淇国公丘福,子孙世袭。另外,张玉因在东昌战死,追封为荣国公。张玉和朱能是明成祖夺天下的左膀右臂,故恩典尤为优厚,"俱三世赠王,为极盛"。所谓"三世赠王",就是对他们的父亲、祖父和曾祖父都追赠王号,是极为荣宠的封赏。

封侯、封伯的有十余人,其中张玉的儿子张辅封为信安伯,谭渊的儿子谭忠封为新宁伯,他们的子孙都可以世袭,只是因他们的功劳大小不同,有的可袭原职,有的则只能承袭指挥、同知等职。在明代,靖难功臣封公、侯、伯的,其嫡长被称为爵主,可以主一个家族的是非曲直。这些人实际上是明成祖扶植起来的一批新贵,是明成祖的重要统治基础。

除了这些跟随明成祖出生入死的武将外,还有一个人要特别提及，他就是姚广孝。姚广孝虽未亲临战阵，但却是靖难的第一功臣。明成祖为燕王时，身边多是武人，出谋划策主要依靠姚广孝。促使燕王下定决心起兵的也是他。燕王在外统兵转战，主要也靠的是姚广孝辅佐世子防守北平。先后击退李景隆、吴高、平安的数十万大军，使燕王在外征战一直没有后顾之忧，而且还可以从后方得到源源不断的补给。姚广孝的作用很有点类似于帮助刘邦夺得天下时据守关中的萧何。《明史》上说，靖难三年，“或旋或否，战守机事，皆决于道衍。……论功以为第一。”明成祖对这位第一功臣自然要大加封赏了。但奇怪的是，姚广孝坚决辞而不受，最后只接受了一个僧禄司左善世的僧官职位。“道衍”是他的僧号，人们也就一直称他为道衍和尚。此时，明成祖特命恢复他的本姓——姚，赐名“广孝”。明成祖让他蓄发，意在使其还俗，但姚广孝坚持不肯。明成祖赐给他府第，他也推辞不受。明成祖又赐给他两个漂亮的宫女，姚广孝一个多月也不接近她们，也不和她们说话，也不让她们走，明成祖最后只好将这两个宫女又召了回来。永乐二年立太子，明太祖命姚广孝为资善大夫、太子少师，并以同官追赠他的父亲和祖父。姚广孝平时住在寺里，上朝时则穿着朝服冠带，退朝后仍就穿着僧衣。他以皇帝的宾客自居，关键时候总能见到他的身影，但他却不贪图高位。明成祖赏赐给他的金银布帛无数，他都散发给了宗族乡人。只是到他死后，明成祖才得以尽情地对他进行追封，追赠他为“推诚辅国协谋宣力文臣，特进荣禄大夫、上柱国、荣国公，谥恭靖”。在明成祖所封赠的文臣中，没有哪一个能与姚广孝的封号相比。

在靖难之役期间，凡是与此事有关而被建文帝罢黜的诸臣，明成祖都令其官复原职。即便有些与此事无关而被建文帝罢黜的朝臣，有的仍叫其任事，有的则赐钱让其回乡颐养天年。至于那些在战争中帮助了他的普通百姓,明成祖都给予了或大或小的赏赐。明成祖的这些做法与建文帝对待忠于他的人的做法形成了鲜明的对比。历史证明,明成祖是一位远比建文帝要伟大得多的皇帝。

二三　血腥报复

燕王朱棣的大军不费吹灰之力就进入了南京城，建文帝逃跑，踪迹皆无。建文帝手下的大臣们对燕王的态度有四种。

第一种是逃跑。据《明史》记载，在燕军攻入南京城内的当天，“一夕朝臣缒城去者四十余人”。这些大臣的姓名已经难以详考。

第二种是投降，这也是人数最多的一种。燕王进入南京的当天，兵部尚书茹常就率领群臣投降，并请燕王立即登极称帝。在这些降臣当中，有后来成为一代名臣的夏元吉、蹇义、杨士奇、杨荣、杨溥、解缙、胡广等人。

第三种是抗节不屈的大臣。在大势已去的情况下，这些人为中国传统的君臣大义所驱使，不愿投降燕王，想尽办法来抵制燕王，明知不可为而为之。这些人是少数，但也是最有骨气的一类。例如徐达的长子徐辉祖，当燕军入金川门之后，他率兵抵挡了一阵，但很快就败下阵来。之后，他回到自己父亲徐达的祠堂里，拒不出迎。燕王亲自将他召来询问，他一句话也不说，始终没有表现出一点拥戴燕王的意思。燕王命法司审问他的罪状，他也不回答，只是用笔写了两句话，一是他的父亲徐达是开国功臣；二是明太祖赐予的铁券中有免死的话。燕王非常恼怒，但念及徐辉祖是自己的内兄，又不愿担当破坏祖训的罪名，所以没有杀他，只是削去徐辉祖的爵位，将其囚禁在府邸中。还有一个叫连楹的御史，他假装投降，伺机接近燕王要行刺，结果被燕王的护卫杀死。

第四种就是自杀殉难的。他们看到自己为之效忠的皇帝被推翻，生死未卜，又不愿当降臣，便一死了之。例如曾经当廷殴打徐增寿的御史魏冕，当宫中火起时，有人劝他投降燕王，被他呵斥一顿，随即自杀。和魏冕一起殴打徐增寿的大理寺丞邹瑾，也和魏冕一样自杀殉难。当时自杀的建文旧臣很多，这里没有必要一一列举。这后两种人给燕王很大的震动，他下决心要用软硬两手来处置建文帝的旧臣。除了优待降臣外，还得用铁腕手段来对付那些不肯归顺于他的人。这就不可避免地酿成后来的一幕幕悲剧。

明成祖起兵之初，所谓"除奸恶"，主要指齐泰、黄子澄二人，并未涉及其他的大臣。这种做法可能出于一种策略上的考虑，不愿树敌太多。现在情况不同了，他登极当了皇帝，可以慢慢地和与他作对的朝臣进行秋后算账。于是朱棣一下子就列出了左班文臣中的奸恶 29 人。这些人中包括不少明初的著名大臣，有太常寺卿黄子澄，礼部侍郎黄观，大理少卿胡闰，寺丞邹瑾，户部尚书王钝和侍郎郭任、卢迥，刑部尚书侯泰、侍郎暴昭，工部尚书郑赐、侍郎黄福，吏部尚书张沈，御史曾凤韶、王度、谢升、尹昌隆，宗人府经历卓敬、修撰王叔英等人，可以看出，建文帝时期的六部九卿大臣几乎全部都被列入到奸恶之中。在这些人中，郑赐、王钝、黄福、尹昌隆四人曾迎驾归附，自称为奸臣所连累，明成祖命其仍任原职。因为李景隆和茹常为吏部尚书张沈求情，所以张沈仍担任吏部尚书，其余的人则一律不予宽宥。没过几天，又揭榜于朝堂之上，将徐辉祖、葛成、周是修、铁铉、姚善、刘璟、茅大方等人列入奸臣榜，连同上次所列，一共有五十几人。

而实际上,后来又有一些官员被惩治,据郎瑛的《七修类稿》记载,共计有 124 人被明成祖列入奸臣榜。

显而易见,建文朝文武官员的主要人物几乎都被囊括到了奸臣榜当中。此外,牵动面特别大的还有,明成祖公开发出赏格,允许军民人等绑缚那些未降附的奸臣,并分级升赏。于是,不少人因擒获奸臣得到官职,各地有不少人乘机公报私仇,抢劫财物,造成了很大的危害。明成祖很快就发现了这样做的弊端,下令制止,但这股风还是过了很久才得以停息。

明成祖对这些所谓奸恶区分首从,对“首恶”严惩,从犯者只要悔罪降附,就予以宽宥。在惩治这些“首恶”的过程中,手段可谓无所不用其极。

黄子澄被列为“首恶”中的第一人。当明成祖率兵进入南京时,黄子澄和齐泰名义上被建文帝驱逐出京城,实际上是奉建文帝的密诏,出城募兵。黄子澄准备和苏州知府姚善一起到海外借兵,徐图后举。而姚善以为不可,于是黄子澄便自己南下,结果在太仓准备坐船出海的时候被武士汤华擒拿,解送京师。明成祖听说抓住了黄子澄,下令亲自审问,黄子澄抗节不屈,开口闭口仍称朱棣为“殿下”,而不是称“陛下”,遭到左右侍从的一片呵斥。黄子澄大义凛然地说:“臣知殿下以兵力取富贵,不知殿下即此位。……况富贵瞬息,何足重轻!殿下向来悖谬,不可为训,恐子孙有效尤而起无足怪者。”明成祖听了黄子澄的一番话,大怒,命将他的宗族老少 65 人、妻族外亲 380 人全部逮捕,押到黄子澄面前。众人哀号震天,黄子澄见此情景心如刀绞。明成祖命他将自己的罪状写在纸上,他奋笔写道:“本为先帝文臣,不职谏削藩权不早,以成此凶残。后嗣慎不足法。”明成祖见了他写的更是恼怒异常,立即命令将他的双手砍去,然后接着对失去双手的黄子澄说道:“汝虽未入岛夷,足迹已至海上。”遂命再将他的双脚砍去。此时的黄子澄已经是手脚全无。砍了黄子澄的手脚,明成祖还不解恨,又命人将黄子澄磔杀,就是把黄子澄的肢体一节一节地砍掉,直到把人杀死。黄子澄的一家人不分老少,全部斩首,姻亲都被发配边疆戍边。只有黄子澄的一个儿子改名为田经,迁居到湖广咸宁(今湖北咸宁),黄子澄才没有绝后。又因为黄子澄曾经躲藏在袁州知府杨任家中,杨任受此牵连,也被磔杀,两个儿子也被斩首,亲属发配边疆戍边。

齐泰是另外一个"首恶",他奉诏到外地募兵,以图复兴。当时悬赏捉拿齐泰的风声很紧。齐泰原来是骑一匹白马,他怕人认出来,就用墨汁把马染成黑色。因为匆忙赶路,马浑身出汗,马身上的墨汁脱落,结果被人认出,在安徽的广德被人抓获,送往京师。齐泰也是不屈被杀,一家人被"族诛",从兄弟齐敬宗死难,叔父齐时永、齐阳彦等发配戍边。其子6岁,免死,配给功臣家为奴,仁宗时才被赦还。

铁铉,字鼎石,河南邓州人。当明成祖连败李景隆,乘机南下时,不料在济南被铁铉所阻。不久,铁铉和盛庸又在东昌大败燕军,致使燕王彻底放弃了取道山东南下,直捣南京的战略计划。当明成祖在南京称帝后,铁铉率残兵驻守淮南。燕将用计将铁铉擒获,于十月间押解京师。明成祖亲自审问,铁铉反背着双手坐在大殿上,谩骂不止。明成祖让他回头看着自己,铁铉就是不回头。明成祖盛怒之下,命将铁铉的耳朵、鼻子割下来,但铁铉还是谩骂不止。明成祖被他激怒了,命"碎分其体",磔杀于市,铁铉死难时年仅37岁。铁铉的父母皆80岁,明成祖命将其发配到烟瘴蛮荒的海南。铁铉的长子福安,年12岁,被发配到河池戍边(今属广西);次子康安,年7岁,起初发往匠铺,后被杀死。铁铉的妻女都被发往教坊司,充作女乐,实际上就是官妓。

陈迪是建文时期的礼部尚书,明成祖将他召来责问,陈迪抗辩不屈,骂不绝口。他和他的儿子陈凤山、陈丹山等6人同日被杀。临刑前,陈迪仍然是骂声不绝,明成祖命人将凤山等人的耳鼻割下,煮熟后让陈迪去吃,并问他味道如何。陈迪答道:“忠臣孝子的肉,香美无比。”并继续骂朱棣。明成祖命人将他们6人都凌迟处死。人们在收尸的时候,发现陈迪的衣带里有遗诗一首,诗是这样写的:“三受天王顾命新,山河带砺此丝纶。千秋公论明于日,照彻区区不二心。”陈迪死后,陈迪的妻子管氏也自缢而死,幼子陈珠才5个月大,乳母将他藏在水沟中,这才幸免于难。

建文帝的遗臣中有许多人死得都很惨烈。尤其是他们的妻女,更是受到百般折磨凌辱。黄子澄的妹妹和齐泰的一个姐姐、两个外甥媳妇都被发往教坊司,在那里被人任意奸污,有的还生了孩子。在《奉天刑赏录》中就记载了这些事情。“永乐十一年正月十一日,本司(教坊司)右韶舞邓诚等于右顺门口奏,有奸恶齐泰的姐并两个外甥媳妇,又有黄子澄妹,四个妇人,每一日一夜,二十条汉子守着。年小的都怀身,节除(夕)夜生了个小龟子,又有个三岁的女儿。奉钦:依由他。小的长到大,便是摇钱的树儿。又奏,黄子澄的妻生一个小厮,如今十岁也。又有,史家有铁铉家个小妮子。奉钦:依都由他。”这些被罚作官妓的女子都被刺了字,在教坊司任意受人糟蹋。因为这时已经是永乐十一年,黄子澄妻子生的那个孩子10岁,显然是被罚入教坊司后,被人奸污所生的。

铁铉的两个女儿也被发往教坊司,但数日始终不受辱。她们二人各赋诗一首,交给铁铉往日的一个同官。这位官员将铁铉二女的诗呈给明成祖,明成祖知其二人志不可屈,动了恻隐之心,于是将其赦免。这是比较幸运的例子,但大多数建文遗臣的妻女却没有被赦免。她们有不少人被折磨死在教坊司,有的死者尸体就被拉出去喂了狗,有的女子被配给家奴。如果这个家奴不是太凶残,身份虽然低贱些,但对于这些女子来说就算是比较好的下场了。而有些女子的下场就极为悲惨。例如谢升的妻子韩氏,被送往淇国公丘福的军营中,"转营奸宿",这对于受罚的女子来说,无论是在身体上,还是在心理上,都是一种莫大的折磨。当然,比起这些被明成祖诛杀的建文遗臣来说,最惨烈、最为后人提及的当属被诛十族的方孝孺了。

二四　被诛十族的方孝孺

方孝孺(1357—1402),元至正十七年(1357年)生于浙江宁海缑城里。方克勤之子,字希直,又字希古,号逊志,时人称“缑城先生”。又因在蜀任教时,蜀献王命名他的读书处为“正学”,所以又有“正学先生”之称。

方孝孺3岁能识数目,智力超群,《逊志斋集》外纪《年谱》云:“方隅达者知其非凡。”4岁精敏绝伦,不趋不苟,持重如成人,其父方克勤奇之。元至正二十一年(1361年),方孝孺5岁的时候,就能读书辨章句,在父亲指导下开始读书。到了6岁,他学会了作诗,《题山水隐者》是他学会作诗后写的第一首诗。周围邻里街坊很惊讶他的才华,于是给他取了个外号叫“小韩子”。至正二十三年(1363年),方孝孺7岁这一年,他的母亲林夫人病故。到了1368年,也就是他12岁的时候,朱元璋称帝,国号大明,建元洪武。也就在这一年,方孝孺的继母王夫人也病故了。洪武四年(1371年),方孝孺15岁的时候,他的父亲方克勤升任济宁知府,于是方孝孺便陪伴父亲前去赴任,沿途之上,游历了山东的许多名胜古迹。方克勤在济宁当知府,垦田兴学,颇有成效。洪武八年(1375年),方孝孺19岁的时候,家中突遭横祸。那年方克勤奉召进京陛见,没想到遭到下属曹县县令程贡的诬陷，被逮捕下狱。方孝孺上书，表示愿以身从军，代赎父罪，这才救了父亲一命，于是方克勤于次年被贬到江浦做苦工。没想到，方家的灾祸还远没有结束。洪武九年（1376 年），方孝孺刚满 20 岁之时，震惊全国的“空印案”发生了，方克勤再次被诬，牵连进此案，于十月二十四日死于京师。此时方孝孺正在师从宋濂学习，闻听此事，不得不中断学业，和弟方孝闻一道扶榇南归，将父亲的遗体运回老家，将其和自己母亲林夫人一起安葬于宁海深湾童施山之原。方孝孺的老师宋濂知道了方家的不幸遭遇后，特地为方孝孺的父亲书写了墓志铭。洪武十年（1377 年），方孝孺 21 岁。在安葬了父亲以后，他到浦阳去找自己的老师宋濂，在宋濂指导下重新苦读 4 年。宋濂的文章相当好，后来方孝孺的文章写得更好，可谓青出于蓝而胜于蓝。

洪武十六年（1383 年），方孝孺 27 岁那年，东阁大学士吴沉等人推荐方孝孺，于是方孝孺应征至京，在奉天门奉旨作《灵芝》、《甘露》二诗，甚合朱元璋的心意，特命礼部赐宴。赐宴时，朱元璋有意叫人把茶几放歪，想试方孝孺的为人，结果方孝儒把茶几摆正了之后才落座。朱元璋喜欢方孝孺的举止端庄，学问渊博，便有了日后让他辅佐自己子孙的念头。召见完毕之后，厚礼遣方孝孺回乡。回到家乡缑城之后，方孝孺还特地作诗，纪念这次难忘的经历。

洪武二十五年（1392 年），方孝孺 36 岁的时候，通过廷臣的推荐，朱元璋再次召见了方孝孺。然而这次朱元璋仍然不肯重用方孝孺，说“今非用孝孺时”，要让他继续钻研，以“老其才”。于是，朱元璋只是批准方孝孺作一名汉中府学教授。后来，方孝孺被蜀王朱椿请去成都，当世子的老师，宾主相得。方孝孺的书斋原名“逊志”，蜀王赐以新名“正学”。

洪武三十一年（1398 年），方孝孺 42 岁。这年闰五月初十，朱元璋驾崩，遗诏传位皇太孙朱允炆，并遗命方孝孺立即进京。闰五月十六日，朱允炆祭告天地，登基即位，是为建文帝。建文帝一即位，就立即把方孝孺召进宫来。六月，方孝孺奉召进京，为翰林院侍讲，后改称文学博士。第二年值文渊阁，日夜侍奉在新皇帝的左右，以备顾问，成为建文帝最倚重的大臣。凡是重大的朝政事务，建文帝都要向方孝孺咨询意见。方孝孺的主要职务就是起草诏书、诰文、檄文，因此讨伐燕王朱棣的许多文件都是他亲笔起草的。

建文帝即位伊始，就“革冗员，省州县，释囚徒”，开始所谓的“建文新政”。之后，又废黜周王为庶人，开始了削藩运动。建文元年(1399年)二月，建文帝在方孝孺的建议下，更定官制，令亲王不得节制文武吏士。到六月份，又进行更大规模的削藩，将湘王、齐王、代王、岷王等四王也废黜。此时，被建文帝削去王爵的已经有五个王了。就在这些昔日的亲王名声扫地的同时，方孝孺也因为在削藩工作中的出色表现而被建文帝升迁为侍讲学士，得到建文帝的更大信任。建文帝每有疑问，即召方孝孺释之。“临时奏事，臣僚面议可否，或命孝孺就屏风前批答。”这种待遇，是朝中其他大臣所无法匹及的。就在方孝孺盘算着如何将威胁最大的燕王朱棣削去王爵时，这年七月，燕王朱棣提前起兵，靖难之役开始了。

建文二年(1400年)，方孝孺44岁，这一年迎来了他人生仕途的黄金时期。建文帝亲自任命方孝孺为副总裁，负责撰修《明太祖实录》、《类要》等书。之后，又让他与董伦、高逊志等主持京考会试，得王艮、黄钺、陈继之、杨子荣(杨荣)、胡广、金幼孜、吴溥、胡濙、顾佐等名士。到了八月，又将方孝孺改为文学博士，荣宠有加。但是，对于建文朝廷而言，这一年却是遭受重大失败的一年。四月份的时候，朝廷派去讨伐燕王的50万大军在白沟河大战中遭到惨败，大将军李景隆在一天之内就损失了将近二分之一的南军。此后，建文朝廷在和燕王的军事斗争中始终处于劣势，丧失了战略主动权。

建文三年(1401年)三月，盛庸大军又在夹河之战大败。鉴于战场上日趋严峻的不利局面，七月间，方孝孺设计离间燕王和世子朱高炽的关系，想以此拖延燕军南下的步伐。这个计谋是方孝孺的门人林嘉猷想出来的。林嘉猷曾经在北平燕王府邸工作过，知道二子朱高煦、三子朱高燧与世子不和，总想陷害世子。宦官黄俨很奸险，他阿附朱高煦和朱高燧。当时南军在河北一带劳师糜饷，却未立尺寸之功，加之德州兵饷粮道又被燕军切断，南军一再失利，建文帝为此非常忧愁。方孝孺便禀明建文帝，草拟了一封书信，送给世子朱高炽，好让他们父子之间生疑，这样燕王必然北归。燕王北归以后，南军的粮道自然就通了。粮道一通，军心士气就振奋，这样才能以图进取。书信中劝世子背叛燕王，归顺朝廷，并许以燕王的爵位。书信由锦衣卫千户张保送达世子。据《明太宗实录》等文献记载，世子朱高炽见到来书，没有打开书信，就直接把书信连同张保一起押送到燕王军前。当张保送书信刚到北平时，宦官黄俨就派人飞报燕王，说世子与朝廷密谋勾结，很快要谋反归顺朝廷了。燕王对此事很怀疑，便问朱高煦。朱高煦趁机挑唆，说世子与建文帝本来就很亲善，归顺朝廷不是没有可能。正当他们说话间，世子派来的使者将书信和张保押到。燕王看了书信以后，既为朝廷的阴险狡诈而惊讶，也为自己差一点杀了世子而后怕。

其实，所谓世子“不启封”就将书信和送信人一并送给燕王的话是不大可信的。朝廷致书世子的情况并不罕见，世子看看也无妨。燕王既然命世子留守北平，世子对军国大事也应该了解一二，更何况书信是直接写给他的，他完全应该过目。即使有妨碍的话,自己看完后再送给燕王也不算过失。世子那么急着把书信送给燕王,可能也是看出了此信有离间他们父子的意思,所以才这么做,这样可以显得自己胸怀坦荡,问心无愧。《明太宗实录》是在世子朱高炽即位以后进行了第三次修撰,史臣们难免对世子有溢美之辞。以后的许多史书都沿用《太宗实录》的记载,致使该说法越传越广。

方孝孺的离间计失败了,但这件事也表明,燕王父子,以及世子兄弟之间确实存在着隔阂与猜忌,这对朱棣死后的国家政治格局产生了深远的影响。

当燕王从北平长驱南下的时候,他的第一谋臣姚广孝送到郊外,跪在朱棣跟前说道:“方孝孺素来有学问,重品行,南京城破之日,他肯定不会投降,请殿下不要杀了他。杀了方孝孺,天下读书的种子就绝了。”朱棣答应了姚广孝的请求。金川门之变后,方孝孺拒不迎降,闭门不出,并为建文帝穿丧服,昼夜啼哭。明成祖召他进宫听用,他不肯屈从,被镇抚伍云等将领强迫着来见明成祖。方孝孺身着丧服,当廷号哭。明成祖让他的学生廖镛等人去劝说,方孝孺对廖镛等人大声训斥道:“小子们跟我数年,难道还不知道义之是非吗?”明成祖不想杀他,就将他投入监狱,派人反复劝导,但方孝孺始终不为所动,坚决不向明成祖屈服。明成祖要草拟即位诏书,大家都推荐方孝孺,于是明成祖将方孝孺从监狱中带出来。结果方孝孺一到大殿上就又号啕大哭,明成祖一时也颇受感动,从殿上走下来亲自慰问说:“先生无需自寻苦恼,我不过是欲效法周公辅成王的做法而已。”方孝孺反问道:“成王安在?”明成祖说:“他已经自焚而死了。”方孝孺接着问:“为何不立成王的儿子呢?”明成祖说:“国赖长君。”方孝孺接着说:“何不立成王之弟?”明成祖被方孝孺问烦了,没好气地说道:“这是朕的家事。”明成祖一边说,一边示意左右,让他们把笔和纸拿过来,交给方孝孺,说道:“诏天下,非先生草不可。”方孝孺听说要自己草拟朱棣的即位诏书,愤而投笔于地,且骂且哭说:“死即死尔,诏不可草!”成祖按捺住自己的怒火,说道:“你就是想死,难道不顾念自己的九族吗?”没想到,方孝孺大声地回答道:“便十族奈我何!”这一下彻底把明成祖给激怒了。明成祖恨其嘴硬,立命左右侍卫将方孝孺的嘴巴割破,一直割到两耳,然后重新投入大狱。同时,命人大肆搜捕方孝孺的宗族门生。每逮捕到一族的人,就把他们带到方孝孺的跟前,让方孝孺看一看,但是方孝孺连头都不抬一下。

到了现在,明成祖也横下了一条心,除了诛杀方孝孺的“九族”之外,还将其朋友门生列为一族,共称为“十族”。对所谓“九族”的解释,历代都有不同认识,明清时期一般是指犯人的上面4代和下面4代,再加上本人这一代,一共九代,也就是“九族”。尽管历朝历代对九族的解释不同,但从未有过把犯人的朋友门生作为一族来处置的,而方孝孺一案确实株连到了他的朋友门生。

建文四年,即公元1402年六月二十五日,方孝孺被磔杀于市,时年46岁。方孝孺的妻子郑氏和诸子上吊自杀,他的两个女儿投秦淮河而死。方孝孺的胞弟方孝友被当着他的面杀掉,方孝友临死前从容吟诗:“阿兄何必泪潸潸,取义成仁在此间。华表柱头千载后,旅魂依旧回家山。”方孝儒亦作绝命诗一首:“天降乱离兮孰知其由,奸臣得计兮谋国用猷。忠臣发愤兮血泪交流,以此殉君兮抑又何求?呜呼哀哉,庶不我尤!”受方孝孺牵连而被抓的人相当多,仅被磔杀于市的就有873人,行刑7日方止。被发配流放而死于路途之上的人更是不计其数。当方孝孺的“十族”都被杀光后,明成祖才最后处理方孝孺本人,将方孝孺磔杀于聚宝门外(今南京中华门外雨花台东麓)。

在方孝孺之前,中国从没有过"诛十族"的说法,最重的也就是"诛九族",这已经是极为残暴的做法了。明成祖就为方孝孺的一句气话,竟然诛杀了他十族,其做法真是空前绝后。作为方孝孺的第"十族"而被杀的人有:郑公智和林嘉猷都曾以方孝孺为师,的确是他的门生。郑公智是御史,林嘉猷是编修。福建人郑居贞是方孝孺的朋友,曾任巩昌通判、河南参政。这些人都受株连而被杀。德庆侯廖永忠的孙子廖镛和廖铭也曾"受学于方孝孺",当初明成祖还让廖镛去劝说过方孝孺。方孝孺被杀后,他们兄弟二人收其遗骸,安葬于聚宝门外的山上,结果被告发,廖镛兄弟被逮捕,最后也被杀。方孝孺死后,朝廷方面对方孝孺身前的著作查禁甚严,方孝孺的弟子王徐冒着杀头的风险私藏方孝孺遗稿,将其编辑为《缑城集》。后来,随着时间的流逝,文禁逐渐松弛,才将方孝孺的遗著刊印成书,遂有《逊志斋集》流传后世。

方孝孺以一介书生,手无缚鸡之力,面对专制君主的屠戮,视死如归,抗节不屈,真可谓人中豪杰。方孝孺受儒家正统思想的熏陶,遇上建文帝这么个柔弱儒雅的皇帝,对他是言听计从,使得方孝孺感到有知遇之恩,所以对建文帝忠心耿耿,颇有士为知己者死的味道,气节确实感人。早在明代万历年间,就有人为他建神情祠、树亭。著名戏曲家汤显祖还曾为他树了墓碑。但是,县令邵甲害怕因此获罪,下令将墓碑都捣毁了。清代顺治年间,又在雨花台西麓重建祠、墓,分为两处。嘉庆二年,方孝孺族人方昂来谒墓,又重修了祠和墓,并由著名的桐城派学者姚鼐作记。

虽然方孝孺宁死不屈的高尚情操受到后世人们的尊敬,但是,当人们冷静下来认真思考一番后,就不难发现,造成如此惨祸,方孝孺也要承担一定的责任。方孝孺热衷于复古改制,逆历史潮流而动。随意改动官制,改动殿名,改动城门名,是古非今,甚至要重新推行一千多年前就被历史淘汰的“井田”,这不能不说是一种不识时务的行为。明成祖起兵后,建文帝“以天下敌一隅”,占有极大的优势,结果却连连失败,作为建文帝的主要谋臣,方孝孺在此问题上可以说是难辞其咎。历史事实已经证明,方孝孺实在算不上一个战略家,这对于国家来说确非福祉,他惟一可贵之处也就是对建文帝的忠心,而这种忠心更大程度上又只是所谓的“愚忠”。从皇帝的即位问题来看,的确正如明成祖所说的,这是他们朱家的家务事。不论朱家谁当皇帝,都还是大明的皇帝。实践证明,明成祖比起建文帝来说更有作为,对国家的贡献也更大。可惜的是,方孝孺这副铮铮铁骨,恰恰遇上了敢于扭转乾坤、打破传统的明成祖朱棣。朱棣自然容不得方孝孺对他如此冒犯,何况方孝孺那些话句句都刺中明成祖的痛处,最终酿成了这幕惨祸。其实,真要深究的话,方孝孺倒要对那些被他牵连而冤死的人负很大责任。明清时期,就有不少学者谈到,方孝孺这幕惨剧乃是“激之使然”。《皇明表忠记》的作者钱士升就写道:“孝孺十族之诛,有以激之也。愈激愈杀,愈杀愈激,至于断舌碎骨,斩宗燔墓而不顾。而万乘之威,亦几于殚矣。”

明成祖以诛九族来威胁方孝孺草拟诏书,方孝孺即便不肯,也犯不着说“就是诛十族也不怕”的斗狠话嘛。中国古话说得好,“一人做事一人当”,当初讨伐燕王的诏书都是方孝孺写的,那方孝孺就要有胆量一个人承担全部责任,不要其他人因为自己受牵连。方孝孺讲君臣大义,抗节不屈,叫其他“九族”的人陪着自己送死,这难道就是“大义”了?当明成祖将他的九族一拨一拨地带到他面前的时候,方孝孺居然看都不看这些因为自己而将死于非命的人,对这些无辜死去的人也没有愧疚之情,这实属不该啊!方孝孺用几千号无辜亲人的性命换来了自己的一个忠贞名节，使后人都记住了中国的历史上还有一个被诛十族而不屈服的方孝孺。可是当历史的血迹褪去之后，除了方孝孺，谁还记得那几千个无辜死难者的姓名呢？

二五　瓜蔓抄

明成祖屠杀建文帝遗臣的行动中，还有一件为后人所提及的事情就是“瓜蔓抄”。所谓“瓜蔓抄”，意思就是顺藤摸瓜，也就是相互攀附，广加株连，滥杀无辜。这件事的起因始于御史大夫景清行刺明成祖。

建文初年，景清曾担任过北平参议。燕王与他交谈，他都能侃侃而谈，言论清晰明了，颇受燕王的赏识。不久之后，景清调任回京，升为御史大夫。

明成祖称帝以后，建文帝的旧臣被杀、自杀的很多。景清是忠于建文帝的，金川门失陷后，他曾和方孝孺一起约定，宁可为建文帝殉节，也决不向明成祖称臣。方孝孺等人十几天后都已经慷慨殉难了，而景清因为与明成祖有旧，仍被委任原来官职，在朝中呆了很长一段时间。景清本打算殉难，但明成祖没有杀他，他觉得可以利用明成祖对他的暂时信任来找寻时机，伺机刺杀明成祖，为建文帝报仇。景清之所以这么长时间没有采取行动，一是没有合适的时机，二是想等时间过去长一些，好让明成祖放松警惕，这样他行刺成功的机会就大得多。

一天早朝的时候，景清身怀利刃，穿着红色的朝服上殿，准备刺杀明成祖。在此之前就已经有人借异星赤色，冲犯帝座为名，要明成祖提高警惕。明成祖此前虽然没有杀景清，但对他也不是十分信任。等到看见景清穿着红色的衣服上朝,就觉得景清有些异样。当时,大臣上朝的时候,一般都穿青色的朝服,红色的朝服只有在重大节日庆典的时候才穿。可想而知,其他朝臣都穿着青色的朝服在大殿上列班,唯独景清穿着一身红色朝服,显得那么与众不同,任凭谁都会将注意力集中到他的身上。景清选择穿红色朝服行刺明成祖,可能还有另外一层含义,那就是红色代表着死亡,他决定穿着红色朝服行刺,表明他已经作好了牺牲的准备。明成祖命令侍卫搜查景清的身体,结果搜出了一把匕首。景清还未来得及靠近明成祖,行刺行动就被挫败。明成祖诘问景清,为何要行刺他。景清义愤填膺地说:"欲为故主报仇耳!"还边说边骂。明成祖大怒,命人将他的牙齿全部打掉,但景清仍然是骂不绝口,而且还将一口血水向殿上喷去,明成祖的龙袍上被喷上斑斑点点的血迹。这一下彻底把明成祖惹火了,他立即命令侍卫将景清剥皮实草,械系于长安门,用铁刷子将景清身上的肉一块一块地刷掉。景清的肉被刷光,骨头被打碎,明成祖还不解恨,又灭其族,"籍其乡,转相攀染,谓之瓜蔓抄,村里为墟。"景清的街坊邻居都因此受到株连。这种打击面比"诛十族"还要宽。因为毕竟"十族"还有明确的界限,而这种瓜蔓抄几乎没有任何界限可言。只要和犯人有点这样或者那样的关系,就都有可能被株连。

例如,青州教谕刘固曾经因为母亲年老,上书乞归。景清致书刘固,要他回京任职。只是因为这种引荐关系,刘固也受到株连。刘固和他的儿子刘超、弟弟刘国、母亲袁氏同日受刑于聚宝门外。刘固的儿子刘超臂力过人,临刑时仰天一呼,全身用力一挣,捆绑他的绳索都被挣断。刘超随即夺过刽子手的屠刀,连杀刑场上十余人,后来终因寡不敌众,被磔杀于聚宝门。

此风一开,无辜受牵连而被杀的人就数不胜数。大理寺少卿胡闰抗节不屈,他和长子都被杀,次子发配边疆戍边,4岁的幼女被没入功臣家为奴。受胡闰牵连,他的宗族乡亲又有许多人被无辜抄没家产,有的直到被杀都不知道原因为何。胡闰是饶州(今江西鄱阳)人,因遭"瓜蔓抄"之祸,故乡一片凄惨的景象。据吕毖的《明朝小史》记载,"文皇(即明成祖)既抄没其一族,男女二百一十七人。所居之地,在府城西隅硕铺坊,一路无人烟。雨夜闻哀号声,时见光怪。尝有一猿,独哀鸣彻夜。东西皆污池,黄茅白苇。稍夜,人不敢行。"

御史高翔是陕西朝邑人,明成祖即位后,他穿着丧服入见,言语多有不敬。明成祖大怒,除了将其"族诛"外,还挖开了他家祖先的坟墓,然后掺上一些牛马的骨头,一起焚烧成灰扬掉,这叫做"锉骨扬灰",高翔的"亲党悉戍边"。其田产分给附近百姓,征收特别重的赋税,以令这些老百姓"世世骂高御史也",其祖上的墓地旧址被称为"漏泽园"。连同种他们家田地的普通百姓都受到牵连,这种惩治政敌的手段实在是前所未闻。

受"瓜蔓抄"的影响,当时告发诬陷之风一时盛行,有的人竟然以告讦而得官。例如,丁珏本来是山阳(今江苏淮安)的一个普通老百姓,乡里之人准备酒食祭祀田神,本来是一件很平常的事情,但是丁珏却诬告这些百姓,说他们"聚众为妖,坐死数十人"。明成祖还觉得丁珏对自己很忠心,于是立即授予他御史的官职。

明成祖对建文帝旧臣的这场屠杀前后延续了十余年,只是有时候紧一点,有时候松一点。明成祖后来也看到"瓜蔓抄"株连的人太广了,便不时地故意进行宽大处理,以示自己"不念旧恶",有些被告讦的犯人亲属也未予追究治罪。

练子宁是建文帝时期的右副都御史,因为当廷责骂明成祖,被割掉了舌头。他也遭到了"瓜蔓抄"的厄运,宗族"弃市者一百五十一人,又九族亲家之亲被抄没戍方者,又数百人。"钱习礼是练子宁的姻亲,当时未被株连。永乐九年,钱习礼中进士,选为庶吉士,不久改任检讨。乡人告他是练子宁的奸党,钱习礼听说后整日惴惴不安,非常害怕再受株连。大学士杨荣乘机向明成祖说到这件事,明成祖对钱习礼不仅未予惩治,反而笑着说:"使子宁在,朕犹当用之,况习礼乎!"于是这场风波才算平息。此事发生距明成祖称帝已经十年了,尚且有人借"瓜蔓抄"之祸告讦,足可见"瓜蔓抄"之风当年是多么兴盛。明成祖这种宽大处理的话,既是为平息"瓜蔓抄"之风所做的一点政治表态,当然也是对建文旧臣及其亲属的一种安慰了。

永乐七年(1409 年),新中的进士王彦向朝廷自陈,说自己家与奸恶外亲有牵连,但明成祖未予治罪,此时的明成祖已经不愿意再因此事过多株连,搅乱安定的政治局面。

胡广是永乐时期著名的内阁学士,因为母亲亡故,回江西吉水奔丧。回朝后,明成祖问他:"百姓安否?"胡广回答道:"安,但郡县穷治建文时奸党,株及支亲,为民厉。"这番话表明,在当时那种彻底清算建文遗臣的风气中,政治风潮已经是席卷全国,株连面太广了。胡广的话对明成祖多少有些触动,明成祖后来数次晓谕刑部,不要多杀,大概也是出于安定局势,平息"瓜蔓抄"之风的考虑吧。

实际上,明成祖即位当年就曾经诏谕刑部,说:"有罪者既已服诛,无罪者各安职业,而内外军民,屡执无罪之人,以希幸赏,恶不可长。速谕止之,违者抵罪。"但是旧中国的政治风向标向来是以最高统治者的一己好恶为准的,正所谓"上有所好,下必甚焉"。政治运动的潜规则岂是皇帝的一纸诏书能够破除的?所以,虽然明成祖自己不愿意打击面太广,但下面的人为了向皇帝表忠心、显政绩,哪会在乎老百姓的身家性命呢?"瓜蔓抄"这场政治迫害运动既然被明成祖亲手发动起来，那它的进程可就由不得明成祖来掌控了，因此“瓜蔓抄”之风屡止不息。永乐九年（1411年）九月，明成祖再次诏谕三法司，“凡死罪必复奏”，显然是要将死刑复核权重新收归皇帝，这显然是慎刑的标志，在一定程度上还是起到了平息“瓜蔓抄”之风的作用。可即便如此，在“瓜蔓抄”政治运动的惯性作用下，这年，浙江黄岩县的农民还告发当地的豪民，说他仍然保存了建文帝时期奸恶士人上给楚王的书稿，应予治罪。明成祖得知此事，说道：“此必与豪民有怨而欲报之。朕初即位，命有司，凡建文中上书有干犯语言，皆朕未即位以前事，悉毁之，有告者勿行。今复行之，是号令不信矣。况天下之主，岂当念旧恶！”明成祖这番话说得倒是冠冕堂皇，但他是不是那种不念旧恶的人，这已经是有目共睹的事情了，否则“瓜蔓抄”之风如何能兴盛十余年呢？从这件事情可以看出，普通百姓到这时还为一些小事进行告讦，可见此风久刮未止。但明成祖毕竟已经即位10年了，统治基础已经很稳固，建文帝已经没有死灰复燃、东山再起的可能了，这时明成祖才能认真地显示一下他的不念旧恶之心了。

明成祖屠戮建文遗臣，既残酷，株连面又广，不知道有多少人含冤死去，这件事是明成祖一生的一块大心病。永乐二十二年（1424年），也就是明成祖驾崩的那一年，新进士邢宽被点为状元，实际上就是和明成祖的心理因素有关。邢宽与“刑宽”同音，取刑罚宽大仁慈之意。这恰恰从反面告诉人们，明成祖在处理建文帝遗臣方面并不怎么宽宏大量。

二六　建文帝逊国之谜

但凡看过《明史·恭闵帝本纪》的人都知道，文献中写了这样一段话。说是在燕王朱棣进入金川门的当天，“宫中火起，帝不知所终”。《明史》刊行于乾隆四年（1739 年），此时距明成祖入金川门已经过去了 300 年。《明史》中的这句话写得是模棱两可，实际上它正是建文帝朱允炆下落不明的反映。据明史学者黄云眉考证，《明史·恭闵帝本纪》出自徐嘉炎之手，徐嘉炎自己认为建文帝并没有死于宫中那场大火，而是“逊国”外逃了。徐嘉炎在《明史》中的判断也就成为后来《明史纪事本末》记载“建文逊国”这一故事的史实依据。清朝前期的著名学者朱彝尊在明史馆工作过，他则认为建文帝已经死于那场大火，就像《明实录》中记载的那样。

自明代嘉靖、万历以后，社会上流传着许多有关建文帝逊国的野史笔记。所谓“逊国”，就是把自己的皇帝位子让给明成祖，自己出走的意思。从另一个方面理解就是建文帝没有死。修撰《明史》的学者们在如何写这段历史的时候，意见发生了严重的分歧，谁也不能说服谁，于是就留下了一句游移于建文帝生死二说之间的话。这句话又给后来的学者留下了疑问，吸引着更多的人殚精竭虑地去寻找答案。就是后来黄云眉先生费尽心机地考证《明史》，可研究来研究去，最后还是无可奈何地表示："不妨两存其说。"也就是说，经过几百年的研究，到头来还是不能确定建文帝到底在金川门之变后是死了还是逊国出走了。

据《明实录》记载，燕王率兵进入金川门之后，建文帝长吁短叹地说道："我何面目相见耶！""遂阖宫自焚。"8天之后，明成祖"备礼葬建文君，遣官致祭，辍朝三日。"于是以后明代的官方文献都沿用此说。另据《明史·王景传》记载，明成祖曾经询问过礼部侍郎王景，问他葬建文帝应该用什么礼仪，王景回答说："宜用天子礼。"明成祖乃"从之"。朱彝尊认为，明成祖不会用天子礼仪安葬建文帝。但实际上，这是完全有可能的。试想一下，当时在全国百姓的心目中，建文帝是合法正统的皇帝，他如果不死，皇位当然就是他的。明成祖要名正言顺地即位，就必须给全国军民造成一种建文帝已死的印象。不管后来从火中找到的尸体是谁的，反正已经烧焦了，无法辨认，也用不着去辨认，就指定为建文帝的尸体，然后用天子礼仪安葬，正可以蒙蔽天下人的耳目。这样做，与明成祖起兵"清君侧"的旗号刚好是一致的。他朱棣本来并不是要推翻建文帝的，但是建文帝他自己自焚而死了，那么我朱棣再继承皇帝位便无可厚非了。

对于朱棣的这点心机，明清史专家孟森先生也看出了其中的奥妙。他说："必以置陵守冢为用天子礼，则未必然。但葬时稍用天子仪仗，以震都人耳目，为绝天下人望之计，与出其尸于火，意正一贯，不必甚以为难信也。"也就是说，明成祖礼葬建文帝是可信的，只是在出殡的形式上用一下皇帝的旗帜、车驾、乐队等，到真正要下葬的时候则不一定要给建文帝修个陵墓，就像今天人们看到的北京十三陵那样。

即便这样，明成祖礼葬的真就是建文帝的遗骸吗？现在从各方面的材料来看，安葬的不是建文帝，而是建文帝的皇后马氏。马氏是光禄少卿马全的女儿，洪武二十八年被册封为皇太孙妃。《明史》明确记载，“（建文）四年六月，城陷，崩于火。”原来死在宫中大火中的不是建文帝，而是马氏，况且在明代其他的史料中都看不到安葬马氏的记载。此外，尸体在大火中已经烧成焦炭，无法辨认，明成祖正好顺水推舟，将其尸体指定为建文帝的尸体，然后以天子之礼将其安葬，以达到掩人耳目的目的。

纵观明代各方面的材料，可以认为，建文帝逊国出逃的说法比建文帝死在大火中的说法更令人信服。理由有这么几点。一是，虽然明成祖用天子之礼安葬了建文帝，但南京并没有建文帝的坟墓。二是，明成祖曾经对人说起过：“朕在宫中遍寻皇考宸翰，不可得。有言建文自焚时，并宝玺皆毁矣。朕深恸之。”宝玺是皇帝发布诏令时所用的印章，那是皇权的具体体现，一向被视为传国之宝，必定备加爱惜。宝玺是用上好的玉石雕琢而成的，不像金属制的东西，在大火中会熔化。即使宝玺真的和建文帝一起被焚，那么玉制的印玺顶多也就是被烧裂成一些碎块，不会像金属物品那样熔化，还是可以找到一些残留物的。但明成祖却连玉玺的碎块都找不到，这不能不叫人怀疑。更何况，这些话都是明成祖听说的，谁也没有真的见过，所以明成祖自己都不大相信宝玺毁于大火，要不他费那么大劲在宫中寻找干嘛呢？更实际的情况应该是，建文帝在逃跑的时候带走了宝玺。因为只有这枚宝玺，才能证明他建文帝朱允炆的皇帝身份，才能用它来号令勤王之师。所以，宝玺的失踪恰恰证明了建文帝没有死，而是出逃了。三是，明成祖的心腹谋臣姚广孝在临死的时候，请求明成祖释放了僧人溥洽。据《明史·姚广孝传》记载，溥洽是建文帝的主录僧，他因为知道建文帝逃跑一事而被明成祖囚禁了16年。直到姚广孝临死前向明成祖求情，明成祖才释放了溥洽。从这件事就可以看出，明成祖心里很明白，建文帝在当年金川门之变时就已经出逃了。正因为明成祖心底里知道建文帝还活着,但又不想让全国的老百姓知道事实真相,所以才对外宣布建文帝死于大火,而私底下,明成祖却不断派出心腹大臣四出查访建文帝的下落。

建文帝是怎么出逃的,又逃到什么地方去了呢?不止是当时人关心,就是后世人也常常提及此事。明清时期有许多野史笔记对此都有记载,其中最系统、最完善的记载大概就是《明史纪事本末》中的《建文逊国》那一篇了。在《建文逊国》一篇中,是这样记述建文帝的出逃经历的:

建文四年(1402年)夏六月乙丑,建文帝得知金川门失守的消息后,长吁短叹,在宫中前后乱跑,企图自杀。翰林院编修程济对建文帝说:"与其在宫中坐以待毙,不如逃亡。"少监王钺也跪在地上对建文帝说:"昔日太祖高皇帝(指朱元璋)临死的时候给陛下留下了一个匣子,说:'日后陛下如有大难,可以打开这个匣子。'匣子就藏在奉先殿的左面。"于是留在建文帝身边的大臣们一起簇拥着皇帝来到奉先殿,很快王钺把匣子取了出来。匣子是红色的,外壳还用铁箍加固,匣子上的两把大锁还灌了铁水,打不开。建文帝见了很是激动,痛哭不止。于是急忙命人在宫中四处点火,将大内付之一炬,马皇后自己主动赴死,葬身火海,以掩人耳目,造成建文帝被大火烧死的假象。

急切之中,程济等人来不及锯断铁索,就用重物把匣子砸开。匣子里有度牒(和尚的证明文书)三张:分别写着应文、应能、应贤三个名字,此外还有袈裟、鞋帽、剃刀、白银10两。匣子内还有用朱笔写的逃跑路线:应文从鬼门出,余从水关御沟而行,等到日暮时分,众人再在神乐观的西厢房汇合。看到自己皇爷爷留下来的逃命指南,建文帝长叹一声说:"这是我的宿命啊!"遂让程济为自己剃发。吴王府邸的教授杨应能表示也愿意剃发,随建文帝一同逃亡。监察御史叶希贤说:“臣名贤,那度牒中的应贤定是指我了。”于是也剃发随行。大家剃完发后,各自换好自己的僧衣,拿好度牒。当时在奉天殿的有五六十人,大家痛哭流涕,都表示愿随建文帝一起逃亡。建文帝说:“人多目标大,容易发生意外。你们替我办事的时候都是有名有姓的,以后朱棣肯定会追查你们的下落。你们都是有家有口的人,心里难免牵挂家人,还是各自散去吧。”御史曾凤韶说:“臣愿以死报陛下!”建文帝又抚慰了大家一番,一些人便离开了。

建文帝带着 9 个人来到鬼门,此时刚好有一艘小船停在岸边,撑船的乃是神乐观道士王昇。见到建文帝,王昇赶紧叩头称“万岁”,说:“臣受高皇帝遗命,知道陛下有此劫数,今特意在此等候。”一行人乘舟来到太平门,王昇引导大家从太平门进入神乐观,此时天色已暮。不一会,杨应能、叶希贤等 13 人也到了。算起来一共有 22 人追随建文帝逃出了南京城。其中有兵部侍郎廖平、刑部侍郎金焦、编修赵天泰、检讨程亨、按察使王良、参政蔡运、刑部郎中梁田玉、监察御史叶希贤、翰林院编修程济、中书舍人梁良玉、中书舍人梁中节、宋和、郭节、刑部司务冯灌、所镇抚牛景先、王资、杨应能、刘仲、翰林待诏郑洽、钦天监正王之臣、太监周恕、徐王府宾辅史彬。建文帝见大家到齐,便说:“为躲避朱棣的追杀,今后我们大家都以师傅和徒弟的身份相称吧,也不必拘于君臣礼节。”大家听后无不潸然泪下。廖平说:“大家愿随陛下逃亡固然是好,但随行的人不必太多,也不可以太多。我建议挑选 5 个既没有家室牵挂又有气力的人捍卫陛下左右,以保护其安全。其他的人都远远地跟在后面,以作为策应。”建文帝说:“如此甚好。”

大家环坐在地上,道士端来晚饭。大家边吃饭,边确定人选。最后约定,在建文帝身边负责保卫工作的有 3 人,分别是杨应能、叶希贤和程济。杨应能和叶希贤都自称比丘(和尚),程济称道人。负责在路上往来联络,运送衣食的有6人,分别是:冯灌,他有多个化名,被称为塞马先生、冯翁、马公、马二子;郭节,当时称雪庵,后来称为雪和尚;宋和,时称云门僧,有时也被称为稽山主人,或是槎主;赵天泰称衣葛翁,有时称天肖子;王之臣家里原来是补锅的,于是大家就叫他老补锅;牛景先号东湖樵夫,也称东湖主人。建文帝对大家说:“我现在打算前往滇南,投靠西平侯沐晟。”史彬说:“我们大家在一起,人多目标大,很容易暴露行踪,被朱棣知晓。不如大家往来各地名山大川,东西南北都可为家,我们中家道殷实的人可以轮流为陛下提供衣食费用,不知大家觉得如何?”建文帝说:“这个主意好。”于是确定了7家,分别是:廖平、王良、郑洽、郭节、王资、史彬、梁良玉。

布置妥当后,建文帝又说:“神乐观不能久待,明早天一亮就得走,不知往哪儿去好呢?”大家建议到浦江去,而郑洽刚好是浦江人,且家道富裕,为人又忠孝,可以到他的家里住一段时间。夜里,建文帝突然脚踝疼起来了,估计是因为常年缺乏锻炼,加上白天逃跑过于劳累,引起小腿抽筋所致。建文帝一下子不能行走,事情变得麻烦起来了。等到天刚蒙蒙亮,牛景先就和史彬两人到中河桥,看有没有船可以雇用。恰好河岸边有一艘小船,于是二人急忙前去询问,结果也巧了,船家正好是史彬家派来打探他消息的人。于是史彬和牛景先急忙把建文帝扶上船,准备迎到吴江的史彬家中。一同到达的还有程济、叶希贤、杨应能、冯灌、宋和,君臣一共8人。其余的人则分散出走,双方约定月底的时候再会面。

小船载着一行人经溧阳驶往吴江,经过8天的航行,终于到达吴江黄溪史彬的家中。史彬将建文帝安置在西偏房,曰“清远轩”,大家叩头参拜。建文帝随后将“清远轩”亲笔改名为“水月观”。

在史彬家呆了三天，诸臣陆续到达。5天之后，建文帝命大家各自回家。此时朱棣已经即位，经审查发现，在籍官员逃跑的有463人，于是命令将这些逃跑的官员全部削去官籍。八月，成祖又命礼部行文各州县，追夺革除逃跑官员的诰敕。接到新皇帝的命令后，苏州府派遣吴江邑丞巩德到史彬家中追夺。巩德还以侦察的口气对史彬说：“听说建文皇帝在你家中，不知有无此事？”史彬肯定地回答：“没有。”然后若无其事地走了。

送走巩德，史彬已知建文帝不能再留在自己家中，于是第二天，即八月十六日，建文帝偕叶希贤、杨应能两个和尚，以及程济这个假道士，一行四人离开史彬家，其他人也陆续散去。从黄溪出来，建文帝一行乘船先到京口，然后过六合，取道陆路到达襄阳。十月，建文帝到了廖平家。在廖平家时，建文帝发现有人跟踪，于是决定前往云南。

明成祖永乐元年春正月十三日，建文帝到达了云南永嘉寺。本来，在逃亡之初，建文帝和大家约定的是三月份时到襄阳廖平家汇合。可现在建文帝觉得云南的环境不错，便决定留在永嘉寺。接下来的两个多月时间里，建文帝在寺里住得颇为安逸，也就不想和逃难的大臣们见面了。他派冯灌到襄阳，告诉大家不要再在那儿等他了，也不要到云南来找他，希望大家各自散去，好生照顾自己。

永乐二年春正月，建文帝离开云南，经重庆又回到襄阳。六月入吴江，八月八日重又回到史彬的家中。建文帝到的时候天已经黑了，史彬家正在生火做饭。建文帝的突然驾临，让史彬及其家人措手不及。于是大家放下碗筷，纷纷出来参拜。君臣相见，百感交集，情景甚是感人。酒至半酣，建文帝对史彬说：“我明天早晨就要走了。”史彬急忙答道：“我等候师父已经很久了，每天都叫人打扫门庭，就是为了随时迎接师父的到来，留您住上几个月，为何明早就要急着走呢？”建文帝感动得流着眼泪说：“不是我不想留下来，是那个朱棣搜捕我非常紧啊！昨天我在来的道路上看见一人，打着华盖，两眼瞪着我看。这人以前是我的臣子，他认识我。虽然以前我对他还算好，但现在他肯定会向朱棣禀报，以邀功请赏的。你想想看，在东南这一块，我的旧臣当中，首先要询问的就是你。我急着走，正是为了你的安全。”两人对着面痛哭许久，建文帝这才说出自己的隐忧：“你这儿离京城太近，不方便。”史彬回答：“这没关系。”史彬看到建文帝衣衫褴褛，硬是留建文帝住了三天，命家人赶制布衣，送与建文帝。之后，建文帝离开史彬家，开始了两浙之游。一则饱览名山大川，一则为了躲避永乐皇帝的追杀。建文帝在杭州游玩了 23 天，在天台、雁荡山游玩了 39 天。此间恰逢马二子（冯灌）、稽山主人（宋和）、金焦也来到石梁，君臣不期而遇，但建文帝拒绝了和诸臣的会面。当时天气已经转冷，建文帝便起身返回云南，并让冯灌、宋和、金焦回去，不要再追随他了。

永乐三年（1405 年）春二月，建文帝到重庆大竹的善庆里，有一个叫杜景贤的人修了间房子给建文帝居住，但不久建文帝就舍之而去。在游历全国各地的时候，建文帝听到很多关于南京官员因忠于自己而遭朱棣杀害的事情，为此他深为内疚，常责怪自己：“我获罪于神明矣，诸人皆为我也。”

永乐四年（1406 年）夏四月，建文帝到西平侯沐晟家，在那儿住了十几天。五月，建文帝在白龙山搭了一间屋子，号“白龙庵”，此后很长时间就住在那儿。

永乐五年（1407 年）冬十二月，建文帝撰文祭祀死难的诸臣。当时永乐皇帝侦察建文帝下落非常严密，户科给事中胡濙奉朱棣之命，明为访求张三丰，实则是为了寻找建文帝的踪迹。

建文帝得知这个消息后，遂躲到深山中不再露面。

永乐六年(1408 年)夏六月，白龙庵不幸发生火灾，房屋部分损坏，于是程济出山募人来修葺。

永乐七年(1409 年)春正月，明成祖派太监郑和航海出使西洋诸国，其中一项秘密任务就是寻访建文帝的行踪。因为朱棣在国内一直没有打探到建文帝的确切下落，于是怀疑他已经跑到海外去了。当时郑和和胡濙几次往来云、贵两省之间，一直在追踪建文帝。建文帝见云南风声越来越紧，感觉再住在云南白龙庵已经很危险了。于是这年三月，建文帝离开白龙庵，东行至善庆里。五月份再次到达襄阳，准备投靠廖平家，但此时廖平家已经迁到四川了。建文帝在襄阳没有了落脚的地方，不得已，又返回了云南。

永乐八年(1410 年)春三月，建文帝回到白龙庵。在回云南途中，建文帝不巧碰上了工部尚书严震直，而严震直此刻正奉永乐皇帝之命前去出使安南，实则也是为了秘密寻访建文帝的下落，结果两人在路上的驿站中不期而遇。君臣相见，对面而泣。建文帝对严震直说："我知道你奉朱棣的命令在找我，现在你打算怎么处置我？"严震直回答道："皇上只管走好了，臣自有处理的办法。"于是在送走建文帝后，严震直当晚就在住宿的驿亭中上吊自杀，这样就没人能从严震直的口中知道建文帝的下落了。

建文帝历经艰辛，重又回到了白龙庵。此时的建文帝颜色憔悴，形容枯槁。这年夏天，又不幸患上痢疾。但是由于担心安全，建文帝不敢出山买食物，只能就这么拖着，情况非常狼狈。幸亏此时史彬、程亨、郭节来到白龙山探望建文帝，建文帝才绝处逢生。见到三人，建文帝痛哭不已，哭完了马上问三人："你们身上带没带吃的？"三人赶紧把自己带来的食物呈上让建文帝吃。史彬这次到云南，还带了个童仆随行，所以他的东西最多、最丰盛。因为当年史彬在皇宫内当差,知道建文帝的饮食喜好,所以带来的东西很合建文帝的胃口。建文帝把三人拿出来的食物尝了个遍,吃完之后感慨地说道:“已经三年没有吃这些好东西了啊!”三人在白龙庵住了很久,最后建文帝才依依不舍地让他们回去,离别时大家痛哭失声。建文帝嘱咐说:“今后你们就不要再来了。道路险阻,这是一难;沿途关隘盘查严密,这是二难;我现在住得很安全,你们也不要太担心挂念。”史彬等人叩头,遵建文帝命离去。史彬等人走后,建文帝就舍弃了白龙庵,到其他地方去了。

永乐九年(1411 年)春,得到消息的官府立即追踪而至,派人入山寻找建文帝,但只剩下空庵一座,建文帝早已不知所踪。于是当地官府一把火,将白龙庵烧了个干净。从白龙山出来后,建文帝于四月到了浪穹鹤庆山。这个地方风景优美,气候宜人,随同建文帝的杨应能和叶希贤便在当地化缘,雇人重新建了一座庵,名曰“大喜”。

永乐十年(1412 年),大喜庵刚建成不久,这年春三月,杨应能逝世;四月,叶希贤也不幸离开了人世。建文帝将二人葬于庵东,与之相伴。建文帝一下子失去了两位至亲,悲伤之余,他便新纳了一名弟子,法名应慧。

永乐十一年(1413 年)夏五月,建文帝带着新弟子南行,转了一圈后,于六月返回。冬十二月,建文帝师徒二人在马领渡河的时候碰上了强盗,恰好有一队官军从此经过,吓跑了盗贼,建文帝才幸免于难。

永乐十二年(1414 年)夏四月,建文帝派程济出去募粮。闲来无事,为打发无聊的时光,建文帝开始钻研起《易经》来了。

永乐十三年(1415 年)秋八月,建文帝游衡山,玩到十月份才回到大喜庵。

永乐十四年（1416年）夏六月，建文帝足疾复发，程济赶紧出山到城西去买药。三天后药买回来，建文帝喝了后病好了。经此一病，建文帝可能是担心自己哪天也会死去，为了不使自己的逃亡经历被埋没。这年冬十一月，建文帝命程济撰写《从亡录》，自己亲自作序，写好后将其藏之鹤庆山的岩石中。

永乐十五年（1417年）春二月，史彬因思念建文帝，便又一个人来到白龙山，可是找了半天也找不到白龙庵。史彬便向山旁的一位老妇人询问，这才知道白龙庵被官府平毁。史彬又找当地的僧人询问白龙庵的师父到何处去了，可僧人们也不知道。失望之余，史彬便离开白龙山，到其他的地方寻访去了。也巧，有一天史彬漫步闲游，来到了鹤庆山。见此山树木丛生，连绵不下数里，景色特别幽雅，便情不自禁地往山里走去。在山中的密林之处，史彬见有一座大喜庵，便顺便进去转了转。让史彬万万没想到的是，他误打误撞，竟然在大喜庵碰见了建文帝。师徒相见，自然是悲喜交加。到十一月，建文帝为躲避追捕，又再一次东行，到了衡山。

永乐十六年（1418年）春三月，游历一番的建文帝又去了贵州。永乐十七年（1419年）夏六月，建文帝开始看佛经。在逃亡17年后，建文帝终于开始做一些与自己身份相符合的事情了。而在这以前，建文帝只能算一个披着袈裟的假和尚。

永乐十八年（1420年）夏六月，建文帝让程济移居到大喜庵的西偏房住。冬十月，建文帝入四川，程济跟随，遍游四川的名胜古迹。后又登峨眉山，并留下诗句："登高不待东翘首，但见云从故国飞。"

永乐十九年（1421年）秋七月，建文帝入广东，游海南岛，到十一月才回到大喜庵。

永乐二十年（1422年）夏四月，建文帝为躲避追踪，搬到大喜庵以南40里的渌泉居住。

永乐二十一年(1423年)春二月,建文帝又和程济到湖南湖北游历了一番,登章台山,赋诗一句:"楚歌赵舞今何在?惟见寒鸦绕树啼。"六月,建文帝来到汉阳,登晴川楼。七月,到了大别山,并在山中住到第二年春。

永乐二十二年(1424年)春二月,建文帝东行。冬十月,与史彬相遇于旅店,君臣畅谈。史彬问建文帝近况可好?建文帝告诉他:"最近我的饭量很大,精神特别好啊。"于是一行人随同史彬下江南,到史彬家。史彬在家中的重庆堂大摆酒宴款待建文帝和程济。建文帝上座,程济东列,史彬西列。正当大家饮酒畅谈之际,史彬的一个叔叔史弘来找史彬,没打招呼就直接进了重庆堂。史弘是嘉兴县史家村人,为人性情耿直,不会绕弯弯。史彬见史弘进来,不好怎么说,便也叫自己的叔叔一同落座。史弘是个直人,当面就问史彬:"这位师父是谁啊?从哪儿来?"史彬不答。史弘急忙起身出堂,把史彬叫出来说:"这个人是建文皇帝。"史彬否认说:"不是,叔叔你认错人了。"史弘则很肯定地说:"我曾经在东宫见过建文皇帝。那时我家刚被籍没,如果不是建文帝,我是死无葬身之地啊!是建文皇帝救了我的命,这个活命之恩无以为报。"史彬见此,迫不得已,将实情相告。史弘立即在堂下朝建文帝叩头参拜,边哭边询问建文帝这些年是怎么度过的。建文帝说:"幸赖诸位跟我一同逃亡的人给我衣食,周旋于险阻之间。20年来过得是战战兢兢。"言罢痛哭。哭完了,建文帝自言自语道:"现在,我想自己可以终老一生了。"史弘说:"皇上现在打算到哪儿去呢?"建文帝说:"我想去游天台山这些名胜。"史弘说:"我准备一些所需的食物银钱随你一同走。"住了几天后,建文帝要出发了。临行前告诫史彬说:"有你家叔叔和我一起走,你就不要随行了。"于是,建文帝、程济和史弘一行人离开史彬家,十一月到达宁波,渡莲花洋。

仁宗洪熙元年(1425 年)春正月,建文帝到了潮音洞,拜谒了当地的一位名士。五月,建文帝听说明成祖驾崩,且悲且喜,自言自语道:"我的心这回算是放下了!今后往来游历也可以如意一些。"于是他头一次不再让程济相随,而决定自己从福建、广东回鹤庆山。

宣宗宣德元年(1426 年)秋八月,建文帝在大喜庵前祭祀随他一同逃亡的死去诸臣。

宣德二年(1427 年)春正月,建文帝移居到鹤庆山的静室之中。八月份,云南发生盗贼暴乱,建文帝为避乱,带着程济进入四川。冬十月,二人借宿永宁寺。建文帝兴笔题诗:"仗锡来游岁月深,山云水月傍闲吟。尘心消尽无些子,不受人间物色侵。"

宣德三年(1428 年)夏五月,建文帝游神女庙。秋七月,游黄牛矶。冬十月,游汉中。

宣德四年(1429 年)春正月,建文帝到成都呆了一段时间。五月,回到浪穹。六月回到鹤庆山中的大喜庵。

宣德五年(1430 年)夏四月,建文帝招的徒弟多了起来,原先的大喜庵不够住,于是建文帝让程济出山募捐一些钱来,把大喜庵进行了扩建增容。

宣德六年(1431 年)春二月,建文帝又到陕西游玩了一番。夏四月,到了延安。秋七月,南行入四川。九月至夔州,因大雪,道路受阻返回。

宣德七年(1432 年)春正月,建文帝到湖北游历,跑到了公安。夏五月,顺路南下到了武昌。秋八月,又到九江。九月,游杭州吴山。冬十一月,游天台山。

宣德八年(1433 年)春正月,建文帝到赤城。

宣德九年(1434 年)夏五月,建文帝和程济第三次到史彬家,此时史彬已经去世多年,建文帝很是悲伤,在史彬家悼念了史彬很久,对史彬的儿子慰问有加。之后重新踏上旅途,游会稽。八月还。

宣德十年(1435年)春三月,建文帝前往粤西。

英宗正统元年(1436年)秋八月,建文帝回到云南浪穹。

正统二年(1437年)夏五月,建文帝复游峨眉。冬十一月回到浪穹。

正统三年(1438年)秋七月,建文帝打算再次到粤西去,但因为一些事情而未成行。结果这时建文帝收的弟子中有人不辞而别,私下里跑了,建文帝怕跑掉的人会去向官府通风报信,暴露自己的行踪,于是重新前往粤西。

正统四年(1439年)夏四月,程济劝建文帝回到云南,建文帝不听。

正统五年(1440年)春三月,建文帝对程济说:"我决定了要东行,你为我卜一卦,看看吉凶如何?"程济就占卜了一卦,得归妹。程济手抚茶几大惊失色道:"不好,此卦大凶。今年干支都属金,为火所克,夏日成行,危险万分啊!"于是建文帝就没有东行,而是西行,往贵州去了。

当建文帝一行游到贵州金竺时,便在当地的罗永庵暂时住下。建文帝喜好诗文,这时突然诗兴大发,于是随手在庵中的墙壁题了两首诗。一首诗云:"风尘一夕忽南侵,天命潜移四海心。凤返丹山红日远,龙归沧海碧云深。紫微有象星环拱,玉漏无声水自沉。遥想禁城今夜月,六宫犹望翠化临。"另一首云:"阅罢楞岩磬懒敲,笑看黄屋寄团瓢。南来瘴岭千层迥,北望天门万里遥。款段久忘飞凤辇,袈裟新换衮龙袍。百官此日知何处?唯有群鸟早晚朝。"至此,建文帝逃亡在外已经39年了。

建文帝题完诗后,就自顾睡觉休息了。没想到与建文帝同住一庵的一名老和尚发现了建文帝题的诗，于是偷偷地抄下来，然后跑到思恩州知府岑瑛那里，对岑瑛说：“我就是建文皇帝。”岑瑛毫无心理准备，听老和尚这么突然一说，惊诧不已，于是赶紧通知按察司，逮捕了这个和尚，连带着把罗永庵里的和尚也全部抓了起来，建文帝和程济就这样稀里糊涂地被抓了。岑瑛一方面写奏折飞报朝廷，一方面将这些和尚械入京师。建文帝平生第一回尝到了大明皇朝枷锁的滋味，把他折腾得够呛。好在这么多年在外面奔波惯了，体质强壮，才没有在去京师的途中熄火。

正统五年八月，一行人被押解到了南京。九月，到达北京。皇帝命御史当廷讯问，那个老和尚声称：“自己已经 90 多岁了，是个将死之人。只因思念故土，想归葬祖父陵旁，所以自曝身世。”审问的御史马上听出了破绽，说：“建文皇帝生于洪武十年，距现在正统五年，当只有 64 岁，怎么可能是 90 岁！”经过仔细审问，知道这个老和尚真名叫杨应祥，均州白沙里人。御史将审问的结果上报英宗，老和尚罪当论死，下锦衣卫诏狱，与老和尚一同被逮捕的 12 人发配戍边。此时，建文帝经此一难，似乎真有了南归之心，于是主动站出来对御史陈述实情，说自己才是建文帝。这一下，使得整个假冒建文帝案变得更富有戏剧性了。御史也被弄得莫名其妙，怎么才审出一个假建文帝，又冒出一个建文帝，而且还是一同被抓的人犯。满腹狐疑的御史秘密向英宗皇帝汇报这一突发情况，于是英宗让曾经侍奉过建文帝的老太监吴亮前来辨认真伪。建文帝看到吴亮，马上就说：“你不是吴亮吗？”吴亮回答：“我不是，你认错了。”建文帝则很肯定地说：“我以前曾到偏殿，你正好在吃饭，我就扔了片鹅肉在地上，你便一手拎着壶，趴到地上像狗一样把那片肉吃了，你敢说不是你吗？”吴亮听到这话，激动得伏地痛哭。建文帝左脚趾上有一颗黑痣,吴亮亲自查看,果然有一黑痣,确认这的确是建文帝本人,于是迎建文帝入西内。程济听到这个消息,高兴得自语道:“今天我这个做臣子的职责总算完成了。”程济随后前往云南,把大喜庵一把火烧了,遣散了建文帝招收的那些徒弟。建文帝入宫之后,宫中人都称呼他为老佛,他也过得逍遥自在,最后寿终正寝,葬于西山,不封不树。建文帝的传奇一生就这样结束了。

以上便是《明史纪事本末》中关于建文帝逊国逃亡的记载。

不过,《明史纪事本末》中记载的建文帝下落并不完全是事实。例如,前面提到的,永乐八年(1410年)春三月,建文帝在回云南途中的驿站里碰巧遇上了工部尚书严震直,而严震直此时正奉永乐皇帝之命出使安南,实则也是为了秘密寻访建文帝的下落。严震直为了保护建文帝,在送走建文帝后上吊自杀。这件事在《明史纪事本末》中记载得是有声有色,只可惜,这个故事纯属虚构。《明实录》中记载说,洪武三十五年(即建文四年)九月壬辰,“工部尚书严震直卒”。但他并不是死在去安南的途中,而是死在山西泽州(今山西晋城)。这在《明史》中有明确的记载:“成祖即位,召见,命以故官巡视山西,至泽州,病卒。”所以建文帝路遇严震直的故事是不存在的。

还有,像最后建文帝回京的事情就有杜撰的成分在里面。这个事件的原型是《明实录》记载的一个案件。说是正统五年(1440年)十一月丁巳,云南人杨行祥冒充建文帝的事情。有的书中写的是杨应祥,实际上都是指同一个人,同一件事。事后经审问,知道这个老和尚是假冒的。只是《明史纪事本末》的记载比《明实录》的记载更富有戏剧性而已。

虽说《明史纪事本末》中的许多传说并不可信,但至少反映了两个根本问题。那就是,首先建文帝没有死,而是逊国出走了。其次,当时的士大夫都比较同情建文帝,所以编出许多建文帝踪迹的传说来宽慰人心。

那么,逊国出走的建文帝到底落叶归根在何方呢?比较可信的说法是,永乐二十一年(1423 年),奉朱棣密令寻访建文帝下落的胡濙从外地回到京城,当晚就“谒帝(即明成祖)于宣府。帝已就寝,闻濙至,急起召入。濙悉以所闻对,漏下四鼓乃出。先濙未至,传言建文帝蹈海去,帝分遣内臣郑和数辈浮海下西洋,至是疑始释。”至于胡濙跟明成祖说了些什么,明成祖的担忧又是如何消失的,后人已经不得而知了。但能肯定的是,明成祖一定是从胡濙那里得到了建文帝是死是活的确切消息,而且确定建文帝不会再成为朱棣的隐患后,他的忧虑才彻底消除了。20 世纪 80 年代,时任《文汇报》编辑的徐作生通过自己的实地调查和多方考证,经过 7 年的努力,也得出了建文帝下落的最终答案。当年建文帝出逃后,曾经藏在江苏吴县鼋山普济寺内。不久之后,姚广孝也归隐庆寿寺,在姚广孝的监护下,建文帝隐匿于穹窿山皇驾庵,直到永乐二十一年(1423 年)病死在那里,死后葬在皇驾庵后面的小山坡上。这个研究成果刊登在《史学月刊》1986 年第 6 期上,题目是《明惠帝出亡穹窿山新证》。令人惊讶的是,徐作生得出的结论和胡濙向明成祖回报的情况在时间上很吻合,那就是建文帝确实在永乐二十一年离开了人世。至于《明史纪事本末》中那些对建文帝逃亡生活的生动描述,我们姑且就作为野史去看待吧,那对读者来说也未尝不是一种享受。

二七 郑和下西洋

永乐三年夏六月己卯(即公元1405年7月11日),苏州府刘家港突然热闹起来,熙熙攘攘的人群簇拥在码头上,竞相一睹中国有史以来规模最大的远洋特混舰队的雄姿。河上的小艇往来穿梭,忙着将人员和物资运送到船上。放眼望去,200多艘各型海船错落有致地停泊在刘家河上,其中62艘巨型宝船格外引人注目。船上高耸的桅杆密如森林,红、蓝、黄、白、黑五色旗帜飘扬在旗杆上,显得格外绚丽多彩。出航的舰船按照"前营红带、左营蓝带、中军黄带、右营白带、后营黑带"的顺序呈纵队队形排列着。很快,运输的小艇完成了使命,被各自的母船收回到船舷旁。随着三声炮响,哱啰吹起,舰队逐一拔锚起碇;片刻,中军船擂鼓,升行旗,第二趟哱啰吹响,各船起篷升帆;当第三趟哱啰吹响后,舰队依次开船,缓缓驶出刘家港,消失在人们的视野中。从这一刻起,明朝政府组织的远征西洋行动拉开了序幕。在此后28年的时间里,这支庞大的明帝国舰队先后七次出航,经东海、南海,穿马六甲海峡,沿孟加拉湾、阿拉伯海、阿曼湾、亚丁湾向西航行,然后过红海南下东非海岸。先后到访了暹罗国(泰国)、爪哇国(印尼爪哇岛)、真腊国(柬埔寨)、溜山国(马尔代夫群岛)、锡兰山(斯里兰卡)、天方国(麦加),最远到达肯尼亚东南角的蒙巴萨港。西洋各国莫不称臣纳贡，怀着敬畏之情接待着来自大洋上的中国龙。

郑和，世称三保太监，他是一位优秀的将军，一名伟大的外交官，也是15世纪初著名的航海家。他因负责指挥中国海军远洋舰队七次下西洋而彪炳史册。郑和生于公元1371年春，死于1433年。本姓马，世奉伊斯兰教，洪武十五年（1382年），明朝大将傅友德攻占云南，此时郑和年仅12岁，其父不幸身亡，本人亦为明军所俘，遭阉割后，拨至燕王府邸听用。在燕王府中，郑和逐渐成长，由于多年为朱棣近侍，吃苦耐劳，所以赢得燕王的宠信。建文元年（1399年），燕王发动"靖难之役"，郑和随侍军中，曾亲临战阵，"多立奇功"。朱棣夺得皇位后，即任命郑和为内官监太监，专司营建宫室及供应皇室所需。永乐二年正月初一（1404年2月11日），和随侍帝侧，成祖特书一"郑"字，赐以为姓，于是改名郑和。

永乐元年（1403年），燕王朱棣攻入都城南京，自立为帝，是为永乐皇帝，但是他的政治对手建文皇帝却不知所踪。"成祖疑惠帝亡海外，欲踪迹之，且欲耀兵异域，示中国富强。"当然，现在我们知道成祖猜错了，建文帝一直在国内呆着，并且还四处游玩呢，但当时永乐皇帝哪可能知道这些情况呢，只能是听风就是雨，到处找建文帝，所以跑到西洋去找也就不足为怪了。于是，有勇有谋的心腹内侍郑和被皇帝选中，负责组建舰队，挑选人员，去完成这项带有多重秘密使命的远洋任务。为了完成这项任务，永乐皇帝对郑和进行了航海培训，以使他能够胜任未来的工作。永乐元年（1403年），郑和以外交官的身份出使暹罗国，获得航海的初步经验。永乐二年（1404年），郑和又被皇帝派去出使日本，并在风涛险恶的赴日海道上学习指挥船队的海上航行。经过两次出海航行的训练，郑和很快掌握了海上航行的基本技能,也学会了组织海上编队航行的初步知识。永乐三年(1405 年),永乐皇帝认为出使西洋的时机已经成熟,于是在这年的六月,命郑和为正使、王景弘为副使,率领 27800 多人出使西洋诸国。己卯日(1405 年 7 月 11 日),舰队自刘家港扬帆起航,经刘家河出长江口,然后“泛海至福建,复自福建五虎门扬帆”,开始了第一次下西洋的航行。

明初所谓“西洋”,大体是指亚洲南部与非洲东部沿海诸国家和地区。至明中叶,乃有东西洋之分。郑和第一次出使,首达占城。此时占城正受到北部安南国权臣黎季犛的侵略,郑和舰队的到来给了占城国王占巴的赖极大的军事支持,中国海军人员可能在占城培训了当地部队,并作为军事顾问参加了一些战斗,郑和和他的舰队在占城一直呆到永乐四年五月(1406 年 5 月)才走,随后明成祖就于永乐四年七月(1406 年 8 月)命总兵官征夷将军成国公朱能率大军讨伐安南。将两个事件联系起来分析,郑和首先到达占城应该是永乐皇帝征讨安南战争计划的一部分,也是战争的前奏。郑和在占城停留了 10 个多月,指挥他的人协助占城军队抵抗安南的进攻。当明朝的征讨大军即将出动时,安南不得不将侵略占城的军队从南线调往北线,以防御明军的进攻。这样,占城的危险解除了,郑和的第一个任务完成。由于还有其他使命,不能在占城久留,所以在稳定了该国的安全形势后,郑和舰队就顺风南下,经过 20 天的航行,于永乐四年六月(1406 年 6 月)到达阇婆(今印度尼西亚的爪哇岛)。

在爪哇,郑和遇上了一次大的挫折。他的舰队无意间闯入了交战区。被准许上岸的中国官兵经过爪哇东王的领地前去进行宣谕和贸易时,被西王的军队误认为是派来援助东王的,结果遭到伏击,有 170 人被杀。得知上岸人员遇袭的消息后,郑和立即组织大部队前去救援,并准备讨伐西王。西王恐惧,赶紧派使者前来谢罪,同时表示愿意偿付郑和 6 万两黄金以平息中国人的愤怒。后来明成祖只收下了 1 万两黄金,将其余的赔偿金退还给了西王,事件得以妥善解决。

经历了爪哇事件的短暂挫折后,郑和继续远航去完成使命。从爪哇出发向西航行,郑和舰队到达了旧港,即今印度尼西亚苏门答腊岛的巨港,在中国的宋元时期称为三佛齐。这里气候温暖,土地肥沃,一年三熟,物产丰富,贸易发达。旧港在爪哇国之西,由占城乘船 8 天可到达。元末明初,中国国内战乱频繁,华南沿海人民为谋生计,不断出海,下南洋,寻找生路,有许多到旧港停留或者定居。

郑和率领的中国远洋舰队第一次下西洋,永乐四年六月(1406 年 6 月),在经历了爪哇事件的短暂挫折后,郑和舰队到达了旧港。洪武年间,广东潮州人陈祖义因犯事,举家逃来旧港,投到渤淋邦国王麻那者巫里手下为将。国王死后,陈祖义和梁道明纠集一帮海盗在当地建立自己的势力范围,向过往的船只强索财物,甚至进行武装抢劫。梁道明死后,陈祖义的实力迅速膨胀,野心也随之膨胀起来,自封为旧港酋长。陈祖义通过吞并、排挤当地的其他海盗集团,控制了旧港及其周边海域,部众发展到两万多人,他的海盗船队规模成为旧港当地三支武装力量中最强大的一支。为适应新的形势以获得稳定的收入,陈祖义逐渐放弃了单纯的海上抢掠,转而通过依靠他的舰队为过往船只提供护航服务,收取保护费和船税来牟利;如果有的船只试图逃避交税,他的舰队就会毫不犹豫地追上去将其船货没收、船只摧毁。

郑和率领强大的远洋舰队来到旧港,以武力为后盾向陈祖义宣谕,要他向明朝朝贡,并放弃海盗行为,开放航路,保障该地区海上交通线的畅通。对郑和提出的要求,陈祖义很难接受。

因为一旦完全放弃海盗行为，开放航路，那么陈祖义对来往的船只就没有了威慑力，他辛辛苦苦建立起来的海上秩序和税收制度就会崩溃。郑和的要求无疑触动了陈祖义的根本利益，因此必然会遭到陈的反对。只是慑于郑和舰队的巨大威慑力，陈祖义不敢当面反对，于是“祖义诈降，而潜谋要却官军”。陈祖义准备等郑和回到船上后，立即集结自己的舰队向他们发动突然袭击，以期保住自己独霸旧港的地位。但是，陈祖义的计划被他的手下施进卿告发，于是郑和迅速回到船上，部署战备，准备将计就计，一举消灭陈祖义。果然，陈祖义集结完自己的舰队后就向郑和的舰队发动了袭击。郑和指挥自己的舰队进行反击，舰载火炮、火箭、喷筒等大威力火器一时齐发，大败陈祖义，“杀贼党五千余人，烧贼船十艘，获其七艘，及伪铜印二颗，生擒祖义等三人”。陈祖义等人被活捉后，一直随船关押。永乐五年九月（1407 年 10 月），出使西洋的舰队回到南京，郑和“献所俘旧港酋长，帝大悦，爵赏有差”。对于被俘的陈祖义等人，永乐皇帝“命悉斩之”。消灭陈祖义势力后，明朝在旧港故地设立旧港宣慰使司，宣慰使的品级定为正三品，旧港宣慰使司的地位相当于明朝行省级别的行政单位。而告密者施进卿也因为擒获陈祖义有功，成为旧港宣慰使司的第一任宣慰使。明政府在旧港设立宣慰使司，填补了当地的权力真空，旧港遂成为中国海军一个大型海外军事基地和补给站，在平时和战时为中国海军部队提供后勤支援。同时，南洋也因为宣慰使司的设立而全部纳入到明朝行省疆域范围之内。

应该说，陈祖义袭击郑和的举动反映了旧港海盗集团在自身合法化后的生存方式。这些人为追求利益最大化而结成团体，排斥其他海盗集团，全力维护自己建立的利益分配秩序。和其他垄断行业相似，这种分配秩序也具有鲜明的独占性和排他性，陈祖义的所作所为就是要维持这种秩序，至于采取的方式可以是和平的护航，也可以是暴力的掠夺和破坏。以往研究中将陈祖义定义为海盗是有失偏颇的。在《明实录》中，官方将陈祖义斥为“海贼”，否认他的旧港统治者身份；但在清代官方编撰的《明史》中却恢复了陈祖义“旧港酋长”的身份，为什么对陈的身份会出现不同的认定？合理的解释是，陈祖义为了维护旧港的独立地位，对明朝海军采取了敌对行动，这在“欲耀兵异域，示中国富强”，“不服则以武慑之”的永乐皇帝看来是大逆不道的行为。同时因为陈祖义是中国移民，又有过从事海盗活动的背景，而这两种身份是最为明政府忌讳的，所以永乐皇帝否认了陈祖义的酋长身份，从而为明朝海军的动武行为提供了合法合理的依据。但是到了清代，后人可以抛开前代的政治分歧和意识形态的影响来重新评价历史人物，因此又还原了陈祖义的“酋长”身份，这也就意味着陈祖义袭击郑和的舰队实际上是一种自卫行为，而非纯粹的海盗袭击。当郑和到达旧港时，陈祖义的身份不是海盗头目，而是旧港的统治者，所以郑和要去拜见陈祖义，向他宣谕。试想，如果陈祖义还是个海盗头目，郑和怎么可能去和他谈论涉及国家关系层面的朝贡问题？那不是有损国威吗？而永乐皇帝派郑和出使的一个重要目的就是宣布国威。只是陈祖义的抵抗行为以惨败告终，东南亚诸国大为震动，从而意识到在强大的明朝海军面前最好不要搞对抗，以臣服为上策，这样不仅可以获得朝贡贸易的好处，还可以得到赏赐，航路的安全也由中国海军提供保障。可以说，只要臣服中国，对当事国和统治者来说就是利大于弊。旧港事件后，郑和继续出使西洋诸国就变得一帆风顺了，绝大多数西洋诸国被纳入到了明朝的朝贡体制当中，成为中国的藩属国，中国在整个西洋地区获得了空前的声望，而这些威望的取得决不仅是源于和平的出使，而是以中国海军的强大武力为后盾的。

之后，郑和舰队到达满剌加，穿过马六甲海峡，向西进入印度洋。先后访问了锡兰、印度西海岸的柯钦，最后到达本次远航的终点站——位于印度半岛西南端的古里（今印度的科泽科德）。为了纪念这件大事，郑和在此建立了一个碑亭，立石勒碑。舰队结束对古里的访问后，古里国王即遣使臣随船至中国答谢。此后，各次下西洋之宝船，均来此地，并以此为中转站。永乐五年九月壬子（1407 年 10 月 2 日），经过两年海上奔波的郑和回到南京，“诸国使者随和朝见”，一下西洋到此顺利结束。

二八　郑和二下西洋

永乐六年九月癸亥(1408 年 10 月 7 日),郑和第二次出使西洋。这次远航仍然沿着第一次的航线行驶,穿过印度洋后到达锡兰山(今斯里兰卡)。

当郑和的舰队来到锡兰山的时候,作为传统礼仪,郑和给锡兰国王亚烈苦奈儿赠送了许多的中国宝货。没想到贪婪的亚烈苦奈儿见郑和舰队装载了大量金银财宝,动了贪心。便假意请郑和到他的宫殿,盛宴招待之后,他令太子纳颜再次向郑和索取金币,暗地里却发兵 5 万去劫夺郑和的船队。郑和沉着冷静,当他了解到锡兰山的大部分兵力已派去攻打船队,都城空虚时,就火速调来了 2000 名武装士兵,出其不意地攻打锡兰山的都城,生擒了亚烈苦奈儿及其妻子官属。领兵打劫船队的将领闻讯,急忙撤兵回救。郑和指挥军队于敌军回援路上进行截杀,锡兰士兵溃不成军,只得向明军投降。为了表示中国人的宽宏大量,郑和当场释放了投降的锡兰士兵,只把国王亚烈苦奈儿和几个重要官员扣留在船上,然后继续访问其他地区。

但是,在锡兰人自己记载的历史中,郑和舰队与亚烈苦奈儿的冲突完全是另外一回事,而且过程要复杂得多:

郑和在抵达锡兰国(今斯里兰卡)时,带了一块事先刻有汉、泰米尔及波斯三种文字的石碑,准备立在该岛,但此时该岛上有三个敌对政权,最强大的是刚率领本地居民打败了泰米尔人的英雄亚烈苦奈儿。对中国格外警惕的亚烈苦奈儿断然拒绝了郑和立碑的要求,并拒绝接受与明帝国的朝贡关系,他认为,郑和的舰队抵达锡兰,很可能是冲着该国的圣物"佛牙"(释迦牟尼牙齿的遗骨)来的,此外,元朝船队带来刺激的阴影在当地人脑海中还没来得及消逝。

双方第一次冲突以郑和军队被赶回船上而告终,郑和舰队亦未在附近海面停留,而是扬帆印度去完成其贸易任务。

很快,从印度满载宝物归航的郑和舰队再次出现在锡兰海岸并登陆设置据点,显然,郑和这次是为惩罚亚烈苦奈儿对天朝不敬而来。为了保卫自己,亚烈苦奈儿派了 5 万大军前去抵御中国军队的进攻。但是精明的郑和避开了敌人的大部队,只派了 2000 名精锐士兵直取锡兰国都,将国王亚烈苦奈儿及其官属活捉,锡兰军队在回救的途中遭到中国军队的伏击,全军投降。国王亚烈苦奈儿被郑和随船关押,解回南京,交由明成祖处置。

按照锡兰人的记载,还有中国明史疏漏的复杂转折。亚烈苦奈儿意外被俘,给了该岛另外一个政权拔胡六世夺得王位的机会,亚烈苦奈儿遂转而与郑和达成某种协议,接下来,拔胡六世在接见带着礼物前来拜访的天朝使臣郑和时,结果却是主人被郑和活捉,与拔胡六世一起被郑和带回中国的还有他手下的贵族重臣。显然,这个结果是亚烈苦奈儿和拔胡六世都没想到过的。不过,拔胡六世也获得了明成祖的赦免并被释放回了锡兰。

其后锡兰国王亚烈苦奈儿"负固不恭",且屡次抢劫来往之使。郑和在第三次出使时,与之斗智斗勇,擒亚氏,带回国内。此行稳固了东南亚和平安定的局面,亚非各国之间往来的海路完全畅通了。郑和率领部下在险恶情势下接连取胜,除了善于用兵,还靠全体下洋官兵的配合。明廷礼部对有功人员颁赏。

永乐九年夏六月乙巳(1411 年 7 月 6 日),“郑和还自西洋”,将擒获的锡兰国国王和官员“献俘于朝”。永乐皇帝对这些人“赦不诛,释归国”,同时对有功将士予以奖赏。八月甲寅(1411 年 9 月 13 日),礼部、兵部奏议:“下西洋官军锡兰山战功,升赏例。凡官军奇功,升二级;头功升一级;指挥、千户、百户,存者递增其秩,亡殁者与其子。总旗奇功,存者升实授百户;亡殁者,子升试百户。头功存者升试百户,亡殁者子孙实授旗总甲。”此外还赏赐下西洋官兵为数不少的钞和绢。“是时,交阯已破灭,郡县其地,诸邦益震詟,来者日多。”中国在西洋的影响与日俱增。

在锡兰这个佛教之国,郑和随俗举行过两次佛教活动,这增进了中国与锡兰山人民的深厚友谊,为以后的交往打下了良好的基础。又由于锡兰山佛寺是各国香客、商人、使者会聚之地,郑和等人布施锡兰山寺的庞大佛教活动,既让各国人士目睹了中国佛教徒虔诚向佛的真心,又向各国显示了中国的富有,无形中扩大了中华帝国在海外的影响。

二九　郑和三下西洋

永乐十年十一月丙申(1412 年 12 月 18 日),郑和第三次下西洋,这也是郑和历次航海中规模最大的一次,光舰队搭载的士兵就有近 2.9 万名。这次远航目标远大而极富冒险性。因为南洋海岛各国已经在前两次远航中臣服了明朝,明成祖现在要把帝国的影响力延伸到波斯湾的霍尔木兹海峡。第三次航行正好赶上了东北季风时节,郑和舰队顺风而行,不久就到达苏门答剌。

原以为海疆靖平的郑和舰队,没想到在苏门答剌意外地卷入了当地的军事冲突中。此时的苏门答剌刚经过一场大的事变,使郑和的访问遇上了麻烦,这是一起复杂的王位继承纠纷。

原来,苏门答剌的西面有个那孤儿国。永乐六年(1408年),那孤儿国和苏门答剌打了一仗,苏门答剌国王中箭身亡。王子年龄尚小,不能替父王报仇。王后却复仇心切,她晓谕全国:谁能领兵打败那孤儿国,替先王报仇,我就嫁给他,并请他当国王。一个有本领的渔夫奋勇领兵打败那孤儿国的军队,杀了他们的国王。渔夫娶了王后,当上了苏门答剌国王。老国王的儿子长大以后很不甘心。他培植了一伙心腹勇士,乘机杀死了渔夫,自己登上王位,成为苏门答剌的新国王。渔夫有个儿子苏干剌,想替父亲报仇,于是率领自己的追随者攻打苏门答剌,企图夺回王位，于是苏门答刺爆发了王位争夺战。没想到，苏干刺反被新国王打败了，他只得逃到一个叫邻山的地方，自立一寨。

新国王决定向明朝寻求帮助，于是派使者到中国，请求明成祖对王位继承问题做出仲裁。明成祖决意强力介入苏门答刺的王位纠纷中。此时，郑和刚好第三次出使，由于明朝政府在东南亚和南亚沿海诸国树立了威望，在海路方面，从南洋群岛到印度南部一带已安全打通，没有阻滞，所以自第四次下西洋起，郑和船队能进一步到达南亚以西的国家，首次访问波斯湾、西亚和非洲东海岸。

当郑和率领舰队到达苏门答剌时，受命给予这位年轻的国王以巨大的支持。郑和的人马登陆后，一边与新国王贸易，一边向其赏赐大量礼品。与苏门答刺新国王敌对的苏干刺听说郑和赠送给新国王许多礼物，却没有给自己送礼，心中忌恨。感受到冷落和敌意的苏干刺终于按捺不住，率领 1 万多军队向郑和的舰队发起进攻。在新国王的配合下，郑和指挥明军还击，大败苏干刺，并乘胜追击到喃渤利的哑齐(今印尼亚齐)，活捉了苏干刺和他的妻子、儿子。

处理完苏门答刺事件后，郑和舰队继续航行，到达暹罗国(今泰国)。当时暹罗国正致力于地区扩张，试图吞并满剌加。郑和到来后积极干预此事。谴责暹罗国的扩张行为，支持满刺加的独立。在中国的军事压力下，暹罗国屈服了，承诺放弃吞并满剌加的行动。郑和以自己的外交才能和军事威力保证了东南亚的国家继续成为中国的藩属，阻止他们变成独立于明朝朝贡体制之外的地区强国，同时也维持了当地的和平。之后，郑和到达锡兰国，解决锡兰国王的废立问题。随后，舰队又北上印度东海岸，抵达孟加拉湾，然后折回马六甲海峡，在马六甲修筑城堡后返国。

到永乐十三年七月(1415年8月)还朝,“帝大喜,赉诸将士有差,”于8月12日完成献俘仪式后,处死了与明朝为敌的苏干剌。苏门答剌苏干剌叛乱问题的迅速解决对于明朝政府整个对外局面保持稳定、和平的态势起着至关重要的作用,更为郑和使团进一步远航解除了后顾之忧。

因郑和帮助满剌加建国,为此满剌加国王到中国表示感谢。贡物有珍珠、玳瑁、珊瑚、鹤顶、西洋布、黑猿等。明廷也多有赏赐:

“仍命光禄寺日给牲宰上尊,命礼部赐王金绣龙衣二袭,赐麒麟衣一袭,及金银器皿,帷幔等。王妃及其子侄陪臣仆从文绮、纱罗、袭衣有差。”拜里迷苏剌一行在中国访问期间,明成祖朱棣经常又为他们设宴。并勉励道:“王涉海数万里至京师,坦然无虞,盖王之忠诚,神明所佑。朕与王相见甚欢,固当自留,但国人在望,宜往慰之。今天气尚寒,顺风南帆,实为厥时。王途中强饮食,善调护,以副朕眷念之怀。今赐王金镶玉带一条,仪仗一副,鞍马二匹,黄金百两,白金五百两,钞四十万贯,铜钱二千六百贯,锦绮纱罗三百匹,绢千匹,浑金文绮二,金织通袖二,望其受之。”又赐王妃、陪臣财物若干。

通过这次访问,满剌加国王及其臣下从亲身经历中深切体会到明朝友好的海外政策,中满关系进一步发展,郑和在当地建仓廒,作为航行的补给和运输的中继,这充分表明了满剌加与明朝保持了长久友好关系的决心,郑和使团七次出使有五次都在满剌加停留,时至今日,马六甲当地还保留有郑和船队当年的遗迹、遗物,流传着许多轶事传说。

现在马六甲还有一座三保山,也叫中国山。三保山西南有一座三保庙,也叫郑和庙,是当地华人为纪念郑和建成的。另外还有三保井等遗迹。

这时，麻林国贡献“麒麟”，显示出郑和使团首次对东非沿岸国家所进行的访问取得了圆满的成功。永乐皇帝及以郑和为代表的辅臣们，毕生致力于同遥远的海外国家沟通交往，并以这种交往发展的深度与广度，作为衡量国家是否臻于极盛的重要标志，正是体现了一种新的时代精神。

随后第五次、第六次的远航使明王朝在中亚、西亚的影响进一步扩大，贸易活动也在这样的基础上更加兴盛。与祖法儿国人贸易，以丝绸、瓷器换取乳香、血竭、芦荟、芎药之类香料和药物，甚至具有较重的民间贸易特色。

三〇　郑和的后四次远航

明朝统一中国后，朱元璋试图以武力为后盾，重建先前的朝贡体制，并希望以此获得周边国家对其皇帝权威的认可。洪武初年，“海外诸蕃与中国往来，使臣不绝，商贾便之。”但这种强制性的朝贡制度还是遭到了一些国家的反对。洪武十三年后，朱元璋在处理胡惟庸谋反案中采取的极端做法刺激了海外诸蕃国，使得这种依靠强权建立起来的朝贡体制很快败落，三佛齐、渤尼、彭亨、苏门答剌等30余国因此疏远明朝，不再朝贡。此间，更发生了三佛齐诱捕明朝使臣的重大事件。“爪哇国王闻知其事，戒饬三佛齐礼送还朝。”人质事件才得以平息。但自此以后，“使臣商旅阻绝，诸国王之意遽尔不通”。

到永乐年间，安南国也开始谋求建立地区霸权。永乐皇帝为阻止藩属国的独立倾向，确保明朝宗主国地位不动摇，重建朝贡体制便成为政府工作的当务之急。此时明朝经过洪武皇帝30多年的努力，已经建立起完善的海运体系，拥有中央直属舰队、海岸警卫舰队，以及远洋巡防舰队，大批熟练海员和新建海船为完成重建朝贡体制提供了物质保障可能。雄才大略的朱棣夺取帝位后，自认为是“天下的共主”，要海外各国都来朝贡，这种心态支持着他坚定地推行海外扩张战略。在重建朝贡体制的战略大背景下，郑和的远洋舰队组建起来。

前三次下西洋，郑和主要通过武力手段解决了占城、爪哇、旧港、锡兰、苏门答剌和马六甲出现的有损明朝利益的事件，使西洋诸国切身感受到中国的威力，不敢再与明朝对抗，此后郑和再出使西洋就变得一帆风顺，绝大多数西洋诸国被纳入到了明朝的朝贡体制当中，中国在整个西洋地区获得了空前的声望，而这些威望的取得除了源于中国人的和平交往原则外，更离不开中国海军的强大武力为后盾。朝贡体制的重建过程再次证明了国际交往中的一个基本原则：平衡依赖于力量，和平依赖于威慑！通过郑和的前三次远航西洋，明朝政府基本上完成了重建朝贡体制的计划，之后就是不断加强对这些藩属国的控制了。

永乐十四年十二月丁卯（1416 年 12 月 28 日），郑和第四次出使西洋，安抚和调解爪哇与旧港的关系，解决苏门答剌的王位继承问题。同时还护送满剌加、古里等 19 国的朝贡使臣回国，并顺带册封这些国家的国君。永乐十七年秋七月庚申（1419 年 8 月 8 日），郑和回到祖国。为了慰劳远航的将士，永乐皇帝谕行在（北京）礼部臣曰："将士涉历海洋逾十数岁，万里经数十国，盖亦劳矣，宜赏之。""于是都指挥人赏钞二十锭，指挥人十八锭，千百户卫所镇抚人十六锭，火长人等十五锭，旗军人等十三锭。"永乐十九年春正月癸巳（1421 年 3 月 3 日），郑和第五次出使西洋。永乐二十年八月壬寅（1422 年 9 月 3 日），郑和还。永乐二十二年春正月癸巳（1424 年 2 月 16 日），郑和第六次出使西洋，专门解决旧港宣慰使继承权问题。洪熙元年二月（1425 年 2 月），郑和率舰队回国。新即位的明仁宗朱高炽对远航毫无兴趣，命"郑和领下番官军守备南京，遂相沿不改。"但明仁宗很快驾崩，明宣宗朱瞻基于 1426 年即位，这给了郑和最后一次远航的机会。

永乐皇帝去世以后,西洋诸国见中国舰队长期不来,就产生了轻慢之情,前去中国朝贡的也越来越少。鉴于朝贡体制有夭折的危险,郑和向明宣宗上言:“财富取之于海,危险亦来自海上,……欲国家富强,不可置海洋于不顾”。宣德五年六月(1430年6月),“帝以践阼岁久,而诸番国远者犹未朝贡,于是(郑)和、(王)景弘复奉命,历忽鲁谟斯等十七国而还。”这次访问,郑和的部下甚至到达了阿拉伯的麦加。到1433年,郑和舰队才启程回国。不料船队返航至古里时,63岁的郑和因积劳成疾,不幸辞世。王景弘命人把郑和的遗体妥为装殓,准备回国安葬。但由于气候酷热,舰队航行至爪哇时,郑和遗体已经腐烂,已不可能运回国内安葬,王景弘只好决定将其埋葬在当地。宣德八年七月(1433年7月),王景弘指挥着七下西洋的远洋舰队回到中国。从此以后,中国的海上远航活动结束,郑和航海日志被销毁,宝船被拆解,中国海军在海外赢得的声望迅速消失,朝贡体制到了宣德后期也逐渐崩塌,中国再也没有能力使西洋诸国向自己臣服了。

三一 内阁

洪武十三年（1380 年），明太祖朱元璋以“擅权枉法”的罪名，诛杀了丞相胡惟庸。随后又取消了中书省，废除了丞相一职。废除丞相，不仅是有明一代的大事，也是中国政治制度史上一个划时代的重大事件。它表明中国封建社会中君权与相权之间的长期矛盾斗争，至此告一段落。秦汉以来的宰相制度从此废止。

废相之后，有人做过一个统计，以洪武十七年（1384 年）九月十四日到二十一日为例，8 天时间里，内外诸司奏札共 1660 份，合计 3291 桩事。换而言之，朱元璋每天平均要看 200 个报告，处理 400 多件事情。如此繁多的政务，使得朱元璋即使是精力过人，事必躬亲，也仍然会因应接不暇而心力交瘁。尤其是定制、拟旨、批示等工作，都要见诸笔端，写成文件的。此类的文书工作，更非一人所能操持应付。故而朱元璋也不得不承认：“朕尝思之，人主以一身统御天下，不可无辅臣。”

为了解决这一新的难题，洪武十三年（1380 年）九月和十五年（1382 年）十一月，朱元璋设置了“四辅官”，让他们襄助侍从，以备顾问，并协助自己批阅奏章，处理政务。这些人品级低，没有实权，对皇权不构成威胁。一般认为，“四辅官”的设立，是明朝向内阁制度发展的一个过渡。

明成祖朱棣即位后，为了进一步强化君主专制统治的职能，“始开内阁于东角门”。又挑选了解缙等7名翰林入职文渊阁参掌机务，“诸六部大政，咸共平章。”因为文渊阁在午门之内的内廷，遂有“内阁”之称。当时朱棣也是自操威柄，而让儒臣侍奉左右出谋划策，以备顾问，中国官制史由此就进入到了有内阁的时代。

内阁成员俗称阁臣，也叫殿阁大学士，或简称大学士，这个名号颇为荣宠。大学士这个名称最早见于唐代，为皇帝的文学侍从。到了宋代，大学士则用来优待曾经当过宰相的人。建文帝时期没有殿阁的名号，就是方孝孺，也只是个文学博士。明成祖让解缙等7人入值文渊阁，实际上这就是个小型的内阁班子。据《明史·职官制》记载：“殿阁大学士，掌献替可否，奉陈规诲，点检题奏，票拟批答，以平允庶政。”在明代，“票拟”是内阁最主要的权力，即对诸司奏章先拟出处理意见，然后交皇帝“批红”后再付诸实施。不过，票拟这个权力在永乐年间还没有出现，直到宣德年间，内阁才因为三杨权势重大，获得了“票拟”的权力。除了“票拟”，内阁的其他几项事权在明成祖时期倒是基本具备了。不过就这几项职权而言，均属清闲之职。但是，内阁毕竟最接近皇帝，不仅代笔，而且还可以和皇帝一起从容议事，这是外廷官员很羡慕的。阁臣还有个小特权，那就是可以向皇帝上“密揭”。臣下上封言事，外廷由通政司转呈，内廷则通过会极门宦官转呈，只有内阁成员可以进“密揭”。往往“外廷千言，不如禁密片语”。这无形中也提高了内阁的身价。

然而，朱棣虽然信用阁臣，阁臣的名声也不低，但是阁臣们的品级却不高，仅仅为正五品。正是因为阁臣的品秩不高，故而在处理朝政时仍然多有掣肘。有鉴于此，随后的仁宣时期就不断提升阁臣的官阶，从而使内阁权限发展到了一个新的阶段。

原先只有五品衔的内阁学士，此时却跻身于公侯尚书之列，内阁势力也因此超过了六部的权力。内阁便从最初的文学侍从机构，逐渐演变成了凌驾于府、部、院、寺之上的中枢机关。

明成祖设立内阁，其成员都是编、检、讲、读之官。永乐年间习惯上称为“内阁七学士”，这些人都是些颇有才华的文人。解缙是侍读，黄淮是中书舍人，杨士奇是编修，胡广是侍讲，杨荣是修撰，金幼孜是给事中，胡俨是检讨。永乐年间文坛上出现了所谓的“台阁派”，以歌舞升平、雍容典雅为特征，杨士奇、杨荣和金幼孜就是这一派的领军人物。

解缙是七个人中才华最奔放的一个，颇有恃才傲物的味道。明成祖任命他为侍读学士，负责编撰《明太祖实录》、《列女传》等书，对解缙是很看中的。当明成祖要对安南大举用兵的时候，解缙极力反对，但明成祖并未采纳他的意见。后来，解缙因为卷入皇子之间的夺嫡斗争，被明成祖下诏狱致死。

胡广是建文二年的状元，其状元头衔还是建文帝亲点的。当朱棣进入金川门的时候，胡广和解缙同时归附，得到明成祖的信任，将他从修撰提升为侍读。胡广数次随明成祖北征，每次纪功勒石，都是胡广来书写的。

杨士奇是七学士中任事最久，也最负盛名的一个。后世常提及的“三杨当国”，为首的就是杨士奇，另两个是杨荣和杨溥。明成祖开始任杨士奇为左中允，继为左谕德，后升任为编修。杨士奇为人处事谨小慎微，在家中从来不谈公事。对人比较宽厚，人际关系很圆通，所以能在内阁任事那么长的时间。

杨荣是七学士中最懂军事的一个。明成祖在军事上遇到什么问题，总是来征求杨荣的意见。杨荣在七学士中年龄最小，但为人特别机敏，判断准确。有一天晚上，宁夏来报，说宁夏城被敌人包围，情况紧急。明成祖问杨荣应当如何处置，杨荣说：“宁夏城墙坚固,将士习战。奏书送到京城需十余天,围也就解了。”果然,到半夜的时候,宁夏又来战报,说包围已经解除。这件事让明成祖颇为叹服,杨荣也因此日益受到信任。

黄淮精于时事,论事明晰,所言多被明成祖采纳。北元的阿鲁台要率部归附,请求准许他控制吐蕃诸部,许多大臣都主张答应阿鲁台的要求,可黄淮却说:“分则易制,合则难图。”明成祖听了以后深以为然,当场赞扬黄淮说:“黄淮论事,如立高冈,无远不见。”

金幼孜的诗文写得很漂亮,常侍奉在明成祖身边。成祖数次北征蒙古诸部,他都随行,作诗歌咏山川形胜,书功纪行。

胡俨爱好学习,天文地理,无所不通,常常以师道自任,故长期担任国子监祭酒。

这七个人组成了明成祖的秘书班子,虽然他们都是建文旧臣,但却受到明成祖的格外信任。明成祖从翰林院中选拔解缙等七人组成内阁,在永乐一朝发挥了极其重要的核心作用。明代人就看到了内阁制度的好处:“至我太宗文皇帝,简任内阁儒臣,日与咨访政治。然彼时内阁,多是朝廷亲选翰林编修等才猷、历经能识人才、治体公忠体同者为之,不曾骤加高品。至于选入翰林者,又皆唯才是取,不拘内外新旧职事。”这番话表明了内阁和翰林院的关系,也道出了内阁制度的优点。明太祖废除丞相制度以后,明成祖设立内阁,这对推动明朝整个官僚机器的运转,对加强中央集权,都是一个成功的措施。正因为如此,内阁制度在永乐年间一经确立,后世皇帝便相沿不废了。

随着内阁权势的提高和阁臣品位的尊崇,阁体内部也发生了变化。内阁大学士多时达六七人,最少也有二三人。仁、宣年间,内阁权力集中在“三杨”(杨士奇、杨荣、杨溥)手中,其他阁臣的权力不能与之相提并论。明中叶后形成的“首辅”制度,实际上此时已初见端倪。后来,在主持票拟和处理其他政务时,往往根据阁臣入阁的先后、资历的深浅,以及皇帝的旨意等,在阁臣中挑选一人担任内阁首领——首辅。首辅之下为“次辅”或“次揆”,其余的大学士作为他的助手,号称“群辅”,权力远较首辅小得多。

此时的首辅品位尊崇,权大势重,恍若汉唐时期的宰辅,所以内阁首辅号称“无宰相之名,有宰相之实”。不过,虽然后来在入值阁臣中也曾出现过权力很大,与历代丞相颇为相似的内阁首辅,但明代的内阁制度与先前的丞相制度毕竟有着本质上的区别。首先,丞相具有裁决机宜的执行权,遇事可以上奏执行,甚至可以先斩后奏;而内阁辅臣却没有汉唐宰相的实权,事无巨细都要秉承皇帝的旨意,请旨定夺,一切都遵照皇帝的意见拟具出办法,等批准后才能据以领旨颁行。换而言之,内阁对于朝政国事并无独立的裁决权,而是奉诏办事,其职掌实际上并没有超出翰林的职责以外,也从未改变其“侍从左右,以备顾问”的身份。从本质上看,明代的阁臣事实上还是文学侍从之臣,做着翰林分内应做的事情。丞相拥有法定的权力,而阁臣包括首辅在内,只备皇帝“顾问”,其权力的大小,完全取决于皇帝对他们眷顾的程度,故而明代阁权的轻重大小一直处于飘忽不定的状态中。其次,在历代中央集权制度下,“统理政务,统率百官”的丞相是法定的最高行政长官,有自己的相府以及诸多僚属。在明初,丞相府称为中书省,省中有左丞、右丞和参知政事等属官,六部为其直接的下属机构。而内阁则不同,它不是法定的最高行政机构,首辅亦非法定的最高行政长官,六部更不是它的法定直接下属,阁臣的品秩有的甚至比各部尚书还要低。再次,先前的宰相身处一人之下、万人之上,只有位极人臣的人才能跻身相位;但阁臣却不一定,起初各类学士的品秩才区区五品,甚至更低。之后，阁臣体制虽然渐趋尊贵，入阁的人往往是先被任命为礼部侍郎或尚书，再以兼任某某大学士的身份入阁参预机务，但入阁者品秩有高有低这一特点却与明朝相始终。此外，丞相历来有着定员定制，而阁臣则无定数。丞相通常是左丞、右丞各一人，最多时不过再加一两个；而阁臣则不然，在明朝中后期，人数少的时候只有一人，多的时候可达十余人。内阁始终不是中央一级的正式行政机构，与六部并没有任何隶属关系，内阁大学士兼尚书只是虚衔，不许实际掌管六部的事务，内阁并无对部臣发号施令之权，更无直接任免官吏的权限。

从以上区别我们可以看出，内阁显然是皇帝加强专制独裁的工具，它是明朝统治者惟恐皇权旁落并试图解决皇权与相权矛盾的有力措施。明代以内阁制度取代先前的丞相制度，反映了中国封建社会后期皇权高度强化的趋势。

废除丞相制度后，君权和相权的矛盾基本解决。君权独大，这对于明朝朱姓江山的稳固是极为有利的。在明朝将近 300 年的历史中，前后在位皇帝达 16 位，其中有几位是幼年登极，有几位是多年深居内宫，不理朝政。但尽管如此，君权还是极为牢固，并不曾出现权倾一朝、觊觎皇位的人物。其中的原因自然与丞相制度的废除有莫大关系，但阁臣作用较之丞相的弱化也是一个重要因素。

明代阁臣绝大多数是由进士而翰林，然后再受命入阁。这些人的人生道路往往是靠读书铺砌的，一生久在翰苑，舞文弄墨，总体上缺少政治实践经验和政治手腕。像“三杨”、严嵩、张居正那样的阁臣毕竟是凤毛麟角。即便是张居正这样的权臣，最后也落得个满门抄斩之祸。其他的内阁辅臣大多则碌碌无为，只知恪守皇明祖训，极少勇于任事之人。于是，明代关于内阁首辅就出现了许多绰号，如“纸糊三阁老”、“万岁阁老”、“刘棉花”、“伴食中书”、“青词阁老”、“土木偶”、“魏家阁老”、“门生宰相”、“清客宰相”等等。譬如“纸糊三阁老”、“万岁阁老”指的是明宪宗成化年间同值入阁的万安、刘吉、刘珝3人。万安是当时的首辅,他是靠巴结宦官养子得以举荐入内阁的。入阁后,不学无术,日事请托,整天忙于结交内宫太监作内援。成化七年(1471年)出现彗星,群臣多言此乃君臣之情不通所致,强烈要求宪宗及时召见大臣议政。宪宗畏惧天命,只得很不情愿地召见大学士彭时、商辂和万安等人。刚刚没说两句话,万安就顿首高呼“万岁”,想要退出。彭时、商辂不得已,也只好叩头而退。对此,中官嘲讽朝臣们说:“你们这些人一直说皇上不召见,等见了面,却只知道高呼万岁罢了。”后人有《万岁阁老》诗曰:

紫微垣旁彗星见,
群臣请对文华殿。
群臣乃受阉宦欺,
情意未洽休尽辞。
一言不合叩头退,
若辈只知呼万岁。
噫吁嘻!
传言绝倒万岁阁老,
安小人不足言,
彭公、商公何草草。

万安诸人见到皇帝,只知道高呼万岁。朝野一时传为笑谈,谓之“万岁阁老”。万安的同党刘吉,也是善于专营取巧的人。此人时常被言官参奏,但却从未倒台。据内阁18年,人称“刘棉花”。像这样的人入值内阁,内阁当然无法发挥应有的作用。不过,这也正是皇帝们所希望达到的效果。

万历四十三年(1615年),万历皇帝召见大学士方德清和吴崇仁。当时方德清只是唯唯叩首,并无他言,而吴崇仁更是噤若寒蝉。御史刘光复越次进言,万历皇帝勃然大怒,厉声喝令拿下,众太监一拥而上,群殴刘光复。此事发生得太过突然,吴崇仁惊恐不已,竟吓得癫痫发作,口吐白沫,大小便失禁。万历皇帝回宫后,数位太监将吴崇仁扶起,才发现这位大学士吓呆了,完全失去了知觉,直到几天后才恢复视听感觉。虽然像吴崇仁那样的阁臣毕竟是极端的例子,但大多数阁臣却和方德清类似,见了皇帝只知道唯唯诺诺,叩头高呼万岁,成为尸位素餐的“万岁阁老”。更有甚者,整天迎合圣意,撰写诗词文赋,歌颂天人感应,成为名副其实的“青词宰相”。

内阁制度发展到宣德年间后,内阁开始“票拟”。所谓“票拟”,是指阁臣将处理政事的初步意见拟具成文,奏呈皇帝的工作。这实际上就是掌握了代替皇帝起草批文意见的职权,等于直接参与了国家政事的处理。

“票拟”是内阁的最大权力,而票拟能否被批准,则取决于皇帝的“批朱”。所谓“批朱”,也叫“批红”,是指皇帝根据阁臣的票拟文件,用朱笔批复意见,或是认可,或是批驳,或是指出另外的做法,交回阁中,命其照拟。换而言之,票拟只是提出意见和方法,而批朱则是皇帝对内阁所拟意见的裁决。故而,处理政务的大权实际上仍然牢牢掌握在皇帝手中。正因为如此,即使是20年不上朝的明世宗嘉靖皇帝,也能照样“张弛操纵,威柄不移”。万历年间,范守己就曾说过,他曾在大学士徐阶处看到过嘉靖皇帝的谕札和改定的圣旨草稿,发现大学士票拟的文件全都经过嘉靖皇帝的审阅改定,有时整个文件甚至被批得体无完肤。即使所拟完全符合皇帝的心意,嘉靖也一定要修改几个字,以显示自己的“明断”。倘若有不符皇帝旨意的,则驳回再拟,再有不符,则必加申斥。所以内阁辅臣拟旨之后,无不惴惴不安。由此,范守己得出结论说:以往人们认为辅臣拟旨,几乎是擅执国柄,事实则远非如此。

事实上,执笔批朱的往往不是皇帝本人,而是司礼监大太监。内阁在票拟皇帝诏谕时,要依据皇帝口授的命令,即批朱。批朱是由宦官中的秉笔太监,将皇帝口头的指示用朱笔记录下来的,因此秉笔太监的权力很大。"口含天宪"的司礼监秉笔太监根据皇帝的旨意批答臣僚的奏章,传谕诏书,在一定程度上成为皇帝的代笔和代言人,这就为宦官借皇权操纵朝政提供了方便。但是如果秉笔太监曲改皇帝的旨意进行批复,一旦被发现就属于"矫诏"重罪,是要杀头的。

与司礼监的这种决策权相比,内阁的票拟不过是供他们参考的建议。特别是明中叶以后,皇帝往往深居内宫,不大临朝听政,而将宦官视作心腹,委以重任,故而曾几度出现宦官擅权的局面。内阁票拟也就形同虚设,诏令敕文几乎完全出于内宦之手。宦官专权是皇帝极端专制独裁的产物。而宦官之所以能够专权,是因为其中的司礼监掌管内外奏章文书,并照阁票批朱。他们往往依仗权势,擅自批答和篡改票旨。司礼监有了"批朱"权,便能代替皇帝批示内阁呈进的拟旨,这使得辅臣与司礼监内臣实际上对立于皇帝宝座的两侧,形成了宫廷和内阁相互制约的局面。司礼监代行批红,与其说是让太监代为处理国政,还不如说是利用宦官势力来牵制内阁,代表皇权监督和控制内阁的施政活动,以确保皇权不受损害和侵犯。而司礼监抓到了"批朱"权,其权力便延伸到了外廷,影响到了阁臣的职权范围。司礼监往往借此专权,操纵内阁,将自己的位置凌驾于内阁之上。清人赵翼评论说:"明代首辅权力虽重,而司礼监权力又在首辅之上。"阁臣为了保官晋秩,有时必须结交太监。如嘉靖朝的严嵩和万历朝的张居正,都是因为擅于搞好同司礼监大太监的关系而权倾朝野的。相互牵制的两方合穿起一条裤子,皇帝就必然要被蒙蔽,大权独揽的目标也就无法实现。

随着明朝中后期政治的日益腐败,皇权和阁权之间的矛盾冲突日益尖锐,宦官的权力也急剧膨胀起来。在内阁与宦官的矛盾斗争中,皇帝更加偏袒后者。明武宗就曾指责内阁大臣说:"天下事哪里都是内官闹砸的?你们阁臣办坏事的十常六七,先生辈应当有自知之明才是。"崇祯皇帝更是多次对阁臣表示:"如果各位大臣都能殚精竭虑地为国家尽力,朕怎么要依靠内臣呢?"老实讲,这几位皇帝批评阁臣的话也确实没有冤枉他们。而且在实际工作中,很多阁臣无论是从治国能力还是从道德操守来讲,都不如一些服侍皇帝起居生活的宦官。像万历时期盐监矿吏之祸,有一次万历皇帝得了重病,自以为要死了,于是连夜把阁臣叫来草拟诏书,宣布取消盐监矿吏制度。阁臣草完后准备拿到外廷向满朝官员宣读,可偏偏这时万历皇帝的病奇迹般地好了,于是反悔,叫人追回诏书。这时万历皇帝身边的一名宦官不满地说:"哪有皇帝下诏还反悔的道理。"结果叫万历皇帝听到了,大怒,要杀那个宦官。哪想这个宦官不怕死,还和皇帝理论起来。万历皇帝理亏,辩不过那个宦官,便叫人把他赶出大殿。就在这名宦官被赶出去时,先前负责宣诏的阁臣已经满头大汗地跑回来了,手里攥着那份诏书。那名宦官看到此景,气愤地对阁臣说道:"吾正欲为民除此弊政,你却把这诏书送回来了,亏你还是内阁大臣!"结果,就是因为阁臣的懦弱无能,胆小怕事,才使得税监之祸又延续了好几十年。所以说,皇帝看不起阁臣,宦官也看不起阁臣,这其中的原因更多的还得从阁臣自己身上去找。将一切罪过委于宦官专权,无疑是不公允的。

嘉靖年间,一个内侍不无炫耀地说:"昔张先生(璁)进朝,我们要打躬;后夏先生(言),我们平眼看他;今严先生(嵩),与我们拱手始进去。”从嘉靖朝三任首辅对宦官的态度变化中,人们不难看出宦官势力的上升和阁臣势力的衰微。隆庆至万历初年,徐阶、高拱、张居正等人先后辅政。当时虽说是阁权较重的时期,但徐阶却因为得罪了中官而被迫辞职;另一位高拱企图赶走司礼太监冯保,结果自己反遭放逐。而张居正因为秘密结好冯保,才得以取代高拱,成为内阁首辅。执政后,冯保贪财好货,张居正就不遗余力地设法满足他的要求,以此换得了冯保对张居正政治上的大力支持。至于后来魏忠贤专权时期,有的辅臣甚至不惜卖身投靠,成为“魏家阁老”,阁臣的权位更是为内宫所操纵。当时,凡是内阁补用的大臣,大都要取决于魏忠贤。而中官与阁臣的勾结,又必然引发党派的纷争。于慎行认为:“国朝既罢丞相,大臣体轻,以故政归宦竖,士鲜廉节。”这确实道出了当时的真实情况。

明太祖朱元璋在《大明律》中明确规定:“若在朝官员交结朋党、紊乱朝政者,皆斩,妻子为奴,财产入官;凡诸衙门官吏,若与内官及近侍人员互相交结,泄露机密,夤缘作弊者,皆斩,妻子流放三千里安置。”显然,朱元璋对朋党及内外官员勾结的打击不可谓不严,但明代党争的激烈程度却远远超过了以往历史上任何一个王朝。明代内阁中的首辅因其具有拟旨特权,以及品位尊贵、接近皇帝、裁决机宜等特点,故而成为阁臣们竞相追逐的目标。阁臣之间争夺排挤,明争暗斗,成愈来愈激烈之势,他们往往朋党台谏,拉帮结派,纷争不休,互相倾轧,欲置对方于死地而后快。特别是从嘉靖初年张璁以议礼入阁以后,阁臣间的争夺倾轧更加激烈。到了夏言与严嵩、张居正与高拱之间的争斗,则达到了高潮。阁臣之间党同伐异,拉拢言官,互相攻讦不已,进而形成了后来的门户之争。客观上讲,这种阁臣间的纷争对于皇帝的统治是相当有利的。因为阁臣之间的争斗,以及阁臣与宦官之间的争斗,都使得任何一方可以彼此牵制、制约,皇帝则高高在上,处于平衡位置,统治起来就更加安全、省力,皇位也就自然而然地巩固了。明王朝之所以能维持近 300 年的统治,与这种相互制约的制度安排不无关系。但是到了明朝晚期,阁臣之间的党争搅得国无宁日,而皇帝又多无能,不能掌控政局,最终导致国势日衰,走向灭亡。正因为这样,晚明思想家黄宗羲认为:“有明之无善治,自高皇帝罢丞相始也。”

三二　将削藩进行到底

建文帝削藩，惹出了一场全国性的战乱，还丢了皇位。明成祖即位后，也深感藩王的危害，认为这是他加强中央集权的重大障碍。即位之初，明成祖对藩王们恩遇有加，但不久就开始了大刀阔斧的削藩行动。有些藩王还想走明成祖的老路，阴谋反叛，但明成祖毕竟不是建文帝，这些阴谋最终都归于失败。

当朱棣进入金川门后，马上派士兵将周王和齐王保护起来。一开始，这两位王都很惊慌，以为要把他们拉出去杀掉呢。后来得知这是朱棣来解救他们了，才转忧为喜。他们把朱棣的胜利看成是自己的胜利，以为往日的权势和荣华富贵都会失而复得。但令他们没想到的是，他们的这位"大兄"是一位比建文帝更加坚决的削藩派。只是因为他刚进京师，帝位未稳，还需要这些藩王的大力支持，而且自己是举着反对建文帝削藩的旗号起兵的，不能马上进行削藩。所以为了表现出与建文帝的明显不同，朱棣才暂且对诸位藩王进行了安抚。

明成祖一即位就宣布，凡是被建文帝削去王号爵位的藩王，一律恢复旧爵位。这样，周王、齐王、代王、岷王都恢复了往日的旧封。湘王则因为在建文帝时自焚而死，建文帝给他的谥号为"戾"，明显带有贬意，明成祖则将其改为"献"，这就含有褒义了。

不仅这些王都恢复了往日的爵位，就是他们遭到牵连的部下也都官复原职。《明太宗实录》上写道："文武官员，军民人等，连累致罪者，官复原职。已故者，文官优免其家差役，武官子孙承袭。民充军者，复还原籍为民；军发边远者，仍还原卫。"另外，明成祖还为各王府增置了宾辅、伴读、伴书等，提高了王府的待遇。明成祖即位时正值盛夏，南京城酷热难当，明成祖就让在京的诸王不必每日上朝，而改为三日一朝，以示优待。诸王府除了嫡长子承袭王爵外，其余诸子则随着宗室关系的亲疏远近，按规定封为将军、中尉等职，明成祖也为他们提高了品级。这样一来，宗室成员都因为明成祖即位而得到了不少好处。

对于宁王朱权，明成祖在起兵不久就收编了他的部下。当时答应他，说是事成之后和宁王平分天下。现在大事成功，明成祖当上了皇帝，却没有兑现显然也无法兑现先前的承诺，而将宁王改封到了南昌。

明成祖还时不时对诸王进行慷慨的赏赐。其中，对他的同母兄弟周王的赏赐最优厚。例如，明成祖刚即位，就赏赐给周王钞 21000 锭。第二天，也就是七月九日是周王的生日，明成祖又赐给周王生日礼物，共计有"冠一，通天犀带一，彩帛三十匹，金香炉、盒各一，玉观、金铜佛各一，钞八千锭，马四匹，羊十只，酒百瓶。"这种礼遇是别人所不敢想象的。

谷王因为迎驾有功，明成祖"赐谷王穗乐七奏，卫士三百，金、银枪，大剑，金三百两，银三千两，钞三万锭，马四匹，金笼鞍辔二副，岁增米三千石。"与此同时，明成祖又"赐周王橚钞八万锭，齐王榑二万锭。"另外，建文帝时期一般不准诸王进京，明成祖则一改建文帝的做法，允许诸王时而进京朝觐。这也是明成祖安抚诸王的一个手段。

但是，诸王们很快就发现，他们在明成祖手下只能安分守己，奉公守法，不能骄恣放纵，更不能干任何危害皇权的事情。否则明成祖削起藩来比建文帝更加坚决果断。中国古代皇位继承制度中的嫡长子继承制或兄终弟及等制度本身就是为了确立唯一正统的继承者地位，确立继位者的权威和不可动摇的地位，否则古代各王朝还真不知要上演多么复杂的历史活剧呢！

正因为明成祖打破了大家公认的制度，所以他要说服众人承认其权威就必须调动更多的手段，费了大劲还可能效果不好。几乎就在明成祖对诸王安抚的同时，明成祖就严密注视着诸王的表现。但事实上，这些藩王中只有极个别的人表现还算好。例如封到四川的蜀王朱椿，平时喜欢读书，雍容好儒，谨守礼法，为当地百姓做了一些好事，其余的藩王可以说都有不法行为。轻者骄纵放荡，危害地方；重者则暗养勇士，阴谋夺位。对于前者，明成祖赐书斥责一番也就完事了。但对于后者，即那些阴谋夺取皇位的藩王，明成祖则断然予以削除其王爵，有的革去护卫，仅仅保留一个王的空头衔，有的则彻底废为庶民。

宁王朱权的三护卫都是剽悍的骑兵，为明成祖立下了汗马功劳。明成祖即位后，不仅没有和朱权"中分天下"，甚至连一个比较好的封地也没有给他。宁王自然不敢提中分天下的事，一开始只是要求封到苏州。明成祖以苏州乃京畿之地，没有答应他。朱权又请求封到钱塘，明成祖则说，他们的父皇曾打算封五弟（即周王）到钱塘，也没有答应宁王的要求。最后经过一番讨价还价，将宁王改封到了南昌。当时南昌还是比较荒凉偏僻的地方，宁王自然是快快不乐。他于永乐元年二月就封，当年就有人告发朱权有诽谤罪。宁王听说后非常害怕，但明成祖派人来调查，并没有找到什么真凭实据，又看见宁王那么担心害怕，似有悔意，就没有深究。从此以后，宁王便开始韬光养晦，终日以琴棋书画自娱，终永乐一朝，总算相安无事。不过到了明武宗的时候,宁王的后人朱宸濠还是发动了叛乱。

代王朱桂曾被建文帝废为庶人,明成祖恢复了他的爵位,让他于永乐元年正月回到原来的封地大同。不久,明成祖就听说他有骄纵不法的行为,于是赐玺书警告他说:“闻弟纵戮取财,国人甚苦,告者数矣,且王独不记建文时耶?”代王接到玺书后仍然不思悔改,反而变本加厉。告发他图谋不轨的人列出了他的三十二条罪状,明成祖于是召他入京。代王不来,明成祖再召,代王只得硬着头皮上路。走到半路,明成祖又派人将他遣回原地,但已经削去了他的三护卫士兵,只给校尉 38 人作为他的随从。此时距代王恢复旧爵还不到半年的时间。

齐王朱榑在建文帝时期也被废为庶人,明成祖恢复了他的爵位。但是齐王大难不死后,仍然是恶习不改,“阴畜刺客,招异人术士为咒诅,辄用护卫兵守青州城,并城筑苑墙,断往来,守吏不得登城夜巡。”两个地方官向明成祖上书告发齐王的不轨行为,齐王闻知后,将两人杀掉灭口。永乐三年,又有人告发周王不法,周王遂上书谢罪。明成祖将周王谢罪的文书交给齐王看,就是暗示齐王,要他自己早点来向自己谢罪,不要逼他朱棣到时候六亲不认,严惩不贷。第二年五月,齐王来到京城。于是有不少人乘机弹劾齐王的罪行。齐王却当廷蛮横地喊道:“奸臣喋喋,又欲效建文时耶!会尽斩此辈。”明成祖听了齐王这番大不敬的话,十分气愤,断然将其禁锢在南京,革去他的三护卫,将齐王和他的子孙都废为庶人。

岷王朱楩在建文帝时期也被削去封爵,明成祖恢复了他的爵位。当时,西平侯沐晟向建文帝奏报岷王的不法行为,使其被废为庶人。这时岷王又恢复了爵位,因此十分痛恨沐晟。岷王恢复爵位后,仍然是恶习不改,明成祖赐书劝谕,要他不再胡作非为。同时,也戒谕了沐晟一番。但岷王根本就不思悔改,整日沉湎于酒色之中，还擅自收缴诸官衙的印信，随意杀戮地方官民。明成祖得到禀报，十分恼怒，命令夺其册宝，但不久又还给了他。这主要还是因为岷王在建文帝的时候就被废黜，刚刚恢复王爵不久，如果再次废黜，明成祖于心有些不忍。可是岷王对明成祖的一番苦心毫不领情，仍旧是怙恶不悛，这一下子可把明成祖给惹火了。于是一道圣旨下来，岷王被“削其护卫，罢官属”。一夜之间，岷王就又从高高在上的王位上跌落尘埃，成为一介平民，再也无法作恶了。永乐六年（1408 年），与岷王被废大体同时，封在兰州的肃王朱楧也被废掉。

周王橚也是一个不安分的人。建文帝时期，长史王翰就多次劝说他，他都不听，王翰于是假装发狂，离他而去。周王的次子汝南王朱有爋向建文帝告发，说他父亲有谋反的行为，致使周王被废，禁锢于南京。明成祖念其是自己的同母兄弟，对他格外优厚。不仅恢复了他的爵位，还给他增加了禄米五千石，并且让他回到自己原来的封地开封。周王说，开封临近黄河，为河患所苦，他不想呆在开封，请求明成祖将他改封到其他的地方。明成祖于是命人在洛阳为他建造新的王府，准备将他改封到洛阳。但是不久，周王又说开封的河堤已经加固了，请求再修一下开封的旧宫，以节省费用，明成祖又答应了他。但是，这次周王还是不接受上次的教训，再次违反礼法，擅自在他的封地以外州县张贴榜文，号令地方。地方官将周王的榜文抄下来报告给朝廷，明成祖知道后，于永乐三年（1405 年）七月赐书切责，要他“行事存大体，毋贻人讥议”。永乐十八年（1420 年）十月，有人告发周王又准备谋反。明成祖遣心腹前去侦察情况，得到了证据，于是在第二年二月将周王召到京师，把别人揭发他的罪状让他自己看。周王无言以对，只有磕头求饶。明成祖训诫了周王一番后，还是放他回自己的封地了，但却革去了他的三护卫。没有了军队，周王就是再有天大的胆子,也没有了谋反的本钱。这样既保证了明成祖的皇位稳固,也照顾了兄弟之情。周王在明成祖的众多兄弟当中还算是比较好的一个,读过圣贤书,又有才能,还喜欢搞些发明创造。就是这样一个有才干的藩王都是这种样子,其他素质低下的藩王是什么样子就可想而知了。

谷王朱橞因为有金川门迎降之功,得到的赏赐特别的丰厚。明成祖将他改封到长沙,每年增加禄米两千石。但是不久,谷王就居功自傲,在封国中骄横不法。忠诚伯茹常有一次路过长沙,没有去拜谒他,他便怂恿陈瑛弹劾茹常无礼,迫使茹常服毒自杀。朱橞在长沙当地兼并民田,侵吞公家税款,擅杀无罪之人。他的长史虞廷纲多次规劝,结果他不但不听,反而大光其火,反诬陷虞廷纲诽谤,将其磔杀。此外,谷王还招纳亡命之徒,教他们练习兵法战阵,制造战舰兵器。他还大建佛寺,找来1000多名僧人为他念咒语祈福。此外,朱橞还利用占卜和谶纬迷信,宣称自己是明太祖的第十八子,当主神器。而实际上,他是朱元璋的第十九子。因赵王朱杞早死,所以他就自称为第十八子。朱橞当皇帝心切,打算借元宵节献灯的机会,挑选死士随其入内宫,伺机发动政变。朱橞致书蜀王,字里行间多有起事的隐喻,蜀王回书,对朱橞进行了严厉斥责。不久,蜀王的儿子崇宁王朱悦燇因犯罪,逃来长沙避难,藏在谷王朱橞的住处。谷王朱橞乘机广布谣言,说:“往年我开金川门,出建文君,今在邸中。我将为申大义,事发有日矣。”朱橞的部下张兴赶紧密报朝廷,蜀王也上书告变。永乐十五年,明成祖接到报告,决定召谷王朱橞入朝,数其罪过。谷王无言以对,只得“伏地请死”。不过,明成祖并没有杀他,而只是将他和他的两个儿子废为庶人。朱橞阴谋打着建文帝的旗号进行谋反活动,因此殃及建文帝的弟弟允熥。当时,允熥是建文帝唯一还活在世上的弟弟。明成祖害怕还有人借他之名搞政变，就暗中派人将他杀了。

明成祖由藩王起家，深知藩王对皇权的危害，所以他对藩王进行了严密的监视。除了上面提到的几个王外，还有一些王被朱棣以各种理由、各种方式给废掉了。例如，秦王的儿子隐王朱尚炳，因称病不迎接朝廷使者，被明成祖赐书切责。他吓得赶忙到京师谢罪，结果因为心慌恐惧，给吓死了。朱尚炳的弟弟安定王朱尚炌，阴谋夺位，让人给他占卜算命，说他应当登极作皇帝。于是朱尚炌招兵买马，拟造印信，准备谋反。东窗事发后，朱尚炌被废为庶人，罚往泗州守祖陵。辽王朱植在建文帝时改封荆州，明成祖因他未支持自己，即位后将他的护卫削去，只给他保留一个空的辽王头衔。建文帝出逃时，还有两个弟弟留在南京。明成祖即位后，为了以示宽容，一开始还给他们二人王号，封到较偏远的地方。但不久就把二人召回京师，禁锢于凤阳，将其囚死。

总的说来，明成祖削藩比较顺利，不像建文帝那样一波三折。其一，是因为建文帝已经开了削藩这件事的头，为明成祖提供了一些有利条件。其二，从心理上看，在雄才大略的明成祖面前，既便是有的藩王想反抗朝廷，也没有成功的可能性，倒不如安安稳稳作一个没有实权、让明成祖放心的太平王。其三，也是最重要的原因是，建文帝优柔寡断，削藩态度不坚决，策略也频频失误，而明成祖则坚决果敢，雷厉风行，策略得当。所以明成祖的削藩行动获得了成功。

在削藩的同时，明成祖还加强了对诸王的控制，也就是后来所说的“藩禁”。这类藩禁在洪武、建文时就已经有一些规定出台了，但是自明成祖以后，对藩王的禁律就更多了，而且更加严厉。

从永乐三年开始，明成祖就不断训诫诸王，要他们老老实实奉公守法,以保全亲亲之谊。永乐三年五月,明成祖赐书,训诫诸王说:“虽不敢亏亲亲之私恩,亦不敢废天下之公义。……诸弟侄亦惟常念皇考之法俱在,各尽乃道,共保富贵。”同年十月,明成祖乘赐诸王《皇明祖训》之机,再次向诸王表示,自己不是宋太宗,诸王也不要当“汉七国”。但历史事实证明,诸王中想当“汉七国”的可不在少数。这些皇位觊觎者中,有的是有心没胆,有的是试了一下,就很快被明成祖严加处置了。在对待藩王的问题上,明成祖的做法与其说像宋太宗,倒不如说像汉武帝,都是通过恩威并施的手段,彻底消除了藩王之害。

大致上看,明成祖加强藩禁的措施主要有以下几点:

一是将边塞掌握重兵的藩王迁封到内地,削减其护卫军兵。明初藩王中,势力最强的当属燕王、宁王这几个“塞王”。因为他们有防御边疆的重任,所以不仅自己控制的护卫军兵多,而且还有权节制所属军区其他军事将领的军队,因此对朝廷威胁最大的也是这几个“塞王”。建文帝时期就把几个塞王迁往内地。如辽王朱植,原来封在广宁,建文帝将他移往荆州。肃王朱楧也从甘州移往兰州。明成祖即位后,虽然恢复了诸王的旧有爵位,但已经移往内地的藩王不许回到原地,而且还把原来封在宣府的谷王移往长沙,宁王也从大宁改封到南昌。原来一般的藩王都有三护卫,直接控制的士兵多达15000多人,这对朝廷和皇权来说是个实实在在的威胁。明成祖就用各种方法将藩王的护卫削减。有的将其护卫尽削,有的只保留一护卫,还有的则只留几十个随身听用的人,以备藩王日常使唤之用。

二是禁止诸王节制武将,将军事指挥权重新收归朝廷。行军打仗,由朝廷任命将领负责指挥军队作战。

诸王可以节制武将的局面是在洪武朝时期形成的。尤其是像燕王那样的几个“塞王”,一旦边境有事,就连傅有德这样的元勋宿将,也要听藩王的节制。这是一种相当大的权力,也为诸王提供了培植自己党羽、拥兵自重的土壤。建文帝当政时就曾经明文规定:“亲王不得节制文武吏士”。只是这个规定还没有形成一种制度,而且也没有切实可行的具体措施。不过,明成祖却将建文帝的这一思想进行了有力的发展。明成祖陆续把靖难功臣派往各地,让他们指挥当地的军队,明令诸王不得干预。他命左都督刘贞守辽东;何福充任总兵官,佩征虏大将军印,镇守陕西、宁夏;武安侯郑亨充总兵官,驻扎宣府备御。北平虽然有他的三子朱高燧驻守,但明成祖仍然任命靖安侯王忠前去节制诸军。这样,自明成祖以后,诸王节制武臣、指挥军队的权力就消失了。同时,明成祖又设立京军三大营,强干弱枝。至此,藩王尾大不掉的局面才结束。

三是禁止藩王干预地方事务。这个规定最早是从洪武末年开始出现的,建文帝时期又加以重申。但那个时候,由于藩王的实际权力很大,即便是皇帝明令禁止藩王干预地方事务,藩王干预地方事务的情况还是时常发生。明成祖本身就是藩王出身,深知其中的弊端,于是在他即位不久,就宣布:“自今王府不得朝命,不许擅役一军一民,及领一钱一物,听从者有罚。”这实际上就是告诉地方官,不要听任藩王干预地方的事务。为此,明成祖还明确规定:“事干王府者,遵祖训,启王知之。有司令行事务,不许一概启请,推托利害。若王府事有相关,即遣人驰奏,不得报而擅承行者,论以重罪。”但即便是这样的严令,永乐三年还是发生了周王府在地方州县张贴榜文的事件。为此,明成祖赐书严加训斥:“朝廷与王府,事体不同,(王府)长史专理王府事,岂得遍行号令于封外,与朝廷等?一家有一家之尊,一国有一国之尊,天下有天下之尊,卑不逾尊古之制也。今贤弟居国,如诸子擅行号令于国内,其亦可乎?”周王是明成祖的同母兄弟,尚严防他干预地方事务,其余诸王就更不许这样做了。

明成祖削藩的手段确实比建文帝高明,也显得从容不迫。他对诸王先是戒谕,晓之以理。对有异谋者则果断地削去护卫,废为庶人,让其成为光杆司令一个,使其无法兴风作浪。经过明成祖这一系列的处置,从根本上改变了藩王权力太大的局面,使他们难以再危害朝廷。自明成祖以后,觊觎皇位的藩王不乏其人,有的还搞了点小动作,但都没能成气候。

颇具讽刺意味的是,由建文帝开始的削藩大事,竟然最终由靠藩镇起家的明成祖完成了。此后,宣德年间,又陆续出台了一些新的禁藩规定。例如,凡是皇族成员不得参政、出仕,也不得从事士农工商等行业,出城不得二王相见,严禁与官府交结等。到了明朝中期,甚至还规定禁止藩王入朝。这样,明朝宗室成员就成为徒具虚名,耗费国帑的寄生虫。明成祖时这类寄生虫还不多,社会问题也还不大,但是到了明末,这些人达到 30 万之众,于是成为国家财政上的一个大包袱,也带来了一系列的社会问题。

三三 永乐的两条恶犬

明成祖知道自己的皇位来路不正，有很多的人或明或暗地反对他当皇帝。虽然经过几次大规模的诛杀，朝中已经没有什么人敢公开反对他了，但是他觉得仍不能保证所有人都对自己忠心。为了巩固自己的帝位，强化中央集权，明成祖便千方百计地监控臣下，任用酷吏来打杀异己，其做法与唐代武则天使用酷吏周兴、来俊臣如出一辙。基于明成祖的政治需要，于是在永乐年间应运而生了一批这样的“恶犬”，其中最著名的就是纪纲和陈瑛。

纪纲，临邑人，曾经和高贤宁拜王省为师求学。燕军南下的时候，王省为建文帝守节自杀，高贤宁则帮助铁铉防守济南，写过《周公辅成王论》一文，望燕王朱棣罢兵停战。但是纪纲却是另外一种人。他为人不守本分，在王省门下读书的时候经常惹事生非，劣迹斑斑，后来被王省赶出了门下。不过令人们想不到的是，就是这个品行不端的纪纲，后来竟成为明成祖镇压臣民的得力鹰犬。

当年燕王率军南下济南的时候，纪纲这个平头百姓竟然毛遂自荐，拦住燕王的马，请求报效。朱棣和他一番交谈后，觉得这个人还挺精明的，加之又善骑马射箭，于是就将他留在了身边。纪纲很会领会主人的心意,因此很得燕王的欢心,不久就被提升为"忠义卫千户"。明成祖即位称帝后,更是升任他为"锦衣卫指挥使",将这个明朝最重要的情报特务机关交由他负责,这是对他莫大的信任。而恰恰是在锦衣卫的任上,使得纪纲的特务天赋获得了淋漓尽致的发挥。

锦衣卫是在朱元璋时期设立的,为亲军第一卫。锦衣卫不仅掌握侍卫之权,而且还负责侦察缉捕的工作。锦衣卫还掌管诏狱,主要负责关押朝廷中犯事的大臣,所以朝中大臣心里都很害怕锦衣卫的人。纪纲按照明成祖的授意,"广布校尉,日摘臣民阴事"。然后向明成祖汇报。明成祖再将这些对他不忠心的人交给纪纲去处治。纪纲对明成祖交办的案件和犯人必加以严惩,迫使那些人屈打成招,承认他们对明成祖的不忠和谋逆。这样,明成祖感到纪纲对自己很忠心,很快又提升他作都指挥佥事,仍兼管锦衣卫。如此一来,纪纲就更加权势熏天了,但凡和他有过节的人,都难逃他的毒手。

明代很有名的一名廉吏周新就死在了纪纲手里。有一次,纪纲派一个锦衣卫千户到浙江办事。这个千户到了浙江后作威作福,广收贿赂。周新当时是浙江按察使,就准备逮捕这个千户。可惜事情泄密,这个千户提前得到消息跑掉了。过了几天,周新因为公事到南京出差,路过涿州时偶然遇到了这个千户,周新立即命人将他逮捕,关进涿州监狱中,然后继续赶路,准备办完公事后再回头处理这个千户。没想到,周新前脚刚走,这个千户就被从涿州大牢里放了出来,抢在周新之前赶到了南京,向纪纲恶人先告状。纪纲于是诬陷周新,弹劾他犯有多项罪状,对明成祖不忠。明成祖最忌讳别人对他不忠心,听纪纲这么一说,勃然大怒,立即命令逮捕周新,交由锦衣卫处置。负责押送周新的旗校都是锦衣卫的人员,在纪纲的指示下,这些人在路上就把周新打得体无完肤，奄奄一息。周新知道自己是被诬陷了，于是当廷抗辩，结果更加惹恼了明成祖，被当场拖出午门斩首。直到后来纪纲获罪被杀后，周新才得以平反昭雪。

永乐朝作为“内阁七学士”之首的解缙也是死在纪纲之手。解缙自恃才高，勇于任事，喜欢对朝中的大臣们说长道短。在定立储君这件大事上，解缙明确支持皇长子朱高炽，遭到了汉王朱高煦的忌恨。后来，朱高煦借故将解缙逮捕下锦衣卫诏狱。负责审问解缙的纪纲严刑拷打逼问，解缙熬刑不过，只得按照纪纲的意思诬陷其他朝臣。于是八九位大臣被牵连其中，都被逮系诏狱。其中5个人死在狱中。有一次，纪纲上诏狱囚籍，明成祖看到还有解缙的名字，就说道：“(解)缙犹在耶?”纪纲马上明白了明成祖的意思，当天就用酒把解缙灌醉，然后埋在积雪里，将其活活冻死。可怜一代才子解缙，就这样死于非命，死时年仅47岁。

除了替皇帝清除异己分子格外卖力外，纪纲谋财害命的手段更是阴险毒辣。他如果要处死一个人的话，就先把他领到自己家里，让他先洗个澡，再设酒席让他好吃好喝一顿，然后假装说要到皇帝面前为他开脱，借机索取财物。等到这人的家产快用尽的时候，突然将这人杀掉。这样，纪纲既受了贿，又杀了人，还在明成祖面前显示了忠心和才干。在纪纲掌管锦衣卫期间，臣僚被残杀者不计其数。纪纲的官阶虽然不高，但朝中大臣都很怕他，就是那些王公元勋都以明哲保身为主，不敢招惹他。

都督薛禄是跟随明成祖靖难的功臣，官阶远在纪纲之上。有一次，纪纲想买一个女道士作妾，结果却被薛禄抢了先。纪纲很恼火，在内庭遇上薛禄，突然用铁挝打过去，结果薛禄被打得头骨破裂，几乎丧命。可就是这样，薛禄也对纪纲无可奈何，只能吃哑巴亏。都指挥哑失帖木儿有些不识时务，自恃与纪纲是同级官员，在路上遇到纪纲也不避让，纪纲就找了个借口将他捶杀了。

明成祖用纪纲监控臣下，满朝文武都知道纪纲是一个惹不起的坏家伙，于是纪纲的胆子越来越大。明成祖选妃，纪纲居然把最好的女子留下来供自己玩乐，而把姿色稍差的给明成祖。纪纲居然胆大妄为到了占明成祖的便宜，这就为他自己埋下了覆灭的祸端。

永乐十四年(1416年)七月，明成祖觉得对自己不忠的异己分子已经被清洗得差不多了，不再需要纪纲这条走狗了，便以谋反罪将纪纲磔杀于市，以消天下人之怨。这只横行了十几年的永乐恶犬，最终也没逃脱兔死狗烹的下场。

永乐的另一条恶犬陈瑛跟纪纲不同。纪纲是特务头子，专门在暗中侦察臣僚的一举一动，而陈瑛则是掌管都察院，名正言顺地负责纠劾百官，是公开监督臣僚的人。

陈瑛是滁县人，洪武时为御史，建文初年调任北平佥事。后来有人告发他私受燕王金钱，与燕王有勾结，于是被建文帝逮捕治罪，谪贬到广西。明成祖即位后，召他作都察院左副都御史。陈瑛天性残忍，受到明成祖宠信后，更是将他为人刻薄寡恩的性格发挥到极致，“专以搏击为能”。他一上任就接二连三地弹劾建文帝时期的旧臣十余人。像侍郎黄观、修撰王叔英等，不仅本人被诛杀，就连妻子儿女，宗族亲属都受到牵连，被流配边地。大理寺少卿胡闰和其儿子也都死在陈瑛的手上，受牵连的有数百家，“号冤声彻天。两列御史皆掩泣，(陈)瑛亦色惨”。虽然陈瑛自己都觉得做得过分了，但是他还是对自己的同僚说：“不以叛逆处此辈，则吾等为无名。”这话就反映了陈瑛的真实心态，那就是如果不把建文旧臣定为“叛逆”的话，那自己就会遭到明成祖的处置。所以，只有对这些人严厉地惩治，才能在明成祖面前显示出自己的忠心。正是在明成祖要秘密地清算建文旧臣的政治大环境下，掌管都察院的陈瑛才敢如此行事。为了保住自己的脑袋和乌纱帽，他也只能让那些无辜者作替罪的羔羊了。

陈瑛善于察颜观色，落井下石。永乐三年(1405年)二月，北京刑部尚书雒佥上书，说："朝廷用人宜新旧兼任。今所信任者，率藩邸旧臣，非至公之道。"这句话刺中了明成祖的痛处，使他极不高兴。但是明成祖又怕被人说自己容不得不同意见，所以当时并没有治雒佥的罪。陈瑛知道这事后，觉得有机可乘，便火上浇油，马上弹劾雒佥，说他"居官贪婪暴虐，擅作威福十数事"，甚至说雒佥的妻子也在家乡勒索财物，强买货物。于是明成祖便以这些罪名将雒佥处死。一个多月后，陈瑛又弹劾工部尚书黄福，说他"不能存恤工匠"。黄福是建文旧臣中被列为奸恶的29个文臣之一，但他没有做什么与明成祖为敌的事情，后来又归降了明成祖，所以明成祖仍然重用了黄福，让他担任工部尚书。这时，因为陈瑛的弹劾，明成祖遂将黄福降一级使用，改任北京行部尚书。当时南京还是正式的都城，北京称为"行在"，也有一套行政机构在运作，在北京任尚书的人就被称做"行部尚书"。黄福还算幸运，只是从南京的工部尚书调到了北京行在做工部尚书，官位比原先降了一级，但毕竟保住了脑袋。

永乐四年(1406年)三月，嘉兴知县李鉴奉命籍没"奸党姚瑄"，没有将姚瑄的弟弟一起逮捕。陈瑛就弹劾李鉴，说他对应当连坐的人没有逮捕，应予治罪，并将李鉴逮送京师。李鉴向明成祖解释说，都察院行文中只有姚瑄的名字，没有他弟弟的名字。幸亏明成祖明察，说李鉴是出于慎重的缘故，才没有治李鉴的罪。但这件事却表明陈瑛是何等的刻薄。

陈瑛是永乐元年被提升为左都御史的，成为掌管都察院的第一号人物。在他任职的9年时间里，其主要的活动就是以各种借口清洗建文帝旧臣，包括那些归降后受到明成祖重用的大臣。《明史》上说："都御史陈瑛灭建文朝忠臣数十族，亲属被戮者数万人。"这并非是夸大其词。

还有盛庸。盛庸后来投降了明成祖，朱棣就命他镇守淮安。铁铉被抓后，明成祖又命盛庸为山东布政使。永乐元年，盛庸为避嫌，请求致仕回乡，以求善终。不久，千户王钦就告讦盛庸，虽查无实据，但王钦却因此立即被提升为指挥同知。陈瑛看出了其中的蹊跷，于是也接着上书弹劾盛庸，说他怨恨明成祖，有异谋，致使盛庸因恐惧而自杀。

陈瑛弹劾盛庸得手以后，又于永乐二年弹劾长兴侯耿炳文，说他使用的器皿和衣物上有龙凤花纹，是对皇帝的大不敬。结果，耿炳文也畏罪自杀。此外还有何福，他曾率南军与明成祖对抗。明成祖即位后，被任命镇守宁夏、甘肃等地，受封为宁远侯，还于永乐八年随明成祖北征蒙古。但就是因为在战斗中有几次没有注意到礼节，班师回朝后被陈瑛弹劾，何福被逼上吊自杀。茹常是最早迎降并劝明成祖早继大统的人，被明成祖封为忠诚伯。但是他也没能逃过陈瑛的魔爪。陈瑛弹劾他，说他的府第规制违背祖制，于是将其逮捕，交由锦衣卫处置。茹常自知不能幸免，便服毒自杀。

梅殷是明太祖的驸马，但因为原来忠于建文帝，陈瑛也就毫无顾忌地对他进行了弹劾。当明成祖在南京即位时，梅殷拥兵淮安。明成祖让妹妹宁国公主写血书招降夫君梅殷。梅殷见书痛哭，才决定回南京归降。入见时，明成祖亲自迎接，说道："驸马劳苦。"梅殷答道："劳而无功耳。"陈瑛看出梅殷并不甘心归附，便于永乐二年弹劾他私养亡命之徒，还和人一起诅咒明成祖。永乐三年十月，梅殷清晨上朝，路过竹桥的时候，突然被人挤到桥下溺水而死。宁国公主抓住明成祖的衣服大哭，向他要驸马。明成祖推托不过，只得把责任推在了都督佥事谭深和锦衣卫指挥赵曦的身上，将二人当替罪羊杀了。实际上，这不过是明成祖默许，陈瑛指使，由谭深和赵曦执行的一起谋杀案。明成祖就是要通过像陈瑛那样善解人意的奴才替他除掉原来和他敌对的建文帝旧臣。

胡观也是明太祖的驸马，曾经随李景隆北伐，为燕军所俘，后来归降了明成祖。永乐三年五月，陈瑛弹劾胡观"强取民间子女，又娶娼为妾"，且知道他人有异谋而不禀报。胡观自知性命不保，也上吊自杀了。

就是明成祖的心腹间谍李景隆，好景也不长。永乐二年，陈瑛就弹劾李景隆，说他图谋不轨。接着，周王朱橚、郑赐、蹇义等人也上书弹劾李景隆多有不法。但是这次陈瑛的图谋失败了，明成祖下诏"勿问"，就是不要他们追究李景隆的问题。因为明成祖虽然需要陈瑛这样的人搞掉建文旧臣，但李景隆和明成祖的特殊秘密关系却不是陈瑛这些人所知道的，所以陈瑛这次弹劾碰了个钉子。如果陈瑛知道李景隆在靖难之役中为明成祖所作的特殊贡献，以及与明成祖的特殊关系的话，那他是绝不会自讨没趣的。不过后来，李景隆还是被削夺了爵位。因为建文时期的藩王们和旧臣们都对他没有好感，于是借着陈瑛上书弹劾的机会也纷纷弹劾李景隆。明成祖考虑到一是众怒难犯，二是想永远堵上李景隆的嘴，防止他和李景隆之间的秘密曝光，遂夺去了他的爵位。不过，明成祖鉴于李景隆当年对自己做出的巨大秘密贡献，还是不忍心杀掉他，仅仅将他禁锢在府邸，直到永乐末年，李景隆才寿终正寝。

以上所举的例子都是比较有代表性的，至于其他被陈瑛弹劾而获罪的人还有很多。如顺昌伯王佐，都督陈俊、曹远，指挥王恕、房昭等等，前后有几十人因陈瑛的弹劾而获罪。当然，被陈瑛弹劾的人中确实有些人是有罪过的,但更多的人则是被诬陷弹劾的。皇太子朱高炽在监国时曾经当着陈瑛的面说:“卿用心刻薄,不明政体,殊非大臣之道。”但是因为明成祖当时正宠信他,所以皇太子对他也无可奈何。

当然,对陈瑛所作所为最清楚的就是明成祖了。只是当时他需要这样的爪牙替他进行政治清洗运动,而陈瑛就充当了这样的角色。明成祖宠信陈瑛,但是也深知其人的刻薄,所以陈瑛的弹劾奏疏并不都批准。后来,明成祖还对朝臣们说:“瑛刻薄,非助朕为善者。”后来,明成祖看到陈瑛积怨太深,而自己要清洗的建文旧臣也处理得差不多了,为平息众怒,就随便找了个借口,将陈瑛下诏狱处死。

对于陈瑛而言,他本人虽然刻于用法,但也知道自己不过是永乐皇帝的鹰犬而已,自己的性命也时时刻刻掌握在别人手中,所以为了尽可能保全自己的性命,陈瑛不敢贪财受贿。明成祖曾让解缙评论一下朝臣的短长,解缙对陈瑛的评语是:“陈瑛刻于用法,尚能持廉。”由此可见,像陈瑛这样的酷吏,虽然用法刻薄,但在自保的压力下,还不敢过分胡作非为。可即便如此,一旦皇帝觉得他们没有了利用价值,照样毫不犹豫地抛弃他们,拿他们当替罪羊。所以,作永乐皇帝的恶犬,其下场也是可悲的。

纪纲、陈瑛被处死后,明成祖为了防止酷吏和锦衣卫再胡作非为,干脆专门设立了一个以宦官为主的新的特务机构——东厂,让这些酷吏和特务互相牵制,而他明成祖则坐收渔翁之利,成为最大的赢家。

三四　厂卫特务

明成祖时，明代的特务统治非但没有削弱，反而得到了长足的发展。朱棣除了恢复锦衣卫的“诏狱”特权外，又创立了一个由太监主掌的特务机构——东厂，目的是使其与锦衣卫之间互相监督。朱棣对宦官的信任在历史上是出了名的。

《明史》记载：“明朝宦官拥有出使、专征、监军、分镇、刺民隐事等大权，均自永乐年间开始。”明朝重用宦官，在朱棣在位时已初具规模。关于“刺民隐事之权”，即指东厂的设立。永乐十八年(1420年)八月，东厂正式设立于北京东安门外，“以内监掌之，自是中官益专横，不可复制”。

东厂的使命就是“缉访谋逆妖言大奸恶等，与锦衣卫均权势”。前去主持东厂事务的宦官都是朱棣的心腹，人称“厂公”或“督主”。厂公有皇帝特别颁发的密封牙章一枚，有重要事件须上奏皇帝，以此钤封，可以不经过任何手续，直接送到皇帝手中。东厂内部机制相当简单，厂公之下只有掌刑千户一名，理刑百户一名，及掌班、领班等，东厂的骨干力量便是专门出外缉访的役长(又称挡头)，有百余人之多，每一位役长又有番子(也称番役，或干事)数人，总计东厂常年编制有1000余人。这些役长及番子原来都是锦衣卫中挑选出来的“最轻黠猾巧者”，从此可以看出，东厂的设立就是朱棣直接剥夺与制约锦衣卫力量的一种重要措施。东厂直接受命于皇帝,不听任何外廷机构的节制。除皇帝外,普天之下的百官平民都是东厂侦缉的对象。

东厂不仅在机构及人员配置上更加精干合理,而且在侦缉行动上制定了相当严密的制度。如每月初一,东厂都要集中布置当月的侦缉工作,厂役在东厂内抽签决定所负责的地盘。在文献记载中,可以发现,东厂厂役的工作种类都有特殊的名称。例如监视朝中各部官员、会审大狱及锦衣卫考讯罪犯者,名为“听记”,在各处地方官府访缉者名为“坐记”,还有某位官员有何举措,或某城门捕得要犯,胥吏记录上报东厂者名为“打事件”。

在任何时代的日常生活中,不可能时时都有惊心动魄的事件发生,无事可做的厂役们便将毫无情报价值的日常琐事记录在案,向皇帝汇报。如某地失火或遭雷击,皇帝当天也能知晓。至每月底,厂役还要特别奏报京师当月粮米油面的价格。平时,厂役番子上报事件后,厂公首先审阅,经过润色之后才上呈皇帝,但如有要事,即使在深夜宫门关闭之后,厂役也可以从门缝中塞入,宫人接到后,立即交予皇帝。因此,东厂人员高效率的工作,使深居皇宫内院的帝王对宫外发生的事情可以说是了如指掌。显然,东厂的设立使明代的特务政治发展到了一个新的阶段,朱棣在侦缉臣民隐私方面的手段超过了他的父亲。

侦缉他人隐私这种不光彩的勾当,吸引了大批地方上整日寻衅滋事的泼皮无赖,这些人自然而然地成了东厂役长、番子们的帮凶。于是他们就勾结起来,利用皇家鹰犬的身份,干起了敲诈勒索的坏事。当这些无赖打探到某家一桩隐事之后,即称获一“起数”,由番子负责向役长(即挡头)汇报,挡头则根据情报的价值支付银两,这叫“买起数”。然后,这些无赖就带领番子到这户人家周围进行监视,在找到一些蛛丝马迹后,番子们就冲入该户人家,加以拘捕审讯。如不立即交纳足够的贿金,就动用私刑，残酷折磨受害人。而且还授意被害人诬陷周围富户，如果能捞到足够钱财，即告无事，如若没有油水可榨，即交锦衣卫监狱处置，这人便再没有生还的希望了。

东厂的设立充分显示出了朱棣的过人心机。一方面，无论东厂厂公，还是下属的番子，只有侦缉权，而无权审理处置；另一方面，东厂侦缉的范围极广，但只对皇帝汇报，不受其他朝廷机构的约束，其结果是大大增强了皇帝对臣下的监视和控制，一切决定都出于皇帝本人，这样就从根本上杜绝了任何机构（包括锦衣卫）的僭越专断。因而，从这个意义上，东厂称得上是名副其实的特务机关。

永乐皇帝朱棣在位期间，锦衣卫内部的变化主要反映在镇抚司权力的膨胀。镇抚司本是锦衣卫下属的一个机构，朱棣即位后，增设北镇抚司，专门负责处理“诏狱”。纪纲事件之后，朱棣特别规定：“增铸北司印信，一切刑狱毋关白本卫。”也就是说，北镇抚司有权独立处置刑狱之事，并不必通过锦衣卫长官的许可和定夺。北司作为锦衣卫使属下的小官，自然不敢专断案件，因此朱棣特许北司可直接请示皇帝，而且锦衣卫使不得干预，这样就造成了“镇抚职卑而权益重”。朱棣的手段是相当高明的，拥有特权的镇抚司就成了锦衣卫使的制约者和监督人，锦衣卫使须时时处处提防镇抚司，自然也就不敢任意专断妄为了。因而，“诏狱”也就是镇抚司的监狱了。朱元璋晚年鉴于锦衣卫的非法行为，曾尽焚锦衣卫刑具。到朱棣登基后，不仅恢复了锦衣卫的特权，而且镇抚司监狱也成了残害臣民的人间地狱。

明人沈德符在所著《万历野获编》中细致地描述了镇抚司监狱中令人触目惊心的惨状：镇抚司狱虽名为“诏狱”，但居住条件比“三法司”监狱恶劣得多。其监牢建于地下，墙壁坚实，厚达数仞，隔音效果极佳，即使隔壁惨叫呼号，旁边房间也悄无声息。

监内人每欲买一物入狱,必经数道检查,食物往往被扣留。而且规定监内不得自己燃火,虽在严冬之际,犯人也只能吃冰冷的食物。犯人家属一概不得入内探视,只有在镇抚司考讯之时,与亲人遥望而已。另据《明史·刑法志》记载:官民被捉入镇抚司狱之后,其家属即被通告期限。如在规定期限内不能交纳足够的金银,犯人就要受"全刑"。所谓"全刑"分为5大类,即械、镣、棍、拶、夹棍。当时人称全刑为"五毒俱全",犯人受刑之时呼叫声沸然,血肉溃烂,宛转求死不得。可以说,一入"诏狱",九死一生,而且诏狱之事严格保密,家属往往不知死期。因此,每当犯人一入诏狱,其家人往往远望狱门,焚香祭祀,叩首哀号。明代诏狱之残酷,实在是中国封建帝王滥施淫威的一个突出体现。

厂卫之设,不仅仅是对封建刑法系统的破坏,其本质上是封建帝王及其爪牙实行恐怖统治的一个得力工具。

明宪宗时,发生了这样一件事,东厂番子在侦缉云南军官左升的私事时,供状所言牵涉通政使兼工部尚书张文质,由于东厂没有审讯和关押犯人的权力,于是东厂将张文质移交锦衣卫处理。对于这样一位朝廷重臣,锦衣卫校官们毫不顾忌地将其打入锦衣卫监狱,甚至连宪宗皇帝都不知道。工部尚书被擅自抓走,那工部内务如何运作？左通政何琮等人情急之下,以张文质执掌工部印玺为由,联合上书请求宽释。这时宪宗才知道张文质被逮之事,于是立即下旨予以释放。锦衣卫官以"擅捕大臣",罚俸三月,而对东厂特务却置之不问。

天启年间,宦官魏忠贤专权,东厂和锦衣卫更是肆行无忌。一次,东厂缇骑逮捕吏部主事周顺昌时,"士民拥送者不下数千人",其门人五六百人遮道喊冤,缇骑大怒道:"东厂逮人,鼠辈何敢多言!"当时有严佩韦等人挺身抗言道:"圣旨出于朝廷,与东厂何干?"缇骑大声骂道:"圣旨不出东厂,又出自何处!"这番言论激起了众怒，于是百姓群起殴打缇骑，立毙一人，其余狼狈逃窜。后来，魏忠贤逼迫地方官追究肇事者，严佩韦等5人挺身就戮，人称“五义士”。就在这一事件发生后，东厂的缇骑再也不敢出北京城了。

从根本上说，“厂卫”的设立是基于专制帝王谋求一种彻底控制臣下的权力的心理需要，因为无权的近侍及由王朝法律制约的刑法机构——三法司，都无法满足专制帝王的这一需要。正是皇帝们这种强烈的需求，才导致了明朝“厂卫”制度的兴盛不衰。每一位帝王都无意将其完全废除，这些皇帝都从“厂卫”机构中得到了自己需要的东西。从洪武皇帝朱元璋到崇祯皇帝朱由检，都没能摆脱这一心理的束缚。因为即使在专制皇权高度发达的封建社会后期，皇帝们也不能为所欲为，全无顾忌。制约因素相当之多，包括伦理道德上的以及王朝法令等，种种制约多是通过作臣子的劝谏表现出来，而这种劝谏式的反对常常使帝王们处于极为难堪尴尬的境地。而“厂卫”的设立，正好是皇帝们寻求对抗朝臣、自我解脱的绝佳手段。越是品性恶劣、行为有缺陷的皇帝，越是依赖和宠幸厂卫和太监。

三五　奴尔干都司

在中国明代，黑龙江流域和松花江流域这片黑土上生活着一个古老的民族，这就是后来建立中国最后一个封建王朝的满族。当时，由于东北交通不便，人烟稀少，经济发展一直很滞后，直到明初的时候，东北还是一派蛮荒的景象。洪武八年（1375年），朱元璋设立了辽东都指挥使司，管辖开原以南的辽东地方。洪武二十年（1387年），纳哈出率部向明朝投降，元朝在东北的军事力量被基本消灭，明朝打通了前往黑龙江流域的道路。于是招徕女真人，也就是满族人，将他们内迁，安置在东宁、三万和辽海等卫。这种做法虽说取得了一定成效，但也算不上太成功。终洪武一朝，由于各种原因，明朝始终未能在女真人的地区设置军事行政机构，东北并没有完全纳入明朝的统治范围之内。

明成祖即位后，积极对东北边陲进行全面控制和管理。永乐元年（1403年），明成祖派遣行人司行人邢枢和知县张斌前往奴儿干传谕，到吉烈迷诸部进行招抚。这次招抚工作取得了很大的成果，女真诸部纷纷前来归附。当年十一月，明成祖在女真族聚居的地方设置了建州卫（今绥芬河流域），又于十二月设置了兀者卫（今呼兰河流域）。《明太宗实录》中记载："忽剌温等处女真野人头目西阳哈、锁失哈等来朝，贡马百三十匹，置兀者卫，以西阳哈为指挥使，锁失哈为指挥同知，吉里纳等六人为指挥佥事。”这是明成祖在东北地区设置军政机构的开始。

永乐二年(1404 年),奴儿干地区诸部落首领相约一同来京,明成祖遂决定设置奴儿干卫,并任命把剌答哈、阿剌孙等 4 人为指挥同知,古胪寺等为千户所镇抚,并赐给诰印、冠带、袭服。奴儿干卫的设立为奴儿干都司的设立奠定了基础。到永乐七年(1409 年),明成祖在黑龙江和乌苏里江流域共设立了 132 个卫。明朝东北边陲出现了一个崭新的局面。《辽东志书序》中写道:“东北至奴儿干,涉海有吉烈迷诸种部落,东临建州、海西、野人女真,……永乐初,相率来归入觐。太宗文皇帝嘉其向化之诚,乃因其地分设卫所若干,以其酋长统率之,听其种牧、飞放、畋猎,俾各安其生,咸属统内。”

在这种情况下,设置更高一级的管理机构就成为顺理成章的要求了。

永乐七年(1409 年),奴儿干卫的头目来朝,称奴儿干地处冲要,宜设立元帅府,明成祖于是决定设立奴儿干都司。《明太宗实录》是这样记载的:“(永乐七年闰四月)设奴儿干都指挥使司。初,头目忽剌冬奴等来朝,已立卫。至是,复奏其地冲要,宜立元帅府,故置都司。以东宁卫指挥康旺为都指挥同知,千户王肇舟等为都指挥佥事,统属其众,岁贡海青等物,仍设狗站递送。”这是奴儿干都司设立的最原始资料。东宁卫属于辽东都司,康旺和王肇舟都来自东宁卫,他们的所属士兵也基本来自辽东都司,可见奴儿干都司和辽东都司有着非常紧密的关系。文献中所说的“狗站”是驿站的一种形式,元代就曾设立,它指的是用狗拉雪橇来传递公文贡品等。

不过,奴儿干都司并没有在永乐七年建立起来,这主要是因为北元残余势力当年大举内犯,造成了时间上的拖延。永乐七年四月,北元可汗本雅失里求杀了朝廷的使臣郭骥,并举兵东犯。于是在接下来的一个月，即当年闰四月，明成祖匆匆决定设立奴儿干都司，显然带有利用女真部落来牵制蒙古人的用意。七月份，明成祖命大将丘福率军北伐，结果丘福轻敌，全军覆没。蒙古军队乘胜深入到辽东都司所管辖的开元、金山等地。这样，设立奴儿干都司的计划只好暂停。永乐八年（1410年），明成祖率大军亲征漠北，击退了北元势力的东犯，才使东北地区获得了一个安定的局面，从而为奴儿干都司的设立创造了条件。于是在永乐九年（1411年）春，明成祖特地派遣内官亦失哈等人，率官军一千余人，乘坐25艘大型海船到达奴儿干，正式设立奴儿干都司。

明朝时期在边远的少数民族地区设立属于流官体制的都司是一件非常不容易的事情，而都司要存在和发展下去就是一件更加困难的事情了，这需要许多条件的配合。明朝经略东北边疆，最主要的目的就是防范来自北元残余势力的威胁，其成败也取决于明朝和北元双方力量的消长。正是由于明成祖击退了北元势力的侵略，奴儿干都司才得以设立。除了这个直接因素外，明王朝逐渐增强的国力也是奴儿干都司得以成立的重要条件。此外，奴儿干都司的顺利设立还与女真部落的归附和支持密切相关。洪武时期，明朝就已经在辽东地区设立了几个军卫，专门负责安置内迁的女真人。到了永乐时期，明成祖除了在女真地区广设羁縻卫所外，还积极招徕女真人内迁，并专门设立安乐州和自在州予以安置。明成祖还注意重用女真头目来管理内迁的女真人，使其为朝廷服务。例如为设立奴儿干都司做出了很大贡献的亦失哈、王肇舟，在招徕女真部落工作中卓有成效的金声等，都是女真人，他们为奴儿干都司的设立和发展都做出了巨大的贡献。

奴儿干都司建立后，明成祖为了进一步加强对这一地区的管理，于是因地制宜，又增加了不少卫所。到明英宗“土木堡之变”时，奴儿干都司已经下设了184个卫、20个所，其中绝大部分是在永乐年间设置的。到万历年间，奴儿干都司的规模更是发展到384个卫和24个千户所。这些卫所的头目多由当地少数民族酋长和其他头目充当，并由明朝廷颁给敕书。由于这些卫所距离京师遥远，动辄数千里，交通极为不便，因此朝廷对这些卫所的情况并不十分清楚，要确定这些卫所的具体位置也是相当困难的。不过，现在大约可以勾勒出奴儿干都司的大体范围：西起斡难河（鄂嫩河），北至外兴安岭，东到大海，东北至库页岛（今俄罗斯的弗拉迪沃斯托克）。也就是说，到明永乐年间，东北这片广大的地区就已经正式纳入了中国的领土版图，而奴儿干都司就是管理这一地区的最高地方军政机构。

奴儿干都司设立于黑龙江口附近的特林，这里是元朝奴儿干东征元帅府的旧址。奴儿干又称作“弩而哥”或者“耦儿干”，清代则称作“尼噜罕”，满语的意思是“图画”，就是说这里的山川地貌美丽如画。奴儿干都司设立后，明王朝便进一步加强了对这一地区的管理和经营。

奴儿干都司直属于明朝中央政府，是军政合一的地方最高行政机构，设有都指挥使、都指挥同知、都指挥佥事等官员。明成祖在位的时候，都指挥使一职一直空缺，以都指挥同知康旺作为最高长官。明宣宗时期，才将康旺提升为都指挥使，在其下设立办事机构——经历司。奴儿干都司经常驻扎有数百名士兵，一般都是由辽东都司调拨过去的，两年一轮换。如遇到紧急情况，则增派官军前往。都司下属的各个卫所官员既是明朝的命官，又是当地少数民族的首领，这有利于管理当地事务。

为了保证公文的传递，运送官军，以及向朝廷输送贡品，明王朝在奴儿干都司境内设置了4条驿站路线。这4条驿站路线都和辽东都司境内的驿站相连通,直达内地。为了保证航运的需要,永乐年间还在吉林市附近的松花江畔设立了“船厂”,建造船只,当地遂以“船厂”为名。不过,虽名为船厂,其实不过是一些造船的手工作坊,称作“船场”可能更符合实际些。明朝水军常常沿着松花江出海巡逻,前往库页岛等地,加强了对东北海疆的控制。在松花江边的石崖上,至今仍旧保留着著名的阿什哈达摩崖石刻,上面刻着在此地督造船只官员的诗词。

奴儿干都司的职权主要有以下几个方面。

一是诏谕和抚恤当地少数民族部落,以便“依土立兴卫所,收集旧部人民,使之自相统属”。

二是组织当地人民向明朝政府缴纳赋税。他们缴纳的赋税主要是当地的土特产,即所谓的“土贡”。主要有海青、大鹰、白兔、黑狐、海豹皮、金钱豹皮和马匹等。正像《重修永宁寺碑记》中所写的那样,“遂捕海青方物朝贡”。

三是边防有什么紧急事情,听从明朝中央政府的调遣。明廷“有所征调,闻命即从,无敢违期”。

四是与周边国家进行贸易,以换取明朝廷所需的物品。《朝鲜李朝实录》世宗九年九月癸巳条中就记载,宣德二年(1427年)七月,朝鲜官员到夏店,见到指挥金声,“(金)声言,我与内官二人入狗国,捕海青五十七,贸易明鱼胶、豹皮、白黑狐皮、白鼠皮而来”。这里所说的“狗国”,指的是黑龙江下游役使狗的少数民族地区,就像清代的“使犬部”,是对奴儿干等地区的另一种说法,并没有侮辱的意思。

明王朝对奴儿干都司及其下属卫所实行羁縻统治,体现了中央和地方机构的一般关系。都司及其卫所官员的任免、升降和承袭都要由明朝廷做出决定,这些地方机构必须听从朝廷的调遣,负责戍守边疆。卫所要向明朝廷缴纳贡赋,卫所迁移和人员徙居，需要报朝廷批准。卫所之间发生纠纷，需听从朝廷的裁决。各卫所必须听从明朝廷的政令。

可以看出，明成祖设立奴儿干都司以后，明政府已经确立了对黑龙江和乌苏里江流域的领土主权。明廷在这一地区设立官署，教民垦殖，整军经武，充实边防，有力地促进了当地经济文化的发展，加快了当地各民族之间的融合。

明成祖设立奴儿干都司以后，就在都司所在地特林的江边修建了一个供奉观音菩萨的永宁寺。在永宁寺旁边，竖立着两块纪事的石碑。一块是亦失哈在永乐十一年(1413 年)立的，被称为永宁寺碑，习惯上也称为“永乐碑”。另一块是宣德年间重修永宁寺时立的，又称“宣德碑”。永乐年间修建的永宁寺早已湮没在尘埃中，但寺前所立的这两块碑却屹立在原址上长达 500 年之久。

永乐十一年所立的永宁寺碑高 5.36 尺，宽 2.5 尺，刻文 30 行，每行 64 个字，额题《永宁寺记》，正书《敕修奴儿干永宁寺碑记》。碑的背面刻有满文和蒙古文各 15 行，碑的侧面刻有汉、蒙、藏、满 4 种文字。永宁寺碑记载了永乐年间设立奴儿干都司的经过，叙述了亦失哈和康旺等人宣谕招抚奴儿干一带少数民族的大致情况。碑文还告诉人们，当时明王朝在奴儿干都司设官分职，屯兵驻守，还向黑龙江流域各族首领“赐爵给赏”，使“其民悦服”，当地则向朝廷贡献海青等物，承担起作为明朝臣民的应负义务。

清朝末年，清廷官员曹廷杰奉命到黑龙江流域进行调查，在特林这个地方看到了两块巍然屹立的永宁寺碑，于是亲自将碑文拓了下来，现保存在中国第一历史档案馆，成为东北属于中国的铁证。

到了 19 世纪，西方和日本的一些探险家不断来到黑龙江流域,开始对中国的东北地区进行窥视。此后,沙俄更是垂涎中国的东北地区,侵占了中国的大片领土。1904 年,沙皇俄国的一些冒险家将这两块永宁寺碑搬走,藏了起来,想对外说东北地区是一块无主之地,为他们侵略中国,霸占中国领土找借口。但是,永宁寺碑文的拓片早已流传于世,为世人所知,俄国人的阴谋无法得逞。永宁寺碑的竖立表明,设立奴儿干都司是明成祖经略祖国边疆历史的光辉一页。

三六　改土归流

明朝初年，在中国的云贵、两广、四川和湖广等地，聚居着苗、瑶、彝、壮、傣等少数民族，他们为开发祖国的西南边疆都做出了自己的特殊贡献。由于居住地区和生产条件不同，这些少数民族的社会状况也呈现出明显的差别。其中大部分地区在汉族的影响下已经进入了封建社会，但有的地方还停留在奴隶社会时代，甚至个别的地方还处于原始社会时期。在西南地区，这里长期以来就一直实行土司制度，也就是利用当地少数民族上层人士进行统治，长官世袭。

土司制度形成于元代，目的是实现"以夷治夷"。因为土司世袭，所以他们的割据性特别强，往往为了争夺土地和人口而互相攻杀，甚至起兵叛乱，反抗中央政府。明成祖即位以后，随着中央集权的加强和当地经济的发展，土司制度的弊端越来越显现出来。明成祖不能容忍这种威胁中央集权的状况继续存在下去，便开始酝酿在有条件的地方实行改土归流的政策。

所谓改土归流，就是按照内地实行的政治制度，委派有一定任期的流官去担任当地的长官，例如知府、知州、知县等职务，以取代当地世袭的土官，变间接统治为直接统治。明成祖最先在西南地区实行改土归流，这无疑是中国政治制度史上的一件大事。从明成祖开始，对西南少数民族地区的改土归流运动历经数百年,直到清代才最终完成。明成祖改土归流的最大成绩就是贵州行省的设立。

明初,贵州有三大土司。其中,思州宣慰司设置较早。在朱元璋称帝以前,设置于元代的思州宣慰司率先归附,朱元璋于是令原来的宣慰司长官继续世袭官位,镇守思州。朱元璋称帝以后,将思州一分为二,成立了思州和思南两个宣慰司。贵州宣慰司设置稍晚一点。洪武五年(1372 年),当地土官先后归降,明太祖命他们"以原官世袭。……赋税听自输纳,未置郡县"。明成祖即位以后,对西南少数民族地区积极经营,基本上仍用土官对当地进行治理。但是,他对土司的管理比洪武时期要严格得多。按规定,土司必须定期入京朝贡,如果要世袭,不论多远,都必须本人亲自到京师接受朝命。对土司的职责、义务等,明成祖也作出了严格的规定。土司如果有违反的,即视为有罪,要严加惩处。这样,明代的土司就不能像唐宋时期那样"来者不拒,去者不追"了,也不像元代那样放任不管了。可以说,明成祖的这些措施是实行改土归流的前奏。一旦条件成熟,明成祖就断然改用流官来治理西南少数民族地区。

永乐八年(1410 年),思南宣慰田大雅死去,其子田宗鼎承袭父职。田宗鼎性情凶暴,与他的副使黄禧素有仇怨,长期相互攻讦。明成祖遂改任黄禧为辰州知府,这种做法明显迁就了田宗鼎。不久,田宗鼎又与思州宣慰田琛争夺地盘,仇恨越结越深。黄禧见有机可乘,于是和田琛勾结,共同对付田宗鼎。双方的冲突从小规模械斗逐渐发展到大规模叛乱。永乐十一年(1413 年),明成祖任命镇远侯顾成为将,率兵 5 万前往镇压,将叛乱头目逮送京师。明成祖利用这一个大好时机,迅速作出决定,"分其地为八府四州,设贵州布政使司,而以长官司七十五分隶焉,属户部。置贵州都指挥使,领十八卫,而以长官司七隶焉,属兵部。府以下参用土官。其土官之朝贡符信属礼部,承袭属吏部,领土兵者属兵部。”从此以后,贵州就成为明朝的第 13 个布政司,成为行省一级的行政单位。

明成祖设立贵州布政司,这在中国历史上是一件意义深远的大事件。它开创了中国历史上对西南少数民族地区改土归流的先河。由于种种原因,西南少数民族地区比内地开发得晚,社会发展比较落后,各地区经济发展水平很不平衡。因此,改土归流是一项长期的势在必行的措施,不可能一蹴而就。明成祖这次改土归流也不彻底,府以下仍旧参用土官,后来也是反反复复。总的看来,明成祖设立贵州布政司的举措是成功的,并且一直维持了下来,为后来更大规模的改土归流提供了经验和范例。

贵州布政司的设立使得我国的行政区划进一步趋于合理。以前,贵州时而属于四川,时而属于湖广或者云南。自此以后,贵州就独立成为省一级的行政单位,开始由“边地”变成“内地”,结束了大小土司各自为政的局面,使得中央政府的命令能够直达贵州各地。同时,贵州布政司的设立也宣告了过去那种互不统属的土司体制解体了。

贵州布政司的设立也促进了当地社会和经济的发展。当地的老百姓成为明朝政府的编户齐民,解除了过去那种“世民”与“世官”之间的人身隶属关系,改善了劳动者的社会地位,有利于变革当地落后的社会生产关系,因而推动生产力的发展。同时,改土归流还使得各个民族之间的经济文化交流得到了加强。内地人民大量迁入西南地区,先进的生产技术得到传播,大量荒地得到开垦,水利设施得以兴修,各级学校也陆续创办。这一切表明,明成祖首先在贵州推行改土归流政策是顺乎历史潮流发展的进步之举。

三七　出兵安南

对安南的战争是永乐皇帝使用武力重建朝贡体制的第一战，这次战争的目的就是要消除安南的独立意识，将其重新纳入中国的版图，借以震慑周边各国。在这场征讨安南的战争中，明朝海军起到了至关重要的作用。从讨伐安南权臣黎季犛，到征战后来的反抗武装，明朝的海军一直活跃在战斗的最前沿。

永乐之前，安南国陈氏政权采取亲华政策，向中国称臣纳贡，因此得到了中国的承认和保护。两国关系虽时而因海盗侵掠发生摩擦，但总体上还是和平友好的。到了永乐时期，安南国权臣黎季犛掌握大权，对内清洗前国王的王室成员；对外极力摆脱藩属国地位以求完全独立，并积极对外扩张，试图建立地区霸权。这种情况正好与永乐皇帝重建朝贡体制的意图相冲突，矛盾遂不可避免地激化了。

为了寻找以武力制服安南的最佳时机，永乐皇帝一面派郑和率领海军舰队前去协防占城，牵制安南；另一方面则在国内制定作战计划，秘密备战，耐心地等待着时机。很快，机会便来了。

永乐四年(1406 年)年初的时候，前安南国王唯一的后人——孙子陈天平为躲避黎季犛的屠杀逃到了中国。黎季犛为彻底铲除前国王陈氏的家族，假意向永乐皇帝忏悔，表示决无反叛中国、侵略周边之意，并派使者提出请迎陈天平归国，继续担任安南国王的建议。永乐皇帝同意了黎季犁的请求,但考虑到陈天平的安全,决定由心腹内侍领兵5000名,亲自护送陈天平回国。没想到,护送陈天平回国的明朝军队一进入安南国境就被黎季犁的数万军队包围。为了保证5000名兵士的生命安全,使者不得不交出了陈天平,黎季犁于是当着中国使者的面杀死了陈天平,将明朝军队放回。使者回国向永乐皇帝报告了这一惊天阴谋,"皇上震怒,特命将八十万,讨除逆贼。"事又凑巧,该年占城国王占巴的赖遣其孙来朝,"言安南黎贼数侵掠其境土人民,请兵讨之。"永乐皇帝终于获得了梦寐以求的出兵理由。

永乐四年七月壬子(1406年8月8日),永乐皇帝正式发表征讨安南的诏书。

> 朕以黎贼累弑国主,篡夺其位,僭号改元,毒痛下民,举国愤怨。其前王孙陈天平被其迫逐,归命朝廷。黎贼请迎归国,以君事之。朕推诚不疑,遣人资送,乃中途邀而杀之,抗拒朝命,罪恶滔天。……命总兵官征夷将军成国公朱能等率大军往讨其罪,务在殄灭,以安黎庶。

八月丁亥朔(1406年9月12日),征讨安南的作战行动开始了。临战之前,永乐皇帝勅征讨安南总兵官成国公朱能等曰:

> 安南僻在海陬,自昔为中国郡县。五季以来,中国多事,不能制之。历宋元,亦尝悖逆,用兵图之而无成功。今黎贼逆命,尔等率师讨之,期而成功。然宋元所以无功者,盖由将骄兵懦,贪财好色,尔其戒之。富良江近贼东都,贼必据守。我师深入,难与持久。若至嘉林江欲渡,必具舟筏,旷日劳师。莫若未至之,先选出游骑于嘉林与贼相对。始用百骑,逐日增之,至于千骑,昼夜举火放炮,以眩惑牵制。而遣师趋富良上流浅处,与西平侯会合而济,出贼不意,必能成功。朕意如此,然难遥度,尔其用心运谋。盖自

古善战者皆因敌而制胜也。

与此同时,安南的备战也在加紧进行。黎季犛知道他当着明朝使臣的面杀了陈天平,一定会招来明朝军队的报复,因此也是全国上下积极备战。为了获得明朝军队的准确动向,安南军队不断派间谍潜入中国广东境内侦察明军的情况。相应地,明军也加强了反侦察的力度。永乐四年九月戊午(1406 年 10 月 13 日),“广东都司送至钦州所获黎贼觇伺之人。”永乐皇帝对此十分重视,特别告诫朱能等曰:“贼已遣人于广东缘海侦伺,虑其知海道无兵,并力于尔,宜加意慎防,不可忽略。”

虽然黎季犛侦知了明朝海军不会从海上进攻安南,因此他可以将主要兵力放在陆上,但他还是轻视了明朝海军的机动能力。他没想到,明朝海军会沿着红河顺江而下,配合陆军进攻安南,并最终在黄江消灭了安南的海军,将安南重新纳入中国的版图。

就在明朝军队准备发动进攻的前夕,发生了一件意外的事情。永乐四年冬十月戊子(1406 年 11 月 12 日),朱能病逝于龙州,右副将军新城侯张辅临危不乱,代替朱能指挥大军按时向安南发动进攻,同时派人火速向永乐皇帝汇报情况。

十月乙未(1406 年 11 月 19 日),张辅率军从凭祥出发,通过坡垒关,进入安南境内。随即,张辅命鹰扬将军都督佥事吕毅等人为前锋,向隘留关攻击前进。吕毅指挥本部人马在大炮和弓箭的火力支援下,以盾牌为掩护,迅速攻上有 3 万安南军防守的隘留关。在明朝军队娴熟的攻城战术面前,安南军队变得不堪一击。张辅“遂度关,留兵守之”。

黎季犛没想到明朝军队这么快就突破了国境线,于是赶紧收缩防线,凭借东都、西都,以及宣江、洮江、沲江、富良江的有利地形构筑防御工事。在富良江北岸顺着海潮江、希江、麻牢江、盘滩、困枚山一线建立栅栏壁垒，于多邦城外增筑土城，“城栅相连，亘九百里，尽发江北诸府州民二百余万守之。”又在富良江南岸“缘江置桩”，“尽取国中船舰列于桩内。诸江海口俱下桿木，以防攻击。”为造声势，黎季犁对外号称有水陆大军700万。

明军很快进逼富良江北岸，但面对严密防守的安南军队，一时也难以攻击。于是，明军“自新福县移营于三带州篙招市江口，造船图进取。”十月丁未（1406年12月1日），永乐皇帝的批示传到前线，皇帝肯定了张辅随机应变的决定，“命征讨安南右副将军新城侯张辅佩征夷将军印，充总兵官。”这样，张辅正式成为全军的新统帅。

为了打破僵局，张辅决定在篙招市江口下游发动佯攻，以调动安南军队，主力则从上游寻机渡江。十二月初，张辅命骠骑将军都督佥事朱荣等人“以马步军于下流十八里与贼对列，日增其数，以惑贼。又作舟筏为欲济之势，以牵诱之”。十二月初六（1407年1月14日），防守嘉林江的安南军队果然派兵出击，“渡江登岸，且劫夺舟筏。荣等奋击，大破之。”与此同时，“征讨安南左副将军西平侯沐晟夺宣江江面，军次洮江江岸，与多邦城对垒。征夷将军新城侯张辅遣右参将云南伯陈旭率师往攻洮江，同造浮桥济师。”随后，张辅派都督高士文率海军舰队留在篙招市江中，以接应朱荣，自己则率大军与左副将军西平侯沐晟会合，进抵多邦城下。十二月丙申夜四鼓（1407年1月19日凌晨5点），多邦守军最困倦的时候，明朝军队的进攻开始了。都督佥事黄中等人指挥明军在黑夜的掩护下悄无声息地携带攻城器械，越过多邦城外宽大的壕沟，潜至西南面的多邦土城下，以云梯附城。当安南军队最终从睡梦中惊醒时，他们惊愕地发现铺天盖地的明朝军队已经攻上土城。经过短暂而激烈的战斗，多邦城陷落。

永乐五年春正月丙辰朔(1407 年 2 月 8 日),张辅调清远伯王支,沐晟调都督指挥柳琮等人的部队合兵进攻。明军“自注江济军,袭筹江栅,破之。又攻困枚山万劫江,并赖山,斩贼首三万七千三百九十级”。安南将军胡杜在盘滩江集结舰船准备抵挡明军的进攻,但是被张辅击败,逃奔闷海口,舰船也被张辅尽数俘获。安南军队的第二道防线土崩瓦解。

黎季犛收拢从多邦溃逃的军队在富良江下游重新建立起防线,他和他的儿子黎沧(有的文献称为黎澄)将海军舰队调到黄江(红河附近的出海口),希望通过海战的胜利挽回颓势。针对安南军队的意图,张辅一面命左副将军西平侯沐晟和参将丰城侯李彬率步、骑、战船从富良江顺流而下,进抵鲁江,担任侧翼掩护;另一方面自己亲率大军在海军舰船的运载下进抵木丸江。两路明军对黎季犛形成钳形攻势。正月己巳(1407 年 2 月 21 日),黎季犛亲自指挥 500 多艘战船进攻停泊在木丸江的明朝海军,一场大规模海战爆发了。在岸上步兵的配合下,张辅命都督柳升指挥海军部队的 300 艘舰船迎战。激战至下午,木丸江海口退潮,安南海军的舰船纷纷搁浅,这些不能动弹的船只很快成为明军舰载火炮射击的靶子。与此同时,明军利用退潮时敌舰无法机动的有利时机,将自己的船只靠上敌船,展开他们最拿手的跳帮肉搏战。经过一天激战,安南海军大败,明军杀死安南将领阮仁、阮磊、阮劣 3 人,斩首敌军万余级,俘获敌船 10 余艘。黎季犛见形势不利,遂收拢剩余的 300 余艘战船撤出战场。

黄江之战失利后,黎季犛更名胡一元,黎沧更名胡奎,以躲避明军的搜捕。经过两个月的休整,黎季犛开始发动反攻。三月三十日(1407 年 5 月 7 日),黎季犛派遣朝射、仁鉴等将领率领舰船从闷海驶入黄江,“连舟十余里,以海艘横截江中,而用划船载木立栅。”同时派步兵登岸,进攻卤子关。张辅闻讯,急调骠骑将军吴旺、刘塔出，游击将军帖木儿，神机将军张胜、丁能、朱贵，横海将军王玉，都指挥黄义，指挥李敬等人，领精兵对登陆的安南军队展开反击，将其赶下大海，夺回滩头阵地。都督佥事柳升、黄中，鹰扬将军江浩、徐忝，都指挥徐正等指挥海军部队在黄江江面追杀试图泅水逃跑的敌军士兵，并集中舰船和火力攻击敌方舰队，将其指挥官击毙。张辅率骠骑将军朱荣等乘势追袭，由噜江至黄江。黎季犁的部队再次溃败，明军俘获安南海军多艘大型海舰和战舰，并直抵闷海。与此同时，沐晟也率领部下都指挥俞让等人由噜江直至龙王海口，缴获了守卫该地的安南军战船，释放了被黎季犁胁迫来的安南百姓。之后，明军陈兵于交州。张辅调遣柳升、横海将军鲁麟等人，以土人知府莫邃为向导；沐晟调指挥李节，以土人知府阮太为向导，各领战舰，由水路穷追黎季犁。

四月二十三日(1407 年 5 月 30 日)，明军过清花府，磊江的安南守军试图阻击，但被明朝海军击败。二十九日(6 月 5 日)，海军舰队追击至典臾门。由于长时间晴热无雨，该地区河水很浅，安南军队弃船登岸而逃，明军舰船无法前进，只能停下来。可是明军的运气很好，没过多久，天气突变，乌云翻滚，暴雨骤降，水涨数尺，近千艘舰船顺利通过典臾门。黎季犁残部为摆脱明朝海军的追击，于是焚烧船只，逃往新平。张辅又调黄中神机将军程宽、张胜、丁能，骠骑将军刘宝、因不花，游击将军朱广、王恕等跟踪追击，自己则亲率大军进至日南州。

永乐五年五月(1407 年 6 月)，安南国四辅大尹阮谨等人向明军投降，同时带来了黎季犁的消息，张辅遂调都督佥事柳升率海军舰队追击黎季犁。之后，张辅和沐晟循沿举厥江进至日南州奇罗海口。在奇罗海口，柳升的舰队和黎季犁的残余海军不期而遇，经短暂交锋，明朝海军就俘获了对方 300 艘舰船，余敌逃遁。柳升遂率领舰队出奇罗海口，搜索附近海域，抓捕黎季犛。五月十一日（1407 年 6 月 16 日），在一次搜捕行动中，永定卫士兵王柴胡等 7 人与一群安南败军遭遇，被对方围攻。结果这 7 名士兵不但击败了对方，还生擒了其中的 10 个人。经过审讯，抓获的 10 人中居然有明军通缉的首犯黎季犛、李保保等人。就这样，这场耗时 9 个月，死人无数的征讨战争以如此戏剧性的结果收尾了。之后，黎沧也在奇罗海口附近的深山中被抓获，安南并入了明朝的版图，成为中国的一个省。

吞并安南后，明朝政府将其地改名“交阯”，任命张辅为交阯总兵官。为加强军事控制，永乐五年十二月己丑（1408 年 1 月 7 日），张辅等人奏请于“原设七卫之外，再发官军五千六百人，设交州后卫。又请从镇夷、谅山二卫及增设十五千户所，该用官军二万二千七百有奇”。对此，永乐皇帝完全照办。经过张辅等人的努力，明朝在安南建设军卫 472 所，都司、布政司、按察司各一个，安南完全成为中国的一个军事占领区。永乐六年六月己丑（1408 年 7 月 5 日），战果统计出来了。共计取得了安南国州府 48 处，县 186 处，户 3125900 所；缴获大象 112 头，马 420 匹，牛 35750 头，船 8865 艘；明朝海军成为此次战争的最大受益者。永乐六年秋七月癸丑（1408 年 7 月 29 日），“论平交阯功，进封张辅英国公，沐晟黔国公，王友清远侯，封都督佥事柳升安远伯。”

虽然明朝军队占领了安南全境，但和平并没有随着征讨战争的结束而到来，相反，安南人民反抗明朝占领军，争取主权独立的斗争却风起云涌。永乐六年八月乙酉（1408 年 8 月 30 日），“交阯简定反，沐晟为征夷将军，讨之，刘俊仍参赞军务。”十二月丁酉（1409 年 1 月 9 日），沐晟与简定战于生厥江，沐晟大败，刘俊和都督佥事吕毅、参政刘昱等高级将领战死。

永乐七年二月壬午（1409 年 2 月 23 日），永乐皇帝再次派

“张辅、王友率师讨简定。”五月(1409 年 6 月),张辅进入交阯,于“吡览山取材造舟。”简定知道张辅的厉害,于是尽力避免与占优势的明军直接交锋,而是选择从海上向明朝驻军发动袭扰,海上游击战在安南沿海地区蔓延开来。针对安南人新的反抗方式,张辅加强了海军的巡逻围剿力度,双方互有胜负。八月甲寅(1409 年 9 月 23 日),一部分明军在舻胸河遭到简定领导的安南反抗武装袭击,全军覆没。但很快,张辅就在咸子关扳回一局,于庚申日(1409 年 9 月 29 日)重创了袭击该地的安南武装,“得其船四百余艘。”九月庚午朔(1409 年 10 月 9 日),张辅在太平海口打败了由简定手下邓景异指挥的一支安南反抗武装。当日恰逢日食,邓景异率领自己的人在海口附近袭击中国军队,张辅得到消息后立即调动海军部队进行围剿。明朝海军首先消灭了反抗武装的哨船,使得对方无法掌握自己的动向,失去了预警时间。随后,主力舰队追踪而至,在海洲南岸发现了反抗武装的 300 多艘船只。张辅随即令都督指挥方政、李龙等人率领舰队发起进攻。邓景异发现自己陷入明朝海军的包围之中,急忙将船只分为两队,令其中一队 150 艘战船前去迎战,以掩护主力船队突围。明军舰队鼓声震天,逐渐逼近敌船。当对方船只进入射程后,明军战舰突然开火,霎时间,海面上硝烟弥漫,箭雨乱飞,邓景异的船只被明军强大的火力压得抬不起头。乘此机会,明军舰船迅速靠帮接敌,士兵们跳到对方的船上展开肉搏战,邓景异的掩护船队大败,被明军斩首 500 余级,溺死无算,生擒 300 余人。见此情景,邓景异遂率领主力船队撤出战场,分散突围而去。十一月戊寅(1409 年 12 月 16 日),张辅在美良捕获了简定,“送京师,诛之。”十二月乙丑(1410 年 2 月 1 日),“召张辅还。”遭此打击,安南境内的反抗武装沉寂了一段时间,但很快因为张辅的离去而重新活跃起来。

永乐九年春正月己卯(1411 年 2 月 10 日),张辅再次出马,被任命为征虏副将军,会同沐晟围剿交阯境内的反抗武装。秋七月丙子(1411 年 8 月 6 日),张辅在月常江击败敌人。十一月癸亥(1411 年 11 月 21 日),张辅又败敌于生厥江。永乐十年八月癸丑朔(1412 年 9 月 6 日),双方在神投海爆发了一场大规模海战。9 月 6 日凌晨,张辅率舰队驻泊安谟海口,哨船发现了反抗武装的舰队正从大安向神投海开来,张辅遂命都指挥方政等人率领所属舰队出神投海截击敌舰。当明军舰队到达神投海时,敌方舰队也发现了明军。随即,400 艘敌船分成 3 个并列的独立舰队,在神投海外列好阵形,准备交战。此时海面上刮起北风,张辅的舰队占据上风,敌方舰队处于下风。为了彻底消灭敌方舰队,张辅决定首先攻击敌指挥官所处的中军舰队,以打乱敌方部署,而置敌方的左右两翼舰队于不顾。这是一个相当冒险的计划,如果不成功,张辅的舰队就会陷入敌方的包围中而覆灭;但一旦成功,那敌方舰队就将在劫难逃。

凌晨 5 点,战斗开始。在强劲北风的吹拂下,明军舰队的 300 艘战船迅速冲入敌方的中军舰队,双方火炮弓箭齐发,混战在一起。由于敌舰队处于下风,导致其左右两翼的分舰队无法转向投入战斗,结果明军得以集中全力攻击敌中军舰队。战斗从凌晨 5 点一直持续到上午 11 点,敌中军舰队在明军的打击下崩溃了,没被击毁的敌船纷纷逃离战场。明军乘势紧追不放,用绑有钩镰的长竹竿紧紧钩住敌船船舷,将己船和敌船靠在一起,进行跳帮肉搏。此战“生擒伪翊卫大将军陈磊、龙虎将军邓汝戲、黎目,金吾武卫、威卫、宁卫等将军校尉……等七十五人,及其余从贼千余人。战溺死者无算,贼党阮师等望风弃溃。”由于敌舰队处于下风,因此其左右两翼舰队的舰船得以乘风逃脱,张辅追之不及,遂收拢舰队回航。被抓获的敌将陈磊等 40 人虽然都身受重伤，但还是被张辅斩首示众，另外“槛送邓汝戲等三十五人赴京师”。

永乐十一年十二月壬子（1413 年 12 月 29 日），张辅、沐晟在爱子江击败陈季扩的象军，安南反抗武装被迫退入老挝境内。即便如此，张辅仍然穷追不舍，率大军进入老挝。对于明军侵犯主权的行为，老挝国王不敢向中国提出抗议，遂任由明军在其境内行动。永乐十二年三月癸未（1414 年 3 月 30 日），张辅终于在老挝境内抓获了安南反抗武装的领导人陈季扩，平定了安南人的武装反抗。永乐十三年二月癸未（1415 年 3 月 25 日），张辅率师回国。戊子（1415 年 3 月 30 日），“论平交阯功，赏赍有差。”夏四月戊辰（1415 年 5 月 9 日），派张辅镇守交阯。十四年十一月丙午（1416 年 12 月 7 日），召张辅还。

张辅回国后，安南的安全形势又趋恶化，黎氏旧党也开始了武装叛乱。永乐十五年二月丁卯（1417 年 2 月 26 日），丰城侯李彬代替张辅镇守交阯。六月丁酉（1417 年 7 月 26 日），“李彬讨交阯贼黎核，斩之。”永乐十六年春正月甲寅（1418 年 2 月 8 日），“交阯黎利反，都督朱广击败之。”永乐十七年十二月癸酉（1419 年 12 月 19 日），“交阯都指挥陈忠等败贼党黎娙等于建昌县小黄江。生擒三百五十余人，焚贼船百六十余艘。追至奉化府西真县古雷社，又败贼人陈已律等，斩获六百余人，焚贼船二百五十余艘。”乙酉（1419 年 12 月 31 日），“交阯总兵官丰城侯李彬获贼酋范善等于东湖州。……善聚众两岸，人列船于江中，水陆拒敌。彬督将士亟战，斩首千二百级，生擒善及忠等七百八十人，得船大小二百余艘。”十八年春正月癸卯（1420 年 1 月 18 日），李彬及都指挥孙霖、徐谅败黎利于磊江。冬十月庚申（1420 年 11 月 30 日），李彬遣指挥使方政败黎利于老挝。

在游击战中，游击队不被消灭就是胜利，政府军不获全胜就是失败。在安南境内发生的这场没有休止的游击战中,明朝军队虽然有优秀的指挥官、有勇敢的士兵、有强大的海军舰队、有先进的武器装备,但就是没法扑灭安南人民武装反抗的烈火。毫无疑问,明军在安南战争中正走向失败,被战争拖得疲惫不堪的士兵逐渐厌倦了战争,明朝占领军在安南全境只能依靠海军部队控制海口,采取守势。永乐皇帝死后,宣宗于宣德二年(1427 年)宣布从安南撤军。之后,黎利的儿子当上了安南国王,也得到了明朝廷的册封。随着安南重新获得独立,明朝在海外的威信大为削弱,明朝海军的威望也逐渐被西洋各国轻视。虽然宣德皇帝即位后让明朝海军倾其全力进行了最后一次远航,但帝国的辉煌还是如流星般一闪而过,消逝在历史的夜空中。

三八 倭寇问题

明朝统一中国后，朱元璋试图以武力为后盾，重建朝贡体制，并希望以此获得周边国家对其皇帝权威的认可。在这个过程中，众多周边国家重新向中国臣服，成为明朝的藩属国，但是日本却想继续保持自晚唐以来获得的政治上的独立地位，不愿再次沦为中国的藩属。有鉴于此前元军的入侵，日本对可能面临的明朝军队的进攻保持了高度警惕。不仅如此，日本壹岐、对马、肥前、松浦等地的诸侯大名更是一如既往地支持本地的武士、浪人向中国沿海地区发动海盗袭击，劫掠大陆财富。由于倭寇问题迟迟未得到解决，使得中国和日本关系正常化也一直没有实现，日本问题始终成为洪武皇帝心头挥之不去的阴影。

下面我们将着重阐释作为中日恩怨核心焦点的倭寇问题。“倭寇(WAKO)”一词大约可以追溯到公元4—5世纪。尽管这个词汇在中国史籍中也用于统称在中国沿海地区进行活动的所有海盗，但主要仍是特指来自日本的海盗。倭寇的早期形态可以被称为高丽时代的倭寇，就是在朝鲜高丽王朝时代末期出现的倭寇来袭浪潮，高峰时期倭寇的侵略目标也曾涵盖毗邻朝鲜半岛的辽东、山东等地。公元661年，百济旧部起兵反唐，唐高宗发山东半岛7000水兵渡海增援熊津。公元663年，百济王扶余丰引倭国(日本时称“倭国”)精锐水师2.7万人进攻唐军，唐将刘仁轨率强大水师在白江口(今朝鲜锦江口)与日水军决战,“四战皆捷,焚其舟四百艘,烟焰灼天,海水皆赤”,日军死伤2万余人。此后日人敛迹,使朝鲜900年没有倭寇之患。遭此惨败后,心惊胆战的日本除了在对马岛驻扎重兵防止中国进攻外,又派出遣唐使向中国唐朝称臣纳贡。到公元8世纪末,在中国的影响下,日本逐渐步入封建社会的鼎盛时期(即日本的“平安时代”),并将中日双方的和平关系维持到了13世纪。13世纪后半期,崛起的蒙古帝国在大汗忽必烈的率领下征服了中国的大部分地区和整个朝鲜,最终将眼光投向了亚洲东北部的日本。1269年,忽必烈向日本派出使节赵良弼,要求将日本纳入蒙古帝国的版图之内,遭到日本方面的拒绝。忽必烈恼羞成怒,命令蒙古大军于1274年和1281年两次远征日本本土,可惜由于天气原因和战术上的失误,两次入侵行动均遭到失败。蒙古发动的这一连串进攻,被日本方面称为“蒙古袭来”,给日本造成了空前的国难。虽然日本借助地理上的优势和一定的运气才最后艰难取得胜利,保全了日本本土,但这也使得统治者开始重视对海外势力的防范,对外国保持着高度的警惕;并且开始注重海上力量的建设,特别是重用海盗。可以说,在蒙古入侵日本前相当长的一段时期里,日本的海上活动,包括其对外贸易和海域的活动范围都处于中国和朝鲜海员的控制之下。然而,蒙古的突然入侵不仅使航海业在日本得到发展,也使其造船和航海能力大大提高。随后的十几年里,日本在内海沿岸和九州岛沿海地区增设了许多町,并且构筑了大量防御工事和要塞,同时建造新型的战舰,组建了沿海护卫队,借以防范来自中国海军的威胁。

日本人深知一旦沿海的防线被突破,蒙古军队登陆上本土的话,所带来的后果是不堪设想的。日本的领土完整不仅受到威胁,而且极有可能遭遇亡国的危险。所以,对于起初的海盗活动，从军事安全的角度看不能将其单纯地视为一种掠夺行径，而是一种海上“游击战”的策略。后来九州乃至西国的日本武士在蒙古来袭以后采取的逆袭行动，都可以看成是一种报复性的军事行动，而这种军事行动是得到当时镰仓幕府许可的。但是，当这种军事上的海盗式袭击让日本九州岛的封建大名们初尝到海外掠夺所带来的甜头后，他们就开始积极支持这种行为。随之而来的是，卫国的激情被对财富的贪婪所取代，吸引他们眼球的东西变成了从海盗劫掠中获取的巨大利益。位于平户(今长崎)的松浦家就与海盗活动有着千丝万缕的联系，这个家族在蒙古入侵时曾直接与对手的舰队进行过海上遭遇战。由于九州岛被赋予了自治权力，因此九州岛的大名们实际上充当了日本海盗侵扰中国大陆行动的幕后主使。

元顺帝至元二年(1336年)，日本分裂为南北朝。流民、败将、逃卒相率亡命海上，他们按军队编制组成海盗集团，“而都于吉野的南朝更屡以海寇为牵制，都于京都之北朝，甚至利用该海寇商人贸易、寇掠朝鲜半岛、中国东南沿海以增资源，衍抵元明之际，遂为中国之大患。”这类日本海盗都被称为“倭寇”。

元末明初这段时间，倭寇的主要根据地在壹岐、对马、肥前、松浦等地，其规模从二、三艘到数百艘有组织的船队不等。倭寇俘虏朝鲜半岛沿岸的百姓，并肆意掠夺大豆、米谷等粮食。高丽因为倭寇侵扰而感到万般困窘，虽然尝试派遣使者前往日本，要求禁止倭寇肆虐，但由于日本正处于南北朝的内战当中，结果多次无功而返。直到明洪武初年，日本仍以元朝征日为旧恨，不肯修好，继续派倭寇袭扰劫掠中国沿海。

洪武二年二月(1369年3月)，山东奏报，“倭兵数寇海边，生离人妻子，损伤物命。”为维护明朝海疆安宁，三月(1369年4月)，朱元璋派行人杨载带着诏书出使日本，向室町幕府将军足利义满(即日本国王良怀,他在统一日本后自称为日本国王)“报正统之事”,并责问日本海盗寇略中国沿海的原因。在诏书中朱元璋严正警告日本国王:“如日奉表来庭,不日则修兵自固,永安境土,以应天休。如必为寇盗,朕当命舟师扬帆诸岛,捕绝其徒,直抵其国,缚其王。岂不代天伐不仁者哉,惟王图之。”但良怀心怀疑惧,拒不奉命,倭寇继续侵袭山东、福建,劫掠温州、台州、明州沿海居民。洪武三年(1370年),朱元璋又派山东莱州府同知赵秩出使日本,“宣谕朝廷威德”。但良怀依然对明朝改善两国关系的善举表示怀疑,他质问明使说:“蒙古尝述我好语,随袭以兵,其使赵姓,今使者亦赵姓,岂其裔耶?拟兵之。”赵秩临危不乱,有理有节地向良怀解释明朝睦邻友好政策,最终消除了他的疑虑。洪武四年十月(1371年11月),良怀派和尚祖来到大明天兴府朝见,向明朝俯首称臣,纳贡马匹及方物,并送还在明、台二郡掠去的人口70余人。“太祖嘉之,宴赉其使者”。自此两国自元朝以来中断了100多年的政府邦交得到恢复。

虽然明朝与日本恢复了邦交,但初期两国政府间的往来并不密切,其主要原因仍是倭寇持续侵扰中国沿海地区的安宁,因此明初期,朝廷明令严禁军民出海贸易,海外贸易完全由政府控制。洪武七年(1374年),日本国内发生内乱,“时良怀年少,有持明者,”与良怀争夺王位,导致良怀国王没有精力顾及朝贡事宜。结果一时之间,各地诸侯都派出自己的使者到明朝廷,以求进行朝贡贸易。这一年七月(1374年8月),国王良怀的大臣派遣僧人“宣闻溪、净业、喜春等来朝,贡马及方物,”并“赍书上中书省”。因无表,朱元璋拒绝了他们的朝贡,将使者遣还。“未几,其别岛守臣氏久遣僧奉表来贡。帝以无国王之命,且不奉正朔,亦却之,而赐其使者,命礼臣移牒,责以越分私贡之非。又以频入寇掠,命中书移牒责之。”就这样,日本的朝贡之路在经历了短短3年后戛然中断。

6年之后，良怀巩固了自己的统治地位，于是想重新恢复与明朝的朝贡贸易之路，但此时经过政治斗争考验的良怀国王已经不想在政治上臣服于明朝。洪武十三年五月（1380年6月），日本国王良怀“遣其臣庆有僧等来贡马及琉璜、刀扇等物。无表，上以其不诚，却之”。此时日本的海盗继续侵扰着明朝沿海地区。

洪武十四年秋七月（1381年7月），日本国王良怀遣僧如瑶等贡方物及马10匹。朱元璋因日本方面无意解决倭寇侵扰问题，“命却其贡”。并命礼部“移书责其王，并责其征夷将军，示以欲征之意。”曰：

> 大明礼部尚书致意日本国王。王居沧滨之中，传世长民。今不奉上帝之命，不守己分，但知环海为险，限山为固，妄自尊大，肆侮邻邦，纵民为盗，帝将假乎于人祸有日矣。吾奉至尊之命，移文与王。王若不审巨微，效井底之蛙，仰观镜天，自以为大，无乃构隙之源乎。王涉猎古书，不能详细，始号曰“倭”，后恶其名，遂改日本。自汉历魏晋宋梁隋唐宋之朝，皆遣使奉表贡方物、生口。当时帝王或授以职，或爵以王，或睦以亲，由归慕意诚，故报礼厚也。若叛服不常，构隙中国，则必受祸。如吴大帝、晋慕容廆、元世祖皆遣兵往伐，俘获男女以归。千数百年间，往事可鉴也。王其审之。

复移书责日本征夷将军。曰：

> 日本天造地设，隔崇山，限大海，语言风俗殊俾。……洪武十二年，将军复奉书肆侮。今年秋，僧如瑶来，乃陈情饰非。群臣言：是必贪利为谍者，请诛之。我至尊不允。……群臣又奏曰：今日本君臣，以沧海小国，诡诈不诚，纵民为

盗,四寇邻邦,为良民害。无乃天将更其君臣而弭其患乎。我至尊又不允,曰:……若以舳舻数千,泊彼环海,使彼东西趋战,四向弗继,故可灭矣。然于生民何罪。……本部复观彼游方之徒皆无德。沙门忘中国之宽,构是非于两端,识者嗤之。治民之国信浮图而构大祸,古至于今未之有也。彼尝谓元之艨艟漂于蛇海,将谓天下无敌。……海风怒号,沉溺巨舰,沦没精兵。将军以为国人之能,亦何尝见元师之盛。聚则骏骑云屯,散则马蹄雷震。戈矛掣电,旌旗蔽空,露刃哮吼,鬼魅潜走。……惟尔日本渺居沧滨,得地不足以广疆,得人不足为元用,所以微失利而不争,所以畏天命而弭兵祸,以存日本之良民也。今乃以败元为长胜,以蕞尔之疆为大。以余观之,海中之舟,截长补短,周匝不过万里。以元之蹄轮,长驱而较之,吾不知孰巨孰细耶。今日本通年以来自夸强盛,纵民为盗,贼害邻邦。若必欲较胜负,见是非,辩强弱,恐非将军之利也。将军审之。

后来良怀亲自复书解释,太祖"得表愠甚,终鉴蒙古之辙,不加兵也。"这场风波表面上看似得以解决了,然而天有不测风云,偏偏又发生了震惊世人的"胡惟庸通倭事件"。《明史·日本传》记载:"胡惟庸谋逆,欲藉日本为助。乃厚结宁波卫指挥林贤,佯奏贤罪,谪居日本,令交通其君臣。寻奏复贤职,遣使召之,密致书其王,借兵助己。贤还,其王遣僧如瑶率兵卒四百余人,诈称入贡,且献巨烛,藏火药、刀剑其中。既至,而惟庸已败,计不行。帝亦未知其狡谋也。越数年,其事始露,乃族贤,而怒日本特甚,决意绝之,专以防海为务。"洪武十九年十一月辛酉(1386 年 11 月 30 日),"日本国王良怀遣僧宗嗣亮上表贡方物,却之。"日本的狡诈行为最终断送了获得朝贡贸易资格的机会。之后,日本更依赖于海盗的劫掠和走私商人的贸易来得到中国的货物了。

洪武二十五年(1392 年),代表北朝的室町幕府统一南北朝。南朝的武士和浪人失去依靠,于是流落海上,盘踞海岛,形成了一股不可小视的力量,不时侵扰中国沿海地区。不过值得庆幸的是,胡惟庸案的发生使朱元璋对日本人保持了高度警惕。他拒绝日本使者入贡,并严厉督促明朝海军对倭寇进行积极而主动的打击,使得倭寇危害没有扩大到整个东南省份。“故终洪武、建文世不为患”。

朱元璋在日本问题上表现出来的极大克制和忍让使我们不得不提出这样一个疑问——他为什么宁可受辱也不进攻日本?虽然朱元璋很想征讨日本,以使日本臣服中国,但他最终还是放弃了武力进攻日本的打算。之所以在日本问题上采取与对北元势力截然不同的态度,归根到底是元朝两次东征日本失败的负面影响太大了,它使得中国人在面对日本人时原有的心理优势丧失殆尽。这种心理劣势在朱元璋发给日本国王和将军的色厉内荏的诏书中已表露无遗。

正如美国学者罗荣邦在《明初海军的衰弱》一文中所说的,明朝第一位皇帝洪武帝非常热心于海军,在长江打击敌人的早期战役中,他亲临战场指挥水师,就充分发挥了船队的作用。此后,他又以此征服沿海各省,并为北方的军队运输供给品。因此,深谙水战的朱元璋比任何人都清楚海上远征日本所要冒的风险,而这个风险是他无法承担的。因为一旦远征失败,就意味着明朝政权有崩溃的危险。当时,北元残余势力威胁依然存在。洪武五年正月(1372 年 2 月),名将徐达率 15 万大军出兵漠北,力图歼灭残元势力,却战败而归。此战失利使朱元璋认识到消灭残元势力并非易事。因此,防御北边是当时国防建设的重点,这牵制了明朝的主要兵力、物力和财力,使明朝只能采取陆上坚守和近海巡剿的防御方针,而不能全力发展海军,当然也就更谈不上远征日本了。

中日朝贡之争既包含了政治、经济因素，又包含双方当政者个人的好恶情绪。日本方面既希望通过朝贡贸易获得经济上的好处，又想在国家的政治地位上游离于藩属国之外，与明朝平起平坐。明朝方面则一心要树立自己宗主国的地位和权威，因此将朝贡国的政治地位和经济诉求捆绑处理。要么臣服明朝，作为藩属国享受朝贡贸易带来的好处；要么保持独立，被排斥在朝贡贸易之外。而双方统治者对对方的芥蒂之心和好恶之情更使朝贡之路平添诸多变数，脆弱的两国关系终于因胡惟庸案而彻底决裂，此后倭寇继续在中国沿海抢掠，明朝海军也继续给予打击。朱元璋晚年虽然没有将日本列为不征国，但两国之间也没有什么往来。直至明成祖即位后，状况才有所改善，日本得以重新进入朝贡体制之中。

与日本关系的改善是在永乐帝即位之初完成的。中日双方经历了洪武皇帝时期的敌对和不信任之后，都开始意识到不能将这种状况再维持下去了。日本首先派出使者前往中国，试图了解新皇帝对日本的态度，看看两国关系有无可能恢复。巧合的是，永乐皇帝也有这样的想法，并且也采取了与日本相同的行动。

永乐元年（1403 年），明政府派左通政赵居任、行人张洪，偕僧道成出使日本。将要出发时，日本来华的使臣已经到达宁波，十月（1403 年 10 月）到达南京，上表明廷，表示愿意称臣纳贡。朱棣随即派出使官员随同日本使者东渡回访。

当时日本处于室町幕府时期，将军足利义满（即源道义，中国史书称良怀国王）根据僧人祖阿和博多商人肥富的献计，同明朝使者进行了会谈，双方决定从永乐二年（1404 年）起发行叫作“勘合符”的特许证，以此作为贸易时的凭据，只有得到这种证件的船只方可进行贸易。因为当时海外各国要与中国通商,必须在政治上与明王朝建立宗藩从属关系,接受明朝的敕封称臣纳贡,然后才发给贸易勘合。所以,日本向中国提出进行勘合贸易,实际上就是同意了向明朝称臣纳贡。随后,足利义满将军接受了明朝皇帝的册封,于1404年自称“日本国王”。这样,日本重新被接纳进明朝的朝贡体制当中。

永乐二年十一月(1404年12月),日本使者送赵居任等人回到南京。明政府转告日本使者,希望日本政府能捕捉盘踞在对马和壹岐岛的日本海盗,以消除他们对中国沿海居民的劫掠危害。对此,日本政府积极做出回应。良怀国王下令发兵剿捕,擒获其首领20人,于永乐三年十一月(1405年11月)将他们送交明廷惩治。永乐皇帝为表示对日本的尊重,命将海盗交还使者带回,由日本政府处置。日本使者返回宁波后,便将这20名海盗在岸边活活蒸死。室町幕府希望通过这一举动向明朝传达维护双方来之不易的友好关系的诚意。但问题是,幕府没有能力完全压服一些地方上有实力的大名,因此无法消除倭寇滋生的土壤。从永乐元年中日复交到永乐六年,其间倭寇对中国的侵扰并没有停止,只是次数和烈度比洪武晚年时期稍少一些,对中国海疆的安全也没有构成实质性的威胁。

永乐六年十二月(1408年12月),日本国王良怀死,明朝册封其世子源义持(即室町幕府第4代将军足利义持)为日本新国王。源义持即位后改变其父对中国的政策,不愿称臣纳贡,作明朝的藩属国,反而重新利用日本海盗劫掠中国沿海。明政府对源义持的行为给予严正警告,要求他继续抓捕倭寇,禁其侵扰中国。第一次受到明朝外交威胁的源义持害怕了,他赶紧抓了一些倭寇于永乐八年四月(1410年5月)送交明政府,以平息事态。可令他大感意外的是,明政府收到他送来的日本海盗后不仅既往不咎，还于永乐九年二月（1411 年 2 月）派出使者王进到达日本，给他送以厚礼，“以谢日本政府剿捕海寇之举”。王进的到来一方面让源义持瞧不起中国政府的软弱和愚蠢；另一方面又担心王进回国后会向永乐皇帝汇报他放纵日本海盗的行为，怕招来明朝的军事报复。于是源义持与臣下密谋，阻止王进还朝。王进只得秘密登船，从另外一条海道回国。此后，日本幕府不再向明朝进贡，转而通过鼓励海盗劫掠来获得中国的财富，双方勘合贸易中断，结果在义满时期稍有收敛的倭寇又在中国沿海一带东山再起。

对于日本政府纵容海盗的行为，明朝政府有两派意见，一派以朝廷大臣为主，主张诛杀捕获的倭寇，并发兵进攻日本；另一派以皇帝为主，主张怀柔，反对动武。最后，皇帝的意见占了上风。为消弭倭寇对中国的侵扰，永乐皇帝决定再次进行外交努力，规劝日本幕府停止对日本海盗活动的支持，重回朝贡体制。永乐十五年冬十月乙酉（1417 年 11 月 11 日），永乐皇帝派遣刑部员外郎吕渊等人出使日本。为表示诚意，命吕渊将被捕获的倭寇征葛成二郎、五郎等数十人随船送还日本，并赐玺书，谕国王源义持曰：

> 尔父道义能敬天事……修职贡，国人用安，盗贼不作。自尔嗣位，反父之行，朝贡不供，屡为边患。岂事大之道，天生斯民，立之主宰。大邦小国，上下相维。无非欲遂民之生耳。尔居海东蕞尔之地，乃凭恃险阻，肆为桀骜。群臣屡请发兵问罪，朕以尔狗盗鼠窃，且念尔父之贤，不忍遽绝。曲乖宽贷，冀尔悔悟。比日本之人，复寇海滨，边将获其为首者，送京师问罪，当弃市。朕念其人或尔所遣，未忍深究。姑宥其罪，遣使送还。尔惟迪父之行，深自克责，以图自新。凡比年并海之民被掠在日本者，悉送还京。不然尔罪益重，

悔将无及。

但这次外交努力并没有得到日本方面的积极回应，源义持依然拒绝向中国朝贡，并继续支持着日本海盗的劫掠活动。永乐皇帝得到的只是失望，虽然他很愤怒，可他并没有因此派军队进攻日本。一方面，中国海军的远洋舰队正全力向西洋地区扩张，因此永乐皇帝无力东顾日本；另一方面，诚如朱棣在诏书中承认的，日本“凭恃险阻”，易守难攻，明军渡海远征没有胜利的把握。从风险收益率上看，进攻日本对于永乐皇帝来说风险远大于收益。首先，日本位于东北亚，地理位置偏僻，因此日本拒绝朝贡的行动很难影响到东南亚和印度洋沿岸国家，这对明朝重建朝贡体制来说没什么大的影响；其次，为了每年为数不多的倭寇袭击事件就冒险进攻日本，这对于视稳固皇权为第一要务的永乐皇帝来说是不智之举。而且，即便进攻日本获得胜利，战争费用和日后的占领费用也将是一笔庞大的开支，况且还有重蹈安南战争泥潭的危险，收益实在不高；而要是进攻日本失败，那对于永乐皇帝来说就是灾难。从风险上看，永乐皇帝首先要面对战争风险。军事准备将耗费大量人力、物力、财力，而且海军的行动随时都可能因为风暴而前功尽弃。其次是政治风险，进攻日本分散了国力，对耀兵西洋和北防蒙古都不利，这影响到政权的巩固。再次是经济风险，远征耗资巨大，对百姓的生活大有影响。处理不好，很可能引发国内动乱。基于以上考虑，朱棣和他的父亲朱元璋一样，在日本问题上采取了忍让的政策。但这种妥协的态度不仅使日本幕府轻视中国，而且更助长了他们侵略中国的野心，贻害无穷。

宣德三年（1428 年），源义持去世，日本幕府和明朝政府重新开始谈判，日本在这次谈判中取得了自由度更大的贸易协定。在宣德七年（1432 年），几艘遣明勘合船开始在新的贸易航路上航行。可是，被派遣出使中国的使臣必须持有朱印状（许可证）才能得到明政府的正式承认，这导致后来在几个势力较大的家族中展开了一场围绕争夺渡航证明书的斗争。而此时日本国内局势又发生突变，开始陷入了群雄割据的战国时代。

成化三年（1467年），因第八代将军足利义政退位而引发的“应仁之乱”（1467—1477）极大地削弱了足利幕府的势力，勘合贸易制度也遭到破坏，一些守护大名为争得与明朝贸易的权力而互相抢夺勘合。没有勘合的大名便进行海盗活动，以图能分一杯羹。幕府处于统而不治的地位，所以一直没有一个代表中央的政权可以有效控制海盗的海上活动，反而有些大名借助海盗的实力，使其为自己效命，这时日本海盗已经作为一种雇佣的武装力量存在了。

永乐十六年五月癸丑（1418年6月7日），位于江苏松江府的金山卫发现敌情，有100多艘倭寇船只、7000多人突破了明朝海军的远洋警戒线，进入江苏、浙江、山东一带海域活动。得知消息，永乐皇帝迅即“敕海道捕倭都指挥谷祥、张翥，令以兵策应。又令各卫所固守城池。贼至，勿轻出战，有机可乘亦不可失，务出万全。”

这股倭寇在中国沿海游弋了一年多，其行踪被明军严密监视着。倭寇也知其一直被监视，于是派小股船队在三省沿海故意暴露行踪，吸引明军的注意，主力船队则在夜晚迅速向北驶向辽东。明军的视野里一段时间中失去了这股敌人的踪迹，正在焦急之时，从朝鲜传来了消息，说这股倭寇流窜到了辽东沿海一带。于是，永乐十七年四月十二日（1419年5月6日），朝廷通报辽东总兵官中军左都督刘江，说据朝鲜报告，倭寇饥困已极，可能前来劫掠。

刘江本名刘荣，冒其父之名“江”，直到因望海埚一战升为广宁伯后，才恢复原名刘荣。他得到军情通报后，立即进行周密的备战部署。“于金州卫金线岛西北望海埚上筑城堡，立烟墩，瞭望倭寇。”

六月十五日（1419 年 7 月 8 日）夜，观察哨向刘江报告：东海洋内王家山岛上夜间有火光出现。刘江知道倭寇到了，于是即令马步军官兵全部进入望海埚上下各堡垒中严阵以待。其歼敌部署是：指挥徐刚率步兵伏于山下；百户江隆率壮士潜烧贼船；都指挥钱真率领马队截断倭寇归路。六月十六日（1419 年 7 月 9 日），倭寇 2000 余人，乘船 31 艘，从马雄岛驶至望海埚，纷纷上岸劫掠。早上 7 点，刘江“亲督诸将，伏兵堡外山下，伺贼既围堡，举炮发伏。”明军利用居高临下的优势与倭寇展开激战，倭寇大败，奔入樱桃园空堡中，明军随即将其团团包围，展开猛攻。被围倭寇拼死抵抗，给明军造成了巨大伤亡。刘江见部队猛攻不下，而倭寇也已饥疲不堪，于是命部队围三缺一，将倭寇放出来再消灭。倭寇逃出樱桃园后当即遭到钱真马队的截杀，少量残寇逃到海边，打算乘船逃跑，但船只已被江隆焚毁，结果全部被歼。到晚上 7 点左右，战斗结束。此战明军共斩杀倭寇千余人，生擒 113 人。刘江也因此次战功被封为广宁伯。此战之后，倭寇大惧，“百余年间，海上无大侵犯，朝廷阅数岁一令大臣巡警而已。”

三九　治国先治水

黄河堪称中国的母亲河,却时常把水患向两岸人民抛洒;运河被称为储水柜,却也频繁地漫溢,使水乡而成泽国。

灾荒是封建社会时期经常发生的事情,由于传统思维的影响,人们多习惯于把灾荒与人事联系起来,认为盛世往往上天赐福,而衰世必然是上天降下灾异;合法的皇帝当政时,世道平安,不合法的皇帝当政时则诸事悖逆。其实,自然界的变化往往并不与人事联系得那么密切,更多应归于自然界本身的运行规律,否则,实在是有些高估了人这一微小生灵在自然界中的作用。

既然世俗的观念如此,明成祖朱棣也不能免俗。对于中国而言,农业是人民的基本生业,治水某种程度上具有一定效果。要让老百姓人心归顺,不流离失所,审慎地对待灾异,积极地治水,又何尝不是安定民心、稳定社会的重要举措?

明成祖反复申谕地方官,凡发生水、旱、蝗虫等灾荒,必须及时上报,否则要予严惩。就在明成祖即位的当年十月,山东青州诸地发生了蝗灾,明成祖马上命户部给钞 20 万锭,赈济灾民近 4 万户,并下令免除这些灾民的徭役。

在有为的皇帝那儿,防灾、救灾都制定了一套严格的处理方案。由于灾害来得突然,行政运作一旦不畅,就可能造成无法挽回的损失。这时往往最能考验一个政府系统的运行效率。明成祖要树立良好形象,自然会在这方面花大力气。

一般情况下,地方上发生灾荒后,先上奏,得到敕谕后再赈济灾民,往来耽误时日。明成祖申谕各地:灾害来得很猛时,允许地方官先赈济,后奏报。这一举措产生了积极的效果:永乐时期虽然不断地出现灾荒,但大多及时得到赈济,没有因灾异而酿成大乱。

洪武时在各地建立"预备仓",由官府出钱,在丰收年储存一些粮食,以备灾年赈济饥民。永乐时进一步完善了这项制度。如遇灾荒急迫,由地方官验实后即开仓赈济,而后奏闻。如果遇到很重的灾荒,明成祖即派朝中大臣亲往赈济。明成祖手下亲信姚广孝就曾奉命担任过这一角色。永乐初年,苏松一带发大水,灾情严重,姚广孝刚好是长洲(苏州)人,明成祖便让他回故乡赈灾。临行时,明成祖对他说:"不可为国惜费,盖散财得民,仁者之政"。永乐帝的心胸是宽阔的,他想借此机会"散财"而赢得远离他起家之地的江南财富中心区人们的人心。姚广孝充分领会了他的这一宗旨,除了用官府的钱粮赈济灾民外,还把明成祖赐给他自己的钱物分给了宗族乡人。《明史》透露了这样的细节:尽管姚广孝做了这些好事,但他的姐姐和旧友王宾都不接待他,可见江南人依旧对永乐帝心怀很深的芥蒂。

永乐十八年(1420)十一月,明成祖决定迁都,命皇太子赴北京。皇太子路过邹县时,看到许多男女老少提着篮子,在路边拾草种子。皇太子下马询问老百姓做这些活有什么用,老百姓说:"岁荒,以为食。"皇太子很难过,便跟着到他们家里去看,"男女皆衣百结,不掩体,灶釜倾仆不治"。皇太子十分感慨,立命随从中官送给他们一些钱钞,并把自己食用的一些食物分发给他们。山东布政使石执中来迎,皇太子责备他说:"民穷至此,亦动念否?"石执中说,凡受灾之处,已经上奏,请停征今年秋税。皇太子颇为动情地说:“民饿且死,尚及征税耶?”遂命他马上查明饥民口数,速发官粮赈济,此事由自己亲自上奏。皇太子于十二月到北京,马上将此事报告给明成祖,大受夸奖。明成祖还说过:“昔范仲淹之子,犹能举麦舟济其父之故旧,况百姓吾赤子乎?”

兴修水利是保证农业生产能正常进行,人民生活能安定向善的基础。于是,明成祖于即位之初即申谕各级官员:“每岁春初及农隙之时,敕郡县浚河渠,修筑圩岸坡池。”即要各地在农闲时兴修水利。明成祖沿用了朱元璋时免征一些地方农民秋赋的做法,让他们在十月至十二月去修水利工程,称作“均工夫”。这样,在洪武年间兴修水利的基础上,永乐年间的水利工程更加完备,规模也更大。其中,最为人们所经常提及的就是苏松水利工程了。

当时,江南苏松一带接连几年大水,江河泛滥,一片汪洋。这里是明王朝的粮仓,税粮的主要征收地,能否治理好该地区的水利直接关系到明王朝的财政基础。明成祖于永乐元年(1403年)即命户部尚书夏原吉亲往治理。

夏原吉于四月离京前往,两个月后,明成祖又命户部侍郎李文郁前去协助,接着又命佥都御史俞士吉送给夏原吉一些水利方面的书籍。夏原吉见明成祖对这次治水如此重视,自己也更加尽心。他首先考察了水情大势,遂后将自己的治水计划报告给明成祖。夏原吉建议,开浚吴淞江下流,上接太湖,再“度地设闸,以时蓄泄”。明成祖同意了他的建议。于是,征用民工10万人,夏原吉穿着粗布衣服,徒步往来于工地,日夜经画,虽盛夏也不张伞。有人劝他,他却说:“民工如此劳苦,我怎么忍心独享安逸!”民工们对此颇为感动。这项工程结束后,夏原吉回到京师,向明成祖奏道:“水虽由故道入海,而支流未尽疏泄,非经久计。”于是夏原吉于第二年正月再次前往,督领民工浚通了白茆塘、刘家河、大黄浦等支流河道。工程于九月完工，洪水畅泄无阻。于是，“苏松农田大利”。夏原吉治水功绩卓著，受到明成祖的嘉赏。

夏原吉不愧治水名臣的称号。他对三江水利形成了一套较为根本性的解决方案。他认识到：苏松在江南属于最低洼地区，常州、嘉兴、湖州地势较高。太湖受纳杭州、湖州、宣城、歙县等各路来水，最后进入三泖。一旦港道湮塞，汇流必涨溢而出，伤害苗稼，因此，疏浚各河道，导其壅塞是关键。过去多有疏浚，结果却屡浚屡塞，不能经久。他提出了导流入江海的计划，依靠江海水大势急，冲刷泥沙，这一计划需要大量开支，既然明成祖派他这个户部尚书出来，绝对是要解决问题的。他说：“自嘉定之刘家港，即古娄江，径通大海；常熟之白茆港，径入大江，皆系大川，水流迅急，宜浚吴淞江南北两岸安亭等浦港，以引太湖诸水入刘家、白茆二港，使直注江海。又淞江大黄浦，乃通吴淞江要道，今下流壅遏难流，傍有范家浜至南跄浦口，可径达海，宜浚令深阔，上接大黄浦，以达泖湖之水。此即《禹贡》三江入海之迹。俟既开通，相度地势，各置石闸，以时启闭。每岁水涸之时，修筑圩岸以御暴流。如此则事功可成，于民为便也。”

夏原吉把沿岸人民的生计和发展放在重要位置，取得了较好的治水效果，直到万历时期，江南苏松嘉湖杭地区都保持了良好的水利运行。

四〇 繁忙的海运

永乐时期,明朝的海运事业继续沿着洪武时期的健康轨迹向前发展,这时的海运船队每年可以向辽东地区运输100多万石粮食,其规模比洪武晚期更盛。但这一时期的海运与洪武时期相比还是发生了一些显著的变化。

首先,海运的起点站和目的地发生了一些改变。洪武时期,由于"辽东一镇,岁饷专仰给于海运",因此海运船队的终点站主要是辽东。但自从永乐皇帝营建新都北京后,原先向辽东运输粮饷物资的海运船队现在更多地转向天津海口,经过通州运河,直抵北京城外停泊卸货。同时,运往辽东的军需物资也开始从直沽装船起航,经渤海运往蓟州军镇,而原先的启运地登州则逐渐被放弃。这样,海路航程缩短,海船所冒风险降低,物资可以比以前更安全快捷地运到目的地。

其次,负责海运的机构发生了变化。原先负责管理海运事务的是后军都督府和右军都督府。到了永乐时期,因为要迁都北京,导致海运船队任务剧增。既要保证辽东重镇的军饷供应,又要担负营建北京的工匠士兵的粮饷运输,后军和右军都督府精力有限,无法兼顾。在实际运作中,右、后军都督府因其以军务为主,自然而然地优先安排辽东军镇的运输任务,北京的运输任务就被放在了次要地位。这样一个运输顺序导致的后果就是北京“馈饷艰苦”,影响了新都的建设进度,引起了皇帝的不满。

永乐五年八月(1407 年 9 月),永乐皇帝让廷臣会议海运。经过磋商议定,“奏请于苏州府太仓卫设海道都漕运使司衙门。左右运使二员,秩从二品;同知二员,秩从三品;副使四员,秩从四品。……各沿海卫所,俱属提调。”永乐皇帝同意了他们的办法,让他们按议定的方法去做。之后,海道都漕运使司衙门(简称“海漕都运使”)专设遮洋一总,以全权负责海运事务。可是不久,“又有言不便者,乃命再议,事遂中止。”所以,永乐时期的海运事务依然是由都督府负责,只是具体执行的部门变动了一下,前军都督府取代了先前的右、后军都督府,负责统一筹划海运事宜。

虽然海道都漕运使司成立没几年就夭折了,但它设立的一些机构却一直影响到明朝后期,譬如遮洋一总所辖的遮洋船就一直承担着向辽东和蓟北海运军需物资的任务。只是明中期以后,北运物资逐渐转为通过大运河漕船运输,海运绝少提及,人们逐渐淡忘了还有海运一事。到了正统七年三月(1442 年 4 月),才因为皇帝“又命南京造洋船三百五十艘,由海运赴蓟州诸仓。乃知海运一事,先朝未尝一日不讲究。后世习于便安,不复议及”。英宗之后,明政府依然保留遮洋船和海运船,不许将这些船拆解变卖,海运依然在正常进行,只是规模较以前缩小了很多。

再次,从事海运的人员也发生了变化。负责海运的将领全部换成了忠于朱棣的人员,洪武皇帝时期的官员遭到清洗和排挤。永乐三年春二月(1405 年 3 月),永乐皇帝命平江伯陈瑄充总兵官,前军都督佥事宣信充副总兵,“率舟师海道运粮赴北京。”而在以前,这些事是由张赫负责的。

负责海运的官兵多是从沿海卫所抽调的,这些士兵通过押运海船,获得在海上航行的经验和知识,变成熟练的水手和船员。然后,他们中的多数人就被选派到下西洋的舰队上服役,或者是被派到安南执行海上封锁和围剿当地反抗武装的任务。没有被抽调的士兵在海运途中的任务也不轻松。一方面他们要负责运输过程中货物的安全,到了码头还要当搬运工,承担装货卸货的工作;另一方面还要时刻警惕日本倭寇的袭击,维护海上运输线的安全。例如,永乐七年秋七月(1409 年 8 月),永乐皇帝就"敕平江伯陈瑄等率海运舟师回还,遇倭寇就便剿除。若将士能斩贼首一级者,赏银五十两。临敌畏怯者,即斩以徇"。

这种情况一直持续到宣宗时期。宣德二年秋七月(1427 年 7 月),备倭都指挥使卫青向皇帝奏报,沿海 4000 多里的防线上有城堡、烽堠 300 余所,因为连年从近海诸卫抽调官军从事营造、运粮等任务,导致卫所驻军人数不足。而选派下西洋官军更加重了这个问题,并直接影响到了海运任务的顺利完成。为此,平江伯陈瑄向皇帝上言《馈运四事》,其中就提到"南京及直隶卫所运粮官军第年选下西洋,及征进交阯、分调北京,通计二万余人。又水军、右卫等官军今年选下西洋者亦多,俱无军发补。今江南民粮止运于淮,徐、临、清三处却令官军运赴北京。"

由于人员缺乏,原有担负海运任务的军兵为了完成任务只能加大劳动量,增加运输次数。而这又直接导致人员疲惫,装备损耗加快,船只得不到及时修复,反过来又加大了来年的工作强度,使得整个海运船队处于恶性循环之中。为了保证海运任务的完成,也为海运官兵的切身利益考虑,宣德五年冬十月(1430 年 10 月),总兵官平江伯陈瑄向皇帝进言:"运粮官军例以九月终休息修船。南京中都留守司、直隶卫所船于淮安修;山东等都司船于临漕修;湖广、江西、浙江都司皆回原卫俱修。令有司给材料,乞如例遣放。"

为了填补被抽调下西洋官军和船只的空缺，陈瑄在接下来的三年时间里通过各种途径来增加海运官兵和海运船只的数量。他向行在工部呈报说，随着“运粮军士增多，宜再造船三千艘”，以保证能够按时完成运输任务。宣德八年春正月(1433年1月)，行在工部向皇帝奏报，“请于湖广、江西、浙江三布政司支官钞市木造二千艘，四川布政司产木州县造五百艘，旧海船损敝者改造五百艘。”这一方案得到了皇帝的许可。

陈瑄和宣信在他们的职务上干了相当长的时间，历经永乐、洪熙、宣德三朝，前后三十多年，为明朝的海运事业作出了巨大的贡献。

四一　远征漠北

元朝统治被推翻以后，其残余势力远遁漠北。逃跑的元顺帝于洪武三年(1370年)死于应昌(今内蒙古多伦东北)，皇太子爱猷识理达腊继位称汗，逃往和林(今蒙古国哈尔和林)，史称"北元"。爱猷识理达腊传位六代，到建文四年(1402年)，被蒙古鬼力赤夺位。永乐初年，蒙古贵族势力内部分裂为鞑靼、瓦剌和兀良哈三部。鬼力赤夺取汗位后，去掉"元"的国号，自称鞑靼可汗。

鞑靼部居住在今蒙古国克鲁伦河、鄂嫩河流域直至贝加尔湖以南的大部分地区，势力较强。永乐四年(1406年)，知院阿鲁台杀鬼力赤，立坤帖木儿之弟本雅失里为可汗，常南下攻掠明朝边境，严重威胁明朝北边的安全。

瓦剌部居住在今蒙古国科布多河流域、哈萨克和我国新疆鄂尔齐斯河流域及其以南的准噶尔盆地一带。永乐七年五月，朱棣封其首领马哈木为顺宁王、太平为贤义王、把秃孛罗为安乐王。

兀良哈部聚居在今黑龙江、吉林和内蒙交界的巴卓尔河、洮儿河流域及其以南一带，同明朝关系还算良好。

这三个部落之间经常互相残杀，并不时侵扰明朝边疆。

朱元璋时期对蒙古贵族势力始终采取努力通好，积极防御的政策。明成祖朱棣继承了太祖对待蒙古贵族的政策。政治上,永乐帝不断派遣使者前去通好,封蒙古部落酋长为王,赐予金银、布帛、粮食等物品,争取相安无事。如朱棣封瓦剌部首领马哈木为顺宁王,在鞑靼部首领本雅失里称汗时,成祖多次遣使通好。对归附的各部,通过委任官员、封王和赏赐等方式进行笼络,以改善关系。经济上,通过茶马互市、民间买卖、官方贡赐的方法,扩大与蒙古各部的经济交流,供给生活必需品,以达到怀柔蒙古人的目的。对于前来归附的一般蒙古人,明成祖也敕谕边关守将,放宽限制,采取来者不拒、去者不追、再来再受、不计前嫌的政策。对那些要求进入明朝境内避难的蒙古人,根据不同身份,进行适当的安排,提供必要的定居和生活条件。对于蒙古三大部之间,朱棣则采取"以夷制夷"的手段,实施锄强扶弱、分化瓦解、相互制约的策略,让蒙古人自己内斗不断。

实事求是地讲,中国封建王朝对待北边游牧民族的"以夷制夷"战略是很不人道的。"以夷制夷"的实质就是挑动这些游牧民族内部互相攻击,只有这些"蛮夷"之人互相打得不可开交,将经济军事力量用于内耗,才不会对中国边境造成威胁,中国的皇帝才可以从容地充当各方的"共主"和调停人。从维护国家利益上讲,中国的皇帝们实行这一战略无可厚非,只是苦了那些不知道为何混战的游牧部落的普通百姓。

朱棣采取招抚、怀柔和"以夷制夷"的政策对付蒙古,虽然暂时缓解了蒙汉之间的矛盾,但这毕竟只是权宜之计,国家之间的关系好坏最终还是要由实力,特别是军事实力来说话的。所以,虽然蒙古三部忙于内争,但三部对侵略明朝边疆的野心却都是有的。因为明朝并没有在战场上彻底击败过蒙古人,更没有取得过像蒙恬、霍去病北逐匈奴,唐朝征服东西突厥那样伟大的胜利。蒙古三大部同永乐朝廷的关系也是时好时坏,叛服无常,朱棣则对蒙古贵族的侵扰给予坚决打击。

蒙古三部中以鞑靼部最为强盛,本雅失里因此非常傲慢,对明朝很不友好。为了使鞑靼部贵族南下掠夺的野心有所收敛,并争取通过安抚措施改善双方的关系,明成祖于永乐七年(1409年)四月派遣都督指挥金塔卜歹、给事中郭骥出使鞑靼,致书本雅失里,并厚其赏赐。但本雅失里根本瞧不起明朝派来的使者,于六月将郭骥杀害,并驱其部众准备再次南下劫掠明朝边境。杀害使者在外交上是一种极为恶劣的表现,蒙古人自己就视杀害使臣为对大汗的最不敬事情,对于杀使的国家是一定要兴兵讨伐的。要知道,当年成吉思汗灭花剌子模的直接起因就是派去的使臣被杀。所以,使臣郭骥被杀这个事件使得明成祖朱棣忍无可忍,决心派大军征讨鞑靼。

永乐七年七月,明成祖命令淇国公丘福为征虏大将军,王聪、火真副之,王忠、李远为参将,率精骑10万出征鞑靼。临行前,朱棣担心丘福会以兵力强盛而轻敌,特地告诫他说:“毋失机,毋轻犯敌,毋为所绐,一举未捷俟再举。”八月,丘福率军出塞,前锋抵达胪朐河(今克鲁伦河)南岸,歼灭了鞑靼的游兵,乘胜过河,俘敌官员1人。丘福不顾诸将劝阻,对俘虏的话信以为真,并让其为向导,结果,孤军深入,中了本雅失里的埋伏,五将军皆殁,全军覆灭。战败的消息传到朝廷,朱棣大为恼怒,为了消除边患,决计亲征漠北。

丘福失败后,明成祖于永乐八年到二十二年之间,先后5次率军出征。其中4次以鞑靼和兀良哈为作战对象,1次以瓦剌为作战对象。5次亲征又以前3次的规模为大,其作战地域分别在斡难河(今蒙古鄂嫩河)、忽兰忽失温(今蒙古国乌兰巴托以南)、阔滦海(今内蒙古呼伦湖)和屈裂儿河(今蒙古国洮河支流归流河)。后两次亲征均因为阿鲁台闻讯远遁,未战而还。

明成祖第一次亲征漠北于永乐七年九月开始准备，先后调集各路军马到北京待命，并充实沿边各个要地的防守兵力，修缮城池，运输军械武器，训练士兵。十月，朱棣又命工部造武刚车3万辆，运粮20万石随行。同时在宣府以北沿途按10日行程设置一个粮站计算，存储军粮一批，留兵守卫，以备大军返回时食用。为了解决北征部队在漠北作战时的用水保障，又征集了大批骆驼运水，随部队一同行动。经过这些准备，为北征的胜利奠定了坚实的物质基础。

永乐八年(1410年)二月初一，朱棣命其长孙朱瞻基留守北京，户部尚书夏元吉辅政，于初四日颁布出征诏书，声讨鞑靼杀使犯边之罪，历数明军“以大击小，以顺取逆，以治攻乱，以逸伐劳，以悦吊怨”等5个必胜条件，鼓舞军心士气，宣传出征讨伐的舆论依据。初十日，朱棣亲率50万大军出北京德胜门，以靖远侯王友督中军、安远伯柳升为副，宁远侯何福、武安侯郑亨分别督左、右哨，宁阳侯陈懋、广恩伯刘才分督左、右，编成五军。又以都督刘江等充游击将军督前哨，都督薛禄、冀中等充骠骑将军，都指挥侯镛、陈贤等充神机将军，都督金玉等充鹰扬将军，都指挥李文等充轻车将军，各率所部跟进。全军过居庸关后，经怀来、宣府、宣平等地，于二十五日到达兴和。此时，本雅失里已经率部西撤，阿鲁台则自率一军向东转移，以避明军的锋芒。

明军在兴和休整了10余日，于三月初七继续北进，抵凌霄峰(今河北张北东北)。四月，经鲁城(今内蒙古正镶白旗)抵阔滦海(今内蒙古呼伦湖)。五月初一，明军进至胪朐河(今克鲁伦河)上游南岸，沿途未见鞑靼踪影，于是明成祖将这条河更名为“饮马河”，然后沿河东进。到胪朐中游的环翠阜时，侦知本雅失里已经逃到兀古尔札河(今蒙古国乌勒吉河)一带。明成祖随即指挥大军渡河，率轻骑急追，于五月十三日抵达斡难河南岸，追上了本雅失里。本雅失里率部抵抗,明成祖登山布阵,指挥明军奋勇冲杀,本雅失里大败,尽弃辎重孳畜,仅率 7 骑渡河北逃,投奔瓦剌部去了,太师阿鲁台则向东逃跑。明军没有精力看管大批被俘的鞑靼人,于是将其全部释放,并收编了部分愿意留在明军中效力的鞑靼人,然后开始追歼阿鲁台。

明成祖打败本雅失里后,随即兵锋一转,沿胪朐河向东攻击阿鲁台,于六月初八抵达斡难河东北方向的飞云壑和静虏镇(今哈拉哈河南岸)。阿鲁台率军迎战,明成祖亲率精骑 1000 直冲阿鲁台中军大营,阿鲁台吓得从马上掉下来,幸亏旁边的卫士保护,才得以逃出战场,率残部向北遁去。明成祖指挥明军乘机追击,斩杀无数。柳升则指挥神机营的炮兵对逃跑的阿鲁台残部进行猛轰,"声震数十里"。大炮发射出的集束箭矢威力巨大,一枝箭就可以在洞穿两人身体后,又将其身旁的战马击中,人马一起毙命。明军追杀一百多里,杀死敌将一百多人。此时正值盛夏,明军因粮水不足,不便继续追击,明成祖遂命令停止进攻,胜利还师。鞑靼游骑见明军撤退,便尾随其后,想伺机偷袭。明成祖则亲率骑兵殿后,并且故意遗弃辎重诱使敌人来夺,同时埋伏神机营的火器兵。等鞑靼游骑来抢夺辎重时,明成祖命士兵以手铳集火射击,歼灭了鞑靼游骑,鞑靼军不敢再追。七月十七日,明军顺利返抵北京,历时 5 个月的第一次亲征以明军的胜利而告结束。

鞑靼部贵族经过这次毁灭性的打击,降服了明朝。阿鲁台于永乐八年(1410 年)十二月派使臣向明朝廷纳贡称臣,每年向明朝进贡马匹。明朝也给予鞑靼贵族优厚的赏赐,其部臣阿鲁台还接受了明朝给他的"和宁王"的封号,鞑靼与明朝的关系趋于缓和。但是瓦剌部贵族势力又日益强盛起来,与明朝的关系迅速恶化。

鞑靼战败后，瓦剌部逐渐强盛起来。永乐十年，瓦剌部首领顺宁王马哈木仗其势强，出兵袭杀了本雅失里，另立答里巴为可汗，并且占领了鞑靼的和林等地。阿鲁台率部南逃，被马哈木一直追赶到长城边上。危难之中，阿鲁台多次派使臣到明朝廷请求明成祖出兵攻打瓦剌，为其故主本雅失里报仇，自称原为先锋。明成祖知道这是阿鲁台势穷来归，故仍准其请求，并于永乐十一年七月封阿鲁台为和宁王。马哈木闻知此讯，便抱怨明廷，不仅断绝朝贡，还扣留明朝使臣，妄想占领明朝的宁夏、甘肃地区，屯兵边境，向漠南进逼。明成祖对瓦剌部的叛逆行为非常愤怒，他派宦官海童前往瓦剌斥责马哈木，双方矛盾迅速激化。十一月初，马哈木率部进至胪朐河，扬言攻击阿鲁台，以隐蔽其南下袭扰明朝边境的企图。明成祖接到边关军报后，立即调兵遣将，运粮备战。

永乐十二年(1414 年)二月初六，明成祖颁布亲征瓦剌的诏书，命安远侯柳升率领大营，武安侯郑亨率领中军，宁阳侯陈懋、丰城侯李彬率领左、右哨，成山侯王通、都督谭青率领左、右掖，都督刘江、朱荣为前锋。三月十七日，明成祖统率各路大军 30 万，号称 50 万，从北京出发，并让皇太孙随行。同时颁布《军中赏罚号令》，设立传令和记功官。四月，大军至兴和(今河北张北)，明成祖在此举行了大规模阅兵式。五月初一，明军进抵杨林戍(今河北张北西北)，明成祖再次阅兵，设立督阵官，以纠察违命士兵，整肃军纪，严阵待战。

六月初三，明军到达撒里怯儿(今蒙古国乌兰巴托东南)，前锋刘江所部在三峡口(今蒙古国乌兰巴托东南，撒里怯儿以北)击败瓦剌部游兵，明成祖乘势向西北方向进攻。六月初七，明军行至忽兰忽失温(今蒙古国乌兰巴托东南，三峡口以西)，瓦剌部贵族首领马哈木、太平、把秃孛罗率领 3 万军队在该地依山阻击。明成祖登高瞭望，见瓦剌军队分三路屯于山上据守，于是明成祖命骑兵前去挑战，引诱瓦剌军下山。当瓦剌军冲下山时，明成祖马上命陈懋率左哨军攻敌右翼，李彬率右哨军攻敌左翼，柳升指挥神机营的炮兵和火铳兵攻敌中间。当瓦剌骑兵进入火炮射程之内后，柳升立即命令神机营开火迎头射击，敌军中路数百骑兵顿时命丧炮火之下，瓦剌军阵形出现混乱。明成祖乘势亲率铁骑冲入敌阵，杀敌无数，瓦剌军中路崩溃逃跑。消灭了中路敌军后，明成祖顺势支援左右两路明军，分三路夹攻瓦剌军的反扑。而明成祖自己则亲率一路精骑再次冲入敌阵，瓦剌军不支，连夜北逃。

此战明军虽伤亡不少，但瓦剌部损失更加惨重，从此势力日衰，多年不敢犯边，并于永乐十三年向明朝贡马谢罪。永乐十二年六月十九日，明军撤至胪朐河，八月初一返回北京，明成祖第二次亲征漠北之战胜利结束。

鞑靼阿鲁台部在明朝帮他打败瓦剌后，经过数年的恢复，势力日渐强盛起来。永乐十四年(1416 年)三月，阿鲁台乘瓦剌新败之际，两次将其击败，夺取了兀良哈部所占有的游牧之地。鞑靼势力复兴之后，便又开始袭扰明朝边塞重镇。阿鲁台改变此前的依附政策，重新反叛明朝，轻侮或拘留明朝使节，并时常出没塞下，骚扰劫掠。明成祖为此致书劝止阿鲁台，但阿鲁台不予理会，依旧我行我素。对此，明成祖一面增兵兴和、开平、大同等地，一面联络瓦剌势力牵制鞑靼。永乐十五年七月，明成祖乘瓦剌首领马哈木身亡之际，派宦官海童前往安抚太平和把秃孛罗。不久，又袭封马哈木之子脱灌为顺宁王，进行安抚。

永乐十九年(1421 年)九月，明成祖迁都北京，这样备战工作就更加方便了。七月初九，明成祖下令组建第三次亲征漠北的大军。都督朱荣所部为前锋，安远侯柳升率领中军马步队、大营围子手和神机营，宁阳侯陈懋等率领御前精骑，永顺伯薛斌等领鞑靼马队，武安侯郑亨、阳武侯薛禄等率领左、右哨，英国公张辅、成山侯王通等率领左、右掖，随时待命出发。十一月，明成祖下令山东、山西、河南、顺天、应天等行省和府，以及滁、和、徐三州，督造粮车，征调民夫运粮，限于第二年二月运至宣府。十二月，明成祖命大臣们集体讨论第三次征漠北之事，户部尚书夏元吉、兵部尚书方宾、刑部尚书吴中等人认为粮食储备不足，不可兴师。虽然六部尚书中有一半的人反对出征，但明成祖还是否决了他们的意见，并且坚持率军亲征。

永乐二十年（1422 年）二月，明成祖令调用驴 34 万匹，车 177500 多辆，挽车夫 235000 多人，共运载粮食 37 万石，随大军出征。

永乐二十年三月十八日，鞑靼首领阿鲁台攻占了兴和，守将都督王焕被杀。二十日，明成祖命皇太子监政，自己则率领大军再次远征漠北。当明朝大军到达宣府（今河北宣化）鸡鸣山（今河北怀来西北）时，阿鲁台闻讯连夜撤离兴和，向北逃去。部将中有人建议派兵追击，但明成祖认为不必操之过急，可待草青马肥之时，再经开平，过应昌（今内蒙克什克腾旗西，达来诺尔湖西岸），出其不意地发动进攻。

五月，师过偏岭（今河北沽源南），举行阅兵式。明成祖告谕兵将："兵行犹水，水因地而顺流，兵因敌而作势，水无常行，兵无常势，能因敌变化取胜者，得势者也。"为了鼓舞士气，明成祖还特意作平虏曲，供将士传唱。

明军按照明成祖的计划行动，全军不紧不慢地经过开平、应昌，然后继续北进。七月初四，明军前锋朱荣所部进至阔滦海北侧煞胡原，俘获阿鲁台部属，从而得知阿鲁台丢马弃甲从阔滦海向更北的地方逃跑避战。明军因地形不熟，敌情不明，故没有与敌接战。明成祖怕重蹈丘福孤军深入,全军覆没的覆辙,下令停止追击,回师北京。劳师动众却一无所获的明成祖不甘心第三次北征就这样收场,他认为兀良哈部是阿鲁台的羽翼,于是决定以步骑兵2万,分5路合击阿鲁台的兀良哈部。兀良哈部得知明军来攻,仓皇西逃。这支2万人的明军机动部队于是转向东南,越过兴安岭后,于七月十五日到达屈裂儿河(今内蒙古洪儿河上游支流)以东,恰好撞上兀良哈数万之众驱赶着牛马车辆西行。明军骑兵迅速对敌人发起闪电般的进攻,明成祖自率前锋杀敌数百,将鞑靼人的队伍冲散。一击得手,明成祖随即收拢部队占领旁边的山岭,据山为营。明成祖登高瞭望,发现鞑靼人散而复聚,于是令明军分兵一部,从敌右翼渡河,截断敌人退路。另派一部绕到敌人左翼,并在敌人必经的森林中埋伏下神机营炮兵和弓弩手。在明军左右夹击之下,兀良哈部左冲右突,无法突围,溃散的敌人纷纷向森林中逃去,结果遭到明军火器弓弩的密集射击,死伤惨重。明成祖乘胜指挥骑兵追击30里,冲到了兀良哈部的营地,斩杀部落首领数十人,缴获牲畜10万余头,然后将营地夷为平地而还。七月二十二日,明成祖又命陈懋率骑兵5000人追击到屈裂儿河两岸。在明军的连续打击下,兀良哈部众纷纷请降。八月十七日,明成祖下诏班师回朝。九月初八,明军返回北京,第三次漠北之战以明军翦除阿鲁台的羽翼而告结束。

永乐二十一年(1423年),鞑靼首领阿鲁台以为明朝放松了警惕,不会出征,决意率众袭扰明朝边境。明成祖闻悉阿鲁台又来侵犯,决定再次亲征,八月初,明成祖举行宴会,宴请从征五军将领。随后举行阅兵式。九月上旬,师至沙城(今河北张北北)。阿鲁台部众阿失帖木儿率部众降附。十月,明军继续北上。鞑靼王子也先土干率部众来降。明成祖立即封其为忠勇王,赐名金忠,余者皆有赏。十一月班师回京。

永乐二十二年(1424年)正月,鞑靼阿鲁台出兵扰袭大同等地,明成祖决定第五次亲征。忠勇王金忠自降明后,屡请出兵攻击阿鲁台,愿作前锋效力,明成祖批准了他的请求。四月,大军从北京出发北上。进军途中,金忠所部捕获阿鲁台部属,得知阿鲁台远遁,分兵搜索,未见踪影,加之军粮将尽,明成祖遂令班师。七月,回师至榆木川(今内蒙古多伦西北),十八日明成祖病死军中,漠北之战随之结束。

明朝建立后,退居漠北的元朝残余势力——北元,在政治上、军事上仍有一定实力,不断南下袭扰明朝北疆。洪武朝廷因将主要精力用于恢复社会经济和生产,同时也因为元末战争刚刚结束,百姓贫困,人力物力奇缺,一时无法建立强大的骑兵部队,不能长驱深入漠北作战,所以基本上采取了政治上以招抚为主,军事上以防范为主的政策。永乐初年,仍然沿袭这一政策。到了永乐中期,朱棣才在政治上利用蒙古各部间的矛盾,进行分化瓦解,军事上则采取各个击破的战略。在此后长达15年的6次作战中,除了第一次丘福轻敌冒进全军覆没,以及最后两次因鞑靼避战而未有斩获外,其余3次都取得了胜利。

明军的漠北之战之所以取得胜利,首先是采取了正确的战略部署,集中兵力,各个击破,消灭敌人有生力量;其次是进行了充分的战争准备。每战必厚集兵力,广储粮饷,运载水草,确保明军深入大漠作战的军需保障;第三是明成祖用兵指挥得当,将谨慎与冒险运用得炉火纯青,达到了制敌而不制于敌的地步;四是治军有方,训练有素,特别注重发挥先进火器的作用,来克制敌方骑兵的机动和冲击力上的优势。使得明军攻有所依,守有所恃,能在瞬息万变,生死一线的战场上立于不败之地。

对明成祖5次千里出师,远征漠北,史家们历来褒贬不一。

有的说他耗费了大量的人力、物力，劳民伤财；也有的说他绥靖了边疆，安定了边民。总的来看，明成祖五次出征漠北，在当时确实有效地打击了蒙古贵族势力的侵扰破坏，保障了边境的安宁，有利于促进社会经济的恢复和发展。迫使蒙古贵族在一定时期内服从明朝廷中央政府的管辖，不敢轻易犯边，这对于进一步巩固明朝中央政权的统治地位，维护多民族国家的统一，以及保障两边人民生命财产安全，都是有着积极作用的。但是我们也应看到，由于朱棣采取的策略基本上是“以夷制夷”，打一方拉一方，所以收效也是短期的，从长远上看没有实现边疆安宁的目的，这也是永乐之后边患此伏彼起，威胁忽高忽低的一个重要原因。

四二　榆木川归天

朱棣完成了他的第四次北征后，于永乐二十一年（1423 年）十一月初七回到北京。就在朱棣与官兵群臣大摆庆功宴的时候，大同、开平守将又接连奏报遭到阿鲁台所部的袭击。此时是永乐二十二年（1424 年）的正月初七，距离朱棣班师回朝仅仅两个月。

已经连续两年率军亲征的朱棣对倔强的阿鲁台仍然是毫无办法，穷途末路的阿鲁台丝毫没有降服大明朝的意思。阿鲁台的袭击究竟是出于掠夺物资，还是蓄意挑衅明成祖，已经没有人去管它了。倒是因为上次北征空手而还的结果让众将心里都憋了一股火，得知阿鲁台的消息后，大家情不自禁地发出一片征讨之声，于是朱棣在群情激昂的气氛下被推上了最后的征途。

按照《明太宗实录》的记载，似乎朱棣本人对第五次亲征已有所厌倦，最终决定出师是受了新归附的忠勇王金忠的怂恿才定下来的。当金忠请求发兵讨伐阿鲁台，并愿意自任先锋的时候，朱棣说道：“兵岂堪数动，朕固厌之矣，何况下人。”于是拒绝了金忠的请求。但为了顾及刚刚归顺的金忠的颜面，朱棣还是将金忠的意思告诉了群臣。但群臣却回答：“忠言不可拒，逆贼不可纵，边患不可坐视，用兵之名不得避之，惟上决之。”一致同意北征。

当然,史籍记载未必完全可信,但最终决定第五次亲征可能还是出于朱棣的本意,至于先前对金忠所说的倦怠之话,可能既有试探金忠诚心的用意,也有顺便发发牢骚的意味在里面。因为当初明成祖就是不顾大臣们的劝阻,执意要亲征漠北的。况且现在反对亲征的内阁大臣夏元吉还被关在锦衣卫的诏狱里,这表明明成祖朱棣亲征的念头并没有改变。金忠当然是力主北征的,他在归附后受到明成祖的优厚待遇,总希望能有个机会表现一下对皇帝的忠心。金忠这个人过去与朱棣为敌时素称狡猾,但归附明朝后却忠心耿耿。历经永乐、洪熙、宣德三朝,官至三公之列。

永乐二十二年三月初一,朱棣在北京再一次检阅了出征的将士,他在敕谕中重申了北征的理由,并且强调:"朕非好劳恶逸,盖志在于保民,有非得已。"四月初三,朱棣率军离开北京,十四天后,在征途中的长安岭度过了65岁的生日。他拒绝了百官的朝贺,当天继续前进,抵达赤城堡。四月二十五日,明军由独石堡出外长城北上,忠勇王金忠部下指挥同知把里秃俘获鞑靼的侦察骑兵,得知阿鲁台已经北渡答兰纳木儿河,避开了明军的前锋部队。

朱棣到达开平后,正值当地阴雨连连,寒冷彻骨。多日来的连续行军,使这位已经上了年纪的老皇帝确实感到了疲倦。望着被冷雨淋得瑟瑟发抖的士兵们,朱棣从心底里升起一股怜悯之情,他开始对这次北征有些犹豫了。晚上朱棣睡得蒙蒙眬眬的时候,仿佛看到了一位画中的天神,天神对朱棣说道:"上帝好生如是者,在此何祥也!"朱棣猛地惊醒过来,此时帐外正敲三鼓。第二天,朱棣把随征的内阁大臣杨荣以及金幼孜召入行幄,说起梦中之事,问二人:"岂天属意此寇部属乎?"杨荣等人乘机劝谏:"陛下好生恶杀,格于天。此举固在除暴安民,然火炎昆冈，玉石俱毁，惟陛下留意。”朱棣似乎领悟了杨荣等人的这番委婉劝谏。于是说道：“卿言合朕意，岂以一人有罪，罚及无辜？”于是他当场下令，命杨荣草诏，敕谕蒙古各部落，罪止阿鲁台一人，余皆无问。又命士兵们拾取沿途上的遗骸，加以合葬，并亲自撰写祭文。

到此时，北征已经很难继续下去了，因为支撑这位老皇帝亲征的意念已经崩溃了。当明军到达应昌时，军队的辎重粮草车已被远远地丢在了后面，于是明成祖不得不命令一部分士兵们返回去接应粮草。而此时作为先锋的陈懋、金忠所部却依然没有找到阿鲁台的任何踪迹。

朱棣在应昌宴会了随军出征的文武群臣，内侍们则唱起太祖高皇帝御制的五章词，朱棣不由得又是一番感慨：“此先帝垂谕创业守成之难，而示戒荒淫酣酗之失也。朕嗣先帝鸿业，兢兢焉惟恐失坠。虽今军旅之中，君臣杯酒之欢，不敢忘也。”在以后两天的行军路上，朱棣也仿照朱元璋的样式作词五章，讲的全是敬天法祖，勤政爱民的道理。到达威远川后，朱棣再次宴会群臣，这次他命内侍们唱起他的这五章新词。

经过艰难的行军，明军于六月十七日进抵答兰纳木儿河。但是在这里除了一望无际的荒野之外，根本就看不到阿鲁台骑兵的一丝踪迹，甚至没有留下一点车辙、马蹄的痕迹，看来阿鲁台离开此地已经很久了。

英国公张辅和成山侯王通分兵在河侧的山谷进行仔细的搜索，但是找遍了方圆三百里的山谷荒原，就是没有发现阿鲁台的一兵一卒。宁阳侯陈懋和忠勇王金忠率先锋到达白邙山，仍然是一无所获，最后粮尽而还。英国公张辅等人向明成祖表示，愿意携带一个月的粮草，率骑兵深入漠北，坚决擒获逆贼阿鲁台。但是这次朱棣没有立即答应，他表示要慎重考虑一下，说道：“现在出塞时间已经很久了,人马都已疲劳。漠北地方气候变冷得早,一旦发生风雪,我们归途又远,不可不考虑。你们先休息一下,容朕再考虑考虑。"

第二天,明军到达翠云屯,朱棣召见了英国公张辅等人,对他们说:"昨天你们的意见,朕想了很久,觉得不容易办到。古王者制夷狄之患,驱之而已,不穷追也。且今孽虏所存无几,茫茫广漠之地,譬如一粟于沧海,可必得耶?吾宁失有罪,诚不欲重劳将士。朕志定矣,其旋师。"于是明成祖下令,停止这次北征,回师的决定得到了群臣的赞同。

永乐二十二年六月二十二日,明军由翠云屯分两路南归。朱棣率骑兵东行,武安侯郑亨率步兵西行,定期会于开平,然后全军返回京师。到了七月,浩浩荡荡的明军骑兵缓缓行进在也可的里大草原(今内蒙古锡林郭勒草原)上。此时的朱棣已经病入膏肓,骑不了马了,他坐上了卫士们抬着的龙辇,生命已近尽头。

七月十四日,部队到达翠微冈,朱棣在幄殿(皇帝行军时的御用营帐)中休息,强撑着病体靠在案几上坐起来,向内侍海寿询问回京的日期。"八月中可到。"海寿如实回答。朱棣点点头,没有说话。对于熟悉行军里程的朱棣来说,并非不知道几时可以到京,他只是不知道自己的身体能不能坚持到回京的日子。沉默片刻后,朱棣对杨荣说道:"东宫历涉年久,政务已熟。还京后军国事悉付之,朕惟优游暮年,享安和之福矣。"他确实感到自己太劳累了。可是他这毕生的所作所为,又有多少人能够理解呢?

几天前,回师路过清水源的时候,他曾命杨荣、金幼孜在道边石崖上刻石记事,要让万世之后的人都知道有过这样一个皇帝,曾经数次亲征漠北,经过此地。两天前,他还下令,禁止骑士们行军践踏庄稼。他要保护那些安居耕种的农民,但这些农民却在大军到达前不知逃到何处去了。

人之将死,其言也善;鸟之将死,其鸣也哀。人在临死前也往往会对自己曾作过的一些事情追悔莫及,明成祖朱棣现在就是这种心境。想起因谏阻北征而被自己关进大牢的夏元吉,朱棣环顾左右之后终于长叹一声道:“夏元吉爱我。”这可能就是朱棣对自己亲征漠北的最后评价吧。

永乐二十二年七月十八日,榆木川,一个不为人所知的北国荒野,却注定要将自己的名字与一代杰出的皇帝明成祖朱棣联系在一起。朱棣在这里召见了英国公张辅,留下了极其简短的遗诏:“传位皇太子,丧服礼仪,一遵太祖遗制。”然后在北国的荒野上默默地结束了自己的生命,享年65岁。

“出师未捷身先死,常使英雄泪满襟。”朱棣的死为壮丽的漠北之战画上了一个悲剧性的休止符。但当时的人们并没有因为明成祖的连年战争而将其看成是一位穷兵黩武的暴君,反倒是对他进行了美好的歌颂。在《朝鲜世宗庄宪大王实录》中记载了另外一个版本的朱棣之死,它讴歌了明成祖最后一次北征的丰功伟绩。“皇帝与鞑靼相遇交兵,阿录大(阿鲁台)战死。”“忠勇王自请招安鞑靼,扈驾而行,未知去向。皇帝行在所,雨冰如瓦,军人或折臂或碎头而死,马亦多折项而死,皇帝以此劳心而崩。”

看来,在人们的心中,伟大的统帅应该在最后一场战斗中壮烈地死去,这才对得起他的一世英名。也只有这样,他的功绩才配为后世永远传唱。

四三　营建北京

明成祖以燕王封地北平为基地，起兵夺得皇位。即位后即将北平改名为北京，作为明朝的陪都，建顺天府。1409年，明成祖来北京，依朝廷建制，在北京建立五府六部等官署，称为行在。北京由此成为名符其实的第二国都。明成祖削弱诸藩，并奠立了边疆的统治后，于1417年春，开始营建北京都城，作迁都的准备。永乐十九年（1421年）正月元旦，宣告国都自南京迁至北京，称北京为京师。奠都北京是明成祖晚年完成的一件大事。北京从此成为明、清两代的国都，影响是深远的。

自明太祖建国以来，国都所在地的选择，曾经过几度变易。1368年三月，明军攻下开封，朱元璋亲往察看，军中谋士多建策定都中原。同年八月，明太祖宣布以金陵为南京，开封为北京，两京并立。次年，明太祖在南京召集群臣，商议建都事。群臣议论不一，明太祖亲自定议，以南京为国都，另在临濠府（濠州）建中都，理由是中都建在淮水以南，足以控制中原。濠州是明太祖的故乡，群臣自无异议。1370年，明太祖设“行工部”，营建中都，命李善长总理其事。中都城规模宏大，周围五十里，内外城垣三重，内建宫殿、官署、宅第，施用五彩琉璃，极为豪丽。中都城建于明太祖的祖陵凤凰山下。1374年，改名凤阳府，治凤阳。中都之建历时五年，每年用工上百万，先后耗资至万万，尚未竣工。1375年四月，明太祖曾亲临中都，祭祀祖陵。随后以营建过于劳费，下诏停止役作。九月，改建南京宫殿，务求俭朴。1377年十月，南京宫殿建成。次年正月，明太祖诏定南京为京师。废北京，仍为开封府。

徐达军攻入元大都时，大都城阙宫室多在战乱中被毁，幸存的太液池畔的隆福宫，成为燕王的府第。明成祖建顺天府后，曾发流罪以下刑人开垦北京农田，又迁徙直隶、苏州等十郡和浙江等九省商民来北京。1404年又迁山西居民一万户来京。明成祖迁徙商户，旨在充实北京的财富，以促进经济的发展，与明太祖的打击豪富，用意不同。1406年夏，北京大雨，旧城墙塌坏五千三百余丈。此后，连年修浚北京通惠河等河道并疏浚大运河，以通漕运。1417年，命平江伯陈瑄充总兵官，督办漕运，南方各省木材由运河运至北京。寿宁侯都督佥事陈瑄督工建造京城宫殿，工部尚书吴中与中官阮安等主持营建。1421年，京师建成，正式迁都，大运河的修浚也同时完工。

北京城营建在元大都城的基础上。东、西城垣依大都旧城包砌。北城墙南移约五里，南城墙南移约2里。因而东西距离与元大都相同，南北略有缩短，周长约55里。都城的正南门称正阳门，左为崇文门，右为宣武门。都城的东、西、北三垣，各有二城门，全城合共九门。

城中偏南18里为皇城，元大都的太液池括于皇城之内、宫城之西。皇城平面成不规则长方形，南面城墙长1295丈9尺3寸，北面城墙长1232丈4尺5寸，东面城墙长1786丈9尺3寸，西面城墙长1564丈5尺1寸。皇城周长39里29丈8尺2寸，城墙高3丈5尺5寸，城基一般宽6丈2尺，顶收5丈。垛高5尺8寸，垛墙厚1尺2寸，两垛口中心线间的距离为8尺，垛墙中部有1尺2寸见方的射孔一个，每隔一垛开一个。垛墙后面为平宽4丈5尺的平坦走道,可并行数列步兵或骑兵。城墙的内外壁都用山东临清等地所烧制的城砖砌筑,砖缝用白石灰浆与江米汁掺和浇灌,这种原始水泥极为坚固。墙基用条石铺砌,墙壁内用素土逐层夯实,城墙内壁较缓,外壁陡峭,易守难攻。皇城四面共开9门:南面3门,分别是中间正阳门、东边崇文门、西边宣武门;北面2门,分别是东边安定门、西边德胜门;东面2门,分别是南边朝阳门、北边东直门;西面2门,分别是南边阜城门、北边西直门。正统元年(1436年)开始修建九门城楼,历时4年完工,各门名称一直保留至今。在皇城和宫城之间还建有大明门,门外两侧建置中枢官署,左文右武。由大明门经千步廊,过金水桥、承天门(今天安门)和端门,就到了宫城。在皇城南墙内和宫城南墙外,是六部五府等朝廷的办事机构。

皇城之内建造的宫城,又称紫禁城。紫禁城与元大都的宫城不尽相同,主要是南、北墙分别向南推移了120—150丈,整个宫城也向东移了一定距离。明代的宫城平面成长方形,东西长225丈9尺,南北长288丈3尺,周长6里又128丈8尺,城墙高3丈,四面有高大的城门,正南面有午门,北面为玄武门,东面为东华门,西面为西华门,四角都有造型秀丽的9梁18柱角楼。墙外挖了宽15丈6尺的护城河,河岸用特制的条石砌筑,极为坚固。宫城正南门称承天门,门外左侧建太庙,右侧建社稷坛。宫城中有3路建筑,中路建有奉天、华盖、谨身三殿,称作"前朝",其中奉天殿最宏伟,是皇帝即位、朝会大典的地方。三大殿后有乾清、交泰、坤宁三宫,称作"后廷",是皇帝和后妃居住的地方;东路建有文华殿、文楼、东六宫等殿宇;西路有武英殿、西六宫等殿宇。加上其他建筑,宫城中共有9000多间房屋。

明初的北京城略小于元大都,但宫殿、祭坛、官署等设置更为集中,布局也更为严密了。明成祖定都北京后,南京中枢各官署仍在当地继续理事，依然实行两京并立的制度。

北京是元明清三朝的首都，元代至元四年到至元二十二年（1267—1285年），元世祖忽必烈在金中都（故址在今北京城西南广安门一带）东北郊外，建造了一座举世闻名的都城，它就是大都城。在大都城中心太液池（即今中海、北海）东西两岸，忽必烈建造了宏伟壮丽的皇城宫殿群。元灭亡后，明太祖朱元璋以南京为首都，大都改名为北平。大都城仍旧保存着。洪武三年（1370年），朱元璋分封诸王，以四子朱棣为燕王，驻北平。次年，下令将元西宫改作燕王府，此时朱棣年仅十一二岁，根本不能到封国去。洪武七年，朱元璋派朱棣的姑舅表兄李文忠到北平，对燕王府大加修建，这个地方就是现在的中海和北海西岸及其附近地区。洪武十二年完工，次年朱棣住进此府。

朱棣当上皇帝后，永乐元年改北平为北京，作为与南京并列的都城。既为都城，皇帝常来常往，没有皇宫是不行的。因此，永乐四年七月，朱棣下诏让群臣议迁都北京。闰七月十一日，文武大臣请建北京宫殿，以备皇帝巡幸北京时居住。永乐皇帝接受这个建议，派大臣宋礼等到四川、湖广、江西、浙江、山西等地采办木材。第二年五月，征调23万工匠，上百万民夫及大量士兵兴工营造。到永乐七年三月，赶在皇帝到北京前完成奉天殿。这年，朱棣在奉天殿接受朝贺。但这时所盖的宫殿实际上是利用太液池东岸的元大内改建的，奉天殿就是元大内的大明殿，谨身殿就是元大内大明殿的后殿，并不是今天见到的紫禁城。永乐十八年，北京皇宫基本竣工。永乐十九年（1421年）正月，正式迁都北京。

朱棣为何要放弃南京都城，大兴土木迁都北京呢？

有人认为，朱棣是以北京为根据地夺取天下的"龙兴之地"，而南京是他的侄子建文帝做皇帝的地方，为了夺取皇位，朱棣大肆杀戮,残害前朝忠臣,尽管后来坐了皇位,但在心理上很不舒服,这才考虑把都城移到自己的根据地北京来。

但这种看法无疑太贬低了朱棣的心理承受能力。试想,一位从尸山血海中走过来的皇帝,怎么可能因为杀了几个顽固的前朝大臣而感到心里不安,甚至于无聊到要搬迁都城,以免受心灵的折磨?所以上面的看法太过幼稚,为多数历史学家不屑。

朱棣是一位头脑清醒的政治家,不可能因为心理因素而迁都,他迁都是具有远大战略目光的,是为了扼守燕赵咽喉。根据地理学家考证,在中国大陆东部,自大兴安岭向西南,太行山、伏牛山、巫山一线以东,地势陡降,这里的地壳中存在近北东方向的大断层,断层面西侧的地盘上升,东侧下降,形成山岳与平原高低悬殊的形势。北京即处在分界面边缘地带,这里还有近于东西向的燕山横亘其北,使低平地带在平面上形如海湾,贴近山麓地带地势稍高,成为比较适合人类居住的场所和行走的通道,村落和城市在此逐渐形成,并成为从中原地区通向东北、塞外的门户和保护中原农耕文明不受侵扰的关隘。在这里建都,完全是为了占据战略要冲。

有人认为明成祖迁都北京还有一个重要原因,就是当时北元残存政权又开始蠢蠢欲动。元朝灭亡后,逃窜到漠北的蒙古贵族,因内部争斗,实力已经相当衰弱了,然而取而代之的是鞑靼和瓦剌两个新部落的出现,造成北方威胁不断。从 1409 年起,为了对付蒙古贵族的南犯,明成祖先后五次北征,使明朝社会经济在比较安定的环境下得到恢复和发展。将首都移至北京,有利于皇帝对北方军事的领导。

迁都北京能得到人和,因为北京是朱棣发迹的地方。洪武三年(1370 年),朱棣被封为燕王,十三年监国,经过二十多年的经营,又经过靖难战争的考验,有较好的政治、军事基础,是他可以依赖的可靠根据地，足以控天下，制“四夷”。此外，北京又是元朝的大都，具有较好的建设条件。正因为这样，所以朱棣在永乐元年（1403 年）便颁诏，改北平为北京。在正式迁都前，北京实际上已经成为朱棣政治和军事建设的重点了。

关于明成祖迁都北京，营建紫禁城的时间，长期以来也是说法不一。

一说是永乐四年（1406 年），根据是《明实录》记载的永乐四年闰七月十一日，文武群臣请建北京宫殿，以备巡幸，永乐皇帝“从之”。一说是永乐十四年（1416 年），根据是永乐十四年十一月十五日，永乐皇帝迁都北京复记群臣议营建北京宫殿的记载。一说是永乐十五年，根据是永乐十五年，永乐帝至北京，御奉天殿（清代名“太和殿”），接受群臣朝贺的记载。还有一说是永乐十八年，根据是永乐十八年十一月初五日，永乐帝以明年御新殿受朝贺告天下，宣布紫禁城宫殿落成的记载。

那么，紫禁城究竟是什么时候营建的呢？全面考察有关资料发现，明代北京宫殿的建设是一个动态的发展过程。上述时间都是这个过程中具有纪念意义的转折点。永乐年间，北京宫殿的建造共有三次，最后落成的就是我们今天见到的紫禁城。

有学者提出，明成祖既然在元大内改建了奉天三殿，为什么后来还要建紫禁城呢？这得从明初的历史和元代宫殿的实际情况进行分析。永乐皇帝有意迁都北京，营建宫殿，首先考虑的是像他父亲当初设想的那样利用元故宫，这就是改建元大内的用意。同时，永乐初年国力不足，也迫使他不得不先因陋就简，从长计议。但是，不论元大内还是元西宫，都是元朝统治者根据自己的意图规划的，与汉族皇帝的要求有相当大的距离。元大内前朝大明殿与后殿及中间工字廊可改作奉天三殿，后寝延春阁却很难改成理想的乾清宫，至于东、西六宫则根本没有。另外，还存在着朝寝相间、内外不别等问题。因此，要建造具有汉族传统文化心理，反映当代统治者理想，变现奉天承运、敬天法祖思想的皇宫，必须对旧有的宫殿进行彻底改造。朱棣在建设北京宫殿时，就是经历了这样一个过程。在永乐四年下令建北京宫殿的同时，朱棣还安排许多大臣到四川、湖广、浙江、江西、山西等地采伐木材，在北京、山东烧砖瓦，这是为更大规模建设紫禁城而准备的。

经过十多年的时间，筹工、备料等准备工作基本完成。永乐十四年十一月十五日，朱棣又让大臣讨论建造北京宫殿事，大臣们夸口说，有关方面选材川广，官吏百姓乐于趋势，良材大木不费力气就集中到了北京，现在就等皇上拍板开工了。

营建工程的第一步就是拆除元大内，包括永乐初年改建的奉天三殿。可是作为“行在”(陪都)，北京一刻也不能没有宫殿。所以永乐十四年八月二十八日至十五年二月二十七日，又把元西宫(即先前的燕王府)改建成临时皇宫，把皇帝的衙门奉天殿设在那里。五月初一，永乐皇帝从南京驾临北京，在这里的奉天殿接受百官朝贺。六月，紫禁城营建工程基本完工。十一月初四日，朱棣宣布紫禁城“告成”，明年正月初一，御新殿受朝贺，同时正式以北京为首都，南京改为“留都”。新的北京城也于1421年建成，城周长45里，城内以皇宫为中心，形成一条从正阳门、天安门、午门、三大殿到钟楼的南北中轴线。城中重要干道多南北向，小巷多东西向，规模齐整。使北京不仅成为中国历史上城市建筑的典范，也成了当时世界上最雄伟壮丽的城市。只可惜，明成祖在新殿里住了不到三个月，位于紫禁城中心的三大殿就毁于雷火。这让明成祖非常害怕，以为是上天给他的警告。于是明成祖赶紧下诏，开言路，让臣下指出自己的过失，以平息上天的愤怒。也正是因为此次事件，终永乐一朝，明成祖再没有重修三大殿。所以,在明成祖营建的新北京城中心,留给人们的不是富丽堂皇的宫殿,而是烧得焦黑的三片废墟。直到明英宗时期,三大殿才重新修复。

迁都以后,北京便成为永乐朝廷的政治、军事中心,而南京则成为陪都,以往所设置的政府机构,都冠以“南京”二字。在政治上,南京仍具有重要的地位,故把南京和北京并称“两京”。在经济上,南京仍是朝廷的财赋中心。北京和南京这两个中心都控制在永乐皇帝手中,从而使大明帝国的统治和皇帝的权力都得到进一步的巩固和发展。所以丘浚在《大学衍义补·都邑之建》中说:“天下财赋,出于东南,而金陵为其会;戎马盛于西北,而金台为其枢。并建两京,所以宅中图治,足兵足食,据形势之要,而为四方之极者矣。”

四四　天子守国门

永乐初年，为加强京师的守备和强化精锐部队建设，朱棣建立了五军营、三千营和神机营等京军三大营，成为明朝廷直接指挥的“内卫京师、外备征战”的战略机动部队。三大营各营编制的官员数额不完全相同，各级官员的名称也和卫所制官员的名称不同。各营的主官称大营坐营或管操官，挂提督衔；各哨和掖的分管官称坐营官或坐司官；他们都由兵部奏请朝廷，从公、侯、伯、都督、都指挥内推选，后兼用内臣。此外，神机营还增设监枪、掌号、把总、把司、把牌等官。

五军营的编制

在“靖难之役”中，朱棣曾在会州将所部步骑兵分编为中、左、右、前、后五军，可以说这是日后编制五军营的前奏。

五军营以其主要部分中军、左掖、右掖、左哨、右哨五个军命名，还编有一个大营，类似五军营的机关营，以及执行各种专门任务的十二营、围子手营、幼官舍人营、殚忠效义营等 4 个二级营。其中幼官舍人营和殚忠效义营又各分为两个三级营。

五军营设提督内臣 1 员、武臣 2 员、掌号头官 2 员；

大营设坐营官 1 员、把总 2 员；

中军设坐营官 1 员、马步队把总各 2 员；

左掖、右掖、左哨、右哨设官与中军相同。

这些营的主要任务是负责操练在京各卫、中都留守司，以及山东、河南、大宁都司所属各卫轮班来京马步军的操练。

十二营设把总2员，专管随驾摆列马步军官军。

围子手营设坐营官一员，下辖一司、二司、三司、四司4个司。每司各设把总2员，专管上直叉刀手和在京各卫队官军的操练。幼官舍人营设坐营官1员，下辖幼官营和舍人营。幼官营设把总1员，舍人营下辖一、二、三、四司，每司各设把总1员，专管在京各卫的幼官和应袭舍人的操练。

殚忠效义营设坐营官1员、把总1员，下辖殚忠营和效义营。殚忠营又称舍人营，专管居京各卫应袭舍人的操练；效义营又称余丁营，专管在京各卫报效余丁的操练。

三千营的编制

三千营是由边外降兵降将编成的，人员戴红帽子，以与其他士兵相区别。设提督内臣2员、武臣2员、掌号头官2员。三千营下辖5个司，设坐司官5员、见操把总34员、上直把总16员、明甲把总4员。5司任务各有不同：

一司管执大驾龙旗、宝纛勇字旗、负御宝及兵仗局器物等件的上直官军；

二司管左右20队勇字旗、大驾旗纛、金鼓等件的上直官军；

三司管传令营令旗令牌、御用监盔甲、尚冠、尚衣、尚履等件的上直官军；

四司管执大驾勇字旗、五军红盔贴直官军上直官军；

五司管杀虎手、马轿及前哨马营上直明甲官军、随侍营随侍东宫官舍、辽东备御回还官军。

神机营的编制

神机营设提督内臣2员、武臣2员、掌号头官2员，下辖中军、左掖、右掖、左哨、右哨五军。

中军设坐营内臣 1 员、武臣 1 员，下辖 4 个司，每司设监枪内臣 1 员、把司官 1 员、把牌官 2 员。

左掖、右掖、左哨、右哨的编制相同。

神机营专管操演神枪、神炮等火器。设立时间大约在永乐五年九月到永乐八年二月之间。朱棣在永乐八年以后几次漠北之战中，每次都带上神机营出征。因此神机营当属我国最早装备枪炮的新兵种，它比欧洲最早装备火绳枪的西班牙火枪兵要早将近一个世纪。

永乐前期建立的京军三大营，是明初军队编制作战训练方式的一大改革，初步建立了步骑兵和神机枪炮兵进行协同作战训练的军队。平时，五军营习营阵，三千营习巡哨，神机营习火器。在皇帝亲征时，三大营护卫周围，成为作战主力。其驻营有明确的层次。大营居中，营外分驻五军，步卒居内，骑兵居外。神机营在骑兵之外，建立长围，周长 20 里。作战时布阵原则是："神机铳居前，马队居后"，前锋要疏，后队要密。战斗开始后，先以神机营火器挫敌锋芒，然后派骑兵冲击敌人中坚，这样就能取胜。由于三大营具有较强的战斗力，所以朱棣亲自掌握该部队的指挥权，几次亲征漠北，都命三大营随同出征。

永乐皇帝除采取新建三大营以增加驻京兵力外，又通过增加侍卫上直军卫和调整两京驻军部署的措施，来加强驻京兵力。

增加侍卫上直军卫

洪武时期的侍卫上直军卫只有 12 个，为了巩固皇位的安全，朱棣在登基后便于建文四年（1402 年）六月，将原燕王府三护卫升为金吾左卫、金吾右卫、羽林前卫。永乐四年（1406 年）二月，又将其亲信部队北平都司所属的燕山左卫、燕山右卫、燕山前卫、大兴左卫、济阳卫、济州卫、通州卫等 7 个卫改为侍卫上直军卫。两者加起来共 10 卫，统称亲军指挥使司，不隶属五军都督府,从而使皇帝直接控制的侍卫上直军卫从12个增加到22个。此外,五军营中的十二个营、围子手营,三千营中的各司,五千下营等也具有侍卫的性质,承担侍卫皇帝大驾和宫廷护卫的任务。按明初卫所编制规定计算,每卫约5600人,这样算下来,仅北京一地由永乐皇帝直接指挥的军队就有12万之多。

增加驻京兵力

在迁都北京之前,朱棣于永乐十八年从南京抽调了一部分卫所到北京。其调动的基本方式是将原驻南京的某些卫一分为二,一部分调往北京,一部分留守南京。经这样的调动后,驻守北京的卫增加到72个,比洪武时期驻南京的48个卫多了24个。不过,除了先前所说朱棣直接指挥的22个卫和原先就驻守北京的军卫外,那些从南京调来的卫多是"半截卫",人员编制只有原额的一半左右。所以驻守北京的全部72个卫,总兵力算起来当在25万人以上。这是一个相当惊人的数字,要知道明朝初期全国军队的总数也不过80万人,朱棣在北京一地就集结了全国1/3的军队,可见他对北京这个北疆国门的重视程度。

加强皇城的卫戍

皇城卫戍大多由侍卫上直军卫担任。至永乐中,诸卫按规定分守各门:

皇城南面各门及城墙,由旗手、济阳、济州、府军前、虎贲左、金吾前、燕山前、羽林前等8卫守卫。

皇城东面各门及城墙,由金吾左、羽林左、府军左、燕山右等4卫守卫;

皇城北面各门及城墙,由金吾后、府军后、通州、大兴等4卫守卫;

皇城西面各门及城墙,由金吾右、羽林右、府军右、燕山左等4卫守卫。

各门守卫都有坐更将军带领，还制定了严格的巡更、值班、勘验铜符等制度。从皇城守卫军的派遣，到各种守卫制度的制定和执行，表明朱棣已将皇城守卫的首要任务，交付给了自己的亲信将领和直属部队掌管，使皇城的安全有了可靠的保障。

确立两京五军都督府

在南京称帝的朱棣，最初是通过原来设立的五军都督府，统辖全国的都司卫所。为了直接统辖地位特殊的北京附近的都司卫所，便于永乐元年二月，设立了北京留守行后军都督府，置左右都督、都督同知、都督佥事，统辖燕山左右前、大兴左、济州、济阳等 64 个守御千户所。后来又分为五府，称行在五军都督府。永乐十八年(1420 年)除去“行在”二字，称五军都督府。将在应天的五府称南京五军都督府。

永乐十九年，朱棣迁都北京，朝廷命中军都督府掌府事官守备南京，节制南京附近诸卫所。南京守备官 1 人，协同守备 1 人。南京五军都督府的左右都督、都督同知、都督佥事不全设。在军事上，南京五军都督府分掌南京附近各卫所，直接听命于兵部。

两京五军都督府的确立，是朱棣对洪武时期中央军事指挥机构的一大改革，既突出了守御北边的重点，又便于对南直隶驻军的集中指挥，体现了朱棣加强中央军事集权的意图。

四五 《永乐大典》

为了炫耀文治，明成祖下令系统收集天下古今书籍，编纂一本大型类书。

《永乐大典》的编纂开始于永乐元年(1403年)七月。朱棣指定翰林院学士兼右春坊大学士解缙总其事。朱棣指示说："天下古今事物，散载诸书，篇帙浩穰，不易简阅。朕欲悉采各书，所载事物，类聚之而统之以韵，庶几考索之便，如探囊取物尔。尝观《韵府》、《回溪》二书，事虽有位，而采摘不广，记载太略。尔等其如朕意，凡书契以来，经、史、子、集百家之书，至于天文、地志、阴阳、医卜、僧道、技艺之言，备辑为一书，勿厌浩繁。"是年，解缙组织了147人参与其事。

之所以命解缙总其事，据说是因为解缙早在洪武时就有过此建议，朱元璋自觉解缙虽才高，却也有些"冗散自恣"，便以大器晚成为由，让解缙的父亲将解缙领回，十年后再用。可是解缙才回去呆了六年，朱元璋就去世了。朱棣即位后，起用解缙，同样包含了继续朱元璋事业的意味。

根据朱棣的上述指示，广采群书，以便分门别类的编纂一部类书。明成祖曾问解缙，文渊阁藏书情况如何，解缙回答说："经史粗备，子集尚多缺"。明成祖说："士人家尚在稍有余资时，积书称善，况且朝廷呢?"随即招来礼部尚书郑赐，命他找一批通晓典籍的人，四出购求遗书。并交代说："书籍不可较价值，惟其所欲与之，庶奇书可得。"这种魄力为《永乐大典》的成书创造了良好的条件。

第二年十一月，解缙等将所编成的图书献上，明成祖很高兴，他立即赐名为《文献大成》。但是朱棣经仔细翻阅，认为此书所纂尚多未备，还有许多遗漏，于是他下令重修。他又任命太子少保姚广孝、刑部侍郎刘季篪与解缙一同兼修。同时任命翰林学士王景、侍读学士王达、国子监祭酒胡俨、司经局洗马杨博、儒士陈济为总裁，翰林侍读邹辑等20人为副总裁，"命礼部简中外官及四方宿学老儒有文学者充纂修，简国子监及在外郡县学能书生员缮写"，"与其事者凡二千一百六十九人"。至永乐五年(1407年)十一月，《文献大成》修订完成，朱棣改其名为《永乐大典》。

《永乐大典》全书采用用韵以统字，用字以系事的编撰体例。它以《洪武正韵》为纲，全如《韵府》之体，其每字之下，分类汇辑和此单字有关的天文、地理、人事、名物及诗文、词曲等各项记载。但是该书的编纂割裂庞杂，或以一字一句分韵，或析取一篇以篇名分韵，或录全书以书名分韵，和卷首凡例多不相应，而且这种编纂方法，要查同一类事物历代不同著作的记载就比较困难，因为其字头的字并非一个。

《永乐大典》编纂完成之后，朱棣本来"命复写一部"，并规定在永乐七年(1409年)十月完成，将原本送还南京。但是后来因为"工程浩繁而罢"。永乐十九年(1421年)迁都北京后，《永乐大典》也随之转移，藏于北京文楼，即清代的宏义阁。嘉靖三十六年(1557年)，皇宫内奉天、华盖、谨身三殿失火，嘉靖帝朱厚熜下令将《永乐大典》搬出文楼，使其未被损毁。为防备万一，嘉靖四十一年(1562年)秋，谕命徐阶、高拱、张居正等人校理缮写

《永乐大典》副本。当时经考试录用的誊录人员百余人,严格按照永乐正本的册式行款摹写,每人每天誊抄三页。每册注明重录总校官、分校官、写书官等衔名,以示负责。前后6年方完成。正本移放文渊阁,后下落不明,成为历史悬案,学界多认为是毁于明清之际的战火。而副本先是存放在皇史宬,到清朝雍正年间移入翰林院时,残缺已近二千册。光绪年间又丢失了一些,仅存3000余册。光绪二十六年(1900年),八国联军入侵北京,翰林院被义和团拳民焚毁,《永乐大典》尽毁,幸存者多被英、美、德、俄、日等帝国主义国家掠去。1960年,中华书局将征集到的730卷影印出版。目前散藏于世界各地的《永乐大典》也不过800卷左右,仅为原书22937卷的3.49%。

《永乐大典》是我国古代编纂的一部大型类书,是中华民族珍贵的文化遗产。全书正文22877卷,凡例和目录60卷,装成11095册,总字数约3.7亿字。书中保存了我国上自先秦,宋元以后的佚文秘典,下迄明初的各种典籍资料达8000余种,是中国古代最大的百科全书。

《永乐大典》正本究竟是毁坏还是秘藏于他处?目前学界有不同的看法。有人认为《永乐大典》修成后,先是收藏在南京文渊阁的东阁内,明成祖迁都北京后,《永乐大典》也运到了北京,放在故宫里的文楼(即文昭阁)里。有人建议将《永乐大典》刻印出版,以广流传,但因费用太大,只得作罢。此后,《永乐大典》深锁禁宫百余年,直到孝宗和世宗时才有所改变。孝宗曾经把《永乐大典》中的医药秘方抄给御医药房,并亲自抄写一些秘方赐给太医院。明世宗在明朝皇帝中最喜欢读书,常常将《永乐大典》放在案头,随时浏览。嘉靖三十六年(1557年)四月,皇宫发生大火,三殿和文、武两楼等主要建筑均被焚毁。世宗一夜下了三四道谕令,督促抢救《永乐大典》。幸亏抢运及时,《永乐大典》才逃过一劫。世宗因此决定重新抄录一部，以备不测。嘉靖四十一年(1562年)秋，重录工作正式开始。此次重录有严格的管理制度。誊写人员每天早入晚出，领取《永乐大典》必须登记，严禁私自带出雇人抄写。重录的《永乐大典》格式、装帧与原本完全一样，称为“嘉靖抄本”或“副本”，收藏在明代新建的藏书楼皇史宬内，正本仍放在文楼里，此后很长时间无人问津。一直到清乾隆修《四库全书》时，要寻找正本，却不见踪影。

对于《永乐大典》正本的下落也有学者如栾贵明提出一个新的看法，认为正本可能被明世宗埋藏在他的玄宫里了。嘉靖三十六年宫中大火，嘉靖皇帝就曾命人抢运《永乐大典》。之后重新抄录一部。四年后，嘉靖驾崩，三个月即下葬。葬礼刚毕，隆庆皇帝便宣布《永乐大典》已抄成，赏赐重抄的儒臣。可是从此时起，正本的去向就杳无音讯了。嘉靖丧葬与正本失踪的时间如此巧合，以及一反中国古代皇家修典必大肆宣扬典藏何处的做法，使人感到《永乐大典》正本的消失带有明显的人为痕迹。因此推测正本可能还在永陵的玄宫中。

但也有学者提出不同意见，依据是清中期著名史学家、文学家全祖望根据清顺治帝曾阅读过《永乐大典》，推测正本在清初仍保存在乾清宫。全祖望是乾隆元年进士，曾在雍正十年至乾隆二年(1732—1737年)两度在北京求学和做官。其间，他得以浏览北京的珍贵藏书，尤其是找到《永乐大典》副本后，更是如获至宝，计划每天读二十卷，并从中抄写经、史、志乘、氏族、艺文等五个方面的孤本书籍，因此他对《永乐大典》是很熟悉的。全祖望介绍说：“暨我世祖章皇帝万机之余，尝以是书充览，乃知其正本尚在乾清宫中，顾莫能得见者。及圣祖仁皇帝(即康熙帝)实录成，词臣屏当皇史宬书架，则副本在焉。移贮翰林院，然终无过而问之者。”从上述引文可知，在清初顺治年间，《永乐大典》正本还贮藏在乾清宫,副本贮藏在皇史宬。乾隆初,副本移到翰林院中。全祖望还指出:“会逢今上(指乾隆帝)纂修《三礼》,予始语总裁桐城方公(指方苞)钞其(指《永乐大典》副本)《三礼》之不传者,惜乎其缺失几二千册。余尝欲奏之今上,发宫中正本以补足之,而未遂也。”

有些学者据此得出结论,《永乐大典》正本至少在顺治时尚存在乾清宫中,在乾隆朝也应该保存在乾清宫。至于《永乐大典》正本是否毁于清嘉庆年间的乾清宫大火,目前还不能肯定。

现在《永乐大典》存世仅百之三四,无论是认为大批书毁于明清之际的战火,还是认为可能作为嘉靖皇帝殉葬品埋入永陵,这仍然属于一个未解之谜。比较可靠的情况是:一、嘉靖副本先是存放在故宫东南的皇家档案库皇史宬,到清朝雍正年间,又移贮到天安门以南的翰林院敬一亭。二、因为官吏的窃取,英法联军的盗劫,八国联军的焚掠。这些书屡遭厄运,最后散佚甚巨。三、康熙年间,在皇史宬发现了嘉靖副本,已佚不少。乾隆三十七年修纂《四库全书》时,曾清查嘉靖抄本,发现已缺失 2422 卷,1000 余册。四、嘉庆、道光年间修《全唐文》和《大清统一志》时,被翰林院官员又偷盗出 100 余册。五、咸丰十年(1860 年),英法联军侵占北京,翰林院遭到破坏和抢劫,丢失《大典》不计其数。尤以英军抢掠最多,作为战利品运回本国。此后一些利欲熏心的官吏偷盗《大典》后,“密迩各使馆”,以 10 两银子 1 册售与洋人。六、光绪元年(1875 年)清理《大典》时,发现仅存 5000 余册。到光绪二十年(1894 年),更只剩下 800 余册。七、光绪二十六年(1900 年)六月,八国联军侵入北京,东交民巷成为战场,藏书四散。侵略者对《大典》肆意抢掠,《大典》几乎全部遭到焚毁,幸存的或被侵略者作为战利品劫掠而走,或被国内一些懂得此书价值的翻检拾走。八、宣统元年(1908 年)筹建京师图书馆时,只剩下64册了。

《大典》残本星散于世界各地公私藏家之手，目前散落在10多个国家的30多个单位，大约400册。中国国家图书馆拥有221册(包括现存台北故宫博物院的60册)，居世界各处收藏之首。

《永乐大典》这一文化集成史上的鸿篇巨制湮灭于历史变迁的烟尘之中，留给我们无限广阔的索解空间。或许《大典》的残本还散存于世界各地或民间，《永乐大典》之汇成完璧之日，或许可算成世人对文化传承的至高贡献之时。

四六　赫赫文治

明成祖深知治国必须治心的道理，对于那些愿意一起治理国家的文人，他不但多方优容，而且注重提高他们的地位。

作为朱元璋的儿子，自幼他接受了儒家教育，到靖难之役鏖战正酣之时，他仍不忘在经过曲阜、邹县时告谕部下，不得骚扰孔孟家乡。

登极之后，朱棣竭力躬行倡导儒学。永乐四年（1406 年）三月一日，明成祖亲自前往太学。他对礼部官员说："孔子，帝王之师。帝王为生民之主，孔子立生民之道。三纲五常之理，治天下之大经、大法，皆孔子明之，以教万世。……今当躬诣太学，释奠先师，以称朕崇儒重道之意。"他让礼部官员议祭孔之礼，礼部尚书郑赐按照宋制，"服靴袍再拜"。明成祖认为此礼太轻，"必服皮弁，行四拜礼"。祭拜孔子过后，明成祖让祭酒、司业、博士、助教四人依次讲授儒家经典，明成祖恭恭敬敬坐在底下听讲，诸大臣和太学生也一起受教。祭酒等人讲过之后，明成祖还要提问。有时外国贡使也到场观看明成祖听课。尊崇儒学可以说是立国之本，朱棣在实践中亦深深服膺于此。

一天内阁学士胡广对明成祖说："陛下待儒臣，进退之际恩礼俱至，儒道光荣多矣！"明成祖回应道："朕用儒道治天下，安得不礼儒者？致远必重良马，粒食必重良农，亦各资其用耳。"明成祖明白治理国家必须依靠儒学，就像用兵打仗必须依靠刀枪一样。

礼部为明成祖到太学祭孔视学立了一块碑，明成祖为之亲制了碑文。内容是这样的：

> 朕惟帝王之兴，必首举学校之政，以崇道德，弘教化，正人心，成天下之才，致天下之治。……世之极其尊崇之礼者，非于孔子有所增益，特以著明其道之至大，天下不可一日而无也。

在这一点上，明成祖无疑是接过了朱元璋的大旗，明初府州县学、社学和义学都取得了巨大的发展。永乐二年（1404年）七月，饶州人朱季友上书，对儒家圣贤多有不恭。明成祖说，对这类人若不加惩治，将"有误后学"，遂遣人将朱季友押还乡里，杖一百，将他所著的文字全部搜出烧毁，并不许他"称儒讲学"。

明成祖在《御制重修孔庙碑文》中说："孔子参天地，赞化育，明王道，正彝伦，使君君、臣臣、父父、子子、夫夫、妇妇，各得以尽其分"。儒学的根本点就在于确立社会等级制度的合理性，确保社会秩序的稳定。

明代是科举制度建立以来实行得较充分的时代，这与朱元璋、朱棣的重视颇有关系，朱棣甚至做得较朱元璋更到位。永乐元年（1403年），明成祖即下令在全国各地举乡试，第二年进行会试。在会试时，礼部尚书李至刚奏请选士数目。明成祖问洪武时选士多少，李至刚答道，各科不同，多的时候达470余人，少的时候只30人。明成祖说："朕初即位，取士姑准其多者。"于是，这年一次就录取新进士472人。经廷试，一甲3名为翰林修撰、编修，二甲51人俱为翰林院庶吉士。庶吉士乃明太祖朱元璋所设，但不专属于翰林院。自永乐初开始，庶吉士就成了翰林院专官，实际上意味着身份的提高。

第二年,明成祖命解缙等人在新进士中选“才资英敏者”就学文渊阁,进行特殊培养,以备日后大用。解缙等挑选了曾启等28人,号称“二十八宿”。身为庶吉士的周忱“自陈年少愿学”,明成祖“嘉其有志”,便答应了他的请求。这样在“二十八宿”之外又多了一个周忱,于是周忱被称为“挨宿”。周忱后来成为著名的清官能臣,为苏州一带的百姓所称颂。

明成祖曾在状元曾启的卷子上批道:“贯通经史,识达天下,有讲习之学,有忠爱之诚。擢魁天下,昭我文明。”在廷试时,明成祖还亲自赐予他宝带。此人好酒,有一次因酒醉遗下火种,竟失火烧毁数家民房。明成祖知道后也未予治罪。还有一次,蒙古使臣号称善饮,明成祖命找伴饮之人,得一武将。明成祖还担心不敌,命廷推,曾启毛遂自荐。三人一直饮了一天酒,蒙古使臣已烂醉如泥,武将也已醉倒,只有曾启尚毫无醉意。明成祖很高兴,笑着说:“无论文字,此酒量,岂非大状元耶!”

永乐年间,会试每3年举行一次,从未间断,只是录取数目不像这次多。例如永乐四年(1406年)会试,取219人,较这次减少了一半多。但在科举时代,录219人也算是较多的。洪武十八年(1385年)曾录取过472人,那是因为科举已被停了15年。而明成祖时第一次开科即达此数,其盛况如同开国,这对消弭士大夫的敌视情绪很有帮助。

在科举之外,明成祖对有才学者,亦多加擢升。建文四年(1402年)十二月,得知江西普通儒士轩伯昂为“怀才抱德之士”,便破格任他为山东布政司左参议。他称帝前,就曾用过像姚广孝、袁忠彻、金忠等方术之士,称帝后继续任用了像赵友同等人,让赵出任《永乐大典》副总裁,后又参与编修诸“大全”。在永乐朝颁降于府、州、县学的书籍就有:《大诰三编》、《大明律》、《礼仪定式》、《表笺式》、《减繁行移体式》、《新官到任须知》、《韵会定式》、《六部职掌》、《科举程式》、《孟子节文》、《朔望行香体式》、《四书大全》、《五经大全》、《性理大全》、《孝顺事实》、《为善阴骘》、《劝善书》、《五论书》等。其中《五经大全》、《四书大全》、《性理大全》均刊行于永乐十三年(1415年),花费了不少人力物力。

明成祖曾对洪武时期就不愿与明朝合作的元末翰林学士李征臣行过宽政。朱元璋时已把他家属全部杀光,他自己也被谪戍到宁夏。明成祖派人把他接到京师,要他做官。他说,自己在洪武时就不受官,今天义不可再受。明成祖问他想到哪里去,他说还愿回戍所。明成祖对他这种倔强表示理解,下令免去其戍籍,让他回故里。李征臣听到后凄苦万分,因为家人已被杀光,他已无家可归。明成祖就顺从了他去故友家馆执教的意愿。

明成祖还对会试落第者给予优容,他让翰林院择其较优者,送入国子监继续研读,以俟下科再试,并给予教谕的俸禄。所以《明史·选举志》载:“举人入监,始于永乐中。”永乐时会试有“副榜”,这些人就是入国子监继续读书的落第举人。

明成祖总是对忠于建文帝的文臣讥讽他“篡逆”耿耿于怀,有意识地鼓动忠于他的文人们为其歌功颂德,说明他才是名副其实的真龙天子,才是朱元璋合格的皇位继承人。永乐时兴起的“台阁体”文学就是这种风气的集中体现。

台阁体作品平正典雅,词气安闲,雍容晓畅,充满了富贵福泽气象。台阁体的主要代表人物是“三杨”,即杨士奇、杨荣和杨溥,其中以杨士奇影响最大。他们以太平阁臣的身份,除了撰写诏令、奏议以外,还写了大量的应制、颂圣和题赠的诗赋。追随他们的人很多,成了一时的文学主流,前后延续了大约一个世纪。黄淮、金幼孜也是台阁派的代表人物。

台阁派是永乐盛世的产物,反过来又为永乐盛世增添了许多绚丽的色彩。永乐时期的社会经济恢复发展，内外经营、文治武功都被渲染到了极致。

当然最能反映永乐时期文化成就的还应数《永乐大典》的修纂。

四七　理性对待佛道

明成祖以修《永乐大典》把张扬儒学的倾向性昭示出来，同时对于能帮助他达到治国目的的其他思想和信仰亦不排拒，佛道在明成祖时期似乎都有了其生存的空间。

朱元璋本是和尚出身，称帝后曾设立僧录司专管佛事，且加以一定的限制。到明成祖时，他巧妙地利用了佛教教人为善的一面。

永乐五年（1407 年）五月的一天，明成祖去佛教寺院灵谷寺。有一条小虫子在他衣服上爬，用手一抖，小虫子落在地上。他随即命身边的宦官将小虫子放到树上，还说道："此虽微物，皆有生理，毋轻伤之。"也算是到了佛门行了佛事。

行善是皇帝期望于臣民的，而其复杂仪式、教派的发展则可能动摇人们对王朝的信念，于是明成祖对佛教的限制也是多方面的，许多时候较乃父有过之而无不及。

永乐四年（1406 年）正月，西域贡来佛舍利，即佛骨。这件事在历史上多次出现，一般都会兴师动众地加以迎接，安放。但明成祖没有这样做。他认为这些东西很无聊，且可能导致"法度废弛，纲纪大坏"。

有个守卫官在皇城下诵读佛经，明成祖将其训斥了一通，责问他:"你的爵禄是从佛经得来的吗? ……日有闲暇,不如好好钻研太祖的御制《大诰》,这才是对你有用的东西。如果再见到你诵读佛经,必将治罪。"

又有一次,武昌的僧人想修建观音阁来为明成祖祝寿,亦被拒绝。他说:"人但务为善,何假外求哉!"

对于西藏的佛教发展,朱棣采取了尊重和包容的政策,而对于内地佛教,除了其习善的思想可以接受外,他不希望人们去投入太多的心力。

永乐初年,清凉寺的僧人奏称,近寺军民经常在寺外放牧牲畜,请予治罪。明成祖说,既然寺外有闲地,用来放牧牲畜正合于佛家"利济之心,何必禁"? 有一次,江、浙一带有1800余人自行剃度为僧,赴京请给度牒,明成祖大怒,立命将这些人全部编入军籍,发戍辽东、甘肃。嘉定县掌管佛事的僧会司奏言,当地"旧有僧六百余人,今仅存其半,请以民之愿为僧者给度"。明成祖不许,并对礼部臣说:"僧坐食于民,何补国家?"永乐六年(1408年)五月,明成祖命礼部布告全国各地,严禁军民子弟擅自削发为僧,否则严加治罪。永乐十五年(1417年),他又命礼部榜示全国,不许擅自新建寺院。显然,明成祖对佛教施加了种种限制。他想以儒家思想统领人们的思想,避免出现思想上的混乱。

或许因为明成祖得助于道士较多。传说他在形势危急之时,曾得到真武大帝的天兵相助,从而得以击败南军,进入南京。明成祖即位之后,也曾极力渲染这段神话,目的当然也是为了说明靖难之役的合法性和正义性。即位之后,他对道教颇为尊奉。建文时,道教正一道四十三代天师张宇初被治罪,明成祖将其免罪复用,并赐号为"正一嗣教道合无为阐祖光范真人",让他继续掌管正一道,还赐给他钱以修整龙虎山上清宫。龙虎山在江西贵溪，为道家掌教人的世居之地。元代曾对张道陵的后世孙张正常赐号为“正一天师”，即居于此。建文帝曾夺回张宇初的印诰，明成祖又归还了张宇初。永乐八年(1410 年)张宇初死后，明成祖又命其弟张宇清嗣教，并封为“正一嗣教清虚冲素光祖演道真人”。

在当时，张三丰被认为是道家的活神仙，人们习称其为张邋遢。明成祖派心腹大臣胡濙四处寻访，连续寻访多年。有人说这其中有寻找建文帝的秘密使命。

明成祖用道，从武当山道观的修缮中可见一斑。明成祖颁《御制真武庙碑》、《御制太岳太和山道宫之碑》，抒发了对真武大帝的尊奉之情。

永乐年间，女道士焦奉真号称“谪仙人”，明成祖也把她召进宫来，优礼有加。“焦仙女”推荐她的母舅冯仲彝为官，明成祖遂授他为太常寺丞，恩遇之厚极其少见。

明成祖尊道并不希望世间大家都来奉道，或许只是自己的一种业余爱好，包含了聚拢自己势力的意味。他曾下令规定僧、道人数府不过 40 人，州不过 30 人，县不过 20 人。只有 14 岁以上、20 岁以下者方可出家为僧、为道。经 5 年学习后，诸经熟练，再分别赴僧录司、道录司考试，果然通晓本教经典，才可立法名、道号，给予度牒，即为僧、道的凭证。对那些不通晓本教经典的，则要罢还为民。对那些逃亡者、受过黥刺处罚的人，则不许为僧、道。明成祖还将原来三年一给度牒改为五年一给度牒，并不许私建寺观。可见，明成祖限制僧道的措施较为严密。

明成祖对道家法术将信将疑。有一次，他生病了，服了道士的所谓“仙药”，但并不沉溺于其中。永乐十五年(1417 年)八月，有道士向他献金丹和方书，他立即指出这类人只是和秦皇时一样的妖人而已。

明成祖对待佛道的态度都显得较为理性,取舍的标准是是否有利于其统治,立足点是儒学,佛道可以在一定的范围内存在,但不能允许其壮大而泛滥。过去历史上的许多生动事例给了他启示。

四八　用人之道

明成祖在位22年，以他的雄才大略使明王朝进入了鼎盛时期。他知人善任，恩威并施，勤于朝政，因此永乐年间吏治还比较清明，人民生活也还算安定，社会经济得到了较快的恢复和发展。可以说，明成祖朱棣和他的父亲朱元璋一样，在国家建设上，都为后世皇帝树立了一个求真务实的好榜样。

明成祖即位以后，重用了一大批藩邸旧人。这些人随同明成祖起兵靖难，出生入死，夺取天下后，很多人都是身居高位。但是在明成祖在世期间，这些元勋宿将都还不敢骄横不法。明成祖即位不久就曾经告诫过这些旧臣，要他们“当思自保。凡人致富贵难，保富贵尤难。尔等从朕数年，万死一生。今皆身有封爵，禄及子孙，可谓难矣，但当思保之。夫有功则赏，有罪则罚，……朕不敢曲宥。”后来，明成祖在授予靖难功臣铁券的时候，又戒谕他们说：“位高易骄，禄厚易侈，宜思得之不易，保之惟艰。则安荣始终，传及后嗣，勉之勉之！”像这样的话，在《明太宗实录》中还有很多。目的都只有一个，就是要这些靖难功臣不要骄横不法，要会自我保全，不要重蹈历史上那些因骄横跋扈而给自己和家人带来灾祸的功臣的覆辙。

明成祖执法很严厉，对那些失职造成恶果的官员，轻则降级或者免职，重则下狱处死。例如监察御史王愈和刑部、锦衣卫官

4人,会决死囚,却将4名顶替罪犯的无辜百姓杀了。明成祖听说此事后,立即命刑部将王愈等4人逮捕,即日将4人皆弃市。因为三法司是明朝最高的执法机构,所以明成祖对三法司的要求特别严格,朱棣一再告诫三法司,要他们“洁己爱民”,执法公平,不得收受贿赂。否则,一旦违法,必将按律严惩。

朝中大臣们对明成祖的独断乾纲常怀敬畏之心,在工作中不敢稍有懈怠,甚至达到了提心吊胆的程度。永乐十九年(1421年)冬,明成祖准备第三次亲征漠北,户部尚书夏原吉和兵部尚书方宾都表示反对。明成祖一气之下将夏原吉下锦衣卫诏狱,而方宾则自杀,明成祖命礼部尚书吕震兼任户、兵二部尚书。吕震十分害怕,明成祖就命10名军官陪伴吕震左右,形影不离,并对这10个人说:“若(吕)震自尽,尔十人皆死。”由此可见,在明成祖手下当差,确实有点如履薄冰的感觉。不过,也正是得益于这种政治上的威严,才使得明初的吏治比较清明,人民的生活处境才能改善。

明成祖赏罚分明是永乐年间吏治的重要保证,他本人对此也十分留意。有时候,明成祖处罚臣下严厉到了近乎残酷的地步,但也并不是一味讲究严刑峻法。明成祖对内外臣僚的考察有一套完整的制度。如果有人被弹劾,但是罪行较轻,则以“致仕”的名义命其归故里。唐宋时期的大臣是以致仕为荣,可明代的大臣却是以致仕为耻辱,其原因也在于此。所以,明代臣僚有因犯罪而致仕的,其墓志铭上多不写致仕的字样。

明成祖执法严厉,即使是靖难功臣,对他们也不会因功掩过,有罪的仍旧是按照刑律惩治。以前,历朝功臣多有骄横不法者,而永乐年间却几乎看不到此类事情的发生,这不能不说与明成祖的驭臣之术有很大关系。例如有一次,刑部在给几个靖难功臣定罪的时候,请求明成祖念其旧时功劳,从轻处罚,结果反而受到明成祖的一顿训斥。明成祖说:“朝廷,大公至正之道,有功则赏,有过则刑。刑赏者,治天下之大法,不以功掩过,不以私废公。此辈征讨之功,既酬之以爵赏矣,今有犯而不罪,是纵恶也。纵恶,何以治天下?其论如律。”这番话很能代表明成祖的赏罚观念,这也是他能够在事业上取得成功的重要因素。

虽说明成祖对臣下很威严,但不要以为他就只会板起面孔对人,其实明成祖还是比较有人情味的一个帝王。按通俗的话来说就是“恩威并施”。内阁七学士中的解缙和胡广是同乡,又是同学,在朝廷上又同为内阁学士,明成祖居然想起为他们两家子女做起媒来。虽说后来解缙被逮捕下狱致死,但解缙的儿子仍然在明成祖的撮合下娶了胡广的女儿。

永乐七年(1409年)正月,明成祖下令,自正月十一日到二十日放假10天,让臣民一起欢度元宵佳节。在这10天里,“百官朝参不奏事,听军民张灯饮酒为乐,弛夜禁。”明清时期元宵节放假的惯例就是从这时候开始的。永乐七年十月,明成祖因为北京寒冷,怕群臣早朝奏事时久站难受,便经常缩短早朝时间,然后到偏殿听臣下的汇报。朝臣如果有事情,就依次入奏,如果没有什么事情,就可以回衙门办事,免得久立受冻。

明成祖驾驭朝臣还有个高明的地方,即升赏臣下不拘陈规,而是从实际情况出发进行定夺,尽量“录功而略过”,以鼓励臣下争取立功的积极性。永乐四年(1406年)六月,负责总督海运的陈瑄向明成祖奏报,说通过海运前往天津卫的海船应该同日启航,但有30艘船晚了5天才出发。虽然最后同时到达,货物也没有损失,但应该按照没有同日启航治他们船长的罪。明成祖却未予治罪,还对身边的大臣说:“始虑海寇为患,故敕令同发。今已济而无损,虽违约当惩,然海运甚艰,其功可以赎过矣。凡用人者,录功而略过,则人奋于功;若计过而略功,则救过之不暇,何暇懋功哉!”这种“宽小过,总大纲”的做法确实比先前赏罚不明的建文帝要高明得多。

明成祖在挑选人才的时候也是本着求真务实、宁缺勿滥的态度处理的。朱棣知道,人无完人,故用人的时候取其所长,量才为用。

永乐二年(1404 年)年初,明成祖第一次开科取士,共取进士 472 人。永乐十年(1412 年)二月,明成祖决定改变这种取士过多的做法,敕谕礼部臣工说:“数科取士颇多,不免玉石杂进。今取毋过百人,其务精择。收散木累百,不若良材一株也。”从此以后,永乐年间每科取士都在百人之内。在用人方面,明成祖曾对吏部的官员说:“用人当量其才高下而任之。譬若器焉,能容数石者投之数石,能容数斗者投以数斗,过则不可。若以小才任大职则败事,以大才任小事则枉人,其精审之。”在实际操作中,明成祖对那些有功而才智不足的人,照常封赏,但不授予实职;而有些才智过人的人,则破格提拔使用,最明显的例子就是薛禄。正因为明成祖严把用人关,所以才有一些靖难有功的军官,虽已经升至都指挥,但仍旧被留在京城更番戍守。

明成祖用人还有一个特点,那就是不因小过废大才。永乐四年(1406 年)五月,都督程达守边有过,按律当斩。明成祖念其事出偶然,且程达其人“才足当一面”,故予宽宥,让他到云南西平侯沐晟那里立功赎罪。为此,明成祖对左右的大臣说:“人孰无过?论小过而废大善,则为善者怠;亦孰无才,若录小才而免大恶,则为恶者肆。故恶之难容者,乃不论其才;才有可用者,乃可略其过。如此,则善善恶恶,皆不失矣。”永乐年间,各级官员基本上都能够恪尽职守,争相立功,这与明成祖这套独特的用人机制和理念是分不开的。

明成祖用人不拘品级,往往能够破格提拔使用。永乐初年,有个叫金实的人,是浙江金华的普通生员。他上书言王道,深受明成祖赏识。明成祖遂召他入京,测试了他三道题,结果都很令明成祖满意。明成祖便让他参与修改《明太宗实录》的工程,后来又参与了《永乐大典》的修纂工作。一个地方生员,没有任何官职,却能破格参与其事,被称为明代一奇。后来,此人的表现确实没有辜负明成祖的期望,被明成祖提拔为司直郎。

在用人问题上,明成祖的高明之处在于能从表面上不计前嫌地使用建文帝的降臣。虽然暗地里对这些建文旧臣的防范和政治清洗从未中断,但至少在表面上让人觉得明成祖在使用建文帝旧臣的问题上很宽容的。像蹇义、夏元吉、"三杨",这些都是建文帝的旧臣,他们在永乐时期都有很杰出的表现,为永乐朝的强盛作出了巨大的贡献。汤宗也是建文帝的旧臣,当过大理寺丞。有人向明成祖密奏,说汤宗曾将明成祖准备起兵靖难的事情向建文帝密报,明成祖却对此不以为然,说道:"帝王惟才是使,何论旧嫌!"后来汤宗在任上多有建树。明成祖曾经公开地对臣下说,建文帝旧臣当时"食其禄,任其事",无可厚非。只要能归顺自己,则一体任用。宋晟也是建文帝的旧臣,他镇守凉州20年,"威信著绝域"。明成祖知道宋晟有大将之才,于是"专任以边事,所奏请辄报可"。后来有御史弹劾宋晟独断专行,没想到反而受到明成祖的训斥,并特许宋晟可以"便宜从事",将西北边防事务全部托付给宋晟。宋晟果然不负所托,尽心防守明朝的西北边陲,使西北一带长期得以安宁。宋晟也因为工作出色而被明成祖封为西宁侯,世袭指挥使之职。作为反面教材,建文帝时期的编修李贯,为了讨好明成祖,说自己在建文时期没有什么反对明成祖的建言,也没上过奏章,结果反而受了明成祖的一顿训斥,说他食君之禄,不忠君之事,不是个称职的官员。

明成祖极力鼓励臣下直言上谏,认为敢说真话比敢作事更加难能可贵。他曾经对内阁大学士解缙说:“敢为之臣易求,敢言之臣难得。敢为者强于己,敢言者强于君,所以王、魏之风,世不多见。若使进言者无所畏,听言者无所许,天下何患不治?”作为一个封建帝王,能认识到这一点,确实非同一般。

明成祖即位不久,甘州的一个普通士兵张真上书言事,受到明成祖的重视。明成祖对身边的大臣说,这个士兵所说的虽然不能全部采信,但他“为国之意则善”。于是赐予张真衣一袭,钞千贯。明成祖还借此事对礼部的大臣们说:“居其位,无其言,君子耻之。卿等亦毋嘿嘿守位而已。”明成祖无疑是借题发挥,规劝那些整天尸位素餐的人,不要行政不作为。

明成祖一方面鼓励臣下直言进谏,另一方面又主张要善于明辨是非,择善而从。他在给皇太子的敕谕中说道:“宜悉心以求益,虚己以纳言。……然听言之际,宜加审择。言果当理,虽刍荛之贱必从之;言苟不当,虽王公之贵不可听。惟明与断乃克有成。”明成祖朱棣就是要自己的后人学会做到既从谏如流,又要明辨是非,择善而从。

为了鼓励臣下直言进谏,明成祖对有些言辞激烈的人有时候也免于治罪。永乐四年十一月,平民高文雅上书言时政,先说到建文帝时期实行的一些政策不应该全部废除,又说到救荒恤民不够及时,“言辞率直,无所忌讳”。明成祖命礼部会议。都御史陈瑛上奏弹劾高文雅,说他“其言狂妄,请置之法”。明成祖则说:“草野之人不知忌讳,可恕。其中言有可采,勿以直而废之。”后来又对刑部尚书郑赐说:“不罪直言,则忠言进,谀言退。自古拒谏之事,明主不为。”明成祖还告诫他,以后不可对言辞有违碍的人加罪,并将高文雅送吏部,量才授官。这实际上是对直言进谏的一种提倡。正因为如此,虽然明成祖控制臣僚很严厉,但臣下仍然敢上书言事,品评朝政,才使得永乐年间政治清明,国事顺达。

四九　家庭生活

很难想象，像明成祖这样一个叱咤风云的帝王，手中握有无限的权力，按常理来说应该是处处春风得意的。但恰恰是这个皇帝，所爱的几个女人都先他而亡，令他的家庭生活时常充满了烦恼。

洪武九年(1376 年)，朱元璋册封中山王徐达的长女为燕王妃，这时燕王朱棣才 17 岁。后来燕王夺取皇位，燕王妃徐氏就被册封为皇后。在明成祖朱棣和徐皇后 30 多年的婚姻生活中，徐皇后一直是明成祖的贤内助。

洪武年间，明朝皇室成员与元勋功臣家族通婚是一件很平常的事情，只是到了宣德以后，才规定皇室不得与勋臣家通婚。所以在明太祖朱元璋在位的时候，燕王朱棣理所当然能够和徐达的长女连为姻亲。当时这种情况很多，例如朱元璋的长子朱标就娶了开平王常遇春的女儿为妻，秦王朱樉娶了宁河王邓愈之女为妻。就是朱元璋自己的公主们也大都嫁到了勋臣家中，如韩国公李善长的儿子李祺，颖国公傅有德的儿子傅忠，娶的都是朱元璋的公主。

徐皇后是徐达的长女，自幼恬静好读书，人称“女诸生”。朱元璋听说徐达的这个女儿很贤淑，就对徐达说：“闻古之君臣相契者，率为婚姻。朕第四子，气质不凡，知卿有令女，能以配焉。

佳儿佳妇,足以慰吾两翁。"徐达自然应允。徐皇后自从洪武九年被册封为燕王妃以后,协助明成祖夺取天下,守天下,不仅在家庭生活中给明成祖以温暖和幸福,而且在事业上也给他很大的支持。

靖难起兵后,明成祖经常外出征战,根本重地北平就交由世子朱高炽守卫。有关战守的重大事项,世子都要先向徐皇后禀报,听取徐皇后的意见,然后再实行。徐皇后不愧是将门之后,对军务之事处置都很得当。当年李景隆率 50 万大军进攻北平城的时候,徐皇后还亲自率领将士们的妻子,登城协助防守,激励士兵,终于使北平城转危为安。

明成祖即位后,徐皇后对明成祖说,天下连年战争,兵民都很疲敝了,应该与民休息。后来又说,国家建设,贤才难得,使用上不应该有新旧之别。明成祖听了徐皇后的话,对归顺的建文旧臣,大都让其官居原职,使其为自己服务,产生了良好的影响。在靖难之役中,徐皇后的弟弟徐增寿因为暗中帮助明成祖而被建文帝杀死。后来,明成祖要对徐增寿追赠封爵,徐皇后却不同意。但是明成祖还是赠爵定国公,并让徐增寿之子徐景昌世袭爵位。徐皇后后来对人说,这不是她自己的心意,对明成祖的赏赐也不表示感激。

有一天,徐皇后问明成祖:"哪些人在帮着你治理天下?"明成祖说:"六卿理政务,翰林职论思。"于是徐皇后将这些大臣的命妇召来,在坤宁宫赐宴。徐皇后对这些命妇们说:"妻子事夫,不能只是管他们的吃饭和穿衣,还要有所助益。朋友之言,有从有违。夫妇之言,婉顺易入。吾旦夕侍上,惟以生民为念,汝曹勉之。"徐皇后还作《内训》20 篇,又作《劝善书》,除了颁赐宫中和命妇们外,还在全国颁行。

徐皇后于永乐五年(1407 年)七月病死。临死前,她还劝明成祖爱惜百姓,广求贤才,不要骄纵外戚。她又把皇太子叫到床前,叮嘱他不要忘了那些当年和他们一道保卫北平的将士们的妻女。徐皇后死后,明成祖十分悲痛,为她举行了隆重的葬礼,安葬于长陵。

据一些野史笔记记载,徐皇后死后,明成祖打算续娶徐皇后的妹妹徐妙锦,但是徐妙锦反对明成祖从建文帝手中夺取帝位的做法,因此坚决不同意嫁给他。明成祖威胁说,你不嫁给天子,就别想再找什么女婿了。于是徐妙锦就决定终生不嫁,出家到南京聚宝门外的王姑庵。

明成祖也像他的父皇朱元璋那样,在皇后死后就没有再立皇后。宫中的事务一般由贵妃王氏主持。王贵妃也颇有贤德,为明成祖所宠信。明成祖晚年多病,性情也变得越来越暴躁,王贵妃经常委婉周全,使不少大臣免受明成祖的无辜惩处,就连太子朱高炽也对王贵妃多有依赖。永乐十八年(1420 年),王贵妃也病死了,明成祖很悲伤,性情也变得有些畸形。从此以后,处理事情起来多有乖谬,用刑也变得更加残酷。

永乐七年(1409 年)二月,明成祖册立河间王张玉的女儿张氏为贵妃,权氏为贤妃,任氏为顺妃。命王氏为昭容,李氏为昭仪,吕氏为婕妤,崔氏为美人。其中,除了张氏和王氏以外,其余的都是朝鲜人。权氏天生丽质,又善于吹箫,深得明成祖喜爱。权氏的父亲也因此被封为光禄卿。永乐八年(1410 年),明成祖第一次亲征漠北,其他的妃嫔都被留在宫中,惟独只带了权氏一人随行。不幸的是,权氏在班师还朝的途中死去,死因不明,葬于山东的峄县,这又一次给明成祖带来了莫大的悲伤。

据《明史》记载,明成祖年轻的时候得过所谓的瘕病,也就是腹中有硬块。经过许多医生的诊治,总是不见效。后来朱元璋命著名的御医戴思恭前去为朱棣治疗。戴思恭先看了以前的药方，认为用的药都对路，可怎么不见效呢？于是戴思恭问明成祖在吃饭方面有什么特别的嗜好，朱棣回答说就是喜欢吃生芹。戴思恭这才恍然大悟，于是对症下药，朱棣晚上就拉下来了许多"细蝗"，就是我们今天所说的肠道寄生虫。

明成祖即位后，身体也经常不舒服，筋骨常常感到疲惫不堪。宫中的御医差不多都为他诊治过，但始终不见好起来。后来，一个太监向明成祖推荐名医盛寅，于是将盛寅召到便殿诊治。经过诊脉，盛寅说明成祖是得了风湿病。明成祖也认为盛寅说得有道理，还向盛寅说了一通自己南征北战，为风寒所侵的话。经过服药治疗，明成祖的病大有缓解，盛寅因此也被授为御医。

明成祖年轻的时候对一些小病不大在意，随着年龄的增加，原来的一些小病就渐渐地冒了出来，不断折磨他。再加上宫廷中优越的生活条件，也让明成祖开始重视起养生之道来。起初，明成祖反对各种神仙方术，认为世界上没有长生不老之人，那些佞佛求长寿的举动都是愚蠢的行为。他认为，人只要清心寡欲，疾病自然就会减少。养好所谓的"正气"，各种"邪气"自然就难以侵入人体。明成祖对养生之道的理解也很受御医们的支持，他们也认为固本为要，求治不可太急，太急则伤其本。

在得了几场大病后，明成祖的身体明显开始衰弱下来，这使得他对自己以前的那种养生之道产生了怀疑，因此对神仙方术的态度也悄悄发生了变化，这甚至影响到他晚年的性情。据《明史》记载，有一次礼部郎中周讷从福建回来，说福建人祭祀南唐的徐知谔和徐知诲，非常灵验。明成祖于是命周讷前往，迎二徐的像和庙祝来北京，并且在北京专门修建了灵济宫，以祭祀二徐。明成祖每逢有病，便派人前去灵济宫问神。掌管庙中香火的庙祝将所谓的仙方献上，明成祖照单吃药，结果因为药性多热,服用后出现痰淤,呼吸也不顺畅,明成祖因此脾气变得更暴躁,以至于失声。在此时,就是一件小事也往往会引起明成祖的暴怒。大臣们都很担心,但是又不敢直言相劝。有一天袁忠彻入侍,对明成祖说,这些症状其实是因为服用了灵济宫的符药所导致的恶果。没想到明成祖立时大怒道:"仙药不服,难道要我服凡药啊?"袁忠彻跪下哭泣,两个内侍也跟着哭了起来。这一哭,明成祖更加恼火,立即命人将两个内侍拉出去打了一顿棍子,并说道:"忠彻哭我,我遂死耶?"袁忠彻十分害怕,跪着移到台阶下,过了好大一阵,明成祖的怒气才消。在明成祖还是燕王的时候,袁忠彻和他的父亲袁珙就开始为燕王朱棣效劳,并且利用他们的智慧为明成祖下决心起兵作出了重要贡献,因此与明成祖相知甚厚,这才敢上谏直言。明成祖气过之后,还好没有处置袁忠彻。

自永乐十五年(1417年)在北京修建了灵济宫以后,不断有方士献上所谓的仙丹之类的符药。明成祖有的接受,有的不接受。乱吃丹药对身体实在是弊多利少,因为丹药中含有很多对人体有害的重金属元素,如砷、汞、铅等,长时间服用很容易引起人体组织的病变,明代后来有几位皇帝就是因为乱服丹药而死的。明成祖晚年对方术的迷信,以及服用丹药,在一定程度上影响了他的身体健康和心理健康。再加上婚姻生活总是遭遇不幸,他所爱的几个女人都先他而去,这也对明成祖的性格变化造成了严重影响。明成祖家庭生活的不幸,可以说是这些诸多因素联合造成的结果。

五〇 后宫的朝鲜女人们

永乐初年,国家逐渐走向安定繁荣。朱棣生活上开始追求享乐,后宫中的美女也逐渐多了起来。永乐五年(1407 年),皇后徐氏病死,成祖未再立皇后。一天,太监黄俨凑近朱棣耳边小声说:"听说朝鲜国美女遍天下,生得比苏、杭之女不知要漂亮多少。"朱棣听后大喜,立即下了一道圣旨给黄俨,说:"你去朝鲜国和国王说,有生得好的女子选拣几名带来!"黄俨叩头一拜,说:"臣敢不尽心承命!"

永乐六年(1408 年)四月份,黄俨带着一干人马踏上了去朝鲜的路程。经过半个月的跋涉,选妃的队伍到了朝鲜。朝鲜国王李芳远一听说是大明皇帝到此选美,岂敢怠慢,经过紧张而严格的挑选后,将 5 名少女连同使女 16 名,送上了归程。

这 5 名少女都是文武官员的女儿,虽说侍奉大明皇帝可以得到更多的赏赐,但此行有期,而归国无日,所以少女的家属与自己的骨肉分别时的场面犹如生死之别。目睹此事的文人曾写下这样一首诗:

九重思窈窕,
万里选娉婷,
翟茀行迢远,

鳀岑渐杳冥，
辞亲语难决，
忍泪试还零，
惆怅相离远，
群山入梦青。

永乐七年，这5名朝鲜少女被带回京师南京后，朱棣对她们进行了册封，其中权氏被封为贤妃，任氏为顺妃，李氏为昭仪，吕氏为婕妤，崔氏为美人。

五人中以权氏最为受宠。权氏年方十八，不仅长得美艳出众，而且聪慧过人，能歌善舞，尤其是善吹玉箫，成祖对她十分怜爱。明宫词中有许多描写朱棣与权氏相欢的佳句。

琼花移入大明宫，
旖旎浓香韵晚风，
赢得君王留步辇，
玉箫嘹亮月明中。

因为朱棣对权氏宠爱有加，权氏的父亲永均也被封为光禄寺卿。永乐八年，成祖率大军出征，特地将贤妃也带在随侍嫔妃宫女之列，随军出塞。不想，这位独得天宠的妃子在大军凯旋的路上突然病故，死于临城，葬在峄县。永乐皇帝悲痛不已，粒米未进达五日之久。为了表示自己的哀思和对权氏的厚爱，朱棣竟提出将权氏重新安葬，与皇后合为一墓，后来因为群臣的反对才未能如愿。

本来随着权氏的死去，皇帝的后宫又趋于宁静了，但令人万万没想到的是，不久之后，围绕权氏之死竟引发了一场牵连极广的诛杀事件。

那时，宫中发生了两名姓吕的朝鲜宫女与宦官相好之事。本来，此事在深宫之中并非稀奇之事。历代宫中都有宫女和宦官结为假夫妻,明代亦然,宫中称之为“对食”,也称某宫女为某宦官的“菜户”。因为宫女嫔妃甚多,皇帝的宠幸毕竟有限,宦官虽然不能行夫妻之事,毕竟还算是男性,宫女与之结为“对食”,多半也是生活上互相照应的需要。明朝后期,皇帝对此事往往采取睁一眼闭一眼的态度。明熹宗甚至还亲自为宦官挑选对食的宫女,可见对此已是习以为常。大约在明成祖时期,宫中这类事情还比较少见,而两个姓吕的朝鲜宫女与宦官相好,恰恰发生在成祖丧失宠妾,心情不佳之时,竟因此酿成一场宫内大屠杀。

起初,朝鲜商贾的女儿吕氏入宫,记载中称“贾吕”,以有别于本国先期入宫的宫人吕氏,就是被册封为婕妤的那位吕姓朝鲜少女。因为都是朝鲜人,又是同姓,贾吕即想与吕氏结好。岂知吕氏看不起贾吕的为人,拒绝与她交往。贾吕怀恨在心。不久,成祖的爱妃贤妃权氏死于北征凯旋途中,吕氏曾随军侍候过贤妃,于是贾吕诬告说是吕氏在贤妃的茶里下了毒药。成祖正逢心情不好之时,闻听此言大怒,不问缘由,诛杀了吕氏及有关的宫女、宦官数百人。

上述事情见之于《明实录》和朝鲜的《李朝世宗实录》。关于成祖贤妃之死,还有另外一个说法。根据朝鲜《李朝太宗实录》记载,永乐中,吕氏与权氏一同来到中国,她非常妒忌权氏得宠。于是吕氏勾结宦官,从一个银匠家里借来了砒霜,伺机掺进茶里,毒死了权氏,这样才有贤妃死于归途的事。本来此事无人知晓,后来两个宫女吵嘴,无意间将真相泄露出来。明成祖对吕氏及其宫人进行残酷的报复,杀人多达数百。两种说法均见于朝鲜史料,究竟哪一种更接近事实,由于缺乏旁证,至今仍是一桩历史疑案。

权氏死后,朱棣又多次派太监到朝鲜选妃,但所带回来的少女多不如意，只有永乐十五年（1417 年）所选的韩氏很受朱棣宠爱。朱棣多次对朝鲜使臣称赞韩妃聪明伶俐，长相俊俏，还多次派人到朝鲜赏赐韩妃父母。

与韩妃同时选入明宫的还有黄妃，但黄妃的命运却不幸得很，因为她早在入宫前就不是处女了。据记载，黄妃进京途中，腹痛难忍，服用多种药物都不管用，只想吃汁苴草。太监黄俨便问随行的使者说："这是什么东西？"使者说："这是打胎用的东西。"黄俨听后虽大吃一惊，但惟恐声张出去对自己不利，于是压低声音狠狠地说："想要吃人肉，我都可以割下大腿进献，而今茫茫草原，如何能得汁苴草？你好自为之吧！"黄妃腹痛更加厉害，于是在每晚夜深人静之时，让随从婢女揉动自己的腹部，几天后的一个夜晚，黄妃小解时果然阴出一物，如茄子般大小，皮里含着肉块，婢女悄悄地丢到了厕所里。但这哪里逃得过众婢女的眼睛，她们躲在一起说长道短，议论纷纷。

黄妃与韩妃到京城后，永乐帝就想要与二妃合房，黄妃因小产，故意不近帝前。几天后，永乐皇帝已经美美享用了韩妃，便强行与黄妃合房。这一来，黄妃已非处女的事情就暴露了。朱棣大怒，责问她曾与何人私通。无奈，黄妃只好将隐情相告，说自己曾与姐夫金德章的邻人皂隶私通。朱棣以为这是朝鲜国王有意欺瞒大明皇帝，于是草拟一封敕书，谴责朝鲜国王，并要治黄氏家族的死罪，因为行前永乐帝嘱咐过选美使者，必须是处女进献。

这一来，眼看事情要闹大。消息很快传到韩妃的耳里。韩妃确实聪明异常，心想，如果因为此事使得大明与朝鲜国的关系恶化，对自己也是有百害而无一利。于是，韩妃梳妆打扮之后，来到朱棣的寝宫，还未出声，两行眼泪就像断了线的珍珠一般落个不停。据说，韩妃平时气质非凡，落泪时更增加了几分妩媚。

永乐皇帝哪有不疼爱的道理？韩妃乘机婉言相劝，说："黄氏在家私人，难道是君王所能知道的吗？"永乐皇帝听后顿时气消恨解，说如何处置黄氏，就交给韩爱妃了。韩妃于是当着永乐帝的面，抡起双手，猛掮黄氏的耳光。此后，黄妃就被打入冷宫，整日过着郁郁寡欢的生活，而韩妃则更加受宠了。

永乐十八年，成祖最为宠爱、准备立为皇后的王贵妃也死去，使成祖极度悲伤。这时又发生了另外一件事。贾吕和宫人鱼氏一起，私下与小宦官结好，成祖甚为恼火。贾吕和鱼氏觉察后，十分恐惧，二人遂一同上吊自杀。成祖一时恼恨，亲自刑审贾吕的侍婢，结果宫女们屈打成招，说是要谋害皇上。这一下可闯了滔天大祸，患有抑郁症和狂躁症的老朱棣盛怒之下，亲自对宫女们动用酷刑，诛连惨杀宫女达 2800 多人，而且还亲自观看行刑。有宫人临刑时当面斥骂朱棣说："你自己年老阳衰，宫人与小宦官相好，有什么罪过？"朱棣叫画工画了一张贾吕和小宦官相抱的图，对行刑宫女进行羞辱，同时更加残暴地进行屠杀。据《李朝实录》记载，当时宫中杀人甚多，用刑残酷之时，适有雷电击中宫殿，宫中人们很高兴，以为成祖会畏惧天命而停止杀人，孰料朱棣"不以为戒，恣行诛戮，无异平日"。

这就是明成祖永乐年间发生在北京宫中的惨绝人寰的屠杀宫女案。案发后，成祖将南京的妃嫔宫女大部分召到北京。自贾吕诬告贤妃被毒死案至宫人与宦官相好事发，成祖前后诛杀宫女及宦官当在 3000 人以上。成祖如此残忍嗜杀，可能与他晚年所患疾病有关。"成祖晚年患疾病，容易狂怒，发作时难以控制，甚至歇斯底里。加之他本人残忍个性不逊于朱元璋，又添上疾病，就更加狂暴异常。"朝鲜《李朝实录》称为"病风丧心"。

永乐皇帝朱棣似乎对朝鲜美女有种特殊的喜好，直到年逾花甲，还派宦官到朝鲜去选妃，这或许和他生母是朝鲜人，他身上留有一半朝鲜人的血统有关吧！幸运的是，朱棣只活了65岁就驾崩了。如果他再长命一些的话，又不知有多少朝鲜少女的青春葬送在他的手中。

五一　兄弟阋墙

明成祖一共有4个儿子，长子朱高炽，即后来的明仁宗；次子朱高煦，即后来的汉王；三子朱高燧，就是后来的赵王；此外还有一个叫朱高爔的儿子，但在很小的时候就死了。长大成人的就只有高炽、高煦、高燧三个儿子。明成祖还有5个女儿，都嫁给了功臣之子。虽说明成祖不像他的父皇那样多妻多子，可就是这3个儿子之间，为了争取储君的位置，也是明争暗斗，给明成祖平添了许多烦忧。

洪武二十八年(1395年)，明太祖朱元璋册封朱棣长子朱高炽为燕王世子，也就是说明确了朱高炽是燕王朱棣的合法继承人，而其他的两个儿子只能当郡王，身份就低得多了。朱高炽性情温和，端庄沉静，又喜欢读书，经常和儒臣满怀兴致地谈古论今，受儒家思想影响较深。明太祖曾经让他和秦、晋、周三王的世子分头检阅军队，朱高炽回来得最晚。明太祖问他是什么原因，他回答说："早晨特别冷，我等到士兵们吃过早饭才开始检阅，所以回来得晚了。"明太祖又让他们分头批阅奏章，朱高炽只拿些关系到军民利弊的事情来上奏，至于一些文字上的谬误，都未予理睬。明太祖问他是不是忽略了，朱高炽回答说："不敢忽，顾小过不敢渎天听。"明太祖又问他："尧、汤时水旱，百姓奚恃？"他回答得很好："恃圣人有恤民之政。"朱元璋听了朱高炽的回答以后很高兴。

明成祖的二儿子朱高煦则完全是另外一种类型。他不喜欢读书,只喜欢舞枪弄棒。朱高煦性情凶悍,行为轻浮,带有十足的无赖气息。他的舅父徐辉祖看他行为不端,随时都可能惹祸,就私下里教训了他一番,但朱高煦转脸就故态复萌。朱高煦曾随大哥和三弟一同到南京觐见建文帝,徐辉祖向建文帝建议扣留兄弟三人作人质,但是建文帝还是放他们回去了。朱高煦得知是他的舅父向建文帝出的主意,就在临走前偷了徐辉祖的一匹好马,然后骑着偷来的马不辞而别。在回北平的途中,朱高煦又擅自杀人,在涿州还擅自杀死了一个驿站的驿臣。为此,建文帝的一些大臣还责怪燕王,说朱高煦受了他的娇纵和怂恿,才敢那样胡作非为,这成为当年建文帝给燕王定的一条罪状。

在靖难之役中,朱高炽一直留守北平,朱高煦则一直跟在燕王的身边,随燕王南征北战。朱高煦逞勇斗狠,常作为先锋。燕王在靖难之役中数次陷入险境,多亏朱高煦奋勇接应,才转危为安。要论在战场上的功劳,朱高煦在三兄弟中是最多的。也正因为如此,燕王觉得朱高煦与自己最相类似,很欣赏他。而朱高煦则自恃功高,越发变得骄横无比,夺嫡的欲望也越来越强烈。朱高煦和朱高燧相互勾结,千方百计地陷害世子朱高炽。当时,燕王身边的太监黄俨也与朱高煦勾结在一起,在燕王朱棣旁边不时散布诋毁世子朱高炽的谣言,并且时刻向朱高煦报告世子在北平的一举一动。这种倾陷世子的斗争就连建文帝都知道,所以才有方孝孺遣书世子,进行离间的事情发生。由于朱高炽马上派人来将书信送到燕王军前,离间计才没有成功。但此事清楚地表明,朱高煦和朱高燧倾陷世子的斗争早已或明或暗地进行。由于靖难之役还在激烈地进行,这种斗争还没有完全公开化。当明成祖即位当皇帝后,为了争立太子的位置,这种储位之争才日趋激烈。

太子在古代又称储君，立太子又称作立国本。太子是皇帝的法定继承人，关系到国家的长治久安，所以新皇帝一即位，只要是身后有儿子，一般都会马上册立太子，以避免在这个问题上引起大家的疑虑，影响王朝的政局稳定。明成祖即位后，在确立太子的问题上一直犹豫不决。本来，朱高炽早已经是世子，将他立为太子是顺理成章的事情，但此事却拖延了两年之久。在这段时间里，争立太子的斗争也就越来越激烈了。

明成祖之所以迟迟没有立朱高炽为太子，主要是有两方面的原因。一是朱高炽有儒雅之风，体态又很胖，长得不如朱高煦那么英武。二是在靖难之役中，朱高煦出生入死，多立战功。明成祖在战争期间或明或暗地流露出对朱高炽的不满，说朱高炽身体多病，等事成之后将立朱高煦为太子。现在朱棣已经当了皇帝，要想兑现对朱高煦的承诺，可是又找不到朱高炽的明显过错，废掉朱高炽而立朱高煦为太子，未免显得过于唐突，而且还与封建宗法制度不合，所以他就只有采用拖的办法。

当时，朝中大臣为了立储之事，也是议论纷纷。淇国公丘福作为靖难功臣，与朱高煦气味相投，且一同征战多年，所以极力支持朱高煦做太子，为此他一再上书建议明成祖立朱高煦为太子。另外，像驸马王宁，与朱高煦关系很好，也极力地支持朱高煦当太子。明成祖也知道朱高煦在争立太子，所以在即位后一度让他到开平守边。

而另一些大臣则担心在立储问题上久拖不决，会引发一场内斗。尤其是这些大臣看不惯朱高煦的凶悍跋扈，所以朝臣中大多数人支持朱高炽，希望早立朱高炽为太子，消除内乱萌芽。永乐元年（1403 年）一月，群臣上表，请明成祖立皇太子。明成祖不答应，只是敷衍道："今长子属当进学之时，俟其知识益充，道德益进,克膺付畀,议之未晚。”

两个月后,文武百官再次上表,请立太子。明成祖又说了一通“宜预成其学问”之类的话,仍然没有同意确立太子,这就更增加了臣下的疑虑。有人觉得周王是明成祖的亲弟弟,便请他出面向明成祖陈请。周王是支持朱高炽的,所以就在永乐元年(1403年)四月,亲自上书,请立皇太子。明成祖在答复周王的赐书中说:“储贰之建,所以定国本,系人心,其任甚不轻也。……长子虽有仁厚之资,而智识未完,行业未广。方咨求贤达,与之偕处,冀以涵养其德性,增益其学问,使日就月将,底于有成,而后正名未为晚也。”明成祖一再拒绝立太子的请求。在这里也可以看出他的难言之隐。朱高炽以前就是世子,自己不愿意将他正名为太子,可又难以废掉他。朝臣又大都倾向朱高炽,要废掉朱高炽改立朱高煦也不是一件容易的事情。但是,明成祖一直拖着不立太子,这本身就是一种信号,表明明成祖对朱高炽的不满意,并且心中另有打算,这也就助长了朱高煦夺嫡的野心,从而更加剧了朝臣们的担心,不少人实际上已经卷入到这场暗中展开的夺嫡斗争当中,其中有几个人还起到了关键性的作用。

兵部尚书金忠原来是个靠卜卦算命为生的人,后来受袁珙的推荐,辅佐明成祖。每当有什么难事的时候,明成祖就让他帮助拿主意,多有成效,因此深受明成祖的信任。明成祖在南京即位后,就让世子朱高炽去守北平,金忠也受命前往赞助。这次明成祖在立储问题上又遇到了难题,便再一次征求金忠的意见。金忠也支持朱高炽,极言朱高煦不可立,并且举了众多古代的夺嫡祸事来规劝明成祖。金忠是明成祖的心腹,他的话自然有相当的分量。

明成祖还曾经私下里征求内阁大学士解缙的意见。解缙说:“皇长子仁孝,天下归心。”明成祖听后竟然没有什么反应,这显然不是他所想听的话。于是解缙又接着说了一句话:“好圣孙!”这是指朱高炽的儿子朱瞻基,即后来的明宣宗。朱瞻基平时深受明成祖的喜爱,因此解缙这句话一说,果然灵验,明成祖点头称是。这次秘密的会见后来被朱高煦知道了,由此给解缙惹来了杀身之祸。

但是最后起决定作用的人可能是袁珙。袁珙擅长相面,言人之祸福,无不言中。当年在明成祖起兵靖难的时候,袁珙就发挥过重要的作用,深得明成祖的赏识和信任。这次在立太子问题上,明成祖又遇到了难题,明成祖便让他给朱高炽相面,袁珙说朱高炽有天子之相。随后明成祖又让袁珙给朱瞻基相面,袁珙故装大惊,说朱瞻基是“万岁天子”。明成祖本来迷信心理就比较重,听袁珙这么一说,于是下决心立朱高炽为太子。这样,尽管朱高炽不是太令明成祖满意,但这种皇位继承安排,可以保证明成祖喜欢的皇孙朱瞻基顺利地登极做皇帝,继承他的事业。从这点考虑,明成祖才最终下定决心,立朱高炽为皇太子。

永乐二年(1404年)四月四日,明成祖正式册立朱高炽为皇太子,礼仪十分隆重而繁琐。值得一提的是,明成祖在册立的诏书中说:“学勿至迂,明勿至猛,宽勿至纵。”这也算作是对皇太子的警告和期望吧!之后,朱高煦被封为汉王,朱高燧被封为赵王。这场立储之争到此告一段落,但是二王并不甘心,夺嫡的斗争还将继续下去。

朱高炽虽然被立为太子,但日子并不好过。两个弟弟都有一帮势力,时时刻刻在觊觎着这个未来的皇位。朱高炽身体比较胖,除了参加过北平的守城战外,从未上过战场。他既不像朱高煦那样英俊威武,又时常患点小病小灾,所以明成祖并不满意他当太子,心中还是觉得朱高煦更像自己。只是迫于朝臣们的议论,又考虑到未来皇孙能够顺利即位,所以才不情愿地册立朱高炽为皇太子。明成祖的这种态度正是造成太子处境艰难的最主要原因。

当时有些大臣看到三兄弟为争夺皇位继承权斗得你死我活,都感到很担心,怕这样下去对国家大局的稳定不利,就向明成祖进谏,请他不要太过宠爱朱高煦,而苛责太子,名臣解缙就是其中一位。解缙对明成祖说:"这等于是鼓励他们兄弟之间相争,不可以这样做。"明成祖听了震怒,认为解缙是在离间他和朱高煦的骨肉之情,从此便疏远了解缙。永乐四年(1406 年),明成祖赐给内阁学士黄淮等 5 人二品纱罗衣,惟独不赐予解缙。而朱高煦对解缙更是恨之入骨。他故意在明成祖面前说解缙泄露宫中立太子的内幕消息,激起明成祖的恼怒。不久,明成祖便以解缙在廷试时审卷不公为由,将其谪贬到广西。解缙刚上路,明成祖又说他心怀怨恨,把解缙谪贬到更远的交阯,命他在化州督饷。永乐八年(1410 年),解缙回京奏事,恰逢明成祖北征,未见到明成祖,于是只参见了太子就返回了。朱高煦抓住这件事,故意说解缙趁明太祖不在京的时候进京奏事,私会太子,"无人臣礼"。明成祖于是将解缙逮捕下诏狱,后来将其活埋在雪中处死。而大理寺右丞耿通也是因为替太子说了几句好话而被明成祖以奸党罪名磔杀。

明成祖在册立太子的同时,任命丘福为太子太师,位居少师朱能之上。丘福和朱高煦的关系是相当好的,让丘福担任太子的太师,无疑是有监视太子的用意。太子朱高炽也很清楚这一点,所以他这个太子就不能不格外小心谨慎。不仅如此,到了永乐六年(1408 年)十一月,明成祖又任命丘福辅导皇太孙。这样,朱高炽父子二人的一举一动都处在丘福的严密监视之下。不过,幸亏没过多久,丘福就在第一次出征漠北蒙古的时候战死，多少缓解了一下太子岌岌可危的处境。

当时，皇太子在南京监国，手中并没有实权，主要从事一些祭祀活动，处理一些日常琐碎小事。朝臣的奏章一般都要送到北京行在，听明成祖处置后再施行。就是皇太子处理的那些琐碎小事，也要记录在案等明成祖回南京后复查，看处理得是否妥当。皇太子处理事情不能用宝玺，而只能用“皇太子宝”。尽管皇太子朱高炽事事谨慎，但仍旧免不了常受到明成祖的训斥。永乐七年(1409 年)三月，明成祖申谕太子，不得对臣下治罪，不得授官。太子虽有监国之名，却无监国之权。有一次，明成祖从北京行在回到京师南京，听信了朱高煦的谗言，于是在午门贴出一张榜文，凡是皇太子处分的事情一律废止，不得实行。皇太子十分害怕，可又不知道该如何解释，遂忧虑成疾，卧床不起。请医生来诊疗，也总不见成效。明成祖于是命蹇义和袁忠彻等人前来探望。袁忠彻知道太子因何得病，回来之后就对明成祖说：“皇太子面色青蓝，是受了惊吓所致，只要收起午门的榜文，太子的病自然就会好。”于是明成祖命人将午门的榜文揭去，太子的病果然就好了。

太子在南京监国，明成祖则长期居住在北京行在。朱高煦趁太子不在明成祖身边的机会，经常向明成祖进谗言。俗话说，谎话说一千遍就成了真话，时间一长，明成祖难免不对太子产生疑虑。胡濙是明成祖的心腹大臣，他除了负责暗中察访建文帝的下落外，还有一段时间受命到南京监察太子。经过他一段时间的暗中调查，向明成祖秘密上疏，奏太子 7 事，极力说太子“诚敏孝谨”，没有其他的图谋，这才在一定程度上消除了明成祖的疑虑。但这并没有阻止朱高煦和朱高燧联手陷害太子的行动。

在明成祖的三个儿子中，朱高煦的战功最多，而朱高燧最受明成祖的喜爱。自从他们的长兄被立为燕世子起，他们二人就联手倾陷朱高炽。到了世子被立为太子,二人就更加紧锣密鼓地展开了夺嫡活动。

朱高煦知道,朱高炽既然已经被立为太子,就很难一下子把他废掉。因此,他一方面派心腹监视太子的一举一动,抓住机会就向父皇进谗言,甚至在公开场合也对太子不恭。有一次,明成祖命他和太子一起去谒祭孝陵。太子肥胖,而且脚又有疾患,虽然有两个宦官搀扶着往前走,可还是时不时失足跌倒。见太子的狼狈样,朱高煦在后边语带双关地说:“前人磋跌,后人知警。”这时,皇太子的长子朱瞻基跟在后边接着答了一句话:“更有后人知警也。”朱高煦猛然回头,见朱瞻基表情严肃,颇为吃惊,这才想到,太子好对付,可他这位侄子朱瞻基可不是好对付的。另一方面,朱高煦极力排挤陷害太子身边的近臣,以达到剪除太子势力,孤立太子本人的目的。工部左侍郎陈寿协助太子在南京监国,被太子称为“侍郎中第一人”。朱高煦便对他格外仇视,找人网罗他的罪名,将陈寿下狱致死。还有左侍郎马京,也是因为太子比较器重他,被朱高煦陷害,谪戍广西。像这样因为跟太子关系比较近而被陷害致死的大臣,还有很多。

朱高煦为了陷害太子,一直不肯远离两京。当明成祖册立朱高炽为太子的同时,朱高煦也被封为汉王,就藩云南。但朱高煦不愿到边远的云南去,他向明成祖说道:“我有何罪,被排斥在万里之外。”明成祖无奈,便让他随自己去北京行在。此时太子在南京监国,为了随时监视太子的行动,朱高煦力请让他的儿子回南京,明成祖也答应了他的请求。此后,朱高煦又向明成祖要来了两个护卫,加上原先的一个护卫,朱高煦手下就拥有了三护卫、16000多人的直属部队,行为更加骄横。明成祖前两次亲征漠北,朱高煦都随行。趁此有利机会,朱高煦不时说些太子的坏话,许多大臣也因此受到牵连,跟着遭了殃。

永乐十二年（1414年），明成祖亲征漠北，得胜还朝。这次朱高煦随征，时常说太子的坏话。说得多了，明成祖难免动心。回到京师后，明成祖便以皇太子迎驾迟缓为由，对皇太子痛加训斥，并将太子身边的一些大臣全部逮捕下狱，其中还包括内阁学士黄淮、杨溥。明成祖将二人不审也不问，一关就是10年，直到朱高炽即位当皇帝，才被释放出狱。这次事件形势极其危险，太子朱高炽也因此差一点被废掉。虽说这次搞掉了太子身边的一大批朝臣，但朱高煦想借此机会废掉太子的目的还是没有达到。因此，他还得再找机会。

永乐十三年（1415年）五月，明成祖将朱高煦改封到青州（今属山东），但朱高煦还是不肯去。以前朱高煦说云南太远不愿意去，还情有可原，可现在改封到了近的地方还是不去，这才引起明成祖的警觉。于是明成祖将朱高煦训斥了一通，说这次不能再改了，但朱高煦仍以各种理由不肯离开京师。此外，朱高煦又仿效明成祖当年做法，私自招募士兵3000人，不隶属兵部，归自己直接指挥，骄横不法，甚至还用铁爪挝将兵马指挥徐野驴打死，原因只是因为徐野驴抓了几个朱高煦违法的部下。此事发生后，兵部的人都不敢再过问朱高煦的事情了。

永乐十四年（1416年），明成祖从北京行在回到京师，朱高煦又向明成祖百般请求，希望留在南京。此时明成祖也隐隐约约听到了一些朱高煦胡作非为的事情，就问吏部尚书蹇义，但是蹇义不敢说。明成祖又问杨士奇，杨士奇回答得很巧妙："臣与（蹇）义俱侍东宫（即太子），外人无敢为臣两人言汉王事者。然汉王两遣就藩，皆不肯行。今知陛下将徙都，辄请留守南京，惟陛下熟察其意。"明成祖听了杨士奇的一番话，默然不语，但心里已经大体明白了。几天之后，明成祖掌握了朱高煦的数十件不法之事，便将朱高煦召到宫中，严词斥责，并命人剥去他的冠服，囚禁于西华门,还打算将其废为庶人。明成祖还杀掉了朱高煦身边的几个不法之徒,削去朱高煦的两护卫。永乐十五年(1417年)三月,将朱高煦徙封到乐安(今山东惠民),命朱高煦即刻启程。这次朱高煦不敢再怠慢,只得马上前往。

此事发生之后,朱高煦的行动受到了许多限制,但他并没有停止夺嫡的活动。虽然他自己不能随便离开封地,但还是让自己的儿子经常往来于两京之间,秘密侦探朝廷中的事情。

明成祖这种故意为难太子,偏袒朱高煦的态度,大大助长了朱高煦和朱高燧陷害太子的气焰,他们一有机会就在明成祖面前说太子的坏话,使明成祖对太子的猜忌越来越深。明成祖在位22年,这种猜忌也一直伴随了他22年。即便是到了明成祖的晚年,这种猜忌也还时不时流露出来。永乐十六年(1418年)七月,“赞善梁潜、司谏周冕,以辅导皇太子有阙,皆下狱死。”这件事就是说,负责教导皇太子的梁潜和周冕因为工作没有做好,而被明成祖逮捕下狱处死。是什么事情导致两位辅导皇太子的大臣被明成祖处死的呢?原来皇太子在南京监国的时候,有个姓陈的千户,因为图财害民,被皇太子发配到交阯充军。可是皇太子转念一想,这个陈千户曾经跟随明成祖靖难有功,于是就宽宥了他,从轻发落。有人说,这个陈千户不应当被宽宥,梁潜和周冕都知道此事,却没有及时谏止太子的行为,应当受到惩罚。于是明成祖下令将二人逮捕下狱,后来死在狱中。其实,这件事本来就不是件什么大不了的事情,不管宽不宽宥陈千户,都属于皇太子的事情,更不应该将责任怪罪到两个辅导人的头上。明成祖借机杀掉太子的辅导人,其实就是杀鸡给猴看,太子心里是一清二楚。永乐二十年(1422年)九月,礼部尚书吕震的女婿张鹤朝会上礼仪失态,被人弹劾,太子宽宥了他。此事被明成祖知道了,礼部尚书吕震和吏部尚书蹇义都以“在侧不言”而被逮捕下狱，明成祖对太子的要求无疑太过苛刻了。

明成祖的三子朱高燧被封为赵王后，就居住在北京。当明成祖不在北京的时候，就由赵王留守，各个衙门的政务都要向赵王禀报后才能施行。赵王排斥陷害太子不像汉王朱高煦那么露骨，但手段却阴险毒辣得多。永乐七年（1409年），赵王干的一些不法之事曾经暴露过一次，结果惹得明成祖大怒，还杀掉了赵王的长史顾晟，另外选国子监司业赵亨道、董子庄为长史，以对赵王进行辅导。此事对赵王是个不小的教训，此后他倾陷太子的活动就更加隐蔽、更加阴险了。

永乐二十一年（1423年），明成祖因为身体不适，多日没有上朝，政事都交由太子处理。太子约束宦官较为严厉，不许他们干预政事。宦官黄俨、江保本来就和汉王、赵王勾结在一起，此时更遭疏远。于是他们就和赵王合谋，极力散布诽谤太子的流言蜚语，说明成祖有意于赵王，将废掉太子。赵王暗中密结护卫指挥孟贤，让他作好准备，在关键时候拥兵相助。之后他们又联系兴州后屯卫军高以正，拟好了伪诏。他们阴谋让宦官杨庆在明成祖的汤药中下毒，等毒死了明成祖以后，就立即收起宫中印玺，逮捕文武大臣，颁布伪诏，废掉太子，立赵王为皇帝。高以正把此事告诉了自己的姻亲王瑜，因为王瑜是总旗官，他想拉拢王瑜相助。没想到，王瑜将此事密报明成祖，并献上伪诏。明成祖顿时大怒，立即命人逮捕孟贤、高以正等人，全部处死。随后明成祖亲御右顺门讯问朱高燧。明成祖怒目注视着朱高燧，问道："尔为之耶？"朱高燧吓得面如土色，战战兢兢，说不出话来。幸亏皇太子在一旁劝解，说这都是下人所为，朱高燧事前并不知情。因为太子的求情，朱高燧才没有受严惩。这次宫廷政变失败以后，赵王的行为大为收敛，不久就被打发到了彰德。

汉王朱高煦和赵王朱高燧陷害太子的事情先后暴露后，明成祖也逐渐对他的这两个儿子有了警惕。而太子不仅不乘机落井下石,反而处处替两个弟弟说好话,这样明成祖对太子的猜疑程度也开始逐渐减低。这场为夺取皇位继承权的储位之争,最后以朱高炽的胜利而告终结。但是朱高炽当皇帝不到一年就死了,他的儿子朱瞻基即位,是为明宣宗。明宣宗一即位,朱高煦果然发动了叛乱,想步他父皇的后尘,企图从他侄子手中夺取皇位。只可惜,明宣宗朱瞻基可不是懦弱无能的建文帝。得到朱高煦叛乱的消息后,明宣宗亲自率兵讨伐,生俘了朱高煦,将其倒扣在铜缸中烧死。朱高煦叛乱被迅速镇压,赵王朱高燧大为震惊,为图自保,朱高燧主动献出了自己的护卫亲兵,表示自己没有任何野心,明宣宗这才放过他,朱高燧总算得以善终。

五二　大报恩寺

大报恩寺位于南京中华门外，雨花路东侧，号称金陵第一大刹。在大报恩寺的旧址上原来有一个佛寺，据传，东吴时期，有一位天竺僧人游历到建业，说阿育王役使鬼神建塔，礼请三十七日得舍利。吴王孙权为建阿育王塔，于是先建初塔，此为江南建塔之始。南朝时又称阿育王寺，宋代改称天禧寺，这也是大报恩寺的前身。永乐十年（1412 年）八月，明成祖下令“重建天禧寺”，名义上为纪念明太祖和马皇后，借以让世人知道，他是明太祖和马皇后的嫡子，是他们的正统继承人，实际上是为他的生母碽妃祈福。整个工程分为两个部分，一是寺，二是塔。永乐十年（1412 年）开始动工，直到宣德六年（1431 年）才全部完成，历时 19 年，费银约 250 万两，征调军匠工役 10 万余人。在当时，修建大报恩寺是一项十分浩大的工程。

大报恩寺周长 9 里零 13 步，占地开阔。在施工中，对施工工艺要求是十分严格的。地基上先钉满粗大的木桩，然后纵火焚烧，使之成为木炭，再由铁轮石碾压夯实，以保证地基的抗压力，不致使建筑物下陷。木炭上加铺一层朱砂，用以防潮和杀虫。寺内的大雄宝殿实际上就是碽妃殿，它和天王殿是寺内最雄伟的建筑。寺内共有殿阁 20 余座，画廊 118 处，经房 38 间。整个建筑群殿阁重重，不仅气势雄伟，而且精妙绝伦。

大雄宝殿后边有九级琉璃宝塔,高 32 丈 9 尺 4 寸 9 分,有 8 个棱面,全部用白石和五色琉璃砖砌成。烧制琉璃砖的时候,一式三份,依序编号,一份用来建塔,另外两份埋在地下备用。塔上的琉璃砖瓦都有精美的图案和花纹。正如朱楔在《金陵古迹图考》中描述的那样,"文石雕瓦,千奇万丽,金轮耸云,华灯耀月,为南都巨观"。

永乐九年(1411 年)夏天,郑和第三次下西洋回国,将所剩白银百余万两交给工部侍郎黄立恭,用来建造大报恩寺。郑和第六次下西洋回国后,曾经一度担任南京守备,亲自督察施工。在修建大报恩寺的过程中,还曾经用了 1 万多名囚犯参与施工。当时一度有流言,说是"役夫谤讪",明成祖担心有变,命监察御史郑辰前往检验,结果查无实据,并没有诽谤的人和事。大报恩寺工程浩大,工期又长,施工环境艰苦,"役夫谤讪",说几句牢骚话的事情,于情于理都是会有的。只是因为郑辰是个较能体恤民情的人,不愿因此惩治发牢骚的工匠们,所以才大事化小,小事化了。

永乐二十二年(1424 年)三月,寺将落成,明成祖特地赐名为"大报恩寺",并亲自撰写碑文。碑文中写道:"(高皇帝和高后)德合天地,功在生民,至盛极大,无以复加也。朕以匪德,统承大宝,负荷不易,夙夜惟勤,惕惕竞竞,恒循成宪。重惟大恩罔极,未由报称……重造浮图,高壮坚丽,度超前代,更名曰大报恩寺。所以祗迎灵贶,上资福于皇考、皇妣,且祈普佑海宇生灵,及九幽夹滞,咸沾济利。因仰承我皇考妣之圣志,而表朕之孝诚。……我皇考、皇妣之功德,配天地之广大,同日月之光明,而相为永久于万万年。"

这篇碑文当然是为了掩人耳目,写给世人看的。其实,明成祖的真实心意是为他的生母碽妃祈福。永乐初年,因为高皇后忌辰,礼部尚书李至刚请仿宋制,于佛殿修斋诵经,但却被明成祖制止。明成祖的理由是，"人君之孝与庶人不同"，人君之孝主要是使"宗社奠安，万民乐业"，而修斋诵经则是末务。表面上看，明成祖的这番话颇有道理，实际上它反映了明成祖内心深处的思想，即对高皇后的感情并不深，最使他怀念的还是他的生母碽妃。清前期的诗人陈文述对此也多有猜测，他在《登报恩寺浮图》一诗中写道：

靖难师来孰闭门，孝陵云树黯消魂。
忠臣已尽神孙死，却建浮图说报恩。
儿女英雄各有人，旧都遗事说纷纷。
六朝只在斜阳里，半是青山半白云。

很明显，诗中隐约透露出明成祖修建大报恩寺是另有用意。

大报恩寺建成后，成为南京的一大景观。外国贡使来中国，也一定到大报恩寺瞻仰一番。他们"见报恩寺，必顶礼赞叹而去，谓四大部洲所无也"。至于中国的文人墨客，有关大报恩寺的诗词和记述就更加不胜枚举了。例如，明中期的大文士王世贞在《游牛首诸山记》中，就记述了他登大报恩寺的观感：

塔，故文皇（明成祖）下京师，篡大宝，倾天下之财力，为高帝及后营福者也。其雄丽冠于浮图，金轮耸出云表，与日竞丽。……甫三级，则已下视万雉矣。级益高，阶益峻，两股踸踔者久之。强自奋，尽九级，宫殿穆郁，万栋栉历，与平畴相映，长江如白龙蜿蜒而来。惟钟山紫气，与天阙、方田不相伏，余无所不靡。塔四周镌四天王金刚护法神，中镌如来像，俱用白石，精细巧致若鬼工。

王世贞的这段话既有自己的感受，也描绘了寺塔的壮丽。嘉靖年间，大报恩寺大殿毁于雷火，后又修复。太平天国时期，大报恩寺彻底被烧毁。今天，人们只能在南京博物院里看到少许大报恩寺的残砖破瓦了！

五三　长陵和永乐大钟

北京的明“十三陵”是非常著名的旅游景点，在这十三陵中，长陵是明成祖的陵墓，对于葬在十三陵的其他皇帝来说，明成祖是始祖，所以他的陵墓最为高大壮丽。

永乐五年(1407年)七月，明成祖的皇后徐皇后病逝，但没有立即安葬。明成祖一直有迁都北京的念头，便命礼部找精通风水的人，在北京郊区寻找陵地。礼部尚书赵羾找来风水先生廖均卿等人，经过仔细勘察，选择了昌平县以东的一片黄土地作为陵墓修建的地址。明成祖对选择陵地的事情十分重视，曾经亲自前往察看。明成祖感到昌平这里气势不凡，遂决定作为明朝皇室的新陵地，并改黄土山为天寿山。

永乐七年(1409年)五月八日，明成祖命武安侯郑亨前往祭告天寿山山川，然后破土动工，命武仪伯王通具体掌管营建事宜。于是，就开始了大规模营建长陵的工程。

这项工程主要有两个部分，一个是地宫，另一个是陵园。关于长陵地宫的情况，人们至今无从知晓，只有等到日后的考古发掘，才能一睹它的庐山真面目。不过，我们要是参照已经发掘出来的明万历皇帝朱翊钧的陵墓——定陵，就可以想见长陵的壮观景象。

长陵的地宫修建了4年的时间,随后便将徐皇后安葬于此。地面上的长陵陵园仍在继续建造,一直到永乐十四年(1416年)三月,“长陵殿成”,地上建筑基本完工。今天人们所看到的长陵陵园是经过后来数次重修而成的,但大体保持了建成初期的格局。陵园由陵门、祾恩门、祾恩殿、明楼和宝城组成,排列于南北中轴线上。这组建筑群是我国现存的最大木结构建筑群之一。仅此一点就可以看出当时的工程有多么浩大。

今天,在北京西郊的大钟寺保存了一口巨大的铜钟——永乐大钟。这是我国的一件国宝,吸引着国内外的众多游客到此驻足欣赏。大钟寺原名觉生寺,建于清代雍正年间,也正是这个时候,永乐大钟被从它原来放置的北京西郊万寿山移到此地。永乐十八年(1420年),在明成祖正式颁诏迁都北京的同时,下令铸造了这口巨大的铜钟。这口铜钟高6.75米,钟口直径3.3米,重达4.6万多公斤。大钟上铸有御制佛经和其他重要的佛经7部,汉文咒语100多项,全部由楷书写成,至今清晰可辨。但是大钟上到底铸有多少个字,以前从来没有人认真数过,只知道大约有23万多字。1988年初,大钟寺的几位文物工作者经过一个多月的工作,终于揭开了大钟铭文数字之谜。经过精确计数后得知,永乐大钟上一共铸有汉文佛教铭文225939字,梵文佛教铭文4245字,总共230184字,是世界上铭文最多的大钟。

永乐大钟的声学特征也是非常的优秀。经过专家鉴定,在没有障碍物的情况下,钟声远可达四五十里,为世界罕见。由于永乐大钟铸造的年代比较久远,钟上的铭文最多,铸造工艺又相当精美,结构科学,所以被称为世界“钟王”。

关于明成祖铸造这口大钟的用意,后人多有猜测。清代的乾隆皇帝认为,明成祖诛杀建文旧臣过于残忍毒辣,铸这口密布佛经的大钟可能是为了忏悔。乾隆皇帝在《觉生寺大钟歌》中写道:“朝谋弗善野战龙,金川门开烈焰红。都城百尺燕飞入,齐黄群榜为奸凶。……瓜蔓连抄何惨毒,龙江左右京观封。谨严难逃南史笔,忏悔讵赖佛氏钟!……欲藉撞杵散喷气,安知天道怜孤忠。榆木川边想遗恨,皂氏徒添公案重。”应该说,乾隆皇帝的这种看法是很有代表性的。

五四　千秋功过任评说

永乐二十二年(1424 年)七月十八日,一代雄主明成祖朱棣终于走到了他人生的尽头。在北征回师的途中,明成祖突然病死于榆木川。在明成祖在位的 22 年零 1 个月中,他给后人留下了丰富的遗产,也给后人留下了不少的疑问和思索。

明成祖对中国历史的发展确实作出了许多突出的贡献。

首先,他经营中国的边疆成效卓著,促进了我国多民族封建国家的统一和发展。明成祖对东北地区的开发和管理促进了当地社会、经济、文化的发展,他通过设立奴儿干都司,把黑龙江中下游大片土地正式纳入到了中国的版图之列。同时,又在奴儿干都司境内修通了 4 条道路,沿途设立驿站,便于商旅往来。这四条通道南接辽东,直达北京,沟通了关内外的联系,可以说是在东北最早建设的国家级公路。通过疏通交通道路,内地的生产和生活物资源源不断地运往东北,当地少数民族的一些土特产也得以运到内地,丰富了两地人民的生活,从而使东北和内地的经济生活紧密地联系在了一起,有力地促进了东北少数民族地区的开发和发展。

明成祖积极经营西北,设立了哈密卫,对当地少数民族进行羁縻统治,加强了中央政府对大西北地区的管理。在整个明朝统治时间里，西北地区一直比较安定，没有出现过大的动荡，这与明成祖当年的经营是分不开的。

在西南地区，明成祖成功地实行了改土归流，加强对西南土司的管理，设立贵州布政使司，行政机构与内地相同，这对帮助贵州摆脱落后的社会形态和经济状况起到了积极的作用。明成祖封赠乌斯藏诸法王，修筑西藏地区通往内地的通道，加强了西藏地区和内地的联系。此外，明成祖还积极经营南海诸岛，对“千里长沙，万里石塘”进行了勘察和命名，对那里进一步开发和管理，其业绩将永载史册，彪炳千秋。

其次，是放松了海禁，促进了中国和亚非国家的贸易往来和文化传播。在对外开放这一点上，明成祖比他的父皇朱元璋要开明和有气魄得多。朱元璋是农民出身，文化水平低，思想比较保守和狭隘，称帝之后更是推行海禁政策，除了允许像朝鲜、占城等周边少数几个国家和地区来中国“朝贡”外，严禁与其他海外国家发生联系，更谈不上进行外交往来和国际贸易。而明成祖则显得胸怀广博。他虽然没有明令废除海禁，但在具体执行中却大大地放松了。他遣使四处传播大明王朝的威德，与亚非的许多国家进行了友好往来，还出现了郑和下西洋的空前壮举。此外，明成祖恢复了被朱元璋废除的市舶司，一度恢复了与日本的贸易往来，并用政治手段暂时解决了倭寇危害中国沿海地区的问题。他还使中亚的帖木儿帝国与中国重归于好，外国来华的使臣络绎不绝。正是在永乐年间，有 4 个国家和地区的国王 7 次来华访问，其中有 3 个国王死在中国，葬在中国，成为中外友好交往的历史见证。这种交往增强了亚非国家间人民的了解、友谊和互信，促进了中外经济文化的交流与发展，并对中国赢得空前良好的国际声誉作出了贡献。

第三，明成祖作出了营建和迁都北京的重大决定，这一决定直接改变了中国以后近600年的政治中心格局。随着中国政治经济的发展,以及几千年来民族大融合趋势的推进,在北京建都已经成为历史发展的客观要求。明成祖顺应了这一历史要求,果断地决定将都城从南京迁到北京,并对北京进行了大规模的建设,从而奠定了北京今天的格局。自从明成祖迁都北京后,北京作为各个时期中国政府首都的这一地位就再没有改变过,这充分证明了明成祖这个决定的正确和远见性。北京作为中国的政治文化中心,在以后的岁月中对中华民族起到了一种凝聚力的作用,有力地促进了中华民族的壮大和发展。

第四,明成祖下令疏浚了大运河,促进了中国南北经济的联系和发展。大运河开凿于隋代,当时的大运河以洛阳为中心,几乎绕了一个半圆形的大弯,对北方经济的发展没有产生多少作用。到了元代,元朝政府进行了第二次大规模的开凿,南北大体上裁弯取直,不再绕道洛阳。但是当时的京杭大运河并没有全线通航,因此整个元代,南北物资的运输主要还是以海运为主,漕运不多。到了明朝洪武二十四年(1391年),因为黄河决口,洪水南泄,导致大运河淤塞,几乎全部停航。明成祖命宋礼疏浚会通河,同时顺带一并治理黄河。后来陈瑄又开凿了清江浦,京杭大运河这才真正全线贯通。从此以后,大运河就成为内地一条繁忙的水道,南方的粮饷通过大运河源源不断地输往北京,之后,危险的海运就逐渐退出了运输市场。随着运河的全线通航,在运河两岸陆续兴起了一些像淮安、济宁、临清这样的新兴工商业城市,在全国的经济活动中日益发挥着越来越重要的作用。正是这条大运河,成为联系南北经济文化的纽带。

第五,明成祖在保存中国文化方面也做出了惊人的成就,那便是编纂了《永乐大典》。在学术文化方面,明成祖一改朱元璋大兴文字狱的做法,而采取了政府集中统一管理的政策,繁荣了中国文化。朱元璋时期,很多人就是因为不小心写错了一个字、说错了一句话就人头落地,文人们天天胆战心惊地生活在文字屠刀下,“见人斫轮只袖手,听人谈天只箝口”,完全是一副万马齐喑的景象。明成祖则不然,他除了对政敌采取屠杀政策外,对一般文人则还是以优容为主。明成祖尊儒纳士,兼用杂流,吟诗作赋,以至于在永乐年间文坛上出现了所谓的台阁派文体。尤其令人称道的是,明成祖组织了一大批文人编撰了多种图书,其中最著名的就是《永乐大典》,这是我国自古以来的最大一部类书,由3000多人历时5年时间编成,它保存了我国15世纪以前大量的文化典籍,不仅是我国文化宝库中的瑰宝,而且在世界文化史上也享有崇高的地位。

不过,明成祖也像每一个杰出的帝王一样,有着他自己的缺点和局限性。朱棣是一个封建帝王,而且还是一个通过篡位得到皇帝宝座的帝王。在明成祖通向成功的道路上,充分暴露了他的残忍性和投机性,其中最遭后人非议的就是他对建文帝旧臣的屠杀和迫害。如他亲手开创的“诛十族”刑罚,在中国的历史上是空前绝后的。他搞的政治大清洗运动“瓜蔓抄”,动辄诛连数百人,连建文帝旧臣的妻子儿女、亲朋旧友都受到难以想象的摧残和蹂躏,其暴行令人发指。在夺取帝位后的反攻倒算中,封建统治阶级的残酷性得到了充分的表露。除了这些载入史册的暴行外,他还有一些做法对后世产生了极其消极的影响。

一是重用宦官,成立东厂特务机构,贻害后世。明太祖朱元璋和建文帝朱允炆对宦官的管理都是比较严厉的,明成祖的作风却与之相反。因为朱棣在夺取帝位的过程中得到过许多宦官的帮助,所以他即位后便对宦官大加任用。明代宦官掌握出使外国、监军、专征、分镇等大权,都始于明成祖。尤其是设立东厂,用宦官充任特务,刺探臣民的隐事,危害最烈,对明代的政治影响也最大。东厂是直属于皇帝的特务机构,由皇帝委派的宦官统领,成员也来自于内廷中的宦官。这些宦官专门刺探和捕杀天下臣民。用特务来刺探事情虽然古已有之,但用宦官设立专门特务机构却自明成祖开始。东厂一旦设立,终明朝一代未被废除,成为明朝政治体制上的一个恶性肿瘤。明成祖果决刚毅,乾纲独断,自操威柄,对宦官尚能驾驭,所以明成祖时期,东厂对社会的危害还不是很严重。但是,明成祖之后的皇帝们大多庸碌无能,宦官专权的祸害于是日益严重起来。自正统年间王振用事,宦官的气焰逐渐嚣张起来,终于酿成了"土木堡之变"。后来,成化年间又有大太监汪直,正德年间有刘瑾,天启年间有被呼为九千九百岁的魏忠贤,弄得国无宁日,山河破败。所有这些,都与明成祖开始重用宦官、设立东厂有直接的联系。

二是明成祖放弃大宁,给北部边防留下了一个缺口,给后世留下了一个巨大的隐患。当年宁王驻守大宁,明成祖挟持宁王南归后,收编了原属宁王管辖的朵颜三卫。这些剽悍的蒙古骑兵为明成祖夺取皇位立下了汗马功劳。明成祖即位后,为了酬报朵颜三卫,便将大宁一带交给他们防守。大宁地处北部边防线的中段,战略地位十分重要,它使明朝的东西边境相互联系,一方有警,另一方随时可以增援。明成祖放弃大宁后,东西部的这种联系就被切断,给后世在北边的防务造成了很大的困难。明朝后期,当女真(即满族)在辽东兴起后,不时由此缺口内犯,并终于取明朝而代之。放弃大宁虽不是王朝更替的主要原因,但至少要负一定的责任。后世的有识之士经常说放弃大宁是一大失策,应该说是有道理的。

三是明成祖虽然放松了海禁,但并没有废除海禁,使得后世皇帝在严禁与弛禁之间摇摆不定,既阻碍了民间正常的对外贸易发展,导致走私贸易盛行;又容易滋生腐败,引发倭患。

从历史上看,实行海禁的始作俑者是明朝的开国皇帝朱元璋,有机会断然废除海禁政策的是明成祖,但可惜的是他没有这样做,这也正是他作为一个封建帝王局限性的反映。海禁政策是朱元璋定下的国策,是“祖制”,后世皇帝是不能更改的。当年明成祖靖难起兵的一个重要理由就是指责建文帝变乱祖制,所以他夺取帝位后就得提倡敬天法祖,明明知道这种“祖制”不合时宜,但也不便于公开宣布废除,反而还得言不由衷地说上几句遵照祖制实行海禁的话。明太祖朱元璋定下的所谓“祖制”对后世皇帝和想有作为的政治家来说确实是个巨大的阻碍,就连万历年间的内阁首辅张居正想要改革,也得打着恢复祖制的旗号进行。所以,虽然明成祖在实际执行过程中放松了海禁这一“祖制”,也推行了郑和下西洋那样的空前壮举,但明成祖毕竟没有废除海禁政策,后世的皇帝们没有明成祖那样的雄才大略和气魄,还得把海禁当成祖制来遵守,从而严重限制了中外交流的健康发展。

四是明成祖以一个藩王起兵夺位,为后世子孙开了一个很不好的先例,致使一些有野心的藩王总想着效仿明成祖,造成了明代中后期国内政治局面的不稳定。

谷王朱橞曾经开金川门迎降,明成祖待他也很好,但是不久,他就打着为建文帝“申大义”的旗号,阴谋举兵反叛,事发后被废为庶人。明成祖的次子朱高煦一直阴谋夺嫡,想取代太子朱高炽当皇帝。明成祖死后,明仁宗朱高炽即位不到一年也死了,于是仁宗的儿子、明成祖的孙子,宣宗朱瞻基即位当皇帝。朱高煦乘宣宗刚即位,地位未稳,就举兵发动叛乱,想重走明成祖的老路,试图从他侄子手中夺取皇位,重演明成祖的故事。结果朱高煦小看了他这位侄子,很快就被宣宗打败,他本人也被俘。此前,朱高煦一直在陷害朱高炽父子,明宣宗为了替自己父亲报仇，为自己出气，命人将朱高煦放到一个铜缸里，然后倒扣在地上，在铜缸四周堆上柴火焚烧，将朱高煦活活烤成了木炭，以示对谋反者的警告。景泰年间，广通王朱徽煠谋反，建号"天武"，并煽动湖广一带的少数民族起事。虽然朱徽煠很快被俘，但少数民族地区的叛乱却持续了数年。正德年间，安化王真镭在宁夏反叛，被俘后处死。但最最危险的一次要数宁王朱宸濠的叛乱了。当时明武宗不理朝政，整天和一帮内侍宦官在豹房玩乐，于是朱宸濠乘机起兵谋反。当时朝中大臣有不少人都持观望态度。幸亏王守仁反应迅速，很快攻下宁王的老巢南昌，断了宁王的退路，才最终将宁王朱宸濠俘获。像这类的藩王叛乱行动，在明朝还有很多，这些人都想效仿明成祖，只可惜他们没有明成祖的才干，所以都失败了。但明成祖这个坏榜样对这些藩王的影响，无疑是不可小觑的。

五是明成祖好大喜功，劳民伤财过甚。明成祖在他的统治地位刚刚稳固的时候，就开始派郑和率领规模庞大的远洋舰队出使西洋，后来又派 80 万大军征讨安南，结果明朝大军深陷安南游击战争的泥潭之中。此后，由于丘福北征蒙古的 10 万大军全军覆没，明成祖又不得不兴师动众，前后 5 次亲征漠北，导致军费开支浩大。与此同时，国内许多大型工程也相继开工。疏通大运河，营造和迁都北京，修建大报恩寺和武当山宫观，营建长陵，这些浩繁的工程动辄需要几十万人、上百万人。在明成祖在位的 22 年时间里，同时进行这么多大事，老百姓的负担之重可想而知。正因为如此，各地农民起义才此起彼伏，像山东就爆发了著名的唐赛儿起义。幸亏当时明成祖用人得当，国库充实，调度有方，才没有酿成太大的祸乱。

虽说明成祖有这样那样的缺陷和错误，但与他的巨大贡献相比，这些缺点和错误还是居于次要地位的。从总体上看，明成祖朱棣还是一个值得肯定的封建帝王。在明成祖当政的22年期间,中国封建社会的经济和文化在继续向前发展,以此为基础,明朝的国力也逐渐达到了鼎盛。国家的统一得到了巩固和发展,安定团结的社会局面也得到了维护。正是因为明成祖的努力,中国的政治、经济、文化都发展到了一个新高度。当我们全面衡量明成祖一生的功过是非时,不难得出结论,明成祖即使不能说是一位伟大的帝王,但至少也是一位杰出的帝王。

附：明成祖大事年表

元至正二十年(1360年)四月十七日，朱棣出生在当时称作应天府的南京，应天就是顺应天命的意思，他是朱元璋26个儿子中的第四子，初时小名为武圣童。

元至正二十七年(1367年)十二月二十四日，朱元璋给第四子取名朱棣，这时朱棣7岁。

洪武三年(1370年)设立大宗正院，朱棣当右宗正，掌控皇族内部事务。同年封燕王。

洪武九年(1376年)正月二十七日大婚，娶徐达长女为妻。

洪武九年(1376年)到安徽凤阳老家体验生活。

洪武十三年(1380年)春天就藩北平。

洪武二十三年(1390年)元旦之后，会同晋王征讨蒙元丞相咬住，以及平章乃儿不花。

洪武三十一年(1398年)闰五月，明太祖崩，皇太孙朱允炆即位，燕王奔丧被阻。

建文元年(1399年)二月乙丑(即二月十四日)，燕王朱棣为了消除建文帝对自己的猜疑，毅然决定进京朝觐。

建文元年(1399年)七月五日，伏兵端礼门，杀张昺、谢贵，夺占北平九门。

建文元年(1399年)七月初八，朱棣正式在北平誓师起兵，打出了“奉天靖难”的旗号。

建文元年(1399年)八月,大败耿炳文于真定。

建文元年(1399年)十月十一日,攻克大宁,胁迫宁王及其军队归附。

建文元年(1399年)十月十九日,在会州正式建立五军,统一了军队番号和编制。

建文元年(1399年)十月辛未,与李景隆军战于郑村坝,大败之,李景隆逃往德州。

建文二年(1400年)二月十二日,蒙古鞑靼部国公赵脱列于和司徒赵灰邻帖木儿等从漠北率众来归。

建文二年(1400年)夏四月,与李景隆大战于白沟河,李景隆全军溃败。

建文二年(1400年)十二月乙卯,与盛庸战于东昌,被盛庸击败,部下死者数万人,张玉战死。

建文三年(1401年)二月乙巳,再次率军南下。

建文三年(1401年)三月辛巳,与盛庸遇于夹河,盛庸大败而逃。

建文三年(1401年)冬十月己卯,还北平。

建文三年(1401年)十二月丙寅,复出师。

建文四年(1402年)三月壬辰,大败平安军于淝河。

建文四年(1402年)夏四月,与平安、徐辉祖大战于齐眉山。

建文四年(1402年)六月,攻占扬州,建文帝遣庆成郡主至军中,向朱棣割地求和,被拒绝。

建文四年(1402年)六月乙卯,从瓜州横渡长江,击败盛庸水军。

建文四年(1402年)六月辛酉,建文帝再次派大臣前往朱棣军中割地求和,再次遭到拒绝。

建文四年(1402 年)六月乙丑,率军到达南京金川门,谷王朱橞和李景隆等人开城门归附,南京陷落。

建文四年(1402 年)六月己巳,朱棣谒孝陵,诣奉天殿即皇帝位,是为明成祖。

永乐元年(1403 年)春正月己卯朔,御奉天殿受朝贺,宴群臣及属国使。

永乐元年(1403 年)春正月辛卯,改北平为北京。

永乐元年(1403 年)二月乙卯,遣御史分巡天下,为定制。

永乐元年(1403 年)三月戊子,命平江伯陈瑄、都督佥事宣信充总兵官,督海运,向辽东、北京运饷。

永乐二年(1404 年)春正月乙卯,大祀天地于南郊。

永乐二年(1404 年)夏四月甲戌,立长子高炽为皇太子,封次子高煦为汉王,三子高燧为赵王。

永乐二年(1404 年)夏四月壬午,封汪应祖为琉球国山南王。

永乐二年(1404 年)五月壬寅,丰城侯李彬镇广东,清远伯王友充总兵官,率舟师巡海。

永乐二年(1404 年)八月丁酉,已故安南国王陈日煃弟陈天平逃奔明廷求救。

永乐二年(1404 年)冬十月,籍长兴侯耿炳文家,炳文自杀。

永乐二年(1404 年)十二月,下李景隆于狱。

永乐三年(1405 年)春正月庚戌,大祀天地于南郊。

永乐三年(1405 年)夏六月己卯,中官郑和帅舟师使西洋诸国。

永乐四年(1406 年)春正月丁未,大祀天地于南郊。

永乐四年(1406 年)三月丙午,安南黎季犛袭杀陈天平于芹站。

永乐四年(1406年)秋七月辛卯,命朱能为征夷将军,沐晟、张辅副之,率军分道讨伐安南。

永乐五年(1407年)三月辛巳,张辅大破安南兵于富良江。

永乐五年(1407年)五月甲子,张辅擒黎季犁、黎苍献京师,安南平。

永乐五年(1407年)六月癸未,置交阯布政司。

永乐六年(1408年)五月壬戌夜,京师地震。

永乐六年(1408年)秋七月癸丑,论平交阯功,进封张辅英国公,沐晟黔国公,王友清远侯,封都督佥事柳升安远伯。

永乐六年(1408年)九月癸亥,郑和二下西洋。

永乐七年(1409年)春正月癸丑,赐百官上元节假十日,著为令。

永乐七年(1409年)五月乙未,封瓦剌马哈木为顺宁王,太平为贤义王,把秃孛罗为安乐王。

永乐八年(1410年)三月乙亥誓师,征漠北。十一月甲戌,回京师。

永乐十年(1412年)十一月丙申,郑和三下西洋。

永乐十一年(1413年)二月辛亥,始设贵州布政司。

永乐十一年(1413年)秋七月戊寅,封阿鲁台为和宁王。

永乐十二年(1414年)二月庚戌,亲征瓦剌。

永乐十二年(1414年)三月癸未,张辅俘陈季扩于老挝以献,交阯平。

永乐十三年(1415年)五月乙丑,凿清江浦,通北京漕运。

永乐十四年(1416年)春正月己酉,北京、河南、山东饥,免永乐十二年逋租,发粟一百三十七万石余,赈之。

永乐十四年(1416年)秋七月壬寅,黄河在开封决堤。乙巳,锦衣卫指挥使纪纲有罪伏诛。

永乐十四年(1416年)十一月壬寅,诏文武群臣集议营建北京。

永乐十四年(1416年)十二月丁卯,郑和四下西洋。

永乐十五年(1417年)三月壬子,北巡,发京师,皇太子监国。五月丙戌,至北京。

永乐十六年(1418年)春正月甲寅,交阯黎利反,都督朱广击败之。

永乐十七年(1419年)六月戊子,刘江歼倭寇于望海埚,封江广宁伯。

永乐十七年(1419年)八月,中官马骐激交阯乂安土知府潘僚反。

永乐十八年(1420年)二月己酉,蒲台唐赛儿发动起义,安远侯柳升率军讨之。

永乐十八年(1420年)九月丁亥,诏自明年改京师为南京,北京为京师。

永乐十八年(1420年)十二月癸亥,北京郊庙宫殿建成。

永乐十八年(1420年),始设东厂,命中官刺事。

永乐十九年(1421年)春正月甲子朔,奉安五庙神主于太庙。御奉天殿受朝贺,大宴。

永乐十九年(1421年)春正月癸巳,郑和五下西洋。

永乐十九年(1421年)夏四月庚子,奉天、华盖、谨身三殿发生火灾,诏群臣直陈阙失。

永乐十九年(1421年)冬十一月丙子,议北征军饷,下户部尚书夏原吉、刑部尚书吴中于狱,兵部尚书方宾自杀。

永乐二十年(1422年)三月丁丑,亲征阿鲁台,皇太子监国。戊寅,发京师。

永乐二十年(1422年)八月戊戌,诸将分道者俱献捷。辛丑，以班师诏天下。九月壬戌，至京师。

永乐二十一年(1423年)春正月癸卯，交阯参将荣昌伯陈智追败黎利于车来。

永乐二十一年(1423年)秋七月戊戌，亲征阿鲁台。

永乐二十一年(1423年)冬十月甲寅，迤北王子也先土干率所部来降，封忠勇王，赐姓名金忠。庚午，班师。十一月甲申，至京师。

永乐二十二年(1424年)春正月癸巳，郑和六下西洋。

永乐二十二年(1424年)三月戊寅，阅兵，准备再次亲征。夏四月己酉，发京师。六月甲子，班师。

永乐二十二年(1424年)秋七月庚寅，至榆木川，大渐。遗诏传位皇太子，丧礼一如高皇帝遗制。辛卯，崩，年六十有五。太监马云密与大学士杨荣、金幼孜谋，以六军在外，秘不发丧，镕锡为椑以敛，载以龙辇，所至朝夕上膳如常仪。壬辰，杨荣偕御马监少监海寿驰讣皇太子。壬寅，次武平镇，郑亨步军来会。八月甲辰，杨荣等至京师，皇太子即日遣太孙奉迎于开平。己酉，次雕鹗谷，皇太孙至军中发丧。壬子，及郊，皇太子迎入仁智殿，加殓纳梓宫。九月壬午，上尊谥曰体天弘道高明广运圣武神功纯仁至孝文皇帝，庙号太宗，葬长陵。嘉靖十七年九月，改上尊谥曰启天弘道高明肇运圣武神功纯仁至孝文皇帝，庙号成祖。